JVM 언어 입문

KB091340

JVM 언어 입문

자바, 스칼라, 클로저, 코틀린, 그루비 체험하기

빈센트 반 데르 렌 지음

신은정 옮김

| 지은이 소개 |

빈센트 반 데르 렌^{Vincent van der Leun}

네덜란드 위트레흐트에 사는 소프트웨어 엔지니어다. 여덟 살 때부터 프로그래밍을 시작해, 수년 간 다양한 언어와 플랫폼을 가지고 일해왔다. 몇 년 전 자바를 재발견한 후 자바 7 프로그래머로서 오라클 인증 전문가가 됐고 JVM 팬보이 블로그를 시작했을 정도로 자바를 무척 좋아한다. 현재 현대식 전자 상거래 솔루션을 전문으로 하는 클라우드스위트_{CloudSuite}에서 근무하고 있다. 클라우드스위트에서 다양한 백엔드 시스템과 웹 서비스 영역을 담당하고, 프론트엔드 애플리케이션을 위한 자바스크립트 코드를 작성하는 일을 한다. 또한 복잡한 SQL 질의문을 작성해 컨설턴트를 지원하고, 동료 개발자들과 디자인 관련 토론을 즐긴다. 여가 시간에는 컬트 영화와 잘 알려지지 않은 액션 영화 DVD와 블루레이를 수집하고 고전 과학 소설을 읽거나 비주류 음악인들의 콘서트를 관람한다.

편집자 니틴과 비카스, 수브하락스미와 감수자 라마수브라마니안에게 감사하다. 적극적인 성원을 보내준 부모님 안톤과 아이린, 나의 형제 알렉산더와 루벤 그리고 웬디에게도 감사를 표하고 싶다. 가족과 친구들에게도 감사한다. 다음에 언급하는 분들에게도 특별한 감사의 말을 전한다. 책을 쓰는 동안 많은 지원과 격려를 해준 에릭과 가이, 맬러리, 잡, 제나 그리고 니나. 옛 친구 나탈리에와 마르코. 마지막으로 클라우드스위트의 모든 동료들에게 찬사를 보낸다. 코네와 랍, 에밀리, 버솔드에게 특히 감사하다. 유쾌하고 친절하며 항상 재치 있는 멜리사와 에스메 허슈타인에게 이 책을 바친다. 그리고 이 책을 출간하는 데 도움을 준 팩트출판사의 모든 임직원에게 감사한다.

| 기술 감수자 소개 |

라마수브라마니안 상카르Ramasubramanian Sankar

13년 이상 정보 기술 분야에서 일하고 있는 열정적이고 다재 다능한 개발자이자 기술 아 키텍트다. JVM 기반의 백엔드 서비스와 분산 시스템 전문가로서 다양한 플랫폼과 언어 에 대한 경험을 갖고 있다. 서비스 회사와 은행, 바이러스 백신 제품 회사, 상품 기반 스 타트업과 함께 일했으며, 현재 생각이 비슷한 기술자 그룹과 함께 인도 첸나이의 아지라 테크놀로지스Ajira Technologies에서 컨설턴트로 일하고 있다. 복잡한 비즈니스 문제를 간단하 고 높은 성능의 간결한 방법으로 해결하는 일에 열정적이며 자신이 학습한 내용을 트위터 (@ramsankar83)와 기술 블로그(http://technicalitee.blogspot.in/)에 올린다. 최근 함수형 프 로그램을 배우고 실용적인 용도에 적용해보는 일에 관심을 갖고 있다. LISP를 매우 좋아 하며, 언젠가는 LISP를 운영 환경에 사용하기를 학수고대하고 있다.

아내 고마티와 아이들에게 업무 외적으로 코드를 작성하고 이 책을 검토할 여가 시간을 준 것 에 대해 감사하고 싶다. 첫 번째 컴퓨터를 사주고 교육을 시켜주신 나의 부모님 상카르와 기타 에게 감사한다. 고객 프로젝트에서 최첨단 기술을 시도해보고 그것을 통해 많은 것을 배울 수 있는 자유와 격려를 아끼지 않은 아지라 테크놀로지스에도 감사를 전하고 싶다.

| 옮긴이 소개 |

신은정(sullynboo@gmail.com)

아주대학교 정보 및 컴퓨터공학부를 졸업, 2001년 IT 서비스 회사에 입사해 다양한 산업의 SI 프로젝트를 수행했으며, 웹 서비스와 BPM, SOA 등에 대한 연구 개발 프로젝트를 수행했다. 개발 생산성 향상을 위한 이클립스 기반 개발 도구와 스프링 기반 엔터프라이즈 프레임워크를 자바 기반으로 개발했으며, 클라우드에도 관심이 많아 한국정보화진흥원의 클라우드 관련 연구 과제와 OAUTH 지침서 작성에도 참여했다. 이런 경험을 기반으로 93회 정보관리기술사에 합격했고, 현재 통신업체에서 소프트웨어 거버넌스 업무를 수행하고 있다. 에이콘출판사가 펴낸 『(개정판) 이클립스 RCP』(2012), 『이클립스 4 플러그인 개발』(2013), 『이클립스 Juno 따라잡기』(2014), 『고급 이클립스 플러그인 개발』(2015)을 번역했다.

| 옮긴이의 말 |

자바 가상 머신(JVM)은 자바 코드를 컴파일해서 운영체제가 이해할 수 있는 바이트코드를 생성함으로써 자바 애플리케이션을 운영체제에 독립적으로 사용할 수 있게 해주는 실행 환경으로 시작했다. 하지만 최근 다양한 개발 언어들이 자바 바이트코드를 생성하거나 JVM 위에서 실행되는 인터프리터를 지원하고 있으며 서로 라이브러리를 공유하면서 JVM 자체가 거대한 생태계가 됐다.

이러한 개발 언어가 등장하면서 상대적으로 무겁고 거대한 자바 인기가 시들어질 것이라는 예측도 있었으나 다양한 언어의 장단점을 수용하고 개선 노력을 지속한 결과 여전히 자바는 기업형 솔루션, 웹, 앱 등 다양한 분야에서 사용되고 있다. 한편 JVM 기반에서 실행되는 다른 언어들은 자바를 보완할 수 있는 경량의 유연한 방법을 제공함으로써 다양한 영역에서 자바의 대체제로 그 활용도가 높아지고 있다.

이 책에서는 JVM을 기반으로 하는 다양한 언어 중 자바, 스칼라, 클로저, 코틀린, 그루비라는 다섯 가지 언어를 소개한다. 먼저 각 언어에서 중요한 개념을 소개하고 샘플 프로젝트를 작성하면서 개념을 실습해본다. 그리고 각 언어, 특히 자바와의 차이점을 비교 설명함으로 이해를 도왔다. 정적/동적 자료형 타입이나 객체지향 프로그래밍과 함수형 프로그래밍에 대해서도 간략히 설명하지만 아주 심도 있는 개념까지 다루진 않았으므로 자바 개발 경험이 없는 개발자들도 쉽게 이해할 수 있으리라 생각한다. 자바 개발 경험이 많은 개발자에게는 다소 내용이 평이하게 느껴질 수 있지만, 비교를 통한 설명으로 새로운 개발 언어에 흥미를 갖게 되고 자신의 애플리케이션에 가장 적합한 언어를 발견하는 계기가 될 것이다.

| 차례 |

1장   자바 가상 머신   33

| 들어가며 |

자바 가상 머신JVM, Java Virtual Machine은 최신 하드웨어 기능의 장점을 극대화할 수 있는 소프트웨어를 실행하는 성숙하고 매우 다재다능한 플랫폼이다. 한때 자바 기반의 애플리케이션은 느리고 거대하며 메모리를 많이 소비한다고 여겨지기도 했으나, 수년에 걸쳐 많이 개선됐다. 동시에 수만 명의 사용자에게 서비스를 제공해야 하는 많은 주류 클라우드 서비스와 웹사이트가 JVM 기반의 백엔드 시스템을 운영한다는 점은 우연이 아니다.

자바는 JVM 기반에서 실행하는 애플리케이션을 생성하는 데 사용하는 가장 인기 있는 언어지만, 다른 언어들이 매년 점점 더 인기를 얻고 있다. 이 책에서는 자바와 스칼라Scala, 클로저Clojure, 코틀린Kotlin, 그루비Groovy라는 다섯 가지의 다른 JVM 기반의 언어를 다룬다. 이 가운데 몇몇 언어는 정적 자료형 언어이고, 나머지는 동적 자료형 언어다. 이 책은 객체지향 프로그래밍 언어와 함수형 프로그래밍 언어도 함께 다룬다. JVM은 이런 것이 모두 가능하게 만들 만큼 매우 많은 기능을 제공한다.

한 권의 책에서 이 모든 언어를 다루기 때문에 각각의 언어를 쉽게 비교할 수 있고, 샘플 프로젝트를 만들어 봄으로 가장 적합한 언어를 고를 수 있다.

▌ 이 책의 구성

1장, 자바 가상 머신 자바 플랫폼과 자바 가상 머신에 대한 개괄적인 내용을 제공한다. 웹 애플리케이션과 빅데이터 분석, 사물 인터넷(IoT)와 같이 JVM에서 동작하는 애플리케이션의 가장 인기 있는 사용 사례를 소개한다. 또한 JITjust-in-time 컴파일러와 가비지 컬렉션을 포함해 JVM의 주요한 개념을 설명한다.

2장, 자바 가상 머신에서 개발하기 JVM의 좀 더 기술적인 부분을 설명한다. 주요 운영체제 (윈도우, 맥OS, 리눅스)에서 자바 개발 키트(JDK)를 설치하는 절차와 JDK의 구조를 다룬다. 자바 클래스 라이브러리의 구조와 클래스경로^{ClassPath}를 설정해 JVM 기반 애플리케이션을 실행하는 방법도 설명한다.

3장, 자바 자바의 기본 원리를 다룬다. 클래스를 생성하고 이 클래스에서 객체를 생성하며, 클래스에 메소드와 속성을 추가하는 방법과 자바 접근 제어자와 다른 수식어를 설명한다. 이외에도 추상 클래스와 인터페이스, 배열, 컬렉션, 예외도 다루며 스레드와 람다 같은 고급 기능도 설명한다.

4장, 자바 프로그래밍 자바 언어로 간단한 웹 서비스를 제작하는 방법을 단계별로 설명한다. 이때 이클립스^{Eclipse} IDE와 그래들^{Gradle} 빌드 도구, 스파크자바^{SparkJava}와 같은 프로그래밍 라이브러리(마이크로 웹 서비스 프레임워크), JUnit 단위 테스트 프레임워크를 사용한다.

5장, 스칼라 하이브리드 함수형 프로그래밍과 객체지향 프로그래밍 언어 스칼라^{Scala}에 대해 설명한다. 스칼라 설치 절차와 언어에 번들로 포함된 대화명 셸의 사용법도 설명한다. 대화형 셸을 사용하면 명시적으로 코드를 컴파일하지 않고도 스칼라 코드를 작성하고 동적으로 실행할 수 있다. 스칼라에서는 객체지향과 함수형 프로그래밍을 모두 다룬다.

6장, 스칼라 프로그래밍 인기 많은 아카^{Akka} 툴킷으로 구동하는 간단한 콘솔 기반 애플리케이션을 작성하는 방법을 순차적으로 설명한다. 아카는 최신 멀티 코어 프로세서를 최대한 활용하는 확장 가능한 애플리케이션에 특화된 툴킷이다. 액터 기반 시스템과 같은 아카와 관련된 많은 개념도 간단히 다룬다. 프로젝트를 빌드하기 위해 스칼라 빌드 툴^{SBT,} ^{Scala Build Tool}을 사용하고, 단위 테스트를 작성하는 데는 스칼라테스트^{ScalaTest} 라이브러리를 사용한다.

7장, 클로저 리스프^{Lisp}에서 영감을 얻은 동적 함수형 프로그래밍 언어인 클로저^{Clojur}의 기본 원리를 설명한다. 클로저는 객체지향 프로그래밍 언어가 아니다. 스칼라와 같이 클로저도 다양한 예제를 작성하는 데 사용 가능한 대화형 셸을 포함한다. 멀티 스레드 애플리케이션에서 상태를 처리하는 기술인 에이전트도 다룬다.

8장, 클로저 프로그래밍 두 개의 작은 프로젝트에 대한 단계별 가이드를 제공한다. 첫 번째 프로젝트는 모나드^{monad}를 기반으로 한다. 모나드는 기능적 프로그래밍 언어, 특히 리스프에서 흔히 사용하는 기법이다. 두 번째 프로젝트는 클로저를 위한 마이크로 웹 프레임워크 중 가장 인기 있는 루미너스^{Luminus}로 구동되는 웹 애플리케이션이다. 두 프로젝트를 빌드하는 데는 라이닝겐^{Leiningen} 빌드 도구를 사용한다.

9장, 코틀린 젯브레인의 정적 자료형 프로그램 언어 코틀린^{Kotlin}을 설명한다. 안전한 null 처리를 보장하는 코틀린의 자료형 시스템을 설명하고, 데이터 클래스와 람다, 인라인 함수와 같은 다른 기능을 다룬다. 코틀린에서의 절차적 프로그래밍도 설명한다.

10장, 코틀린 프로그래밍 자바FX^{JavaFX} 툴킷을 사용해 GUI 기반의 데스크톱 애플리케이션을 제작하는 절차를 단계별로 설명한다. 프로젝트는 아파치 메이븐^{Apache Maven}을 사용해 빌드하고, 버그를 찾고 수정하는 데 이클립스 IDE 디버거를 사용한다.

11장, 그루비 JVM에 등장한 첫 번째 대체 언어 중 하나인 동적 프로그래밍 언어 그루비^{Groovy}를 다룬다. 그루비는 기본적으로 동적 언어지만, 정적 자료형 코드도 컴파일할 수 있다. 11장에서는 두 가지 경우를 모두 설명한다. 광범위한 내장 클래스 라이브러리인 그루비 개발 키트도 함께 살펴본다. 그루비 개발 키트는 그루비 언어 배포 시 함께 배포된다.

12장, 그루비 프로그래밍 JDBC^{Java Database Connectivity} 표준을 사용해서 내장 데이터베이스 관리 시스템으로부터 데이터를 추출하고 그루비 개발 키트 클래스를 사용해서 XML을 생성하는 그루비 기반의 웹 서비스를 제작하는 절차를 설명한다. 웹 서비스는 Vert.x 프레임워크를 사용해 구동한다.

부록 A, 다른 JVM 언어 종종 비주류 언어라 부르는 다섯 가지의 다른 JVM 기반 언어인 오라클 나스호른^{Nashorn}(자바스크립트^{Javascript}), 자이썬^{Jython}(파이썬^{Python}), 제이루비^{JRuby}(루비^{Ruby}), 프레게^{Frege}(하스켈^{Haskell}), 레드햇의 정적 자료형 언어인 실론^{Ceylon}을 다룬다.

부록 B, 퀴즈 정답 모든 장의 마지막에 있는 퀴즈의 정답을 제공한다.

▌ 준비물

이 책을 최대한 활용하려면 최신 버전의 윈도우나 맥OS, 리눅스(가급적 우분투Ubuntu)를 실행하는 최신 노트북이나 데스크톱 컴퓨터가 필요하다. 메모리는 최소한 4GB RAM이어야 하고 더 많아도 좋다. 독자는 선택한 운영체제에 대한 일정 수준의 지식을 가지고 있으며, 프로그램을 설치하고 경로에 디렉터리를 추가하는 일을 쉽게 할 수 있다고 가정한다.

▌ 이 책의 대상 독자

자바 가상 머신에 관심이 있고 JVM 개발을 하는 데 사용 가능한 가장 인기 있는 프로그램 언어에 대해 알고 싶어 하는 개발자를 대상으로 한다. 객체지향 프로그래밍을 지원하는 프로그래밍 언어(자바스크립트, 파이썬, C#, VB.NET, C++)에 대한 경험적 지식이 있다고 가정한다.

▌ 편집 규약

이 책에서는 종류가 다른 정보를 서로 구분하기 위해 여러 가지 편집 규약을 사용했다. 이런 스타일의 예와 각 의미를 알아보자.

텍스트 안의 코드 단어와 데이터베이스 테이블 이름, 폴더 이름, 파일 이름, 파일 확장자, 경로명, 더미 URL, 사용자 입력, 트위터 핸들은 다음과 같이 나타냈다. "그런 다음 이 객체 인스턴스의 setName( ) 메소드를 호출한다."

코드 블록은 다음과 같이 표시한다.

```
Product p = new Product();
p.setName("Box of biscuits");
```

코드 블록의 특정 부분을 강조할 때는 해당 줄이나 항목을 굵게 표현했다.

```
public String getName( ) {
    return name;
}
```

명령행 입력 또는 출력은 다음과 같이 표기한다.

```
nano /etc/profile
```

새로운 용어와 중요한 단어는 굵게 표기한다. 또한 예제로 나오는 그림 화면에서의 메뉴 혹은 대화 상자는 "System Properties 창이 나타난다. Environment Variables... 버튼을 클릭한다"와 같이 표기한다.

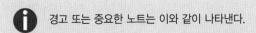 경고 또는 중요한 노트는 이와 같이 나타낸다.

 팁과 요령은 이와 같이 나타낸다.

▌독자 의견

독자 의견은 언제나 환영한다. 좋은 점 또는 고쳐야 할 점을 솔직히 말해주길 바란다. 독자 의견은 우리에게 매우 중요하다. 앞으로 더 좋은 책을 발행하는 데 큰 도움이 되기 때문이다.

일반적인 의견을 보내려면 전달하고자 하는 내용에 책 제목을 달아 feedback@packtpub. com으로 이메일을 보내면 된다.

여러분이 전문 지식을 가진 주제가 있고 책을 내거나 만드는 데 기여하고 싶다면 http:// www.packtpub.com/authors에서 저자 가이드를 참조하길 바란다.

▌ 고객 지원

독자에게 최대의 혜택을 주기 위한 몇 가지 서비스를 제공받을 수 있다.

예제 코드 다운로드

이 책에서 사용된 예제 코드는 http://www.packtpub.com의 계정을 이용해 다운로드할 수 있다. 이 책을 다른 곳에서 구입했다면 http://www.packtpub.com/support를 방문해 등록하면 파일을 이메일로 직접 받을 수 있다.

다음 단계에 따라 코드 파일을 다운로드할 수 있다.

1. 이메일 주소와 암호를 사용해 웹사이트에 로그인하거나 등록한다.
2. 상단의 SUPPORT 탭에 마우스 포인터를 위치한다.
3. Code Downloads & Errata를 클릭한다.
4. 검색란에 도서명을 입력한다.
5. 예제 코드 파일을 다운로드할 책을 선택한다.
6. 이 책을 구입한 드롭다운 메뉴에서 선택한다.
7. 코드 다운로드를 클릭한다.

팩트출판사 웹사이트의 책 웹 페이지에서 코드 파일 버튼을 클릭해 코드 파일을 다운로드 할 수도 있다. 해당 페이지는 도서명을 검색해 접근할 수 있다. 단, 팩트출판사 계정으로 반드시 로그인해야만 한다. 파일을 다운로드한 후 다음의 최신 버전의 파일 압축 응용프로그램을 사용해 폴더 또는 파일 압축을 해제한다.

- WinRAR/7-Zip for Windows
- Zipeg/iZip/UnRarX for Mac
- 7-Zip/PeaZip for Linux

이 책의 예제 코드는 https://github.com/PacktPublishing/Introduction-to-JVM-Languages의 GitHub에서도 제공한다. https://github.com/PacktPublishing/에서 다양한 도서 및 비디오 카탈로그에 포함된 다른 예제 코드들을 제공하고 있다. 한번 방문해 확인해보자!

에이콘출판사 도서정보 페이지 http://www.acornpub.co.kr/book/introduction-jvm 에서도 다운로드할 수 있다.

컬러 이미지 다운로드

이 책에서 사용하는 컬러 이미지를 제공한다. 컬러 이미지는 출력 결과의 변화를 더 잘 이해하는 데 도움이 될 것이다. 원서의 이미지를 확인하고 싶다면 다음의 주소에서 볼 수 있다. https://www.packtpub.com/sites/default/files/downloads/IntroductionToJVM Languages_ColorImages.pdf

에이콘출판사 도서정보 페이지 http://www.acornpub.co.kr/book/introduction-jvm 에서도 다운로드할 수 있다.

오탈자

오타 없이 정확하게 만들기 위한 모든 수단을 동원해서 책을 만들지만 실수가 있을 수 있다. 문장이나 코드에서 문제를 발견했다면 우리에게 알려주기 바란다. 다른 독자들의 혼란을 방지하고 차후 나올 개정판을 개선하는 데 도움이 되기 때문이다. 오류를 발견했다면 http://www.packtpub.com/submit-errata에서 책 제목을 선택하고 Errata Submission Form 링크를 클릭해 자세한 내용을 입력할 수 있다. 보내준 오류 내용이 확인되면 웹사이트에 그 내용이 올라가거나 해당 서적의 정오표 부분에 그 내용이 추가될 것이다.

기존 오류 수정 내용은 https://www.packtpub.com/books/content/support 검색창에 책 제목을 입력해보라. Errata 절 하단에 필요한 정보가 나타날 것이다.

한국어판은 에이콘출판사 도서정보 페이지 http://www.acornpub.co.kr/book/introduction-jvm에서 찾아볼 수 있다.

저작권 침해

인터넷에서의 저작권 침해는 모든 매체에서 벌어지고 있는 심각한 문제다. 팩트출판사에선 저작권과 라이선스 보호를 매우 심각하게 인식하고 있다. 어떤 형태로든 팩트출판사 서적의 불법 복제물을 인터넷에서 발견했다면 적절한 조치를 취할 수 있도록 해당 주소나 사이트명을 알려주길 바란다.

의심되는 불법 복제물 링크를 copyright@packtpub.com으로 보내주길 바란다. 저자를 보호하고 가치 있는 내용을 계속 만들 수 있도록 도와주는 독자 여러분의 마음에 깊은 감사의 뜻을 전한다.

질문

이 책과 관련해서 어떠한 종류의 질문이라도 있다면 questions@packtpub.com으로 문의하길 바란다. 최선을 다해 질문에 답하겠다. 한국어판에 관한 질문은 이 책의 옮긴이나 에이콘출판사 편집 팀(editor@acornpub.co.kr)으로 문의해주길 바란다.

01

자바 가상 머신

자바 가상 머신^{JVM, Java Virtual Machine}은 소프트웨어의 개발과 디플로이를 가능하게 하는 최신 플랫폼이다. 이름이 암시하듯 원래 자바 언어로 작성된 애플리케이션을 구동하기 위해 고안됐다. 하지만 언어 설계자들은 JVM에 그들의 언어를 실행할 수 있을 뿐만 아니라 JVM의 기능과 방대한 클래스 라이브러리를 이용할 수 있다는 사실을 곧 깨닫게 됐다.

선 마이크로시스템즈^{Sun Microsystems}는 1995년 자바와 첫 번째 JVM을 발표했다. 인터넷 애플리케이션에 초점을 맞추고 개발됐기 때문에, 자바는 빠르게 인기를 얻었다. 자바는 근본적으로 어디에서나 실행되도록 설계됐다. 자바의 최초 목적은 셋톱 박스에서 실행하는 것이었으나, 선 마이크로시스템즈는 셋톱 박스 시장이 아직 준비되지 않았다고 판단해 플랫폼을 데스크톱 컴퓨터에도 도입하기로 결정했다. 이런 모든 사용 사례를 가능하게 하기 위해, 선 마이크로시스템즈는 그들만의 바이너리 실행 포맷을 만들었고, 그것을 자바 바이트코드bytecode라고 부른다. 바이트코드로 컴파일된 프로그램을 실행하려면 JVM 구현체를 시스템에 설치해야 한다.

이 책은 JVM을 타깃으로 하는 다섯 개의 가장 인기 있는 언어를 처음 사용하는 일을 도와준다. 언어의 기본 지식을 배우고 코드를 작성함으로, 자신과 자신의 팀, 프로젝트에 가장 적합한 언어를 찾을 수 있다.

2장에서 자발 개발 키트JDK, Java Development Kit와 자바 클래스 라이브러리Java Class Library를 자세히 다루기 전에, 몇 가지 실질적인 주요 사항을 살펴보도록 한다. 오늘날 아주 많은 프로그래밍 언어와 플랫폼이 경쟁적으로 존재하기 때문에, 먼저 JVM이 개발자에게 무엇을 제공해야 하는지 자세히 살펴보는 것이 현명하다. 1장에서는 다음의 주제를 다룬다.

- JVM에서 개발하는 이유
- 일반적인 JVM 사용 사례
- JVM 개념 소개
- 자바 에디션
- 다른 JVM 언어

▎ JVM 구현체

이 책은 오라클Oracle의 자바 SEJava Standard Edition 8 (및 그 이상) 플랫폼에 호환성이 있는 JVM 구현체만을 다룬다. 자바 SE 8 버전은 데스크톱 컴퓨터와 서버, 일반적인 신용카드 크기의 라즈베리 파이Raspberry Pi의 모든 모델을 포함한 다수의 싱글 보드 컴퓨터에 설치 가능하다. 책에서는 오라클의 JVM 구현체를 사용하지만 동일 버전의 오픈소스 OpenJDK와 IBM의 J9 자바 SE 구현체에서도 동일하게 동작한다.

구글이 안드로이드 폰과 태블릿에 탑재한 자바 플랫폼은 전혀 다루지 않는다. 안드로이드는 예전 버전의 자바를 사용하기 때문이다. 그래서 안드로이드 버전은 점점 올라가고 있지만, 여전히 오라클 자바 SE 8의 모든 기능을 지원하지 않고 별도의 컴파일러와 도구를 필요로 한다. 또 다른 이유는 구글이 자바 SE API의 많은 부분을 제거하고 그들이 제작한 호환되지 않는 API로 대체했다는 점이다. 이 책에서 다루는 몇몇 언어는 안드로이드에서도 사용 가능하다. 특히 코틀린은 최신 안드로이드 플랫폼에서 가장 많이 선택되는 언어다. 하지만 안드로이드 사용 사례는 이 책에서는 살펴보지 않는다.

▮ 왜 JVM에서 개발하는가?

오늘날 수많은 프로그래밍 언어와 플랫폼 옵션을 사용할 수 있는데, 왜 다음 프로젝트를 JVM에서 개발하고 배포하려고 할까? 기억하는 것보다 더 많은 기간에 걸쳐 다른 언어 사용자들에 의해 JVM이 원래 목적하고 만든 언어인 자바는 결국 쓸모없는(심지어 터무니없고 죽은) 것이 됐다.

하지만 많은 다른 프로그래밍 언어들이 등장하고 사라지는 동안에도, 자바는 항상 세상에서 가장 많이 사용되는 언어 목록에 있었으며 심지어 상위 목록에 위치하기 위해 많은 노력을 기울였다.

JVM 플랫폼이 강력한 가장 중요한 이유 몇 가지를 살펴보자.

- 시장 변화에 적응하면서 현대적 감각을 이어 가고 있다.
- 내장된 클래스 라이브러리인 자바 클래스 라이브러리^{Java Class Library}는 매우 강력하다.
- 필적할 수 없는 생태계를 갖고 있다.

시장 변화에 적응한 JVM

자바가 처음 등장한 1990년대 중반 컴퓨터는 싱글 코어 CPU를 장착하고 있었고, 메모리 칩이 매우 비쌌기 때문에 기가바이트 메모리도 갖고 있지 않았다. 자바는 현대적인 개발 방식을 유지하는 언어 가운데 하나다. 멀티 코어 CPU가 등장했을 때 자바는 여러 스레드를 통해 코드를 실행함으로 멀티 코어를 곧 지원하게 됐다. 여기서 끝이 아니다. 매번 새로운 버전에서 동시성 문제를 쉽게 처리하기 위한 새로운 클래스를 추가했다. 이런 추세는 지금도 계속되고 있다.

함수형 프로그래밍 패러다임이 인기를 끌면서, 자바는 핵심 언어 영역에 람다^{lambda}와 스트림^{stream}에 대한 지원 기능을 내장했다. 다른 인기 있는 언어에 비해 다소 늦게 이런 지원 기능을 출시했지만, 다른 언어보다 더 좋았다. 멀티 스레드를 위한 기본 기능을 거의 무료로 제공했기 때문이다.

시장의 변화에 적응해야 한다는 것은 때때로 상황이 변해야 함을 의미한다. 자바가 등장했던 때로 돌아가보면, 자바 코드를 브라우저에 직접 실행하는 것은 매우 큰일이었다. 이런 작은 애플리케이션을 애플릿^{applets}이라고 불렀고, 모든 브라우저와 시스템에 맞는 브라우저 플러그인을 설치해야 했다. 물론 최근 시장은 대화형 웹사이트를 구축하는 표준 언어로 자바스크립트^{JavaScript}를 선택했고, 오라클은 최근 애플릿 표준을 사용하지 않는다.

자바 클래스 라이브러리

자바의 모든 에디션—1장 후반부에서 다룰 에디션보다 많다—마다 사용 가능하도록 보장된 클래스가 다르다. 자바 SE 8의 자바 클래스 라이브러리^{Java Class Library}는 매우 커다란 클래스의 모음이다. 자바 SE 8 플랫폼 표준에 부합하는 모든 JVM 런타임은 JVM을 구현한 벤더와 무관하게 자바 클래스 라이브러리의 클래스를 모두 구현해야 한다.

자바 클래스 라이브러리 안의 클래스는 콘솔 창의 입출력과 파일 I/O를 처리하고, TCP 서버와 통신하는 등의 기능을 제공한다. 운영체제 스레드를 시작하고 관리하는 많은 클래스도 존재한다. 무엇보다도 기본적인 리스트와 맵(다른 언어에서는 딕셔너리dictionaries라고 부른다)과 같은 자료 구조를 정의한 클래스를 포함한다. 2장에서 자바 클래스 라이브러리의 클래스를 자세히 살펴보도록 하자.

자바 클래스 라이브러리는 언어 설계자들이 JVM을 타깃으로 하는 중요한 이유다. 자바 클래스 라이브러리에서 정의한 자료 구조를 사용하면, 언어 설계에 더 집중할 수 있고 처음부터 전체 런타임 라이브러리를 구축하느라 많은 시간을 소비할 필요가 없다. 자바 클래스 라이브러리와 견줄 수 있는 완전히 테스트된 멀티플랫폼 런타임 시스템 라이브러리를 구현하는 건 엄청난 일이다.

생태계

기본 클래스 라이브러리가 프로그래머의 모든 사용 사례를 다룰 수 없다. 필요한 클래스가 없으면 시간을 절약하기 위해 다른 회사나 그룹, 개인이 개발한 라이브러리나 도구를 사용할 수 있다. 자바는 수년 간 너무나 많은 성공을 거뒀기 때문에 자바 생태계는 타의 추종을 불허한다. 그래서 JVM에서 사용 가능한 것보다 고품질의 툴과 라이브러리, 툴킷, 프레임워크를 갖춘 플랫폼을 찾기란 쉽지 않다.

많은 추가 라이브러리를 사용할 수 있지만 자바는 개발자에게 특정 라이브러리를 사용하도록 강요하지 않는다. 생태계가 얼마나 풍부한지 알아보기 위해 웹 애플리케이션을 만들 때 JVM 개발자가 일반적으로 선택할 수 있는 주요 옵션을 살펴보자.

- JVM 애플리케이션 서버 내에서 실행하는 웹 애플리케이션 구축
- 신속하게 결과를 얻기 위해 고수준의 일반적인 웹 프레임워크 사용
- 더 많은 제어를 위해 마이크로서비스 프레임워크로 애플리케이션 구축

시나리오 1-JVM 애플리케이션 서버 사용하기

개발자는 엔터프라이즈 경로를 선택하고 오픈소스 혹은 독점 공급 업체의 JVM 기반 애플리케이션 서버를 설치해, 원한다면 웹 애플리케이션과 함께 애플리케이션을 실행할 수 있다. 서버는 구성 문제를 처리하고 데이터베이스 연결을 관리한다.

기본적인 웹 애플리케이션을 실행하기에 충분한 기본 API만 포함한 간단한 애플리케이션 서버도 있다.

오라클이 보장하는 완벽한 애플리케이션 서버도 있다.

데이터베이스에 접속하는 API와 XML 혹은 JSON 문서를 생성하거나 사용하는 API, SOAP이나 REST 표준을 통해 다른 웹 서비스와 통신하는 API, 웹 보안을 제공하는 API, 레거시 컴퓨터 시스템과 메시지를 주고받는 API 등 이외에도 다양한 표준화된 기본 API가 있다.

다음은 엔터프라이즈 개발에서 가장 중요한 두 가지 요소다.

- 이 책 뒷부분에서 다룰 자바 엔터프라이즈 에디션Java EE, Java Enterprise Edition
- 스프링Spring 프레임워크 생태계(스프링 부트Spring Boot 포함)

많은 애플리케이션이 이 두 가지 기술을 함께 사용한다.

다음은 인기 많은 애플리케이션 서버들이다.

- 아파치 톰캣Apache Tomcat(기본 웹 애플리케이션으로서)
- 아파치 톰EEApache TomEE
- 레드햇 와일드플라이Red Hat WildFly
- 오라클 글래스피시Oracle GlassFish
- 레드햇 제이보스 엔터프라이즈 애플리케이션 플랫폼Red Hat JBoss Enterprise Application Platform
- 오라클 웹로직Oracle WebLogic

처음 네 가지는 오픈소스이고 나머지 두 개는 사적 독점 소프트웨어다.

시나리오 2-고수준의 웹 애플리케이션 프레임워크 사용하기

두 번째 가능한 시나리오는 완벽한 웹 애플리케이션 프레임워크를 사용하는 것이다. 이런 프레임워크는 엔터프라이즈 프레임워크보다 고수준의 API를 제공하고 개발자의 생산성을 크게 높여주는 모델-뷰-컨트롤러^{MVC, model-view-controller} 솔루션을 내장하고 있다.

이런 프레임워크는 일반적으로 몇 가지 하드코딩된 라이브러리/툴킷에 대해서만 기본 지원 기능을 제공하기 때문에 개발자를 특정 방향으로 움직이게 한다. 그러나 종종 다른 라이브러리를 추가하도록 플러그인을 제공하기도 한다. 약간의 자유를 포기하면 빠른 개발 주기를 달성할 수 있다. 어떤 프레임워크는 JVM 애플리케이션 서버 내에서 애플리케이션을 구동해야 하는 한편, 다른 프레임워크는 자신만의 HTTP 서버를 제공하기도 한다.

아파치 스트러츠^{Apache Struts}는 웹 애플리케이션 프레임워크 범주에서 매우 인기 있었지만, 요즘에는 플레이 프레임워크가 가장 인기 있다.

시나리오 3-마이크로서비스 프레임워크

최신 마이크로서비스 프레임워크를 사용해 애플리케이션을 개발하는 다른 시나리오도 가능하다. 마이크로서비스 프레임워크는 애플리케이션을 실행하기 위해 내장된 HTTP 서버를 제공하지만 독창적인 도구나 라이브러리를 제공하진 않는다. 그래서 이번 시나리오에서는 사용자가 사용하려는 다른 라이브러리와 툴킷을 혼합 사용하기가 더 쉽다.

일반적으로 최신 마이크로서비스 아키텍처를 따르기 위해 애플리케이션을 여러 독립형 웹 서비스로 분리하지만 프레임워크의 필수 요구 사항은 아니다.

Vert.x와 스파크 자바^{Spark Java}(아파치 스파크^{Apache Spark} 빅데이터 플랫폼과 함께 사용되지 않는다)는 가장 일반적으로 사용되는 마이크로서비스 프레임워크다.

▌ 일반 사용 사례

최신 소프트웨어 개발에서 JVM을 사용하는 이유를 살펴봤으니, 이제 특히 JVM을 많이 사용하는 사례를 살펴보자.

- 웹 애플리케이션
- 빅데이터 분석
- 사물 인터넷IoT, Internet of Things

웹 애플리케이션

웹 애플리케이션의 성능 때문에 JVM을 많이 선택한다. 애플리케이션을 올바르게 구축하면, 여러 서버에 걸쳐 서비스되더라도 매우 원활하게 확장할 수 있기 때문이다.

JVM은 예측 가능한 플랫폼이다. 문제가 있는 애플리케이션을 디버깅하고 프로파일할 수 있는 다양한 도구를 제공한다. 개방적인 특성 때문에 JVM 내부를 모니터링하는 일도 가능하다. 수천 명의 사용자에게 동시에 서비스를 제공하는 웹 애플리케이션에서 이런 점은 매우 중요한 장점이다.

JVM은 이미 클라우드에서 큰 역할을 하고 있다. 스칼라를 사용해서 유명한 트위터Twitter와 아마존Amazon, 스포티파이Spotify, 넷플릭스Netflix 같은 기업들이 클라우드 기반 서비스의 핵심에서 JVM을 사용한다.

빅데이터

빅데이터는 핫 이슈다. 분석하려는 데이터가 기존의 데이터베이스보다 현저히 크다고 여겨지면 이런 데이터를 처리하기 위해 여러 개의 서버 클러스터를 구성할 수 있다. 이런 문맥에서 데이터를 분석하는 일은 특정한 무언가를 찾고 패턴을 발견하며 통계를 계산하는 일과 관련된다.

이런 빅데이터는 웹 서버로부터 수집된 데이터(예: 방문자 클릭 로그)와 제조업체 공장의 외부 센서로부터 얻은 출력, 수년 동안 레거시 서버가 생산한 로그파일 등으로부터 획득할 수 있다. 데이터 크기는 매우 다양할 수 있지만, 수 테라바이트를 차지하는 경우가 많다.

다음은 빅데이터 영역에서 가장 인기 있는 기술이다.

- 아파치 하둡Apache Hadoop : 데이터 저장소를 제공하고 다른 서버로 데이터를 배포하는 역할을 담당한다.
- 아파치 스파크Apache Spark : 하둡을 사용해 데이터를 스트리밍하고 입력 데이터를 분석한다.

하둡과 스파크 모두 대부분 자바로 작성됐다. 둘 모두 많은 프로그래밍 언어와 플랫폼에 대해 인터페이스를 제공하며, JVM이 그 가운데 하나임은 놀라운 일이 아니다.

함수형 프로그래밍 패러다임은 멀티 코어 CPU에서 안전하게 실행되는 코드 생성에 초점을 맞춘다. 그래서 함수형 프로그래밍 스타일에 특화된 스칼라와 클로저 같은 언어는 스파크 혹은 하둡과 함께 사용하기에 적합하다.

IoT

인터넷 접속 기능을 갖춘 이동 장치는 오늘날 매우 일반적이다. 자바는 처음부터 디바이스에 내장돼 실행하도록 고안됐기 때문에, JVM은 여기서도 사용 가능하다.

메모리 사용량이 많은 시스템에 대해 오라클은 자바 ME 임베디드Java ME Embedded 플랫폼을 제공한다. 즉, 표준 그래픽이나 콘솔 기반 사용자 인터페이스가 필요하지 않은 상용 IoT 장치를 위한 것이다.

더 많은 메모리를 확보할 수 있는 장치에서는 자바 SE 임베디드 에디션Java SE Embedded Edition 을 사용하면 된다. 자바 SE 임베디드 버전은 이 책에서 언급한 자바 SE와 매우 유사하다.

완전한 리눅스 환경에서 실행할 때 자바 SE 임베디드 버전은 완벽한 사용자 상호작용을 위한 데스크톱 GUI를 제공한다.

자바 ME 임베디드^{Java ME Embedded}와 자바 SE 임베디드^{Java SE Embedded} 플랫폼 모두 라즈베리 파이의 다용도 입출력 포트^{GPIO, general-purpose input/output}에 접근할 수 있다. 이는 센서와 기타 주변 장치를 자바 코드로 액세스할 수 있음을 의미한다.

▌ JVM 개념

모든 열성적인 JVM 개발자는 JVM의 중요한 개념을 숙지해야 한다.

- JVM은 가상 머신이다.
- 대부분의 JVM 구현체에는 JIT^{Just-In-Time} 컴파일러가 장착돼 있다.
- 몇 가지 기본적인 데이터 타입을 제공한다.
- 다른 모든 것은 객체다.
- 객체는 참조 타입을 통해 접근한다.
- 가비지 컬렉터^{GC, garbage collector}는 메모리에서 더 이상 쓸모가 없어진 객체를 제거한다.
- JVM 세계에서는 빌드 도구를 많이 사용한다.

가상 머신

자바 가상 머신이 가상 머신이라는 점은 매우 분명하지만 애플리케이션을 개발하고 실행하는 기계와 다른 종류의 기계에 맞는 애플리케이션을 작성한다는 사실을 항상 기억해야 한다.

일반적으로 자바 런타임 환경JRE, Java Runtime Environment 32비트와 64비트 버전 중 어디에서 코드를 실행하는지 여부는 중요하지 않다. 64비트보다 32비트 버전에서 애플리케이션이 더 많은 메모리를 사용할 수는 있지만, 네이티브 운영체제 호출을 수행하거나 기가바이트의 메모리를 필요로 하지 않는 한 실행하는 프로그램은 이 차이를 고려하지 않는다.

 데이터 타입 크기가 네이티브 시스템에 따라 달라지는 C 같은 언어와 달리, 자바는 이런 문제(혹은 기능)를 가지고 있지 않다. 어떤 컴퓨터 플랫폼 또는 시스템 아키텍처에서 실행하는지 여부와 상관없이 JVM에서 int 정수는 항상 부호화된 32비트 크기다.

마지막으로 JVM에서 실행되는 모든 애플리케이션은 시스템 메모리에 자체 JVM 인스턴스를 로드한다는 점에 유의해야 한다. 여러 자바 애플리케이션을 동시에 실행할 때 자체적으로 자신만의 JVM 복사본을 갖고 있다는 의미다. 어떤 이유에서든 필요하면 다른 애플리케이션은 다른 버전의 JVM을 사용할 수 있다는 의미이기도 하다. 하지만 보안상의 이유로 하나의 시스템에서 다른 버전의 JDK나 JRE 사용을 권장하지 않는다. 일반적으로 지원되는 최신 버전만 설치하는 것이 좋다.

JIT 컴파일러

어디에서나 사용되지는 않지만, 모든 인기 있는 JVM 구현체는 단순한 인터프리터가 아니다. JVM 구현체는 인터프리터와 함께 복잡한 JIT 컴파일러를 제공한다.

자바 애플리케이션을 실행하면 가장 먼저 JVM을 구동하고 초기화한다. 이 작업이 완료되면 자바 바이트코드를 해석하고 실행한다. 인터프리터는 코드에 문제가 없다고 판단하면 프로그램을 컴파일하고 라이브러리를 메모리의 네이티브 실행 코드에 로드하며, 해석된 자바 바이트코드 버전 대신 코드 버전을 실행하기 시작한다. 이 과정을 통해 훨씬 더 빠르게 실행되는 코드를 생성하기도 한다.

코드를 컴파일할지 혹은 해석할지 여부는 여러 가지 사항에 따라 달라진다. 루틴이 자주 호출된다면 아마도 JIT 컴파일러는 네이티브 코드로 컴파일할 확률이 더 높다.

 JIT 접근 방식의 장점은 분산된 파일을 여러 플랫폼에 교차할 수 있으며 전체 애플리케이션의 네이티브 컴파일을 기다릴 필요가 없다는 점이다. JVM이 초기화되면 애플리케이션을 즉시 실행하고, 내부적으로 최적화한다.

기본형 데이터 타입

JVM은 몇 가지 기본형 데이터 타입primitive datatypes을 내장하고 있다. 이 점이 자바를 순수한 OOP 언어로 여기지 않는 주된 이유다. 기본형 데이터 타입의 변수는 객체가 아니고 항상 값을 갖는다.

자바 이름	설명과 크기	값(범위)
byte	부호화된 바이트(8비트)	$-128 \sim 127$
short	부호화된 짧은 정수(16비트)	$-32768 \sim 32767$
int	부호화된 정수(32비트)	$-231 \sim 231-1$
long	부호화된 긴 정수(64비트)	$-263 \sim 263-1$
float	단일 정밀 유동 소수점 실수(32비트)	부정확한 부동 소수점 값
double	이중 정밀 유동 소수점 실수(64비트)	부정확한 부동 소수점 값
char	유니코드 UTF-16문자(16비트)	유니코드 문자 0~655535
boolean	부울	True/False

모든 JVM 언어가 기본형 데이터 타입의 변수 생성을 지원하지는 않으며, 모든 것은 객체 접근 방식을 따른다는 가정을 따르지 않음을 유의하자. 자바 클래스 라이브러리는 기본형 데이터 타입을 랩핑하는 래퍼 클래스를 가지고 있으며, 자바를 비롯한 대부분의 언어가 필요하면 이 래퍼 클래스를 자동으로 사용하기 때문에 기본형 데이터 타입이 문제가 되지는 않는다.

클래스

함수와 변수는 항상 클래스 내부에 선언한다. main( ) 함수라고 부르는 프로그램을 시작할 때 호출되는 애플리케이션 진입 함수도 클래스 내부에 위치한다.

JVM은 단일 상속만 지원한다. 클래스는 항상 최대 1개의 클래스만 상속한다. 2장에서 다룰 인터페이스interface라는 구조가 있어서 단일 상속은 문제가 되지 않는다. 인터페이스는 기본적으로 함수 프로토타입(코드는 없고 함수 정의만 존재)과 상수의 목록이다. 인터페이스를 구현하는 클래스는 인터페이스에 정의된 클래스를 모두 정의해야 컴파일된다. 클래스는 원하는 수만큼의 인터페이스를 구현할 수 있지만, 구현하려는 모든 인터페이스가 정의한 메소드를 전부 구현해야만 한다.

 이 책에서 다루는 몇몇 언어는 이와 관련된 내용을 개발자에게 완벽하게 공개하지 않는다. 예를 들어 자바와는 다르게 몇몇 언어는 함수와 변수를 클래스 선언 밖에 정의하도록 허용하거나 심지어 실행 코드도 함수 정의 밖에 존재할 수 있다. 다중 상속을 허용하는 언어도 있다. 이러한 언어는 JVM 한계와 설계 결정을 위해 교묘한 트릭을 내부적으로 사용한다.

보통 JVM 클래스는 패키지를 통해 그룹으로 묶인다. 2장에서 클래스를 구조화하는 방법을 알아본다.

참조 타입

대부분의 최신 프로그래밍 언어와 마찬가지로, JVM은 객체에 대한 메모리 포인터를 직접 다루지 않는 대신 JVM은 참조 타입reference type을 사용한다. 참조 타입은 클래스의 특정 인스턴스를 가리키거나 아무것도 가리키지 않는다.

참조 타입이 객체를 지정할 경우 참조 타입을 통해서 객체의 메소드를 호출하거나 공개된 속성에 접근할 수 있다.

아무것도 가리키지 않는 참조 타입을 null 참조null reference라고 한다. null 참조를 사용해서 메소드를 호출하거나 속성에 접근하면 런타임 시 오류가 발생한다. 책에서 다루는 몇몇 언어는 이 문제에 대한 해결책을 제공한다.

참조와 null 참조

다음 코드를 살펴보자.

```
Product p = new Product();
p.setName("Box of biscuits");
```

이 프로그램에서는 Product라는 클래스를 사용할 수 있다고 가정한다. Product 인스턴스를 생성하고 이 인스턴스를 변수 p가 참조하며, 그런 다음 객체 인스턴스의 setName 메소드를 호출한다.

JVM은 Product 객체가 저장된 메모리 위치에 직접 접근을 허용하지 않고, 생성된 객체에 대한 참조만 제공한다. JVM은 변수가 지정하는 객체에 접근할 수 있는 메모리 위치를 변수 p를 사용해서 계산한다.

앞의 코드에 다음 코드를 추가한다.

```
p = null;
p.setName("This line will produce an error at run-time");
```

변수에 null을 할당해 참조를 명시적으로 지울 수 있다. 메소드 내에서 선언한 변수는 메소드를 빠져나오면 자동으로 삭제되기 때문에 null을 할당할 필요가 없지만 그렇게 해도 된다. 이제 변수 p는 null 참조다. 다음 단락에서 어떤 참조 타입 변수도 참조하지 않는 객체 인스턴스에서 발생하는 일을 살펴볼 예정이다.

앞의 코드는 잘 컴파일되지만, 프로그램을 실행하면 마지막 줄에서 `NullPointerException` 오류가 발생한다. 애플리케이션에 오류를 처리하는 기능이 없으면 프로그램은 중단될 것이다. 그래서 많은 최신 IDE는 이런 null 참조 상황을 감지해 개발자에게 미리 알려준다.

가비지 컬렉터

JVM 환경에서는 프로그래머가 객체를 생성하고 제거할 때 직접 메모리 블록을 할당하고 해제할 필요가 없다. 일반적으로 프로그래머는 객체가 필요할 때 객체를 생성하는 일에만 집중하면 된다.

GC라고 알려진 프로세스는 특정 주기에 따라 애플리케이션을 중단하고 더 이상 사용하지 않는 객체(그 시점에 로드된 다른 어떤 객체에서도 접근이 불가한 객체)의 메모리를 스캔한다. 메모리에서 삭제할 수 있는 객체를 안전하게 제거하고 해제된 메모리 공간을 회수하게 된다.

가비지 컬렉터는 과거에 매우 심각한 성능 문제를 야기했지만, 수년 간 알고리즘이 많이 향상됐다. 필요한 경우 시스템 관리자는 가비지 컬렉터를 더 잘 제어하는 많은 매개변수를 구성할 수 있다.

개발자는 GC 알고리즘에 대한 높은 수준의 개념을 항상 염두에 두어야 한다. 계속해서 수많은 객체를 생성하고 항상 해당 범위에 보관하면(즉, 이런 모든 객체를 애플리케이션이 접근할 있는 목록에 저장해두고 모든 객체에 접근한다면), 머지않아 메모리 초과 오류가 발생할 가능성이 높다.

예제

온라인 상점을 위한 전자상거래 애플리케이션을 개발한다고 가정해보자. 그리고 상점 고객은 구매하려는 상품을 담고 보관하는 자신만의 장바구니^{ShoppingBasket} 객체를 소유한다고 하자.

오늘 로그인한 고객이 비누와 맛있는 과자를 살 계획이라고 하자. 이 고객을 위해 애플리케이션은 두 개의 Product 인스턴스, 선택한 상품별로 1개의 인스턴스를 생성하고 ShoppingBasket의 products 목록에 인스턴스를 추가할 것이다.

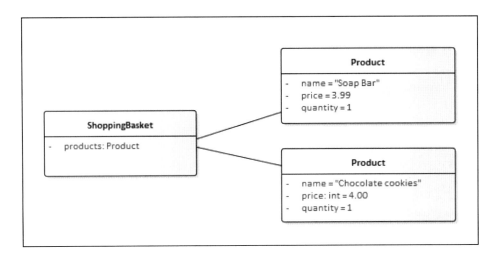

체크아웃 페이지를 방문하기 직전에 고객은 아마존에서 동일한 쿠키를 더 좋은 가격에 판매한다는 사실을 알고 장바구니에서 쿠키를 삭제하기로 결정한다. 기술적으로 애플리케이션은 상품 목록에서 Product 인스턴스를 삭제할 것이다. 그때부터 Chocolate cookies에 해당하는 상품 인스턴스는 고아 객체이다. 쿠키 인스턴스에 대한 참조가 없기 때문에, 애플리케이션은 그 인스턴스에 접근할 수 없다.

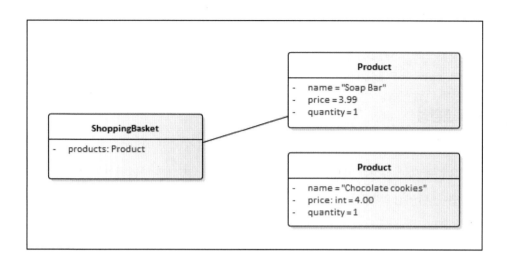

잠시 후 JVM의 CG가 시작되고 Chocolate cookies 객체 인스턴스를 발견하게 된다. GC
는 애플리케이션에서 더 이상 객체에 접근할 수 없다는 것을 확인하고 객체 인스턴스를 제
거하기로 결정한다. 객체가 사용하던 메모리는 이제 해제된다.

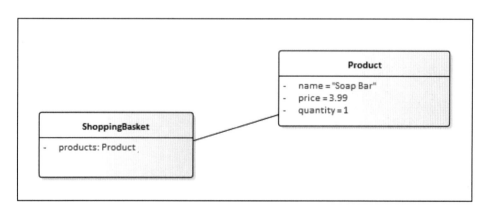

GC를 조절하는 여러 가지 방법이 있다. 애플리케이션이 많은 유사한 객체를 다뤄야 할 경
우에는 이러한 객체를 풀(객체 목록)에 넣는 것이 잘 알려진 방법 중 하나다. 객체가 필요하
면 애플리케이션은 풀에서 객체를 얻어오고 필요에 따라 객체를 변경한다. 처리가 완료
돼 더 이상 객체가 필요 없을 때는 다시 풀로 돌려보낸다. 객체는 사용하지 않을 때도 항

상 어느 범주(애플리케이션이 접근할 수 있는 풀) 안에 속해 있기 때문에, GC는 이런 객체를 제거하려고 하지 않는다.

하위 호환성

JVM과 자바 클래스 라이브러리의 유지관리자는 비즈니스 개발자의 요구를 이해한다. 이상적으로는 오늘 작성한 코드가 내일도 동작해야 한다. JVM은 합리적인 하위 호환성을 제공한다. 파이썬 2와 3에 친숙한 개발자는 하위 호환성이 항상 지원되지 않는다는 것을 알 것이다.

애플리케이션이 실행되는 JVM 버전에서 삭제된 API나 기술을 사용하지 않는다면 이전 버전의 JVM에서 컴파일한 애플리케이션은 새로운 JVM 버전에서도 실행 가능하다. 한 가지 예로, 자바 8 JVM 인스턴스에서 실행하는 프로젝트에서 자바 6에서 컴파일한 라이브러리를 로드하고 사용할 수 있다. 하지만 반대의 경우는 불가하다. 자바 6 JVM 인스턴스에서 실행하는 애플리케이션은 이후 버전에서 컴파일한 클래스를 로드할 수 없다.

물론 모든 다른 플랫폼이나 언어와 마찬가지로 JDK와 자바 클래스 라이브러리도 때때로 클래스와 기술 전체를 포기해야 한다. 문제가 있기는 하지만 JVM의 하위 호환성은 일반적으로 다른 플랫폼과 언어보다 우수하다. 또한 API는 적절하고 잘 정비된 대안이 존재할 때만 제거된다.

빌드 도구

프로젝트가 단순했던 시절에는 간단한 배치나 운영체제의 셸 스크립트를 사용해서 컴파일과 패키징 절차를 자동화했다. 하지만 프로젝트가 점점 복잡해지면서 스크립트를 작성하기가 어려워졌고, 운영체제마다 완벽하게 다른 스크립트를 작성해야 했다.

곧, 최초의 Java 빌드 도구가 등장했다. 빌드 도구는 XML 빌드 파일로 동작했고, 이러한 방식으로 여러 플랫폼에 적용 가능한 스크립트를 작성할 수 있었다. 처음에는 길고 번잡한 스크립트를 작성해야 했으나, 이후 툴은 구성에 대한 규약을 만들었고 이 규약에 따르면 더 적은 코드로 스크립트를 작성할 수 있게 됐다. 하지만 기본 동작을 따를 수 없을 경우에는 도구가 원하는 대로 작업을 수행하도록 하기 위해 많은 노력을 기울여야 한다. 최신 툴은 XML 파일을 제거하고 빌드를 자동화하기 위한 스크립트 언어를 제공한다.

이런 빌드 도구가 제공하는 일반적인 기능은 다음과 같다.

- 인터넷을 통해서 잘 알려진 저장소로부터 필요한 라이브러리를 다운로드하는 내장 의존성 관리자
- 자동으로 단위 테스트를 실행하고 테스트가 실패한 경우 조건에 따라 패키징을 중단하는 테스트 관리자

JDK는 자체적으로 빌드 도구를 제공하지 않지만, 대부분의 프로젝트가 다음의 오픈소스 빌드 자동화 도구를 사용한다.

- 아파치 앤트Apache Ant: 의존성 관리자를 내장하지 않으며 XML 기반 빌드 스크립트를 사용
- 아파치 메이븐Apache Maven: XML 파일 구성에 대한 규약을 처음 사용했고 플러그인 사용 가능
- 그래들Gradle: 그루비나 코틀린으로 빌드 스크립트 작성

흔히 사용하는 IDE를 사용하는 JVM 프로그래머는 빌드 자동화 도구에 대해 크게 신경 쓸 필요가 없다. 모든 IDE가 알아서 빌드 스크립트를 생성하기 때문이다. 빌드 과정을 제어하고자 한다면, 직접 스크립트를 작성해서 컴파일과 테스트, 프로젝트 실행 시 IDE가 이 스크립트를 사용하게 하면 된다.

▌ 자바 에디션

자바에는 각각 다른 용도로 사용 가능한 여러 가지 에디션이 있다. 몇 개 버전은 수년 동안 이름이 여러 번 변경됐다. 현재 존재하는 에디션은 다음과 같다.

- 자바 스탠다드 에디션Java SE, Java Standard Edition
- 자바 엔터프라이즈 에디션Java EE, Java Enterprise Edition
- 자바 마이크로 에디션Java ME, Java Micro Edition

자바 SE

자바 SE는 가장 중요한 에디션으로, 일반적으로 '자바'라고 하면 이 에디션을 의미한다. 이 책에서는 자바 SE 플랫폼만 집중적으로 다룬다.

자바 SE는 데스크톱 기계와 서버에서 실행되도록 고안됐지만, 임베디드 버전으로도 사용 가능하고 라즈베리 파이의 리눅스 배포판에 번들로 포함돼 있다. 자바 SE는 완전한 자바 클래스 라이브러리를 제공한다. 자바 SE는 스윙 GUI 툴킷Swing GUI Toolkit을 포함하며, 최신 버전에서는 최신 자바FXJavaFX GUI 툴킷도 포함한다.

자바 SE 임베디드의 최근 업데이트에는 자바FX 툴킷이 빠졌다는 점을 유의하자. 라즈베리 파이에서 최신의 JDK 업데이트를 설치하면 자바FX 컴포넌트가 사라질 것이다. 오라클은 고급 사용자가 자바FX를 다운로드하고 컴파일해 사용할 수 있도록 라즈베리 파이를 위한 자바FX 포트의 소스코드를 공개했다.

자바 SE는 보통 독립 실행형 콘솔 또는 데스크톱 GUI, 화면이 없는 애플리케이션을 생성하는 데 사용하며, 외부 라이브러리를 생성하는 데도 사용된다.

자바 EE

자바 EE는 자바 SE 기반 위에 만들어졌기 때문에 자바 SE 설치가 필요하다. 자바 EE는 많은 영역에 다양한 API를 제공한다. 자바 EE 애플리케이션은 보통 JVM 애플리케이션 서버 내에서 동작한다. 이 책에서는 자바 EE를 깊이 있게 다루지 않지만, 때때로 언급할 것이다. 특히 비즈니스 개발자를 위해 자바 플랫폼에 매우 중요한 기능을 추가로 제공하기 때문이다.

오라클 웹사이트에서 자바 EE 독립형 에디션을 다운로드할 수 없다. 대신 사용하려는 자바 EE 플랫폼 버전과 호환되는 완전한 애플리케이션 서버를 다운로드해야 한다. 몇몇 IDE는 자바 EE 애플리케이션 서버를 번들로 제공한다. 2장에서 이 부분을 다룬다.

자바 EE 표준은 단지 사용 가능한 API만 정의하며, 구현 방법을 지정하지는 않는다. 구현은 자바 EE 표준을 준수한 실제 구현체를 제공하는 자바 EE 호환 애플리케이션 서버의 책임이다.

예제—두 개 애플리케이션 서버로 구현하는 자바 퍼시스턴스 API

자바 EE는 자바 퍼시스턴스 API^{JPA, Java Persistence API}를 구현한다. JPA는 객체 관계 매핑^{ORM, object relation mapper} API로, 자바 객체와 관계형 데이터베이스(주로 오라클 데이터베이스와 오라클 MySQL, PostgreSQL과 같은 SQL 데이터베이스) 사이의 계층이다. 몇 라인의 코드로 JVM 객체의 내용을 데이터베이스에 쓰고, 데이터베이스를 읽어 객체에 담을 수도 있다.

오라클은 자바 EE의 참조 구현물로 글래스피시^{GlassFish}라는 오픈소스 애플리케이션 서버를 제공한다. 글래스피시는 JPA 표준을 구현한 오픈소스 프로젝트인 이클립스링크^{EclipseLink}를 번들로 제공한다. 한편, 또 다른 오픈소스 자바 EE 애플리케이션 서버인 레드햇의 와일드플라이^{WildFly}는 JPA 표준을 구현한 더 인기 있는 레드햇의 하이버네이트^{Hibernate} ORM 오픈소스 프로젝트를 번들로 제공한다.

개발자가 JPA 표준에 문서화된 기능만 사용한다면 어떤 구현체를 사용하는지는 문제가 되지 않는다. 하지만 특정 구현체의 고유한 기능을 사용하면 문제가 발생할 수 있다.

 애플리케이션 서버의 공급 업체가 선택한 구현 방식이 맘에 들지 않으면 특정 표준의 구현으로 전환하는 경우가 종종 있다. JVM 개발자는 정말 이렇게 선택하는 것을 좋아한다.

자바 ME

최근 iOS와 안드로이드가 등장하기 전 피처폰과 초기 스마트폰 게임과 기본 애플리케이션을 위한 중요한 플랫폼은 자바 ME였다. 그러나 iOS와 안드로이드 모두 자바 ME 애플리케이션을 지원하지 않으며, 더 이상 주요한 역할을 하지 않는다.

자바 ME는 자바 클래스 라이브러리의 부분집합과 모바일 장치와 동작하기 위한 몇 가지 추가 기능을 제공한다. 상용 IoT 장치에서 사용되는 자바 ME 임베디드Java ME Embedded로서, 자바 ME는 제2의 인생을 살고 있다.

▌ JVM의 다른 언어들

자바 언어와 플랫폼의 사용을 촉진시키기 위해 선 마이크로시스템즈는 일찍 JVM 사양을 발표했다. JVM 사양은 아직 사용 가능한 JVM을 공식적으로 구현하지 못한 플랫폼에 대한 JVM 구현을 원하는 개발자를 대상으로 작성됐다. JVM 사양은 JVM이 실행할 수 있는 하위 수준의 커맨드 종류와 필요한 데이터 구조, 메모리에 접근하는 규칙, 자바 바이트코드의 .class 파일 형식 등을 서술한다.

설계자가 원래 목적한 바는 아니지만 JVM 사양을 공표함으로 다른 언어 작성자도 자바 바이트코드를 실험할 수 있게 되었고, 다른 언어가 바이트코드 형식으로 컴파일되기까지 오래 걸리지 않았다. 선 마이크로시스템즈, 훗날 오라클은 이런 개발을 무척 좋아한다. 오라클은 오로지 JVM에서 동적 언어 지원을 쉽게 하기 위해 JVM에 새로운 기능을 추가하는 일을 매우 좋아했다.

1장에서는 다른 JVM 언어와 관련해 다음 주제를 다룬다.

- JVM 개발에 자바 외에 다른 언어를 선택해야 하는 이유
- 단일 프로젝트에서 여러 언어를 혼합하여 사용하기와 그때 발생 가능한 문제
- 주 프로젝트에서 사용한 언어와 다른 언어로 단위 테스트 작성하기

자바 외에 다른 언어를 선택하는 이유

자바는 원래 JVM에서 실행되도록 설계된 언어인데, JVM 개발을 위해 다른 언어를 선택하는 까닭은 무엇일까?

이유는 여러 가지가 있다.

- 자바는 매우 장황한 언어다.
- 모든 개발자가 정적 자료형 언어를 좋아하지 않으며 그것이 항상 최적의 솔루션도 아니다.
- 자바 클래스 라이브러리는 흔히 사용하는 클래스를 제거한다.

자바는 매우 장황한 언어다

자바는 매우 장황한 것으로 악명 높다. 수년 동안 이러한 문제를 많이 개선했지만, 많은 다른 언어는 더 적은 코드로 동일한 결과를 얻는다.

간단한 예제를 살펴보자.

자바에서 일반적으로 변경 가능한 객체는 다음과 같이 정의한다.

```java
class Person {
  private String name;
  public Person(String name) {
    this.name = name;
  }
  public String getName() {
    return name;
  }
  public void setName(String name) {
    this.name = name;
  }
}
```

코틀린에서는 동일한 객체를 다음과 같이 정의한다.

```kotlin
data class Person(val name: String)
```

농담이 아니다. 코틀린은 코드를 컴파일할 때 자동으로 자바 예제에서 보여준 동일한 메소드를 구현한다. 사실 자바 예제에서 보이는 것보다 일반적으로 사용되는 메소드를 더 많이 추가한다. 4장, '자바 프로그래밍'에서 자바의 다른 추가적인 메소드에 대해 논의한다.

 다른 언어를 선택하면 개발 생산성은 현저히 증가하지만 보이는 것만큼 자바의 생산성이 나쁘지 않다. 모든 최신 IDE 프로그래밍 도구는 몇 개의 키 조합으로 앞의 코드에서 보인 것 같은 관용적인 자바 코드를 자동으로 생성한다.

자바가 모든 상황이나 모든 개발자에 이상적이진 않다

자바는 최근 버전 8 코어에 함수형 프로그램과 매우 유사한 기능을 추가했지만, 여전히 정적 자료형을 사용해야 하는 언어다. 모든 개발자가 이런 프로그래밍 스타일을 좋아하진 않는다. 파이썬이나 루비를 사용하던 프로그래머는 완전한 자료형 언어로 코드를 작성해야 할 때 당혹스러워한다. 이 점이 JVM 개발에 자바 대신 다른 언어를 채택하는 이유 중 하나다.

복잡한 동시성 상황을 처리해야 하는 프로젝트의 경우 함수형 프로그래밍 스타일이 더 적합하지만 동적 언어를 사용하면 좀 더 우아한 방법으로 문제를 해결할 수 있다. 마지막으로 어떤 라이브러리와 프레임워크는 특정 언어로 사용할 때 더 자연스럽게 느껴진다.

자바 클래스 라이브러리의 클래스 누락

자바 클래스 라이브러리는 확장 가능한 라이브러리지만, 때때로 특정 클래스를 누락하고 이런 클래스는 20년 전에 도입된 경우가 많다. 대부분 누락된 기능은 JVM 생태계 내의 무료 오픈소스 라이브러리를 추가해 해결할 수 있지만, 누락된 기능을 기본으로 제공하는 언어를 사용하면 더 편리하고 시간을 절약할 수 있다.

자바 SE 버전 8의 자바 클래스 라이브러리에서 누락된 기능 중 하나가 매우 흔하게 사용되는 JSON 표준 지원 기능이다. JSON 지원 기능을 제공하는 라이브러리 중에는 잭슨^{Jackson}과 구글의 GSON을 많이 사용한다. 이 책에서 다루는 몇몇 언어는 JSON 지원 기능을 기본으로 제공한다.

자바 클래스 라이브러리의 다른 문제는 자바 클래스 라이브러리를 효과적으로 사용하려면 수많은 관용구 코드^{boilerplate code}를 작성해야 한다는 점이다. 그루비와 같은 언어는 자바 클래스 라이브러리의 API를 사용하기 편리하도록 자바 클래스 라이브러리에 대한 래퍼 클래스를 많이 제공한다.

프로젝트에 JVM 언어 혼용하기

많은 언어는 자바뿐만 아니라 다른 JVM 언어와의 상호 운용성을 제공한다. 이런 언어는 자료 구조에 자바 클래스 라이브러리를 사용하고 자바와 유사한 방식으로 메소드를 컴파일할 때 상호 운용성 기능을 활용한다.

자바 프로젝트에서 다른 언어로 컴파일한 클래스를 포함하는 경우는 흔하지 않다. 다른 JVM 언어를 혼용하여 사용하려면 다음과 같은 다양한 이슈를 알고 있어야 한다.

- 빌드 프로세스가 매우 복잡해진다.
- 많은 언어는 문제를 일으킬 수 있는 고유한 런타임 클래스를 필요로 한다.

빌드 프로세스 복잡성 증가

여러 언어를 혼합 사용하면 빌드 스크립트를 조정해야 하고, 이는 복잡한 상황을 초래할 수 있다. 예를 들어 자바 프로젝트에서 그루비로 컴파일한 클래스를 사용한다면, 컴파일 순서가 중요하다. 먼저 그루비 클래스를 컴파일한 다음 자바 코드를 컴파일해야 한다. 그루비 코드가 자바 프로젝트의 클래스를 사용한다면, 좀 더 복잡해진다.

 뒤에서 다루겠지만 그루비는 좀 특별한 경우다. 그루비 언어는 자바 언어와 잘 호환되기 때문에 그루비 컴파일러는 자바 코드를 컴파일할 수 있다. 컴파일러가 여러 언어를 컴파일할 수 없는 프로젝트의 경우에는 아파치 메이븐(Apache Maven) 빌드 도구의 컴파일러 플러그인을 추가해 문제를 해결할 수 있다.

여러 개의 하위 프로젝트로 코드를 분리하고 각 프로젝트를 컴파일한 라이브러리를 주 프로젝트의 필요 요소로 빌드 도구에 추가하는 것도 방법이 된다.

다른 방법을 제공하는 언어도 있다. 자바(혹은 다른 JVM 언어)에서 언어의 원천 코드를 호출하기 위해 언어 고유의 클래스를 제공하는 언어가 있다. 이런 고유한 클래스는 코드를 로드해야 할 때마다 동적으로 소스코드를 자바 바이트코드로 컴파일한다. 다른 언어는 자바 코드에 스크립트 언어를 삽입하는 공식 표준을 제공한다. 이와 관련된 내용은 오라클의 자바스크립트 인터프리터인 나스호른Nashorn을 설명하는 부록에서 간단히 살펴볼 예정이다.

언어의 런타임 라이브러리

이것은 빌드 복잡성과 관련된 사항이다. 많은 JVM 언어는 컴파일된 프로그램과 함께 자체 지원 라이브러리가 필요하다. 이러한 라이브러리는 언어를 컴파일한 자바 바이트코드가 호출하는 내부 지원 메소드와 고유한 데이터 구조를 정의한다.

보통 라이브러리가 문제가 되지는 않지만, 프로젝트 의존성 중의 하나(혹은 프로젝트 의존성의 의존성 중의 하나)가 동일한 언어의 다른 버전으로 컴파일된 경우에는 문제가 될 수 있다. 동일한 프로젝트의 여러 라이브러리가 동일한 런타임 라이브러리의 다른 버전을 사용하면 상황이 복잡해지고, 프로젝트를 컴파일하거나 실행할 때 버전 혼돈으로 인한 오류 메시지가 발생할 수 있다.

이런 상황을 의존성 지옥dependency hell이라고 부른다. 단일 프로젝트에서 여러 언어를 사용하는 경우에 국한되지 않으므로 모든 개발자가 인지해야 할 사항이다. 여러 언어를 혼합해 사용하길 원하는 개발자도 언어의 런타임 라이브러리가 종종 최종 결과물의 크기를 현격하게 증가시킬 수 있고, 어떤 런타임 라이브러리는 자체적으로 의존성을 가진 라이브러리를 함께 포함하고 있다는 사실을 반드시 알아야 한다. 이는 의존성 지옥과 같은 문제의 위험을 증가시킨다. 종종 의존성은 언어의 문서와 웹사이트에 문서화된다.

 프레임워크 설계자와 마찬가지로 많은 언어 개발자들은 이런 문제를 인지하고 문제의 위험을 최소화하기 위한 조치를 취한다. 예를 들어 자신들이 사용하는 더 대중적인 의존성을 주로 사용하고 클래스 이름의 충돌을 피해 이름을 바꿔 사용한다.

다른 언어로 단위 테스트 작성하기

다른 언어로 작성한 단위 테스트로 자바 코드를 테스트하는 일은 매우 흔한 방식이다. 1장 서두에서 봤듯이, 다른 언어로 작성한 코드는 자바로 작성한 코드보다 간결하다. 그래서 작고 구체적이며 읽기 쉬운 단위 테스트를 작성하는 데는 다른 언어가 적합하다.

언어의 런타임 라이브러리는 단위 테스트를 실행할 때만 사용되므로, 컴파일된 메인 프로젝트에 단위 테스트를 작성한 언어의 런타임 라이브러리를 포함할 필요가 없다.

 11장, '그루비'에서 살펴보겠지만 특히 그루비는 단위 테스트로 사용하기 적합하다. 그루비는 전달된 값이 예상한 결과와 다를 때 매우 자세하고 읽기 쉬운 결과를 출력하는 assert 문장을 기본으로 포함해서 단위 테스트를 작성하는 데 매우 편리한 기능을 제공한다.

▌ 요약

1장에서는 상당히 높은 수준에서 JVM을 설명했다. JVM이 개발자에게 제공하는 기능과 많이 사용되는 사례, 가장 중요한 JVM 개념을 살펴봤다. 사용 가능한 자바 에디션도 확인했다. 마지막으로 개발자가 JVM 개발에 자바가 아닌 다른 언어를 사용하는 여러 가지 이유를 살펴봄으로 대체 가능한 JVM 언어를 설명했다.

2장에서는 JDK를 설치하고 JDK에 대해 자세히 살펴본다. 또한 자바 클래스 라이브러리도 자세히 살펴보고 실제 사용할 수 있는 추가적인 개발자 도구를 설치해본다.

02

자바 가상 머신에서
개발하기

2장에서는 자바 가상 머신JVM, Java Virtual Machine을 좀 더 깊이 있게 다룬다. 선택한 프로그래
밍 언어와 상관없이 모든 JVM 개발자가 알아야 하는 개념을 집중적으로 알아보자. 다음
은 2장에서 살펴볼 내용이다.

- 자바 개발 킷JDK, Java Development Kit
- 패키지가 포함된 클래스 구조
- 자바 클래스 라이브러리
- 커맨드 라인에서 JVM 애플리케이션 실행
- 이클립스 통합 개발 환경Eclipse IDE 설치

이 책은 윈도우와 맥OS, 리눅스(우분투) 운영체제를 다루지만, 파일 경로는 종종 윈도우 스타일로만 표시했으니 맥OS와 리눅스 시스템을 사용한다면 그 운영체제의 규칙에 맞게 경로를 다시 작성해야 한다.

▌ JDK

JVM에서 개발하려면 항상 JDK를 설치해야 한다. JDK는 자바 런타임 환경JRE, Java Runtime Environment과 자바 컴파일러, 다양한 개발 도구, 2장에서 알아볼 몇 가지 기능을 제공한다. 자바 이외의 언어로 JVM 개발을 계획한 대부분의 경우라도 여전히 전체 JDK를 설치하는 것이 좋다. 많은 유명한 개발 도구를 실행하려면 완벽하게 설치된 JDK가 필요하기 때문이다. 또한 오래지 않아 JDK에서만 제공하는 도구를 사용하고자 할 수도 있다.

라스피안Raspian의 기본 설치 옵션을 사용해 최신 라즈베리 파이 리눅스 배포판을 설치하면 자바 SE 임베디드 8 JDK를 자동으로 설치한다. 종종 제공되는 버전이 최신이 아닐 수 있으니 유의해야 한다. 그 외 기본 설치 옵션으로 JDK를 제공하는 다른 주요 운영체제는 확인된 바가 없다. JDK와 관련된 다음 주제를 살펴보자.

- JDK(윈도우와 맥OS, 리눅스) 설치
- JDK 살펴보기
- JRE

JDK 설치

오라클이 구현한 JDK 8을 설치하는 절차만 설명한다. 오픈소스 OpenJDK 8이나 IBM의 J9 JDK 8과 같이 자바 SE 8 플랫폼과 완벽하게 호환되는 JDK 구현체를 이미 설치해 잘 동작한다면 이 절을 넘어가도 된다.

 오라클 JDK가 아닌 다른 JDK는 이 책에서 다루는 모든 기능을 제공하지 않는다. 이에 해당하는 기능이 나오면 예외 사항을 언급하겠다.

모든 운영체제에서 JDK 설치 위치(혹은 비개발용 컴퓨터의 JRE 설치 위치)를 지정하는 JAVA_HOME이라는 환경변수를 생성해야 한다. 많은 중요한 JVM 도구가 이 변수를 필요로 하므로, 책에서 다루는 운영체제(윈도우, 맥OS, 리눅스)에서 환경변수를 설정하는 방법을 설명한다. 이 변수를 필요로 하는 애플리케이션에는 빌드 도구와 애플리케이션 서버가 포함된다. 다음의 주제를 살펴보자.

- JDK 다운로드
- 윈도우에서 JDK 설치
- 맥OS에서 JDK 설치
- 리눅스에서 JDK 설치
- 자바독^{Javadoc} API 문서 다운로드

JDK 다운로드

오라클의 윈도우와 맥OS, 리눅스용 JDK는 오라클 웹사이트에서 내려 받을 수 있다. 어떤 플랫폼의 JDK는 64비트만 제공하지만 32비트와 64비트를 모두 제공하는 플랫폼도 있다.

브라우저를 열고, 오라클 자바 메인 화면(http://www.oracle.com/java)으로 이동한다.

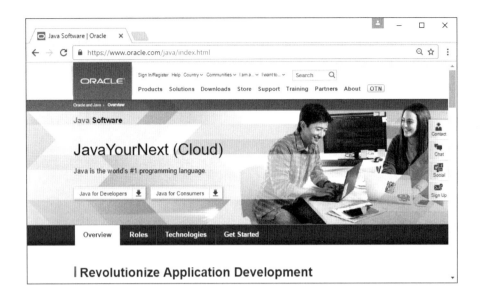

다음의 절차에 따라 JDK를 다운로드한다.

1. 책을 작성하는 시점에는 화면에 Java for Developers 버튼이 있었다. 이 버튼을 클릭하면 Software Downloads 페이지로 이동한다.

2. 목록에서 Java SE(includes JavaFX)를 찾아 클릭한다(옆에 있는 Early Access 링크를 클릭하지 않도록 주의한다).

3. 이제 Java SE Downloads 화면에 접근하게 된다. JDK 밑의 Download 버튼을 클릭한다.

4. 운영체제 플랫폼과 아키텍처에 맞는 버전을 찾는다.

5. 라이선스 문구에 동의를 하면, 복사본이 다운로드된다.

윈도우에 JDK 설치하기

윈도우용 JDK는 32비트와 64비트가 있다. 단순히 내려받은 실행 파일을 실행하고 안내 메시지를 따라간다. 설치가 완료된 다음에 필요하므로 JDK를 설치한 경로를 복사해서 붙여 넣어둔다.

기본 설정을 사용해 JDK를 설치할 때 JRE도 설치한다. JRE와 JDK 버전을 동일하게 유지하기를 권장한다. 그래서 JDK를 설치할 때 JRE를 설치하는 것이 가장 좋다. 오라클은 항상 시스템 전체에 접근 가능하도록 JDK를 설치하므로 모든 사용자가 사용할 수 있다.

설치가 끝나면 환경변수를 추가하거나 수정해야 하는데, 윈도우 10을 기준으로 방법을 설명한다. 윈도우의 다른 버전에서도 유사한 순서로 환경변수를 설정할 수 있다.

1. 윈도우 시작Start 메뉴에서 마우스 오른쪽을 클릭을 하고 시스템System을 선택한다. 화면이 뜨면 왼쪽의 고급 시스템 설정Advanced system settings을 클릭한다.
2. 시스템 속성System Properties 창이 나타나면, **환경변수**Environment Variables... 버튼을 클릭한다. 환경변수 창이 나타난다.

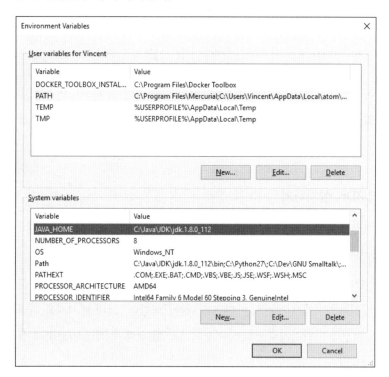

3. 화면 하단의 시스템 변수System variables 영역을 보자. JAVA_HOME 변수가 있는지 확인한다. 없다면 **새로 만들기**New... 버튼을 클릭하고, 있다면 이미 등록된 JAVA_HOME 항목을 편집한다.

4. 변수 이름에 JAVA_HOME을 입력하고 값으로 JDK를 설치한 전체 경로를 입력한다. 그런 다음 OK를 눌러 창을 닫는다.

5. 이제 이미 등록된 Path 변수를 찾아서 JDK 설치 경로에 bin을 하위디렉터리로 추가한 전체 경로를 추가한다. 각 경로는 ; 문자로 구분된다는 점에 유의하자.

다음과 같이 정상적으로 설치가 완료됐는지 확인한다.

1. 새로운 명령 프롬프트Command Prompt를 연다(시작Start 메뉴를 클릭하고 cmd를 입력한 후 Enter 키를 누르면 된다).

2. javac −version을 입력하고 Enter 키를 누른다.

버전이 다운로드한 JDK의 버전과 일치하는지 확인해야 한다. 다르다면 환경변수를 올바르게 설정했는지와 기존에 사용하던 명령 프롬프트가 아니라 새로운 명령 프롬프트를 열었는지 확인한다.

맥OS에서 JDK 설치하기

JDK를 설치하려면 최신 버전의 맥OS가 필요하다. 책을 쓰는 시점에는 JDK 8을 설치하기 위해 맥OS 10.8(마운틴 라이언Mountain Lion)이 필요하다.

맥OS에서 JDK 설치는 매우 간단하다. 다운로드한 이미지(.dmg 파일)를 더블클릭한 다음 나타나는 파인더Finder에서 패키지 아이콘을 더블클릭한다. 안내 메시지를 따라서 진행한다. 윈도우 버전과 마찬가지로, 맥OS 버전도 시스템 전체에 접근 가능하게 설치돼 모든 사용자가 사용할 수 있다.

설치가 끝나면 새로운 JDK가 기본값인지 확인해야 한다. 맥OS는 동시에 다양한 버전의 JDK 설치가 가능하며, 언제나 원하는 버전으로 변경할 수 있다. 하지만 특정 시점에는 하나의 버전만 활성화된다. 버전을 변경하는 가장 쉬운 방법은 사용자의 Home 폴더에 있는 .bash_profile 파일(파일 이름이 .으로 시작함을 유의하자)을 열고 다음과 같이 한 줄을 추가하는 방법이다.

```
export JAVA_HOME="$(/usr/libexec/java_home -v 1.8)"
```

설치가 정상적인지 확인하려면,

- 새로운 터미널^{Terminal} 창을 연다.
- javac −version을 입력하고 Enter 키를 누른다.

다운로드한 JDK 버전과 일치하는 버전인지 확인한다.

리눅스에 JDK 설치하기

리눅스용 JDK는 32비트와 64비트 버전이 있으며, 다음의 형식으로 다운로드할 수 있다.

- 수동 설치를 위한 .tar.gz 압축 파일
- 패키징 형식을 지원하는 리눅스 버전을 위한 RPM 패키지 관리자^{RPM Package Manager}용 .rpm 파일

오라클은 몇 개의 리눅스용 JDK 설치 파일만 인증한다. 책을 쓰는 시점에는 다양한 버전의 오라클 리눅스와 레드햇 리눅스, 우분투를 인증한다. 사용하는 리눅스가 이 중 하나가 아니라고 해서 JDK나 JVM이 장치에서 동작하지 않는다는 의미가 아니라, 오라클이 공식적으로 지원하지 않는다는 뜻이다.

이번 절에서는 우분투용 JDK 설치만 다룬다. 우분투는 기본적으로 RPM 형식을 지원하지 않으므로 .tar.gz 파일을 다운로드하는 것을 권장한다. 리눅스에서는 필요하지 않지만 시스템 전반에 걸쳐 사용할 수 있도록 JDK를 설치할 것이다. RPM을 지원하거나 다음에서 사용할 명령어의 일부를 지원하지 않는 리눅스를 사용한다면, Java SE Downloads 화면에서 설치 가이드Installation Instructions 링크를 참고한다.

새로운 터미널 창을 열고, .tar.gz 파일이 위치한 디렉터리로 이동한 후 다음 명령어를 입력한다. 다음은 JDK 설치 시 몇 가지 참고 사항이다.

- 시스템 루트 비밀번호가 필요하다. 만약 루트 비밀번호를 모른다면, sudo -s로 su를 대체한다. sudo -s는 루트 권한이 있는 사용자만 사용 가능하다.
- VERSION 텍스트는 다운로드한 JDK의 버전 번호로 대체해야 한다.
- 여기서는 64비트(x64) 버전이라고 가정한다. 32비트 버전을 다운로드했다면 x64 대신 i586으로 바꾼다.

입력해야 할 명령어다.

```
su
tar xvfz jdk-VERSION-linux-x64.tar.gz
ls
mv jdk1.VERSION /usr/local/
```

마지막 명령어에서 다운로드한 .tar.gz 파일이 아니라 다운로드한 파일의 압축을 해제한 디렉터리로 이동한다는 점을 주의하자. 디렉터리의 VERSON 형식도 다운로드한 파일마다 다르다는 점을 유의한다. 다음 작업에서 필요하므로 /usr/local/jdk1.VERSION의 전체 경로를 클립보드에 복사하거나 기록해둔다.

이제, 터미널이 모든 사용자에 대해 자동으로 환경변수를 로드하기를 원하므로, JAVA_
HOME 환경변수를 설정한다.

```
nano /etc/profile
```

끝까지 스크롤을 내려서 파일에 다음을 추가한다. JAVA_HOME= 텍스트 뒤에 클립보드
에 복사해 둔 JDK 설치 경로를 붙여 넣는다.

```
JAVA_HOME=/usr/local/jdk1.VERSION
export JAVA_HOME
```

Ctrl+X 키를 누르고, 변경을 저장하기 위해 Y를 입력한다. 그런 다음 Enter 키를 눌러 파
일 이름을 확인한다.

마지막으로 우분투에 JDK와 JRE 명령어를 등록해야 한다. 터미널 창에 다음 명령어를 입
력해서, 가장 중요한 두 가지 명령어 java(JVM 애플리케이션 실행)와 javac(자바 컴파일러)에
대한 심볼릭 링크를 생성한다.

```
. /etc/profile
update-alternatives --install "/usr/bin/java" "java" $JAVA_HOME/bin/java 1
update-alternatives --install "/usr/bin/javac" "java" $JAVA_HOME/bin/javac 1
```

첫 번째 명령어는 JAVA_HOME 변수를 사용할 수 있도록 하기 위해 수정한 /etc/profile
파일을 다시 로드한다. 명령어의 첫 번째 점(.)을 유의하자.

 나중에 JDK의 bin 디렉터리에 있는 다른 명령어를 사용하고자 한다면, 루트 권한으로 터미
널을 열고 앞에서 설명한 update-alternatives 명령어를 사용해서 사용하려는 명령어마다
동일한 방법으로 심볼릭 링크를 생성해야 한다.

exit를 두 번 입력해서 터미널 창을 닫는다. 이제 새로운 터미널 창을 열고(루트 권한은 필요 없다), 정상 설치를 확인하기 위해 다음 명령어를 입력한다.

```
javac -version
```

모든 작업이 원활하게 진행됐다면, 다운로드한 JDK와 일치하는 버전 번호가 나타날 것이다.

API 문서 다운로드

오라클은 완벽한 자바 클래스 라이브러리 API 문서를 온라인으로 제공한다. 버전 8의 API 문서는 https://docs.oracle.com/javase/8/docs/api/를 참조한다.

로컬에 문서의 복사본을 가지고 있으면 많은 도움이 되므로 오라클은 문서 다운로드 기능을 제공한다.

- Java SE Downloads 페이지에 접속한다(페이지에 접근하는 방법은 'JDK 다운로드' 절을 확인하라)
- Additional Resources 영역을 찾아서 Java SE 8 Documentation 항목 옆의 **Download** 버튼을 클릭한다.
- 라이선스 조항에 동의하면, zip 파일이 다운로드된다.

원하는 위치에 파일을 압축 해제하고 브라우저에서 docs 디렉터리 하위에 있는 index. html 파일을 연다.

 자바FX 툴킷을 이용해 데스크톱용 GUI 애플리케이션을 제작할 계획이라면 동일한 다운로드 화면에서 제공하는 자바FX API 문서를 다운로드하길 바란다.

JDK 들여다보기

JDK의 가장 중요한 구성 요소는 다음 두 가지다.

- java: 자바 이외의 언어로 컴파일됐더라도 컴파일된 JVM 애플리케이션을 실행할 때 사용
- javac: 자바 언어 컴파일러

JDK에는 이보다 더 많은 구성 요소가 있으나, 이번 절에서는 JDK의 디렉터리 구조와 bin 디렉터리에 있는 가장 중요한 명령어를 살펴본다.

디렉터리 구조

JDK의 구조를 살펴보면 JDK에 익숙해지는 데 도움이 된다. 다음은 JDK 설치 디렉터리 바로 밑에 있는 하위디렉터리의 모습이다.

이 하위디렉터리들을 좀 더 자세히 살펴보자.

디렉터리명	설명
bin	bin 디렉터리는 JDK가 제공하는 모든 실행 가능한 명령어를 포함한다. 가장 중요한 명령어는 다음 단락에서 설명한다.
db	자바DB와 관련된 모든 사항을 여기에 저장한다. 자바DB는 오라클이 지원하는 아파치 더비(Apache Derby) 데이터베이스 버전이다. 더비는 오픈소스 파일 기반의 관계형 데이터베이스 시스템으로 강력한 SQL 지원 기능을 제공한다. 더비는 전체가 자바로 구현됐다. 자바DB 컴포넌트는 JDK 버전 9부터는 삭제됐지만, 자바DB에 관심이 있다면 더비 웹사이트(https://db.apache.org/derby/)에서 여전히 다운로드할 수 있다.

(이어짐)

디렉터리명	설명
include	고급 프로그래머를 위한 디렉터리다. 자바 코드에서 플랫폼 혹은 운영체제에 특화된 네이티브 코드를 호출하거나 그 반대의 경우에 사용할 수 있는 C 컴파일러를 위한 헤더를 포함한다.
jre	자바 클래스 라이브러리를 포함해서 JRE와 관련된 모든 파일을 저장하는 위치다. jre/bin 디렉터리에 있는 모든 명령어는 JDK의 bin 디렉터리에도 위치한다.
lib	특정 개발 도구에서 사용하는 라이브러리를 여기에 저장한다.

JDK 명령어

bin 디렉터리에는 JDK와 함께 제공되는 커맨드 라인 기반의 기본 명령어가 있다. 다음에 나열된 모든 명령어를 다루지는 않고, 가장 중요한 명령어를 살펴본다.

실행 가능한 명령어	설명
java	JVM 인스턴스를 로드하고 커맨드 라인에서 지정한 프로그램을 시작한다. 이 명령어는 다음 단락에서 좀 더 자세히 설명할 예정이다. 윈도우 시스템에서 이 명령어를 실행하면 애플리케이션을 실행하는 동안 콘솔 텍스트 창을 연다.
javac	자바 언어 컴파일러다.
javadoc	자바 소스 파일로부터 주석문을 추출하고 API 문서를 생성한다. 다음 장에서 자바독(javadoc)에 대해 간단히 살펴본다.
javap	원시 자바 바이트코드과 유사한 읽기 쉬운 텍스트 형태로 컴파일한 자바 코드를 분해한다.
javaw	윈도우용 JDK와 JRE에서만 제공하는 명령어로, java 명령어와 동일하다. 유일한 차이점이라면 javaw는 별도의 창을 열지 않는다는 점이다. 실행한 애플리케이션이 데스크톱 GUI를 갖추고 있다면, 애플리케이션은 자체 창만 연다.
jar	새로운 JAR 아카이브 파일을 만들거나, 기존의 JAR 아카이브 파일에서 데이터를 추출 또는 파일을 추가할 때 사용하는 도구다. JAR 아카이브 파일은 2장 뒷부분에서 자세히 설명한다.
jarsigner	JAR 파일에 전자서명을 추가해서 보호할 때 사용한다. 전자서명을 업데이트하지 않고 JAR 안의 데이터를 수정한 경우, JAR 파일을 더 이상 유효하지 않은 것으로 여긴다.
jdeps	JVM이 컴파일한 .class 파일이나 JAR 파일의 의존성 정보를 출력한다.
jjs	오라클 나스호른의 대화형 인터프리터 셀을 실행한다. 나스호른은 오라클의 자바스크립트 인터프리터로, 부록에서 설명한다.

bin 디렉터리는 앞의 표에 나열된 명령어보다 더 많은 명령어를 포함한다. 이들 중 대부분은 고급 또는 특정 사용 사례에서만 사용된다.

GUI 모니터링 도구

앞의 표에서는 언급하지 않았지만 bin 디렉터리에 설치된 유용한 세 가지 도구가 있다. 앞의 표에서 설명한 다른 명령어와 달리, 이 도구는 완벽한 데스크톱 GUI를 제공한다.

- 자바 VisualVM
- 오라클 미션 컨트롤^{Mission Control}
- JConsole

 오라클 JDK만 세 가지 모두를 제공한다. 오픈소스 OpenJDK는 오라클 미션 컨트롤을 제공하지 않으며, IBM J9의 JDK는 세 가지 모두를 제공하지 않는다.

자바 VisualVM

오라클 JDK와 오픈소스 OpenJDK는 버전 8까지 자바 VisualVM을 포함했다. VisualVM은 실행 중인 모든 JVM 애플리케이션의 JVM 인스턴스를 모니터링하는 오픈소스 도구다. VisualVM에 플러그인을 설치하면 기본 제공 기능을 더욱 향상시킬 수 있다. 오라클 JDK나 OpenJDK 9 사용자는 https://visualvm.github.io/index.html에서 오픈소스 도구를 다운로드할 수 있다.

기본 설정으로 VisualVM을 실행하려면, 다음을 입력한다.

```
jvisualvm
```

먼저 스플래시 화면이 나타나고 잠시 후 VisualVM의 메인 창이 나타난다. VisualVM은 네트워크 서버에서 실행 중인 JVM 인스턴스뿐만 아니라 로컬에서 실행 중인 JVM 인스턴스와도 연결된다. 다음은 로컬에서 실행 중인 넷빈즈NetBeans IDE 인스턴스를 모니터링하는 화면이다.

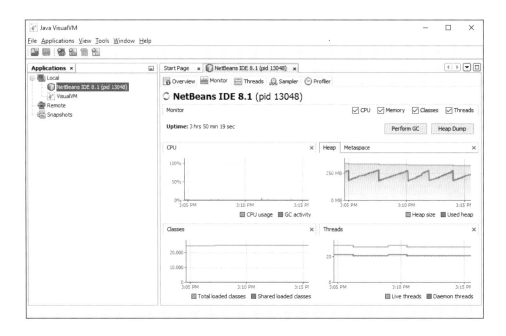

원격 모니터링을 위해 JVM 인스턴스를 설정하는 일은 약간의 작업이 필요하다. 이는 이 책의 범위를 벗어나므로 JDK 문서의 'VisualVM' 절을 참고하라.

 실시간 모니터링은 항상 시스템 자원을 많이 소비한다. 그러므로 로컬 프로세스 모니터링은 개발 환경에서만 고려해야 한다. 원격 모니터링은 시스템 자원을 덜 소비하지만 여전히 상당한 양의 서버 자원을 사용한다.

오라클 미션 컨트롤

오라클의 최신 JDK는 JVM 인스턴스와 실행 중인 애플리케이션을 모니터하는 다른 도구인 오라클 미션 컨트롤^{Oracle Mission Control} 도구를 제공한다. 오라클 미션 컨트롤은 자바 VisualVM보다 매우 개선된 사용자 인터페이스를 제공하지만 실행 중인 JVM 인스턴스와 애플리케이션의 실시간 모니터링을 비롯해 많은 유사한 기능을 제공한다.

오라클 미션 컨트롤은 사유 소프트웨어이고 다소 복잡한 라이선스 조건을 갖고 있다. 대부분의 기능은 개발과 생산 용도 모두에서 무료로 사용 가능하다. 하지만 미션 컨트롤의 고유하고 이상적인 기능인 자바 플라이트 레코더^{Java Flight Recorder}는 단지 개발 환경에서만 무료로 사용 가능하다. 자바 플라이트 레코더를 운영 환경에서 사용하려면 오라클에 돈을 주고 라이선스 키를 발급받아야 한다.

오라클의 미션 컨트롤을 실행하려면 다음 명령어를 실행한다.

```
jmc
```

자바 플라이트 레코더를 사용해 설정된 시간 동안 JVM의 이벤트를 기록할 수 있다. 기록이 중단되면 기록한 데이터를 모두 분석한다. 자바 플라이트 레코더의 장점은 오라클 미션 컨트롤과 VisualVM의 실시간 모니터링 기능보다 오버헤드가 훨씬 적다는 점이다. 그래서 운영 환경에 사용하기에 더 적합하다(다시 한 번 얘기하지만 라이선스 조건을 잊지 마라). 다음은 1분 동안 넷빈즈 IDE 프로세스에 대해 자바 플라이트 레코더를 실행한 화면이다.

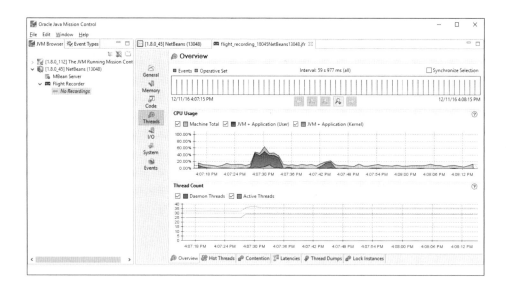

JConsole

JConsole은 오랫동안 JDK와 함께 번들로 제공된 가장 오래된 모니터링 도구다. 자바 VisualVM과 오라클 미션 컨트롤이 JConsole보다 더 많은 기능을 가지며 친숙한 GUI를 제공한다. 그래서 JConsole보다는 다른 도구를 사용하기를 권장한다.

JConsole을 실행하려면 다음 명령어를 입력한다.

```
jconsole
```

JRE

컴퓨터에서 자바 프로그램을 실행하려면 JRE를 설치해야 한다. JRE를 설치하면 JVM 인스턴스와 완전한 자바 클래스 라이브러리를 구동하는 java 명령어가 설치되고, 자바뿐만 아니라 다른 언어로 작성된 애플리케이션을 시작하는 데 이 java 명령어를 사용한다.

JDK 설치 시 기본 설치 설정을 사용하면 JRE로 함께 설치한다. 개발 도구가 필요하지 않은 컴퓨터에는 JRE만 따로 다운로드해 설치하면 된다.

OS X(애플이 맥OS로 이름을 변경하기 전 OS 이름)의 예전 버전에서 실행되는 맥 컴퓨터는 미리 설치돼 함께 제공되는 자바 런타임을 사용했지만, 오라클이 맥OS의 자바 SE 구현을 애플로부터 넘겨받으면서 지금은 상황이 달라졌다.

오라클 웹사이트에서 다운로드할 수 있는 자바 SE 8 JRE는 다음 두 가지 버전이 있다.

- JRE
- 서버 JRE

JRE는 32비트 혹은 64비트 데스크톱(모든 플랫폼에 대해 32비트 버전을 제공하진 않는다)에 설치돼야 하고, 서버Server JRE는 고급 시스템 관리자만 서버에 설치할 수 있다. 서버 JRE는

64비트 시스템에만 적용되며 설치 관리자 또는 브라우저 플러그인을 포함하지 않지만 이전에 설명한 JVM 모니터링 도구를 포함한다.

▌ 패키지를 포함한 클래스 구조

모든 JVM 언어가 클래스를 생성하고 객체 인스턴스를 생성하는 고유한 문법을 정의하지만 결국 JVM에서 실행할 클래스 파일을 생성한다. JVM 플랫폼에서 다른 언어로 작성한 클래스와의 상호운용성을 지원하고 JVM에서 실행 가능하도록 하려면 클래스 구조에 대한 JVM의 요구 사항을 준수해야 한다. 클래스 구조와 관련해 다음 주제를 살펴보자.

- 패키지
- 패키지 선택
- 패키지 예제
- 정규화된^{Fully qualified} 클래스 이름

> 자바 클래스 라이브러리와 커맨드 라인에서 JVM 애플리케이션을 실행하는 방법을 이해하려면 패키지에 대한 지식이 필요하다. 두 가지 주제 모두 2장에서 살펴본다.

패키지란?

책에서 다루는 대부분의 언어는 클래스를 패키지로 그룹화하는 기능을 제공한다. 패키지 내에 속한 클래스는 고유한 네임스페이스를 형성한다. 이것은 JVM의 기본적인 특징이다. 패키지로 클래스를 그룹화하지 못하는 언어도 있지만, 패키지 내의 클래스를 참조하는 기능은 제공한다.

오라클의 나스호른 자바스크립트 인터프리터가 패키지를 지원하지 않는 예다. 자바스크립트 언어는 그 자체가 패키지를 지원하지 않지만, 나스호른은 여전히 패키지에 포함된 기존의 자바(혹은 호환되는) 클래스를 가져와 사용할 수 있다.

어떻게 패키지로 클래스를 구조화하는지 설명하기 위해 다시 전자상거래 애플리케이션 장바구니를 살펴보자. 하지만 이번에는 이전 예제보다 조금 더 발전한 바구니다.

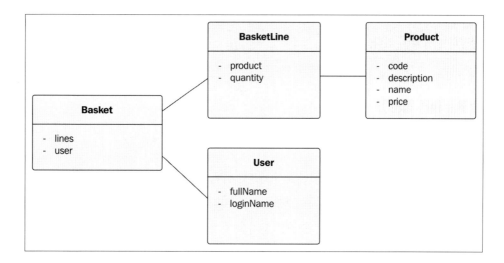

JVM은 패키지 안에 클래스를 배치하여 클래스를 구조화하는 방법을 제공한다. 이를 통해 동일한 주제를 가진 클래스를 함께 그룹으로 묶을 수 있다. 이제 살펴볼 예에서는 다음과 같이 클래스의 패키지를 구성한다.

패키지	패키지 안의 클래스
basket	Basket BasketLine
product	Product
user	User

클래스의 주된 테마로 바구니와 제품, 사용자를 고려했기 때문에 앞의 표와 같이 클래스를 구조화했다. Basket과 Product, User 클래스는 향후 몇 개의 다른 클래스에서 사용되며, BasketLine 클래스는 Basket 클래스 내부에서만 사용된다고 가정했다.

간단히 살펴본 것과 같이 패키지는 커다란 프로젝트의 구조를 이해하기 쉽게 할 뿐만 아니라, 접근 제어자를 이용해 다른 패키지의 클래스로부터 멤버 클래스를 숨길 수 있게 한다.

패키지를 효율적으로 사용하려면 거의 모든 주요 JVM 프로젝트가 따르는 규약을 이해해야 한다. 앞의 예제에서 사용한 패키지 이름이 완벽히 유효하지만 패키지 이름을 정할 때 권장하는 규약이 있다.

패키지 이름 정하기

패키지 이름은 다음의 몇 가지 규칙을 따른다.

- 패키지 이름은 점(.)을 포함할 수 있다. 사실 점은 패키지 이름의 요소를 구분하는 데 사용한다.
- 패키지 이름을 구성하는 요소는 문자와 숫자, 밑줄을 포함할 수 있다.
- 패키지 이름의 모든 요소는 문자로 시작하고, 숫자는 문자 다음에만 허용된다.
- 패키지 이름의 요소에 자바 언어에서 사용하는 예약어를 사용할 수 없다. 기본 타입의 이름(예: int, short)과 기본 키워드의 이름(예: class, for, final)이 자바 언어의 예약어에 해당한다.

대부분의 주요한 프로젝트에서 준수하는 몇 가지 보편적인 명명 규칙이 있다. 모든 프로젝트의 패키지에 대해 다음의 명명 규칙을 적용하기를 강력히 추천한다.

- 패키지의 모든 요소는 소문자를 사용한다.
- 다음 중 하나의 인터넷 URL 역순으로 패키지 이름을 시작한다.

- 회사 웹사이트
    - 프로젝트 웹사이트 URL
    - 프로젝트의 공용 소스코드 저장소 URL
    - 개인 홈페이지 혹은 블로그 URL
- 프로젝트 사이의 클래스를 구분하고 이름 충돌을 막기 위해 고유한 패키지 명명 규칙을 만들 수 있다. 패키지 이름에 부서명이나 사무실 위치, 프로젝트 이름을 추가할 수 있다.
- 사용하면 안 되는 패키지 이름 요소가 있다면, 그 이름 요소 앞뒤에 밑줄을 추가해 패키지 이름 요소를 유효하게 만들거나 밑줄로 문제가 되는 요소를 대체한다.

패키지 이름 예제

JVM 대학교의 온라인 웹 프로그램 강좌를 개발하기 위해 고용됐다고 상상해보자. 강좌는 http://www.example.com/jvm-university로 접근할 수 있다고 가정한다.

이 시나리오에서 유효한 패키지 이름은 다음과 같다.

- com.example.jvm_university.class_.web_programming
- com.example.jvm_university.webprogramming
- com.example.jvm.university.web_programming

정규화된 클래스 이름

어떤 상황에서는 정규화된 클래스 이름 fully qualified class name이 필요하다. 정규화된 클래스 이름이란 클래스 이름에 전체 패키지 이름을 접두어로 붙인 이름이다. 예제를 살펴보자.

```
package com.example.jvm.university.web_programming;
class Application {
}
```

예제 클래스의 정규화된 클래스 이름은 com.example.jvm.university.web_programm
ing.Application이다.

▌ 자바 클래스 라이브러리

자바 API로도 알려진 자바 클래스 라이브러리는 자바 SE 플랫폼에서 함께 제공하는 기본
클래스의 커다란 집합이다. 다음은 자바 클래스 라이브러리에서 몇 가지 중요한 요소다.

- 공통 데이터 구조의 정의와 구현
- 콘솔 I/O
- 파일 I/O
- 수학Mathematics
- 네트워킹
- 정규식Regular expressions
- XML 생성과 처리
- 데이터베이스 접근
- GUI 툴킷
- 리플렉션Reflection

여기서 자바 클래스 라이브러리 전체를 다룰 수는 없지만, 사용 가능한 API의 예제와 필
요한 클래스를 찾을 수 있는 곳은 설명할 예정이다. 특정 클래스를 살펴보기 전에, 다음의
주요 주제부터 알아보자.

- 자바 클래스 라이브러리 구조
- 패키지 개요
- java.lang 패키지의 기본 클래스
- 컬렉션 API, 즉 java.utill.ArrayList와 java.util.HashMap

자바 클래스 라이브러리 구조

자바 클래스 라이브러리의 모든 클래스는 패키지로 구성돼 있다. 가장 중요한 패키지는 다음 두 개의 이름으로 시작한다.

- java
- javax

두 패키지의 차이는 대부분 역사적인 이유 때문이다. 최신의 유명한 자바 SE 구현은 두 패키지 모두로부터 구현한다. 하지만 좀 더 대중적인 클래스가 있다. 몇몇 종류의 클래스는 org.w3c와 org.xml과 같이 org로 시작하는 패키지에 구성되지만, 이 책에서는 이런 클래스는 다루지 않는다.

벤더들은 그들의 라이브러리에 자유롭게 자신이 제작한 클래스를 추가한다. 오라클의 경우, 클래스를 com.sun, sun 또는 com.oracle로 시작하는 패키지에 클래스를 놓는다. 그러나 이렇게 벤더가 제공하는 패키지의 클래스보다는 추가 라이브러리를 사용하는 것을 권장한다.

패키지 개요

패키지로 그룹화하는 방법을 설명하기 위해 라이브러리의 가장 중요한 패키지를 먼저 알아보자. 다음 표는 전체 패키지 목록은 아니지만 자바 클래스 라이브러리 구조와 친숙해지는 데 도움이 된다.

패키지	설명
java.lang	기본 클래스가 위치하는 패키지다. String과 StringBuilder, 기본 타입의 래퍼 클래스, 스레드와 모든 클래스의 부모 클래스인 Object가 이 패키지에 속한다.
java.lang.reflect	리플렉션과 관련된 API를 제공하는 패키지다. 리플렉션은 메소드와 변수 이름을 찾고 메소드를 호출하며 속성 값을 쓰거나 읽을 수 있도록 클래스를 동적으로 찾게 해준다.
java.uil	가장 유명한 패키지 중 하나다. 이 패키지는 컬렉션과 날짜, 시간, 다국어 지원 등을 구현한 클래스를 포함한다.
java.util.concurrent	동시성 프로그래밍을 위한 클래스를 포함하는 패키지다.
java.io java.net java.nio	운영체제와 파일, 네트워킹 I/O와 관련된 클래스를 포함하는 패키지다. 문자 집합의 인코딩/디코딩 클래스도 포함한다.
java.math	float과 double 타입보다 더 정밀한 BigDecimal 클래스와 int 및 long 타입보다 더 큰 정숫값을 처리할 수 있는 BigInteger 클래스를 제공한다.
java.xml	XML 처리와 관련된 클래스를 제공한다.
java.sql javax.sql	JDBC 데이터베이스 시스템과 동작하기 위한 클래스를 포함한다.
java.awt	최초의 자바 GUI 툴킷으로 추상의 윈도우 툴킷을 제공한다. 운영체제의 원시 GUI와 JVM 사이에 위치해 GUI 구성을 위한 컴포넌트를 제공한다.
javax.swing	AWT 툴킷 위에 작성된 스윙(Swing) GUI 툴킷 클래스를 포함한다. 모든 GUI 제어 기능을 자바 코드로 작성한다는 점이 AWT와 가장 큰 차이다.
javafx	자바FX 툴킷 클래스를 참조하는 패키지다. 매우 현대적인 3D 그래픽을 제공한다.

Java.lang 패키지의 기본 클래스

java.lang 패키지 내의 클래스는 JVM 플랫폼의 기본으로 간주되기 때문에 3장에서 자주 언급될 것이다. 이번 절의 내용이 자바 API 문서를 대체할 정도로 자세하진 않지만 약간의 통찰력과 배경 지식을 제공할 것이다. 이번 절에서는 다음의 클래스를 설명한다.

- Object 클래스(java.lang.Object)
- String 클래스(java.lang.String)
- 기본 타입의 래퍼 클래스(java.lang의 Integer와 Long, Short, Char, Float, Double)
- 예외와 오류(java.lang.Exception와 java.lang.Error)

다음은 여기서 설명할 클래스의 계층도다.

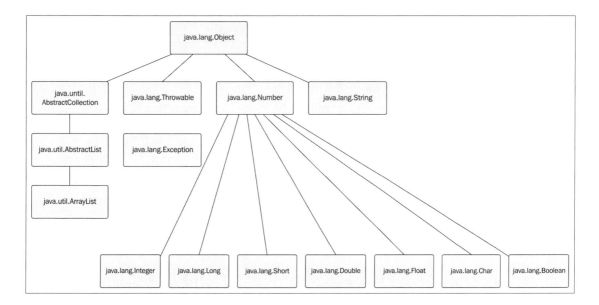

이 책의 과정 중 더 많은 라이브러리의 클래스를 확인하게 될 것이다.

Object 클래스(java.lang.Object)

java.lang 패키지의 Object 클래스는 다른 모든 클래스의 엄마 클래스다. 즉, 부모 클래스 자체가 없는 JVM에 유일한 클래스다. 자바 언어에서 다른 클래스를 명시적으로 상속하지 않는 클래스는 묵시적으로 java.lang.Object 클래스를 상속한다.

중요한 Object 메소드

다음은 java.lang.Object에서 가장 많이 사용되는 메소드다.

메소드 이름	반환 타입	설명
toString()	String	객체에 대한 텍스트 형태의 설명을 반환한다.
equals(Object object)	Boolean	전달 객체가 현재 객체와 동일한지 여부를 반환한다. 나중에 설명하겠지만 동일함을 판단하는 여러 가지 규칙이 있다.
hashCode()	int	현재 클래스의 해시 값이 필요할 때 호출된다. '컬렉션 API' 절에서 좀 더 설명할 예정이다.

Object(그리고 다른 모든 JVM 객체)가 제공하는 중요한 메소드 중에 하나가 현재 객체 인스턴스의 텍스트 설명을 반환하는 toString( ) 메소드다. 오라클의 toString( ) 기본 구현은 정규화된 클래스 이름에 객체에 대한 16진수 형식의 hashCode( ) 결과를 결합한 값을 반환한다. 하지만 이 메소드를 오버라이드하여 객체의 내용에 대한 읽기 쉬운 설명을 제공하도록 하는 것을 추천한다.

equals( )와 hashCode( ) 메소드는 Collection API에서 광범위하게 사용된다. 그 사용법은 뒤에서 좀 더 자세히 다룬다.

java.lang.Object 클래스의 모든 메소드에 대한 설명은 API 문서를 참조하라.

String 클래스(java.lang.String)

java.lang.String 클래스는 JVM의 String 타입을 대표한다. String 클래스는 변경되지 않는 객체로, String 객체를 변경해도 원래의 객체가 변경되는 것이 아니라 변경된 내용을 담은 새로운 문자열 객체를 생성한다. 문자열은 내부적으로 UTF-16 인코딩으로 항상 저장된다.

이 클래스는 3장에서 좀 더 자세히 다룬다. 이 책에서 설명하는 몇몇 언어는 언어의 문자열 객체에 편리한 메소드와 다른 고유한 기능을 추가한 그들만의 문자열 클래스를 갖는다. 보통 JVM 언어는 두 개의 문자열 유형을 내부적으로 투명하게 변환한다.

기본형 래퍼 클래스(java.lang 내의 Integer, Long, Short, Char, Float, Double)

자바 플랫폼의 모든 API가 JVM에 내장된 기본 데이터 타입과 호환되지는 않는다. 기본형 래퍼 클래스를 필요로 하는 경우에 기본형 데이터 타입의 변수를 전달하면, 래퍼 클래스를 지원하는 컴파일러는 해당하는 래퍼 클래스의 인스턴스를 자동으로 생성한다. 반대의 경우도 가능하다. 즉, 기본형 변수가 필요한데 래퍼 클래스 객체를 전달하면 컴파일러는 자동으로 기본형 변수에 래퍼 클래스의 값을 할당한다. 이런 절차를 오토박싱autoboxing이라고 한다.

 모든 JVM 언어가 오토박싱을 지원하지는 않지만, 이 책에서 다루는 모든 언어를 포함해 유명한 언어는 대부분 지원한다.

String 클래스와 마찬가지로, 래퍼 클래스는 모두 변경이 안 된다. 값을 변경하는 메소드를 호출할 때, 새로운 인스턴스를 생성해서 새로운 값을 할당해 반환한다.

1장에서 언급한 것처럼, JVM 언어 중에는 "모든 것은 객체다"라는 객체지향 프로그램 규칙을 따르고 기본형 데이터 타입의 생성을 지원하지 않은 언어도 있다. 이런 언어도 기본형 값을 사용할 때 래퍼 클래스를 사용한다.

오토박싱 예제

java.lang.Integer 클래스의 인스턴스를 전달해야 하는 참조형 변수에 기본형 정수를 전달해보자.

```
int primitiveInt = 42;
Integer wrappedInteger = primitiveInt;
```

기본형 정숫값 42를 래핑할 수 있는 새로운 Integer 객체를 생성할 것이다. 이는 새로운 Integer 인스턴스를 직접 생성하는 것과 동일한 효과를 갖는다.

```
Integer wrappedInteger = new Integer(42);
```

매개변수로 두 개의 기본형 정숫값이 필요한 API에 두 개의 Integer 인스턴스를 지정해도 예상한 대로 동작한다.

```
System.out.println("Hello world".substring(new Integer(0),
                    new Integer(5)));
```

앞의 코드는 Hello를 출력한다.

예외와 오류(java.lang.Exception와 java.lang.Error)

모든 JVM 개발자는 JVM에서 런타임 오류를 관리하는 방법을 알아야 한다. 모든 언어는 런타임 오류를 처리하는 고유한 메커니즘을 제공하기 때문에, 여기서 오류를 처리하는 방법을 다루지는 않고 런타임 오류가 발생했을 때 어떤 일이 발생하는지 설명한다.

메소드 내부에서 런타임 오류가 발생하면 Exception 또는 Error 객체를 생성해서 던진다. 자바 언어에서는 이때 throw 키워드를 사용한다. 클래스에서 일반 Exception 클래스를 던지는 예제를 살펴보자.

```
throw new Exception("Oops!");
```

자바는 Exception이나 Error 클래스를 상속하는 많은 기본 클래스를 제공하므로, 새 Exception 하위 클래스를 생성하고자 할 때, 재사용할 수 있는 예외 클래스를 먼저 찾아보는 것이 좋다. 예를 들어 메소드가 null 참조를 예외 처리할 수 없는 경우 null이 전달되면

java.lang.NullPointerException 객체 인스턴스를 던져야 한다. 모든 보통의 자바 API는 null 참조를 지원하지 않는 메소드에서 이와 같이 NullPointerException을 사용한다.

 이 절 시작 부분의 클래스 다이어그램을 자세히 보면, Exception과 Error 클래스 모두 Throwable 클래스를 상속한다. Throwable 객체를 사용할 수도 있지만, 보통 그 하위 클래스를 사용하는 것이 더 편리하다.

다음은 Exception과 Error 클래스의 차이점이다.

- Exception은 프로그램이 오류를 처리하고 계속해서 실행할 수 있을 때 클래스에서 발생한다.
- Error는 예측할 수 없는 문제가 발생했을 때 던져진다. 대부분의 오류는 JVM 자체에서 발생한다.

예외나 오류 객체가 던져질 때(지금부터는 예외로 가정한다), JVM은 예외가 발생한 메소드를 살펴본다. 메소드가 오류를 처리할 수 있는 오류 처리기를 포함하고 있다면, 제어권이 오류 처리기에 전달된다. 메소드가 어떤 오류도 처리하지 않거나 발생한 해당 오류를 처리하지 않는 경우 오류 처리기는 메소드를 호출한 메소드를 검사한다. 이 작업은 새로운 오류를 던지지 않고 오류를 처리하는 메소드를 찾거나 최초의 메소드 호출에 도달할 때까지 계속된다. 후자의 경우 JVM 인스턴스는 중단되고 다음과 같은 스택 트레이스를 생성한다.

```
Exception in thread "main" java.lang.Exception: Oops
    at ExceptionDemo.method3(ExceptionDemo.java:37)
    at ExceptionDemo.method2(ExceptionDemo.java:33)
    at ExceptionDemo.method1(ExceptionDemo.java:29)
    at ExceptionDemo.main(ExceptionDemo.java:25)
```

많은 언어는 생성된 자바 바이트코드와 함께 소스코드의 파일명과 행 번호를 컴파일한다. 그 결과 소스코드의 행 번호를 스택 트레이스에 전달해 읽기 쉬운 스택 트레이스를 표시할 수 있다.

자바는 모든 클래스가 모든 예외를 던질 수 없다는 예외 전달과 관련된 엄격한 규칙을 가지고 있다. 다른 많은 JVM 언어는 이런 규칙에 대해 좀 더 완화돼 있다. 자바의 규칙과 자바 언어에 있는 `java.lang.RuntimeException` 클래스의 중요한 역할은 3장에서 설명한다.

컬렉션 API-java.util.ArrayList와 java.util.HashMap

java.util 패키지는 매우 다양한 데이터 구조를 포함하고 있다. 여기서는 단 두 가지 클래스만 설명하지만 때때로 다른 클래스도 소개한다.

추가 기능을 제공하는 변형된 컬렉션 클래스를 사용하는 JVM 언어도 있지만, 대부분의 언어는 일반적으로 자바와 JVM 플랫폼 모두와 잘 호환되도록 여기서 소개할 클래스를 사용한다.

많은 언어는 객체에서 사용할 수 있는 객체의 유형을 제한하는 제네릭generics이라는 기술을 제공한다. Collection 클래스에서 제네릭은 컬렉션 클래스 내에 저장할 수 있는 객체의 타입을 제한한다. 대부분의 언어가 제네릭에 대한 다른 표기법을 가지고 있기 때문에 각각의 언어에 대해서 따로 설명할 예정이니 지금은 무시하고 넘어가자. 클로저는 이 책에서 소개하는 언어 중 현재 제네릭을 지원하지 않는 언어다.

Collection 클래스는 객체로만 동작한다는 점을 주목해야 한다. 기본형 데이터 타입을 사용하면 객체로 오토박싱되고, 반대의 경우도 마찬가지다. 단, 사용하는 JVM 언어가 기본형 데이터 값을 사용할 수 있을 때 가능하다. 오토박싱은 기본형 값의 래퍼 클래스에 대해 설명할 때 소개했다.

다음은 지금부터 살펴볼 두 가지 컬렉션 클래스다.

- `java.util.ArrayList`(배열에서 내부적으로 지원하는 목록 클래스)
- `java.util.HashMap`(키/값 조합에 대한 컨테이너)

 ArrayList와 HashMap은 파이썬의 list와 dict 타입에 해당하고, 루비의 Array와 Hash에 대응된다.

ArrayList(java.util.ArrayList)

사용하기 매우 간단하고 편리한 클래스다. 이름에서 유추할 수 있듯이 다른 객체를 담을 수 있는 List 구조를 구현한 클래스다.

JVM 플랫폼과 대부분의 JVM 언어가 기본적으로 배열을 지원하지만 `ArrayList`가 좀 더 사용하기 편리하다. 다음은 보통의 배열에 비해 `ArrayList`가 제공하는 장점이다.

- 배열은 직접 크기를 조정해야 하지만 `Arraylist` 객체는 객체가 꽉 차서 더 많은 공간이 필요해지면 자동으로 크기를 키운다.
- 배열은 단 하나의 속성(배열의 크기를 확인하는)만 제공하지만 `ArrayList` 클래스는 많은 편리한 메소드를 제공한다.

 JVM에서 배열이 제공하는 기본 메소드는 없지만, 자바는 배열을 쉽게 사용할 수 있도록 많은 메소드를 포함한 java.util.Arrays 클래스를 제공한다. 어떤 JVM 언어는 배열에 메소드를 추가하기도 한다.

이제 몇 가지 메소드와 예제 코드를 살펴보자.

많이 사용되는 ArrayList 클래스의 메소드

ArrayList가 제공하는 매우 중요한 몇 가지 메소드가 있다. 제네릭을 사용할 때 ArrayList 객체는 객체가 아니라 특정 유형의 객체와만 동작한다는 점을 유의하자.

메소드 이름	반환 타입	설명
add(Object o)	boolean	내부 목록(일반적으로 배열)에 새로운 객체를 추가한다.
add(int index, Object o)	–	목록의 특정 위치에 새로운 객체를 추가한다.
addAll(Collection c)	boolean	현재 목록에 컬렉션의 모든 항목을 추가한다. 여기서 Collection은 컬렉션 API의 많은 클래스가 구현하는 인터페이스다.
clear()	–	모든 콘텐츠를 지운다.
contains(Object o)	Object	목록에 지정한 객체가 존재하는지 여부를 반환한다.
get(int index)	Object	지정한 위치에 있는 객체를 반환한다.
set (int index, Object o)	Object	전달한 객체로 지정한 위치의 항목을 교체한다.
size()	int	목록 안에 존재하는 항목의 수를 반환한다.

ArrayList 사용 예제

다음은 ArrayList의 메소드를 설명하는 간단한 자바 언어 예제다.

```
ArrayList list1 = new ArrayList();
list1.add("this is a test");
list1.add(0, "Hello");

ArrayList list2 = new ArrayList();
list2.addAll(list1);
list1.clear();

System.out.println(list1);
System.out.println(list2);
System.out.println(list2.contains("this is a test"));
```

코드를 실행한 결과는 다음과 같다.

```
[]
[Hello, this is a test]
true
```

첫 번째 행은 list1이 비어 있음을 의미하는 []를 출력하고, 다음 행은 list2가 두 개 문자열 Hello와 this is a test를 포함하고 있음을 출력한다. 마지막으로 this is a test가 ArrayList 객체 list2에 저장돼 있기 때문에 true를 출력한다.

HashMap(java.util.HashMap)

HashMap은 키/값 조합을 저장한다. JVM에서는 이런 데이터 구조를 맵이라고 부른다. 맵에 객체를 추가할 때 키 객체와 값 객체를 모두 지정한다. 키 객체를 통해 값을 검색할 수 있다. 이 버전의 맵 구조는 키의 원래 순서를 유지하지 않는다.

기술적으로 HashMap은 키 객체를 해싱해 키를 빠르게 검색할 수 있도록 저장하는 방식으로 동작한다. 그런 다음 키와 관계되는 값을 저장한다. 몇 가지 기본 메소드와 예제 코드를 살펴본 다음 클래스의 동작 원리를 자세히 알아보자.

많이 사용되는 HashMap 클래스의 메소드

HashMap 클래스는 많은 메소드를 제공한다. 가장 많이 사용되는 메소드는 다음의 표에서 설명하지만 HashMap 클래스를 사용하기 전에 전체 API 문서를 확인해봐야 한다.

메소드 이름	반환 타입	설명
put (Object key, Object value)	Object	새로운 키/값 쌍을 추가한다. 이미 동일한 키가 존재하면 전달받은 값으로 이미 저장된 값을 덮어쓴다. 키가 이미 추가된 경우에는 null을 반환하고, 그렇지 않으면 기존 값을 반환한다.
putAll (Map map)	–	지정된 맵에 있는 모든 키/값 쌍을 추가한다. 키가 이미 존재하면 값을 다시 덮어쓴다.

(이어짐)

메소드 이름	반환 타입	설명
putIfAbsent (Object key, Object value)	Object	키가 존재하지 않는 경우만 키와 값을 추가한다. 키가 이미 존재하면 아무 일도 일어나지 않는다. 키/값을 추가하고 나면 null을 반환하고, 키가 이미 존재하면 값 객체를 반환한다.
remove (Object key)	Object	지정한 키가 있으면 해당 키와 값 쌍을 삭제하고, 키가 없으면 아무 일도 하지 않는다.
containsKey (Object key)	Boolean	현재 맵에 지정한 키가 존재하는지 여부를 반환한다.
get (Object key)	Object	키와 연관된 값을 반환하거나, 지정한 키가 없으면 null을 반환한다.
getOrDefault (Object key, Object defaultValue)	Object	지정한 키가 있으면 연관된 값을 반환하고, 그렇지 않으면 전달된 defaultValue를 반환한다.
clear()	–	컬렉션을 비운다. 모든 키/값 쌍을 제거하게 된다.
size()	int	현재 맵이 저장하고 있는 키/값 쌍의 수를 반환한다.

HashMap 사용 예제

다음은 기본적인 HashMap 사용법을 설명하는 자바 코드다.

```
HashMap map = new HashMap();

map.put("key1", "value1");
map.put("key1", "value2");
map.putIfAbsent("key1", "value3");

System.out.println(map.get("key1"));
System.out.println(map.containsKey("value2"));
System.out.println(map.size());
```

앞의 코드는 다음의 결과를 출력한다.

```
value2
false
1
```

두 번째 map.put 호출에서 첫 번째 값 value1을 value2로 덮어쓰고 map.putIfAbsent 메소드 호출에서는 아무 작업도 하지 않았기 때문에, 첫 행에 value2를 출력했다. map.containsKey 메소드는 키를 찾기 때문에 두 번째로 false를 출력했다. 마지막 행의 1은 하나의 키/값 쌍만 지정돼 있기 때문에 출력됐다.

컬렉션 API를 위한 클래스 준비

앞에서 봤지만, 다음은 부모 클래스인 java.lang.Object의 가장 중요한 두 개 메소드다.

- hashCode( )
- equals(Object other)

두 메소드는 모든 컬렉션 API에서 광범위하게 사용된다. 성능상의 이유와 API가 예상대로 동작하도록 하기 위해서, Collection 객체 안에 넣을 클래스는 두 메소드를 오버라이드해서 의미 있는 구현을 제공해야 한다. 자신만의 클래스를 정의하는 자바 프로그래머는 두 메소드에 대해 구현을 작성해야 한다. 이 책에서 다루는 다른 모든 언어는 일반적으로 클래스를 정의할 때 자동으로 두 메소드에 대한 구현 코드를 생성한다.

 JVM 언어가 자동으로 생성한 hashCode()와 equals()가 맘에 들지 않는 경우, 대부분의 언어는 메소드를 오버라이드해 직접 메소드를 구현할 수 있도록 허용한다.

자바 프로그래머는 두 메소드를 직접 구현하기를 좋아하기 때문에 1장, '자바'에서 두 메소드를 구현할 때 준수해야 할 정확한 규칙을 설명했다. 하지만 많은 Collection 클래스가 사용하는 해싱 메커니즘을 알아보기 위해 두 메소드를 빠르게 살펴보고 넘어가자.

hashCode()

이름에서도 유추할 수 있지만 객체의 해시가 필요할 때 이 메소드를 호출한다.

hashCode() 메소드는 객체의 내용을 변경할 때 변경되는 정숫값을 반환한다. 또한 가능하면 다른 유사한 객체와 구별되는 값을 반환해야 한다.

 객체를 식별하지 못하는 값을 반환하는 것이 오류는 아니지만 대부분의 Collection 클래스의 성능에 악영향을 미친다. 이 부분은 뒤에서 자세히 설명한다.

equals()

equals()는 전달 받은 객체가 메소드를 호출할 때 사용한 객체와 같다고 판단하면 true를, 그렇지 않으면 false를 반환한다. 간단한 예를 살펴보자.

```
Integer i = 25;
Object o = new Object();
System.out.println(i.equals(o));
```

앞의 예제는 콘솔에 false를 출력한다.

equals() 메소드는 두 객체가 일치하기를 기대하며 두 객체가 유사한지 여부를 반환한다. equals() 메소드가 지켜야 할 규칙이 많다. 자바 개발자는 보통 이 메소드를 직접 작성해야 하기 때문에 1장, '자바'에서 이런 규칙을 설명했다.

 클래스가 equals() 메소드의 모든 규칙(또는 규약(contracts)이라고 함)을 준수해 equals() 메소드를 구현하지 않으면, Collection 클래스의 정상적인 작동을 보장하기 어렵다.

해싱 메커니즘

hashCode( )와 equals( ) 메소드가 매우 중요한 이유를 설명하기 위해 다음 예제를 알아보자.

다음은 HashMap 인스턴스를 생성하고 키/값 쌍을 추가한 자바 코드다.

```
map = HashMap();
map.put("key1", "value1");
```

전달된 키 객체, 예제에서는 문자열 인스턴스 key1에서 hashCode( ) 메소드를 호출하게된다. 그러면 해싱에서 사용할 수 있는 임의의 숫자를 반환한다. 이 예제에서는 123이다. 내부적으로 HashMap 인스턴스는 키를 빨리 찾기 위해 키의 해시를 저장하고 그 해시에 키 객체와 값 객체를 연결한다.

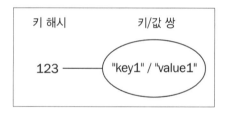

이제 새로운 키/값 쌍 key2와 value2를 맵에 추가한다. key2 객체의 hashCode( ) 메소드는 234를 반환한다고 가정한다. 해시 값 234는 아직 사용되지 않았기 때문에, 새로운 해시 코드 키 값을 저장하고 지정한 키와 값 객체를 연결한다.

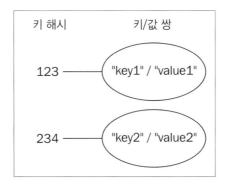

이제 새로운 key3와 value3 쌍을 추가하면 예상하지 않은 일이 발생한다. key3 문자열 인스턴스의 hashCode( ) 메소드가 234를 반환한다. 해시 코드 234는 key2/value2와 key3/value3 모두를 가리킨다. 이런 현상을 충돌collision이라고 부른다.

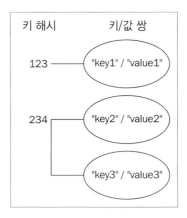

프로그램은 키 key3 객체에 해당하는 값 객체를 요청한다.

```
Object o = map.get("key3");
```

HashMap 객체는 전달받은 키 "key3"의 hashCode( ) 메소드를 호출하고, 그 결과 234가 반환될 것이다. HashMap 객체는 해시 코드 234에 연결된 두 개의 키/값 쌍이 있음을 알게 되고 "key2"와 "key3" 문자열 객체 각각의 equals( ) 메소드를 호출해 전달받은 키 "key3" 문자열과 일치하는지 결정한다. 이 경우에는 "key3"이 일치하게 되고 "value3" 객체를 반환한다.

예제를 통해서 배웠듯이 hashCode( )와 equals( ) 메소드는 정말 중요하다. 키/값 쌍을 추가할 때 충돌이 적게 발생하면 할수록, 키를 더 빨리 찾을 수 있다. equals( ) 메소드 구현에 버그가 있으면, 키를 찾지 못할 수 있다.

▌ 커맨드 라인에서 JVM 애플리케이션 실행

JVM에서 애플리케이션을 실행하는 일은 종종 상당히 복잡한 주제로 여겨진다. 1장에서 언급했듯이 JVM을 타깃으로 하는 컴파일러는 소스코드를 .class 파일 확장자를 가진 바이너리 파일로 컴파일한다. JVM 인스턴스가 .class 파일 내의 코드를 실행하게 하기 위해 지켜야 할 몇 가지 규칙이 있다.

- 정적 main( ) 메소드를 가진 적어도 하나의 클래스가 있어야 한다.
- 모든 클래스 파일은 특정 디렉터리에 저장해야 한다.
- 클래스경로(ClassPath)를 지정해야 한다.
- 클래스 파일은 선택적으로 JAR 아카이브 컨테이너에 위치할 수 있다.
- 프로그램을 실행하려면 java 명령어를 사용한다.

각각의 규칙을 빠르게 살펴본 다음 가능하면 이런 개념을 명확하게 설명하기 위해 자바로 직접 시범 프로젝트를 실행해보자.

적어도 하나 이상의 클래스에 정적 main() 메소드 구현

java 명령어로 직접 JVM 애플리케이션을 실행할 때 다음의 정적 메소드를 가진 클래스를 지정해야 한다.

```
public static void main(String[] args) {
}
```

JVM 인스턴스의 초기화가 끝나면 java 명령어는 이 main() 메소드를 호출한다. C와 C++에서 잘 알려진 main() 진입점 함수와 유사하다. 문자열 배열 args는 운영체제가 전달한 커맨드 라인의 매개변수를 담고 있다.

앞의 코드는 자바 코드 예제다. 어떤 JVM 언어는 클래스를 컴파일할 때 자동으로 main() 메소드를 생성하기 때문에 프로그래머가 직접 main() 메소드를 작성할 필요가 없다. 또한 어떤 JVM 프레임워크는 main() 메소드를 자동으로 생성하거나 제공한다.

main() 메소드는 언어마다 조금씩 다를 수 있다.

- 매개변수 이름은 중요하지 않다. args는 규약이다. argv가 사용되기도 하지만 유사한 매개변수면 어떤 것이나 상관없다.
- 매개변수 타입도 다를 수 있다. 문자열 배열(자바의 String[])을 보통 사용하지만 가변인자(var args)의 매개변수(3장에서 다룰 String...)도 잘 동작한다.

다음은 문자열의 가변인자 매개변수와 다른 이름의 인수를 가진 자바로 작성된 유효한 main() 함수의 예다.

```
public static void main(String... commandLineArguments) { }
```

프로젝트에 정적 `main( )` 메소드를 가진 클래스가 하나 이상일 수 있다. 하지만 한 번에 하나의 `main( )` 메소드만 실행 가능하다. 그래서 `java` 명령어로 애플리케이션을 실행할 때 커맨드 라인에 정규화된 클래스 이름을 지정해야 한다.

클래스 파일에 필요한 디렉터리 구조

클래스 파일은 패키지 이름과 일치하는 디렉터리 구조에 저장해야 한다. 패키지 이름의 점 (.)은 새로운 하위디렉터리를 의미한다. 패키지가 없는 클래스는 최초의 패키지 디렉터리를 포함하는 루트 디렉터리에 위치한다.

다음의 정규화된 클래스 이름을 가진 프로젝트를 가정해보자.

- Main
- com.example.app.model.MyModel
- com.example.app.view.MyView
- com.example.app.controller.MyController

프로젝트를 컴파일하면 다음과 같은 디렉터리 구조가 나타난다.

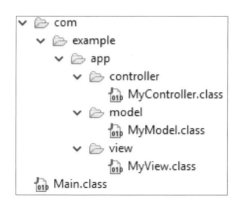

프로젝트에 패키지 안에 들어 있지 않는 클래스가 없도록 주의하라. 앞의 예제에서 `Main` 클래스는 패키지에 담는 게 더 좋다.

일반적으로 컴파일러는 클래스경로를 더 잘 이해하기 위해 정확한 디렉터리 구조를 만든다는 점을 유의해야 한다. 여기서 명시한 요구 조건에 친숙해지는 것이 중요하다. 또한 자바를 포함한 몇몇 컴파일러는 소스코드가 같은 방식으로 구성되도록 요구한다는 점을 유의하자.

JVM 인스턴스를 위한 클래스경로 설정

클래스경로ClassPath는 프로젝트에서 참조하는 클래스를 찾기 위해 JVM이 사용하는 JAR 아카이브 파일과 디렉터리의 목록이다. java 명령어와 컴파일러(자바와 대부분의 JVM 언어), 많은 다른 JDK와 JVM 관련 도구는 클래스경로를 필요로 한다.

클래스경로를 명시적으로 지정하지 않으면, 기본적으로 현재 디렉터리를 클래스경로로 지정한다. 그래서 프로그램을 시작하는 데 사용하는 디렉터리에 프로젝트가 사용하는 모든 클래스 파일이 있고 클래스 파일의 패키지 이름이 디렉터리 구조와 일치한다면, 클래스경로를 명시적으로 설정할 필요가 없다.

실제 환경에서는 종종 추가적인 라이브러리를 사용한다. 1장에서 설명했듯이 많은 JVM 언어는 런타임 라이브러리를 로드해야 한다. 그렇지 않으면 애플리케이션을 실행할 수 없다. 그래서 이런 추가적인 라이브러리—종종 의존성dependencies이라고 부른다—를 분리된 하위디렉터리에 놓는 것이 일반적이다. JVM은 결코 알아서 JAR 파일을 로드하지 않기 때문에, JAR 파일로 된 라이브러리를 사용한다면 클래스경로에 이 JAR 파일을 지정해야 한다.

실제 사례를 살펴보자. 다음은 윈도우 장치에서 오픈소스 아파치 톰캣 애플리케이션을 시작할 때 필요한 클래스경로다.

C:\apache-tomcat-8.0.44\bin\bootstrap.jar;C:\apachetomcat-8.0.44\bin\tomcat-juli.jar

아파치 톰캣을 시작할 때 필요한 클래스는 bootstrap.jar와 tomcat-juli.jar라는 두 개의 JAR 파일에 있다. 이 두 개의 JAR 파일은 아파치 톰캣의 bin 디렉터리에 있다. 뒤에서 좀 더 자세히 설명하겠지만, JAR 파일은 여러 클래스 파일을 모아 놓은 하나의 파일이다.

디렉터리나 JAR 파일은 절대 경로 혹은 상대 경로로 지정할 수 있다. 상대 경로의 시작점은 명령어(예제에서는 java 혹은 javac)를 시작하는 디렉터리다. JVM 인스턴스는 클래스를 찾을 때까지 왼쪽에서부터 오른쪽으로 클래스경로의 모든 항목을 읽으므로, 클래스경로의 순서는 매우 중요하다.

클래스경로 설정은 여러 단계로 수행할 수 있다. JVM은 다음의 순서로 사용할 클래스경로를 결정한다.

- CLASSPATH 환경변수의 값이 설정돼 있으면, 그 값을 클래스경로로 가져온다.
- java 명령어(혹은 javac 자바 컴파일러와 같은 다른 JDK 도구)에 -cp 혹은 -classpath 커맨드 라인 옵션을 설정했다면 옵션 값을 클래스경로로 취한다. 다른 커맨드 라인 옵션을 필요로 하는 도구도 있다.

 환경변수 CLASSPATH를 설정하는 방법은 권장하지 않는다. 동시에 여러 JVM 애플리케이션을 실행하고자 할 때 관리를 어렵게 하기 때문이다.

최종 사용자가 스크립트만 구동하면 쉽게 프로그램을 시작할 수 있도록 대부분의 주요한 JVM 애플리케이션은 클래스경로를 자동으로 설정하는 (리눅스/맥OS를 위한) 간단한 운영체제 셸 스크립트와 (윈도우를 위한) 배치 파일을 제공한다. 일부 애플리케이션은 정확한 클래스경로를 설정하고 보이지 않게 JVM을 실행하는 네이티브 실행 파일을 포함하기도 한다.

개발자가 애플리케이션을 개발하거나 테스트하는 동안 JVM 애플리케이션을 쉽게 시작할 수 있도록 대부분의 빌드 도구는 자동으로 클래스경로를 설정하고 하나의 명령어로 애플리케이션을 시작할 수 있는 작업(혹은 작업을 구현한 플러그인)을 제공한다. 4장 자바 프로그래밍에서 인기 있는 그래들Gradle 빌드 도구의 편리한 기능을 살펴보게 된다.

JAR 파일에 클래스 파일 배치하기

편의상 클래스 파일의 모음을 하나의 JAR 파일에 보관할 수 있다. JAR 파일은 다른 확장자를 가진 표준 ZIP 파일이지만, ZIP 파일과는 달리 콘텐츠를 규제하는 엄격한 규칙을 갖는다. JAR 파일을 클래스경로에 추가하면 JAR 파일에 있는 모든 클래스가 로드돼 JVM 인스턴스에서 사용 가능해진다.

2장에서 JAR 파일을 생성하는 방법을 설명하지 않지만 4장, '자바 프로그래밍'에서 손쉬운 자바 언어 예제를 빌드할 때 살펴볼 것이다.

 JAR 파일 자체도 외부의 의존성이 필요할지 모른다. 만약 그런 경우라면 JAR 파일의 의존성도 클래스경로에 추가해야 한다. JAR 파일의 의존성은 JAR 파일을 제공하는 라이브러리나 도구 설명서에 나와 있다.

실행 가능한 JAR 파일

java 명령어를 사용해서 시작할 수 있도록 JAR 파일을 설정하는 일도 가능하다. JAR 파일을 실행 가능하도록 하려면 JAR 파일을 정확하게 구성해야 한다. 즉, JAR 파일은 java 명령어가 실행할 main( ) 메소드를 포함한 클래스가 무엇인지 지정해야 한다.

하나의 실행 가능한 JAR 파일이 모든 것을 담고 있기 때문에 최종 사용자에게 편리한 기능이다.

- JAR 파일은 필요한 모든 의존성을 포함한다.
- (가능하더라도) 클래스경로를 직접 설정할 필요가 없다.
- 사용자는 main( ) 메소드를 포함한 클래스를 JVM에게 직접 알려줄 필요가 없다.

java 명령어로 프로그램 실행하기

JVM 인스턴스를 구동하고 애플리케이션을 시작할 때 java 명령어를 사용한다. 기본적으로 두 가지 상황이 있다.

- 분리된 클래스 파일로 구성된 프로젝트 실행
- 실행 가능한 JAR 파일 안에 저장된 프로젝트 실행

java 명령어의 몇몇 중요한 매개변수도 살펴볼 예정이다.

분리된 클래스 파일로 구성된 프로젝트 실행하기

클래스를 담고 있는 디렉터리에 프로젝트를 저장하는 경우(프로젝트가 의존성이 있는 JAR 파일을 사용할 때도), 보통 다음과 같이 java 명령어를 호출한다.

```
java -cp "CLASSPATH" MAINCLASS ARGUMENTS
```

CLASSPATH를 사용할 클래스경로로 대체하고 MAINCLASS는 정적 main( ) 메소드를 포함한 클래스의 정규화된 이름으로 대체한다. 클래스가 매개변수를 지원한다면 ARGUMENTS를 필요한 매개변수로 대체하여 지정하면 된다.

실제 사례를 살펴보자. 오라클 JDK의 자바DB 컴포넌트에서 제공하는 윈도우 배치 스크립트에서 발췌한 간단한 예제로, JDK의 설치 디렉터리 하위의 db 디렉터리에서 아파치 더비 네트워크 서버Apache Derby Network Server를 시작한다.

```
java -cp "lib\derby.jar;lib\derbynet.jar;lib\derbyclient.jar;lib\derbytools.
jar;lib\derbyoptionaltools.jar" org.apache.derby.drda.NetworkServerControl start
```

JVM 인스턴스는 클래스경로에 명시적으로 지정하지 않은 JAR 파일을 결코 로드하지 않기 때문에 필요한 모든 JAR 파일을 클래스경로에 하나씩 지정한 사례를 보여준다. `static void main( )` 함수를 가진 정규화된 클래스 이름은 `org.apache.derby.drda.NetworkServerControl`이고 메인 함수에 전달된 커맨드 라인 매개변수는 `start`다. 모든 클래스경로 항목을 디렉터리가 아닌 특정 JAR 파일로 지정했기 때문에 언급된 클래스는 지정한 JAR 파일 중 하나에 있어야 한다.

최신 버전의 JRE에서는 와일드카드 지정도 가능하다. 그래서 일치하는 JAR 파일을 모두 로드한다. 앞의 예제를 다음과 같이 단순화할 수 있다.

```
java -cp
"lib\*" org.apache.derby.drda.NetworkServerControl start
```

와일드카드 `*`는 JAR 파일을 로드하기 위해 필요하다. 와일드카드 없이 디렉터리 이름만 지정하면 디렉터리 안의 JAR 파일을 클래스경로에 추가하지 않고 .class 파일만 추가한다.

실행 가능한 JAR 파일 안에 위치하는 프로젝트 실행하기

자동으로 실행하도록 구성된 JAR 파일-앞에서 언급한 것처럼 모든 JAR가 대상이 아니다-에 대해서는 다음과 같이 java 명령어를 사용한다.

```
java -jar PATH
```

PATH는 해당하는 JAR 파일에 대한 절대 혹은 상대 경로로 대체한다. JAR 파일을 정확하게 구성했다면 프로그램이 이제 실행된다.

이런 형식에서는 클래스경로를 설정할 수 없다. 필요한 모든 의존성은 JAR 파일에 포함시켜야 한다. 환경변수 CLASSPATH와 java 명령어의 -cp와 -classpath 매개변수는 모두 무시된다.

java 명령어의 다른 유익한 매개변수

사용 가능한 옵션의 전체 목록을 확인하려면 옵션 없이 java 명령어를 시작해보라.

다음은 주목할 만한 java 명령어 옵션이다.

- -D 속성과 값을 전달하는 옵션
- -ea 검사 기능을 활성화기 위한 옵션

일부 옵션은 짧고 긴 형식 모두를 가지지만, 여기서는 짧은 형식만 소개한다. 매개변수는 대소문자를 구분한다는 점도 유의하자.

-D 속성과 값을 전달하는 옵션

-D는 속성을 설정하는 데 사용한다. 속성은 코드 내부에서 읽을 수 있는 문자열이며, 매개변수를 포함해 여러 가지 방법으로 JVM에 지정할 수 있다. 이 옵션은 여러 번 지정할 수 있다. 프로그램에 전달하고자 하는 모든 매개변수/값 조합마다 하나씩 말이다.

다음은 -D 옵션을 사용한 사례다.

```
java -cp CLASSPATH -DProperty1=Value1 -DProperty2=Value2 MAINCLASS
```

속성은 java.lang.System 클래스의 getProperty 메소드로 코드에서 조회할 수 있다. 이 메소드는 시스템에서 미리 정의한 속성을 조회하는 다음 예제에서도 사용한다.

-ea 검사 기능을 활성화하기 위한 옵션

이 옵션을 사용하면 검사 기능이 활성화된다(검사 기능은 비활성화가 기본이다).

검사 기능을 지원하는 언어에서 프로그래머는 런타임 조건 검사를 추가할 수 있다. 자바에서는 조건문이 뒤따르는 assert 문장을 추가해 런타임 조건 검사를 수행한다. 검사 기능이 비활성돼 있으면 assert 문장은 완벽히 무시되지만, 검사 기능을 활성화하면 조건문이 false일 때 JVM은 에러를 발생시킨다. 프로그램이 예상대로 동작하는지 확인할 때 이 기능을 사용한다. 다음은 자바의 assert 문장 예다.

```
int i = 25;
assert i < 24;
```

-ea 옵션으로 검사 기능을 활성화한 경우 앞의 코드는 assert 문장을 실행하자마자 JVM에 의해 java.lang.Error가 발생한다. 커맨드 라인에 -ea 옵션을 명시적으로 지정하지 않으면 앞의 코드는 잘 동작한다.

검사 기능을 전 영역에 활성화할 수 있고 -ea:PACKAGE를 사용해서 패키지마다 활성화할 수도 있다. PACKAGE는 검사 기능을 활성화하려는 패키지의 전체 경로로 대체해야 한다. -ea:PACKAGE 옵션은 검사 기능을 활성화하려는 패키지마다 추가할 수 있다.

코드를 완벽하게 테스트하기엔 단위 테스트 작성이 더 좋은 방법이지만, 어떤 상황에서는 검사 기능이 더 유용하게 쓰일 수 있다.

JVM에서 실행하는 프로젝트 실무 사례

콘솔에 몇 개의 JVM 정보를 출력하고 세 개의 클래스로 구성된 다소 과하게 설계된 프로그램을 만들어보자. IDE를 사용하지 않고 보통의 텍스트 편집기와 코드를 컴파일하기 위해 명령 프롬프트(윈도우) 혹은 터미널 화면(맥OS/리눅스)을 사용한다. 마지막으로 커맨드 라인에서 애플리케이션을 실행한다. 프로젝트의 클래스는 다음과 같은 패키지에 둔다.

- com.example.app

- com.example.app.model
- com.example.app.view

소스 파일과 컴파일한 파일을 저장할 root 디렉터리를 생성한다. 루트 디렉터리 밑에 src 와 bin 디렉터리를 생성한다.

src 디렉터리에는 다음과 같은 하위디렉터리를 생성한다.

- com
- com\example
- com\example\app
- com\example\app\model
- com\example\app\view

텍스트 편집기를 열어서 model 디렉터리에 다음을 내용으로 하는 ModelFoo.java 파일을 생성한다.

```
package com.example.app.model;

public class ModelFoo {
  public String getJVMInfo() {
    return "JVM version " + System.getProperty("java.version") +
    " by " + System.getProperty("java.vendor");
  }
}
```

ModelFoo 클래스는 사용 중인 JVM에 대한 몇 가지 정보를 가진 String을 반환하는 하나의 public 메소드를 갖는다. 3장, '자바'에서 설명하겠지만 System 클래스는 자바에서 항상 사용 가능하다. System 클래스의 getProperty() 메소드는 속성 값을 반환한다. 예제에서 사용한 두 개의 속성은 JRE 버전과 벤더를 반환하는 기본 속성이다.

view 디렉터리에는 ViewBar.java 파일을 생성한다.

```
package com.example.app.view;
import com.example.app.model.ModelFoo;

public class ViewBar {
  public void showJVMInfo(ModelFoo model) {
    System.out.println("This program is running on " +
                        model.getJVMInfo());
  }
}
```

ViewBar 클래스는 콘솔에 모델 객체가 제공하는 버전 정보를 출력한다.

마지막으로 app 디렉터리에 Controller.java 파일을 생성한다.

```
package com.example.app;
import com.example.app.model.ModelFoo;
import com.example.app.view.ViewBar;

public class Controller {
  public static void main(String[] args) {
    ViewBar view = new ViewBar();
    view.showJVMInfo(new ModelFoo());
  }
}
```

Controller 클래스는 다른 두 개의 클래스를 연결하며 main( ) 메소드를 포함한다. 모델-뷰-컨트롤러 디자인 패턴에 대한 좋은 예는 아니지만, 공간을 절약하기 위해 단순화했다.

src의 하위디렉터리는 패키지 이름을 따른다는 점을 유의하자. 자바의 규약으로, 소스 파일에 대해 이런 규약을 따르지 않는 언어도 있다. 하지만 JVM은 언어의 컴파일된 파일에 대해서는 항상 이런 구조를 요구한다.

운영체제의 명령 프롬프트(윈도우)나 터미널 창(맥OS/리눅스)을 열고 (src와 bin 디렉터리를 포함하는) 프로젝트의 루트 디렉터리로 이동한다. 다음 명령어를 실행해서 코드를 컴파일한다. Controller.java에 대한 경로를 지정하는 데 운영체제 규약을 사용하라. 여기서는 윈도우의 규약을 사용한다.

```
javac -sourcepath src -d bin src\com\example\app\Controller.java
```

위 명령어는 다음의 작업을 처리한다.

- -sourcpath src 옵션은 컴파일러에게 소스코드가 src 디렉터리에 있음을 알려준다.
- -d bin 옵션은 javac에게 컴파일한 파일을 bin 디렉터리에 넣으라고 알려준다. bin 디렉터리가 존재해야 하지만 javac가 자동으로 디렉터리를 생성하기도 한다.
- 마지막으로 메인 프로그램의 소스 파일 위치를 전달한다.

Controller.java 소스 파일은 다른 두 개의 클래스를 가져오고 src 디렉터리 구조는 모든 패키지 이름과 일치하기 때문에 자바 컴파일러는 모든 클래스를 찾아서 컴파일하게 된다.

컴파일한 결과 디렉터리 bin은 다음과 같다.

java 명령어로 애플리케이션을 실행해보자. 커맨드 라인 창에서 bin 디렉터리로 이동한 후 다음 명령어를 실행한다.

```
java com.example.app.Controller
```

기계는 다음과 같은 결과를 출력한다.

```
This is running on JVM version 1.8.0_112 by Oracle Corporation
```

클래스경로 예제

클래스경로 개념이 동작하는 원리를 설명하기 위해, 클래스 하나를 다른 디렉터리로 옮겨 보자. 개념적으로 외부의 의존성을 사용하는 것과 같으며, 관례상 프로젝트 클래스와 다른 디렉터리에 저장한다. 다음 절차를 따라 해보자.

- src와 bin 디렉터리를 포함한 프로젝트 디렉터리에 lib이라는 새 디렉터리를 생성한다.
- 새로운 lib 디렉터리 밑에 com\example\app\model 디렉터리를 생성한다.
- ModelFoo.class 파일을 앞에서 만든 model 디렉터리로 옮긴다.
- 확실히 하기 위해 빈 bin\com\example\app\model 디렉터리를 삭제한다.

이제 디렉터리 구조는 다음과 같다.

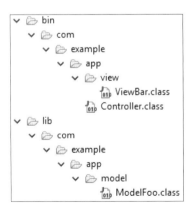

112

명령 프롬프트나 터미널 창에서 프로젝트의 bin 디렉터리로 이동해 다음 명령어를 다시 실행한다.

```
java com.example.app.Controller
```

이제 자바 스택 트레이스가 출력된다. 자바 개발을 하다 보면 이런 오류를 많이 보게 될 테니 익숙해지기 바란다. 윈도우에서는 다음과 같은 스택 트레이스가 보인다(간략하게 하기 위해 일부 생략했다).

```
Error: A JNI error has occurred, please check your installation and try
again
Exception in thread "main" java.lang.NoClassDefFoundError:
com/example/app/model/ModelFoo
 at java.lang.Class.getDeclaredMethods0(Native Method)
 at java.lang.Class.privateGetDeclaredMethods(Unknown Source)
 at java.lang.Class.privateGetMethodRecursive(Unknown Source)
 at java.lang.Class.getMethod0(Unknown Source)
...
```

이제 -cp 옵션으로 클래스경로를 설정해서 java 명령어에게 코드에서 참조하는 클래스를 현재 디렉터리와 lib 디렉터리—bin 디렉터리보다 한 단계 위에 있는 디렉터리다—에서 찾아야 한다고 알려주자.

```
java -cp ".;..\lib" com.example.app.Controller
```

클래스를 찾을 때 JVM은 먼저 현재 디렉터리를 확인하고 거기에서 클래스를 찾지 못하면 ..lib 디렉터리에서 클래스를 찾는다. -cp 옵션과 값은 클래스 이름 앞에 지정해야 한다. 그렇지 않으면 java 명령어가 아니라 메인 함수의 매개변수인 문자열 배열에 전달된다.

이클립스 IDE

앞 절에서 살펴봤듯이 JVM 프로그램을 작성할 때 기본 텍스트 편집기를 사용하면 꽤 성가신 과정을 거쳐야 한다. 자바를 포함한 몇몇 언어에서는 패키지 이름의 구조와 소스코드의 디렉터리 구조가 일치해야 한다. 곧 알게 되겠지만 어떤 언어는 개발자에게 더 많은 규칙을 강요한다. 자바는 소스코드 파일 이름과 클래스의 이름이 일치하도록 하고 있다. 또한, 프로그램을 실행할 때 직접 클래스경로를 설정해야 한다. 규칙은 더 있다.

JVM 세계에서 대부분의 프로그래머는 프로젝트를 개발하기 위해 정교한 IDE를 사용한다. JVM 개념을 지원하는 상용 IDE와 오픈소스 IDE 모두 시장에서 쉽게 찾을 수 있다. 모든 대중적인 IDE에서 자바를 지원한다. 자바 프로그래머는 최신의 IDE에 대해 다음과 같은 기능을 기대할 수 있다.

- 첫 번째는 자동완성 기능이다. 클래스 이름을 인식하면 입력하는 동안 멤버 목록을 제공한다(마이크로소프트에서는 인텔리센스IntelliSense라 한다).
- 다음으로 정교한 리펙토링 도구를 제공한다. 변수나 메소드의 이름을 변경하면, 변경에 영향을 받는 프로젝트의 모든 코드를 자동으로 수정한다.
- 중단점과 변수 검사, 프로파일러와 같이 완벽한 기능을 갖춘 디버거가 있다.
- 새로운 자바 기능을 사용하도록 기존의 코드를 자동으로 재작성하는 옵션이 있다.
- null 참조에 접근하는 것과 같이 자바 컴파일러는 발견하지 못하는 문제를 알려준다.
- 버튼 클릭만으로 프로젝트를 실행하거나 프로젝트의 단위 테스트를 실행한다.
- 자바 EE 프로젝트를 JVM 애플리케이션 서버에 자동으로 배포한다.
- 대화창 빌더와 비주얼 데이터베이스 도구 등과 같은 추가 도구도 사용 가능하다.
- 다른 기능을 추가하는 플러그인 지원도 제공한다.

3장에서 보겠지만, 자바 이외의 JVM 언어에 대한 IDE 지원은 기대하는 만큼은 아니다. 하지만 시간이 지나면서 많이 개선되고 있다.

다음은 JVM 개발자에게 가장 잘 알려진 IDE다.

- 인텔리J^{IntelliJ} IDEA: 모든 기능을 갖춘 상업용 에디션과 좀 더 단순하고 무료인 커뮤니티 에디션을 제공하는 최신 IDE
- 아파치 넷빈즈^{Apache NetBeans} IDE: 구 오라클 넷빈즈로, 플러그인 기능을 지원하는 동시에 빌드 도구와 수많은 내장 기능으로 잘 알려졌다.
- 이클립스^{Eclipse} IDE: IBM과 많은 다른 큰 기업이 속한 이클립스 재단에서 제공하는 매우 좋은 도구이며 넷빈즈 IDE와 같이 플러그인으로 확장 가능하다.

넷빈즈 IDE와 이클립스 IDE는 모두 오픈소스 프로젝트지만 인텔리J는 독점 사유 소프트웨어다. 이 책에서는 이클립스 IDE를 다룬다. 나열한 모든 IDE가 매우 좋고 장단점을 모두 갖고 있어 선택하기가 쉽진 않았다. 이클립스 IDE는 이 책에서 소개하는 모든 언어를 가장 잘 지원하는 듯하지만 몇 가지 외부 플러그인을 설치해야 한다.

이클립스 IDE 다운로드

이클립스 IDE를 다운로드하려면 http://www.eclipse.org를 방문한다.

다운로드 버튼을 클릭한다. 이클립스 IDE는 모든 플랫폼에 대해 사용자 친화적인 설치 관리자를 제공한다.

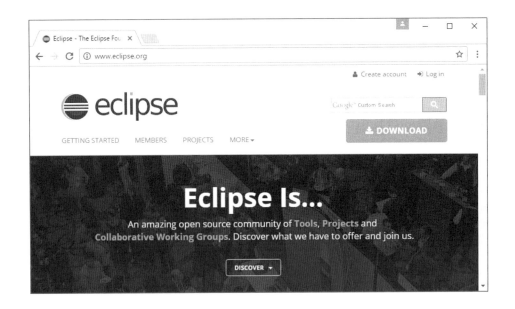

이클립스 IDE 설치

이클립스 IDE 설치는 매우 간단하다. 최신 버전의 이클립스 IDE는 GUI 설치 프로그램으로 설치할 수 있다.

- 다운로드한 설치 프로그램을 구동한다.
- 프롬프트 화면이 뜨면 **자바 개발자를 위한 이클립스 IDE**Eclipse IDE for Java Developers 에디션을 선택한다.
- 설치 폴더를 선택하고 **설치**Install 버튼을 클릭한다.

설치가 완료되면 이클립스 IDE를 실행해서 정상적으로 설치됐는지 확인한다. 스플래시 화면이 나타나고 잠시 후 작업 공간workspace 디렉터리를 묻는 화면이 나타나야 한다. 작업 공간은 프로젝트를 저장하는 위치다.

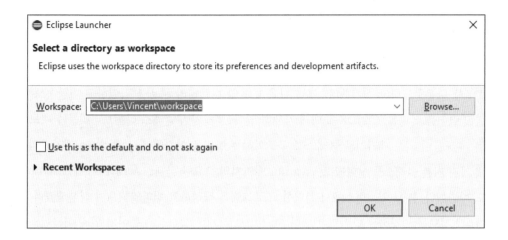

디렉터리를 선택하고 OK 버튼을 클릭한다. 이제 환영 화면이 나타난다.

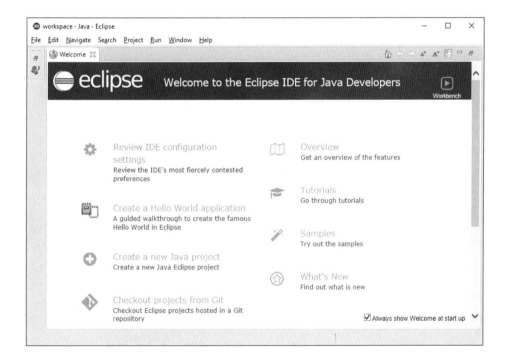

3장에서 필요한 플러그인을 설치하는 방법을 알아보겠다.

▍ 요약

2장에서는 많은 것을 배웠다. 살펴봤던 모든 주제를 다시 정리해보자.

JDK를 다운로드하고 설치했다. 그런 다음 JDK의 디렉터리 구조를 확인하고 가장 중요한 명령어를 살펴봄으로 JDK에 대해 자세히 알아봤다. 자바 클래스 라이브러리를 살펴보는 데 도움이 되는 패키지로 클래스를 구조화하는 방법을 학습했다. `java.lang` 패키지의 몇 가지 기본 클래스를 살펴봤고, `java.util` 패키지의 중요한 클래스 `ArrayList`와 `HashMap`도 학습했다. JVM 인스턴스에서 간단한 프로그램을 작성하고 컴파일했으며 실행해봤다. 클래스경로를 변경하는 방법도 배웠다. 마지막으로 개발 생산성을 높이기 위해 이클립스 IDE를 다운로드하고 설치했다.

축하한다! 이제 JVM의 개념을 잘 파악했고, JVM 프로그래밍 언어의 세계에 뛰어들 준비가 됐다. 자바 언어부터 시작해보자.

03

자바

2장에서 JVM과 JDK 개념을 알아보는 동안 약간의 자바 코드를 살펴봤다. 자바로 작성한 코드는 일반적으로 읽고 이해하기 쉽다. 자바는 상대적으로 배우기 쉬운 언어. 자바는 수년 간에 걸쳐 언어에 많은 기능이 추가되면서 다소 복잡해지기는 했지만 이제 자바를 시작하는 사람은 고급 기능을 배울 준비가 될 때까지 고급 기능에 대해 너무 많이 걱정하지 않아도 된다.

자바 이외의 다른 JVM 언어를 선택한 프로그래머에게도 3장은 도움이 될 것이다. API 문서로 자바독Javadoc을 제공하는 라이브러리나 프레임워크를 사용하기 시작한 경우에는 특히 그러하다. 곧 알아보겠지만, 자바독은 소스코드 안의 특별한 주석을 기반으로 HTML 문서를 생성하는 JDK가 제공하는 도구다. 많은 라이브러리와 프레임워크가 설명서의 일부로 자바독이 생성한 HTML 문서를 제공한다.

3장에서는 다음의 주제를 다룬다.

- 자바에서의 객체지향 프로그래밍OOP, Object-oriented programming
- 자바에서의 프로그래밍

▌ 자바에서의 OOP

2장에서도 언급했지만, 자바에서 기본형primitive 타입 외 다른 모든 것은 객체다. 자바는 기본형 타입을 지원하기 때문에 순수 OOP 언어로 간주되지는 않지만 그래도 OOP 언어다.

자바를 효과적으로 사용하려면 OOP를 알아야 한다. OOP에 대한 개념을 잊었어도 걱정하지 마라. OOP를 설명하지는 않지만, 책을 진행하는 동안 기억을 되살리도록 도와줄 것이다. 3장은 다음과 같은 OOP 관련 주제에 대해 설명한다.

- 클래스 정의
- 패키지 정의
- 클래스 멤버 변수와 메소드 추가
- 생성자와 소멸자
- 상속
- 인터페이스
- 추상 클래스
- 상위형변환과 하위형변환

클래스 정의

2장의 예제에서 봤듯이, 자바에서는 class라는 키워드에 클래스 이름과 괄호 { }를 붙여서 클래스를 정의한다. 괄호는 클래스의 코드 부분을 가시적으로 보여준다.

```
class ClassName {
}
```

앞의 코드는 정상적으로 컴파일된다. 자바의 구문 규칙을 기준으로 컴파일하기 때문에, 코드 일부를 제거하면 컴파일 오류가 발생한다.

JVM 클래스의 명명 규칙은 캐멀케이스^{CamelCase}를 따르므로, 클래스 이름은 대문자로 시작한다. 클래스 이름이 여러 단어로 구성되면, 각 단어를 이전 단어에 바로 붙이고—빈칸이나 밑줄은 사용하지 않는다—모든 단어의 첫 문자는 대문자로 한다. 다음은 클래스 이름을 선택하는 몇 가지 규칙이다.

- 클래스 이름은 숫자가 아닌 문자로 시작해야 한다.
- 대시(-)나 빈칸을 포함할 수 없다. 밑줄은 사용 가능하나 사용하지 않는 것이 관례다.
- 첫 문자 뒤에는 숫자가 올 수 있다.
- 자바 언어에서 사용하는 예약어를 클래스 이름으로 사용할 수 없다. 이 규칙을 벗어나지 않으려면 키워드에 최소 하나의 문자라도 추가하거나 변경해야 한다.

클래스 접근 제한자

클래스의 가시성을 조정할 수 있다. 2장의 예제에서처럼 명시적으로 지정하지 않은 경우 클래스 가시성을 package private이라고 부른다. 같은 패키지 안에 있는 클래스만 이 클래스를 참조하고 인스턴스를 생성할 수 있다는 의미다. 패키지가 JVM에서 동작하는 방법을 설명한 2장의 예제를 확인하라.

대부분 어디에서나 참조하고 인스턴스를 생성할 수 있는 클래스를 생성하길 원한다. class 키워드 앞에 접근 제한자 public을 추가하면 어떤 패키지에 있는 클래스라도 이 클래스를 볼 수 있고 인스턴스를 생성할 수 있다.

```
public class ClassName {
}
```

 public 클래스도 private 생성자를 가질 수 있다. 이런 경우 다른 패키지에서 클래스를 보고 참조할 수는 있지만 생성자에 접근할 수 없어서 인스턴스를 생성하지 못한다.

자바 프로그래밍 언어의 특이한 요구 사항 중에 하나는 소스코드 파일은 하나의 public 클래스만 정의할 수 있으며 파일 이름은 클래스 이름과 정확히 일치해야 한다는 것이다. 다른 JVM 언어는 보통 이런 제한을 두지 않는다.

Final 클래스 제한자-클래스 잠금

다른 클래스가 클래스를 상속하지 못하도록 막는 일반 제한자non-access modifier final을 클래스 키워드 앞에 둘 수 있다.

```
public final class ThisClassCanNotBeOverriden {
}
```

final 키워드는 클래스의 접근 제한자 앞 또는 뒤에 추가할 수 있으나 일반적으로 접근 제한자를 먼저 지정하고 그 다음에 일반 제한자를 둔다. 다른 클래스가 final 클래스를 상속하려 하면 컴파일러는 코드의 컴파일을 거부한다.

패키지 정의

클래스를 패키지에 포함시키려면 package 키워드를 사용한다. 패키지 정의는 코드에서 주석을 제외한 첫 번째 행에 위치해야 하며 자바의 모든 문장과 마찬가지로 패키지 정의도 세미콜론(;)으로 끝나야 한다. 다음은 패키지를 정의한 예다.

```
package com.example.package_name;
```

2장에서 패키지의 명명 규칙과 요구 사항 등 패키지에 대해 가볍게 살펴봤다. package를 정의한 행이 없으면 클래스를 default 패키지라 부르는 패키지에 포함시킨다.

관례에 따라 자바 소스코드 파일의 디렉터리 구조는 패키지 이름과 일치해야 한다. 모든 유행하는 IDE는 패키지 구조를 이해하고 개별 디렉터리가 아닌 패키지 이름 전체를 화면에 표시한다. 다음은 패키지 구조를 보여주는 이클립스 IDE의 프로젝트 탐색기 모습이다.

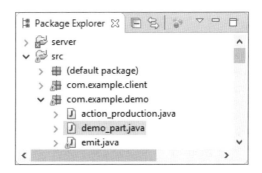

클래스 가져오기

코드에서 클래스를 참조하려면 정규화된 클래스 이름을 사용한다. 예를 들어 메소드에서 ArrayList를 사용하려면 다음과 같이 코드를 작성한다.

```
java.util.ArrayList list = new java.util.ArrayList();
```

장황하기로 유명한 언어지만 너무 많은 키를 입력해야 한다. 물론 자바에는 좋은 해결책이 있다. import 키워드를 사용하면 클래스의 이름만으로 클래스를 참조할 수 있다. 대부분의 기본 형태는 다음과 같다.

```
import java.util.ArrayList;
class Demo {
  ArrayList list = new ArrayList();
}
```

이제 메소드의 코드에서는 ArrayList라는 클래스 이름만 사용하면 되고 더 이상 정규화된 클래스 이름을 사용할 필요가 없다. import 문장은 package 키워드 뒤, 첫 번째 클래스 정의 앞에 위치해야 한다. 여러 패키지를 하나의 import 문장으로 지정할 수 없다.

 두 개 이상의 패키지에 있는 동일한 이름의 클래스를 사용할 경우 이름 충돌이 발생하는데, 이때 충돌이 발생한 클래스 중 하나만 import할 수 있다. 그래서 나머지 다른 클래스는 정규화된 클래스 이름을 사용해야 한다.

한 줄로 패키지에 있는 모든 클래스를 가져오는 것도 가능하다.

```
import java.util.*;
```

하지만 와일드카드를 사용하는 것은 큰 시스템일수록 권장하지 않는다. 패키지의 모든 클래스를 한꺼번에 가져오면 예상치 못한 클래스 이름 충돌을 더 많이 발생시키기 때문이다. 그러므로 패키지에서 가져올 클래스만 지정하도록 한다. 와일드카드를 사용하더라도 패키지 하위의 패키지는 영향을 받지 않으므로 별도로 가져오기를 선언해야 한다. 예를 들어 동시성 프로그래밍을 위한 유틸리티 클래스를 포함하는 java.util.concurrent 패키지가 있다. java.util 패키지와 java.util.concurrent 패키지의 클래스를 모두 로드하려면 두 패키지에 대해 각각 import 문장을 정의해야 한다.

 java.lang 패키지의 모든 클래스는 묵시적으로 항상 가져오므로, 언제나 사용 가능하다.

클래스 멤버, 변수와 메소드 추가하기

변수와 메소드가 없는 클래스는 재미없고 무의미하다. 변수는 메소드의 동작에 영향을 주는 데이터를 보관한다. 클래스와 마찬가지로 변수와 메소드 모두에 접근 제한자를 앞에 설정해 가시성을 변경할 수 있고 추가적인 제한자도 지원한다. 먼저 변수와 메소드를 정의하는 구문을 살펴보고, 제한자를 설명한다. 이제 다음의 주제를 알아보자.

- 인스턴스 변수
- 인스턴스 메소드
- 접근 제한자
- static 제한자
- final 제한자
- 메소드 오버로딩

인스턴스 변수

보통 모든 객체 인스턴스는 인스턴스 변수instance variable라고 부르는 고유한 변수를 갖는다. 자바에서는 다음과 같이 인스턴스 변수를 정의한다.

```
TYPE variableName;
```

TYPE은 기본형 타입(int, double 등)이거나 참조 타입 중에 하나다. import 문장을 사용해서 사용하려는 클래스를 가져왔으면 클래스 이름만 지정하면 되고, 그렇지 않으면 정규화된 클래스 이름을 사용해야 한다. 선언과 동시에 변수를 초기화하는 것도 가능하다.

```
public class Test {
  int i = 25;
  Object o = new Object();
}
```

클래스 수준에서 명시적으로 초기화하지 않는 변수는 0(int와 long, short에 대해), 0.0(float와 double에 대해), false(부울에 대해), null 참조(참조 타입에 대해)로 초기화된다. 변수 이름에도 클래스 이름과 동일한 조건이 있지만 명명 규칙은 조금 다르다. 일반적으로 변수 이름은 소문자로 시작한다. 클래스와 유사하게 $나 밑줄(_)과 같은 특수 문자는 지원하지만 권장하지 않는다.

메소드

자바에서 함수는 객체 혹은 null을 반환한다. 아무것도 반환하지 않는 메소드는 C 언어에서 영감을 받아 void 키워드를 사용한다. 일반적인 클래스의 메소드는 괄호 {} 안에 메소드 본문을 작성해야 한다.

```
public class ClassWithTwoMethods {
  boolean b;
  void methodReturnsNothingAndNoParameters() {
  }

  Object methodReturnsAnObject(boolean b, int i) {
    this.b = b;
    return null;
  }
}
```

반환 타입을 가진 메소드는 해당하는 객체 혹은 null을 명시적으로 반환해야 한다. 그렇지 않으면 컴파일이 안 된다. void 키워드를 사용하는 메소드는 어떤 것도 반환하지 않는다.

메소드 안에서 선언한 변수는 사용하기 전에 초기화해야 한다. 클래스 변수나 클래스 인스턴스 변수와 달리, 메소드 안의 변수는 자동으로 초기화되지 않는다.

 앞의 예제를 보면 메소드 내에서 사용한 this 키워드는 클래스의 멤버에 접근하기 위해 사용한다.

제한자

변수와 메소드 모두 제한자^{modifiers}가 앞에 붙을 수 있다. 제한자에는 다음과 같이 두 종류가 있다.

- 접근 제한자^{Access modifiers}
- 일반 제한자^{non-Access modifiers}

많은 접근 제한자와 일반 제한자를 함께 사용할 수 있다. 살펴보겠지만 제한자를 혼용하여 사용할 때 순서는 중요하지 않다. 일반적으로 접근 제한자 다음에 일반 제한자를 사용하는 것이 관례지만 꼭 지켜야 하는 규칙은 아니다.

접근 제한자로 클래스 멤버 보호하기

클래스 프로그래머는 멤버(변수와 메소드) 앞에 접근 제한자를 붙여서 어떤 멤버를 다른 클래스에서 접근 가능하도록 할지 결정한다. 클래스 멤버에 대한 접근 제한자는 클래스에 대한 접근 제한자보다 많다. 다음은 클래스 멤버에 대한 접근 제한자 전체 목록이다.

이름	접근 제한자	설명
Public	public	public 멤버는 클래스에 접근하는 코드 어디에서나 접근 가능하다.
Protected	protected	protected 멤버는 클래스 자체 혹은 같은 패키지 내의 클래스 그리고 클래스를 상속한 클래스에서 접근 가능하다. 그 외 다른 모든 클래스에서는 접근이 불가하다.
Package–private		접근 제한자를 지정하지 않은 클래스 멤버는 클래스 자체와 같은 패키지 내의 클래스에서만 접근 가능하다. 그 외 다른 클래스, 심지어 클래스를 상속한 클래스에서도 접근이 불가하다.
Private	private	private 멤버는 멤버를 정의한 클래스에서만 접근이 가능하다. 그 외 다른 클래스에서는 이 멤버를 확인하거나 접근할 수 없다.

클래스를 상속하면 자식 클래스는 앞의 표에 따라 접근 가능한 모든 메소드를 오버라이드할 수 있다. 단, 곧 알게 되겠지만 final 제한자를 정의한 메소드는 제외다. private 메소드는 오버라이드하려는 클래스에서 확인 및 접근이 불가하기 때문에 결코 오버라이드할 수 없다.

 파이썬 개발자에게는 생소한 이야기일 것이다. 파이썬에서는 클래스 내의 모든 것이 public 이어서, 코드는 어떤 클래스 변수도 읽고 변경할 수 있으며 어느 때나 메소드를 호출할 수 있다. 심지어 내부적으로만 사용하려고 작성한 경우에도 마찬가지다.

접근 제한자 예제

두 클래스를 비교하는 자바 소스코드를 살펴보자.

첫 번째 클래스는 네 개의 변수를 가지며, 각 변수는 접근 제한자가 없거나 다른 접근 제한자를 갖는다.

```
package chapter02.access_modifiers.demonstration;
public class DemoVariables {
  public String publicVariable = "This is a public variable";
  protected String protectedVariable = "This is a protected variable";
  String packagePrivateVariable = "This is a package-private variable";
  private String privateVariable = "This is a private variable";
}
```

앞의 클래스는 chapter02.access_modifiers.demonstration 패키지에 위치한다.

두 번째 클래스는 chapter02.access_modifiers 패키지에 있으며 첫 번째 클래스의 인스턴스를 생성한다.

```
package chapter02.access_modifiers;
import chapter02.access_modifiers.demonstration.DemoVariables;
public class AccessModifiersMain {
  public static void main(String[] args) {
    DemoVariables demo = new DemoVariables();
    System.out.println(demo.publicVariable);
  }
}
```

두 클래스의 패키지 모두 chapter02.access_modifiers로 시작하지만 JVM은 완전히 관련 없는 클래스로 인식한다.

 전체 패키지 이름이 일치하지 않으면, JVM은 패키지를 완전히 다르다고 인식한다.

또한, AccessModifiersMain 클래스(이하 main 클래스)는 DemoVariables 클래스(이하 demo 클래스)의 인스턴스를 생성한다는 점을 주목하자. main 클래스는 demo 클래스를 상속하지 않는다. 이제 다음의 사실을 확인할 수 있다.

- main 클래스는 자유롭게 demo 클래스의 `publicVariable` 변수에 접근할 수 있다. 사실 `publicVariable` 변수는 main 클래스에서 확인하고 접근할 수 있는 demo 클래스의 유일한 멤버다.
- main 클래스는 demo클래스의 `protectedVariable` 변수에 접근이 불가하다. main 클래스와 demo 클래스는 다른 패키지에 있고 main 클래스가 demo 클래스를 상속하지 않기 때문이다. 이런 조건 중에 하나라도 만족하면 main 클래스는 `protectedVariable` 변수에 접근할 수 있다.
- demo 클래스의 `packagePrivateVariable` 변수는 두 클래스가 같은 패키지에 존재할 경우에만 main 클래스에서 접근할 수 있다. 그렇지 않으면 main 클래스는 `packagePrivateVariable` 멤버를 보거나 접근할 수 없다.
- `privateVariable` 변수는 demo 클래스에서만 접근 가능하다. `privateVariable` 변수는 다른 클래스에서는 접근이 불가하기 때문이다.

static 제한자–인스턴스 변수와 클래스 변수

일반적으로 클래스 인스턴스에 고유한 변수를 생성하고 변수의 데이터를 사용하는 메소드를 추가한다. 모든 클래스 인스턴스는 고유한 변숫값을 가지며 변숫값을 변경하면 해당하는 인스턴스만 영향을 받는다. 메소드 호출도 클래스 인스턴스에서만 참조 타입의 객체 변수를 사용함으로 가능한 일이다.

JVM은 클래스 변수와 클래스 메소드도 지원한다. 클래스 변수와 메소드는 클래스 인스턴스 없이 사용이 가능하고, 생성된 모든 클래스의 인스턴스에서 공유할 수 있다. 클래스 멤버는 `static` 일반 제한자를 앞에 붙여서 정의해야 한다.

```
public class StaticDemo {
  public static String staticVariable = "This is a static variable";
  public String instanceVariable = "This is a class instance variable";
}
```

클래스 변수라고 부르는 정적 변수는 사용 가능한 클래스 인스턴스가 없어도 접근이 가능하다. 정적 메소드나 클래스 메소드도 클래스 인스턴스에 대한 참조를 담고 있는 참조 타입이 없을 때도 호출할 수 있다. 예제를 살펴보자. 앞의 예제에서 작성한 두 개의 클래스 인스턴스를 생성하고 그 인스턴스를 사용해서 값을 변경하는 클래스를 만들어보자.

```java
public class StaticDemoMain {
  public static void main(String[] args) {
    StaticDemo demo1 = new StaticDemo();
    demo1.staticVariable = "Demo 1 static";
    demo1.instanceVariable = "Demo 1 instance";

    StaticDemo demo2 = new StaticDemo();
    demo2.staticVariable = "Demo 2 static";
    demo2.instanceVariable = "Demo 2 Instance";

    System.out.println(StaticDemo.staticVariable);
    System.out.println(demo1.instanceVariable);
    System.out.println(demo2.instanceVariable);
  }
}
```

다음은 프로그램을 실행한 결과다.

```
Demo 2 static
Demo 1 instance
Demo 2 instance
```

앞의 코드에서는 참조 타입(demo1이나 demo2)을 사용해서 staticVariable에 접근하므로, staticVariable이 정적 변수라는 것을 파악하기는 어렵다. 첫 번째 System.out.println(StaticDemo.staticVariable) 행에서 변수를 참조하는 경우는 StaticDemo 클래스 이름을 통해서 정적 변수를 참조하는 것을 분명하게 알 수 있다.

참조 타입 변수를 통해서 정적 멤버에 접근하는 것은 좋은 예는 아니다. 코드가 정적 멤버에 접근한다는 사실을 숨기기 때문이다. 클래스 이름을 통해서 정적 멤버에 접근할 때는 혼란의 여지가 없다.

정적 메소드 안의 코드는 클래스의 정적 멤버만 접근할 수 있다. 어떤 인스턴스 변수를 사용하거나 직접 인스턴스 메소드를 호출할 수 없다는 의미다.

final 제한자–클래스 멤버 잠금

클래스 메소드와 변수는 final 일반 제한자를 앞에 지정해 사용을 제한할 수 있다. 다음은 자바의 final 정적 정수와 final 메소드의 예다.

```
class FinalDemo1 {
  public final static int THIS_IS_A_CONSTANT_VALUE = 42;
  public final void thisMethodCanNotBeOverridden() { }
}
```

메소드에 final을 붙이면 메소드의 접근 제한자와 무관하게 어떠한 클래스에서도 이 메소드를 오버라이드할 수 없다. 클래스가 메소드를 오버라이드하려고 하면, 컴파일러는 클래스를 컴파일하지 않는다.

변수에 final을 사용하면 변수의 값은 변경되지 않음을 의미하며, 기본적으로 상수가 된다. final 변수는 정적 변수로 만들고 변수 이름에 대문자만 사용하는 것이 관례다. final 변수는 수정할 수 없지만 final 변수가 변경 가능한 객체를 참조한다면 객체의 내용을 여전히 변경할 수 있다. 다음은 변경 가능한 객체를 참조하는 final 변수의 예다.

```
import java.util.ArrayList;

class FinalDemo2 {
```

```
    private static final ArrayList<String> finalList = new ArrayList<>();

    public static final void main(String[] args) {
        finalList.add("Both strings can be added, because");
        finalList.add("the ArrayList itself is mutable.");
    }
}
```

메소드 오버로딩

자바에서는 여러 버전의 메소드를 정의할 수 있다. 메소드를 호출하면 컴파일러는 일치하는 항목을 만날 때까지 모든 버전의 메소드를 연결시킨다. 정확히 일치하는 메소드를 찾을 수 없으면 오버로드된 버전 중에 하나가 해당하는 매개변수에 적용 가능한지를 검사한다. 여러 개의 오버로드된 버전이 주어진 매개변수와 정확히 일치하거나 어떤 버전도 일치하지 않을 때, 컴파일러는 오류를 발생시킨다. 그 외의 경우 컴파일러는 찾은 메소드를 사용한다. 이런 규칙을 살펴보기 전에 실제 java.lang.System.out.println() 메소드의 사례를 살펴보자.

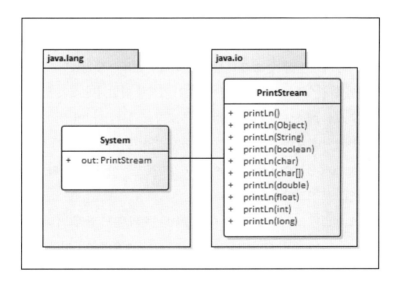

java.lang.System 클래스의 System.out.println( ) 메소드는 이 책에서 여러 번 사용했다. System 클래스는 java.lang 패키지에 있으며, java.lang 패키지는 자바가 자동으로 가져오는 유일한 패키지다. System 클래스는 java.io.PrintStream 객체 인스턴스를 참조하는 out이라는 public 정적 변수—final 변수여서 읽기만 가능하다—를 갖는다. java.io.Printstream 클래스의 메소드 중의 하나가 println이며, println 메소드는 앞에 나오는 클래스 다이어그램에서 확인할 수 있듯이 다양한 버전으로 오버로드됐다.

다음은 오버로딩 규칙이다.

- 각 버전마다 매개변수 타입과 순서가 달라야 한다. 예를 들어 두 버전의 메소드가 하나의 long 타입 매개변수를 받으면, 컴파일러는 둘 중 어느 메소드를 호출해야 할지 선택할 수 없다.
- 이상적으로 메소드의 모든 오버로드된 버전에 대한 반환 타입은 동일해야 한다. 매개변수의 타입과 순서가 같은데 반환 타입만 다른 경우 컴파일 오류다.
- 매개변수 이름은 전혀 중요하지 않다.
- 직접 일치하는 메소드를 찾지 못하면, 기본형 타입의 범위를 넓힌다. int는 long 타입에 항상 저장 가능하기 때문에, long 기본 타입을 가진 메소드가 일치할 것이다. 하지만 반대의 경우는 아니다. 데이터의 손실 없이 long 타입의 값을 int 타입의 값에 저장할 수 없기 때문이다. 그래서 시도하지 않는다.
- 직접 일치하는 메소드가 없고 매개변수가 기본형 타입이면 래퍼 클래스로 오토박싱하고 모든 메소드에 대해서 일치 여부를 다시 검사한다. 이 작업은 일치하는 메소드를 찾거나 모든 조합을 시도할 때까지 각 매개변수에 대해 한 번씩 수행된다.
- 기본형 래퍼 클래스인 매개변수에도 동일하게 동작한다. 즉 래퍼 클래스를 기본형 타입으로 오토박싱한다.
- 클래스 인스턴스인 매개변수에 대해, 매개변수의 부모 클래스(혹은 뒤에서 살펴보겠지만, 인터페이스)를 확인한다. 그런 다음 모든 매개변수가 일치하고 부모 클래스가 java.lang.Object 클래스(JVM상의 모든 클래스의 엄마 클래스라는 점을 기억하

자)에 도달할 때까지 다시 메소드의 모든 오버로드된 버전에 대해 일치 여부를 검사한다.

생성자와 종료자

자바 객체는 사용자 정의 생성자^{constructor}와 종료자^{finalizer}를 정의할 수 있다.

- 생성자는 클래스의 인스턴스를 생성할 때 호출된다.
- finalize( ) 메소드는 가비지 컬렉터가 객체를 수집하려고 할 때 JVM이 호출한다.

생성자

생성자를 정의하려면 괄호를 클래스 이름 뒤에 붙인 문장을 반복해서 입력해야 한다. 필요한 경우 매개변수를 포함하기도 한다. 다음은 생성자의 한 예다.

```
public class ClassWithConstructor {
  public ClassWithConstructor() {
}

  public ClassWithConstructor(int a, int b) {
  }
}
```

생성자는 메소드와 같은 접근 제한자를 갖는다. 보통의 메소드와 마찬가지고 생성자도 오버로드할 수 있다. 앞의 클래스는 다음의 생성자 중에 하나를 사용해 인스턴스를 생성할 수 있다.

```
ClassWithConstructor c1 = new ClassWithConstructor();
ClassWithConstructor c2 = new ClassWithConstructor(1, 2);
```

클래스가 어떤 생성자도 정의하지 않으면 자바는 자동으로 생성자를 생성한다. 자동으로 생성된 생성자는 다음과 같은 형태다.

```
class ClassWithoutConstructor {
  public ClassWithoutConstructor() { }
}
```

앞에서 언급했듯이 생성자 앞에도 접근 제한자를 붙일 수 있다. 생성자의 접근 제한자는 메소드의 접근 제한자와 정확히 동일한 의미를 갖는다. 메소드처럼 생성자에 어떤 접근 제한자도 지정하지 않으면 생성자는 패키지 내의 클래스에서만 접근 가능하다(package-private으로 간주된다). 즉, 같은 패키지 내에 있는 클래스만 이 생성자를 사용할 수 있다.

종료자

C++와 달리 자바는 실제 진정한 소멸자deconstructor를 갖고 있지 않다. 다 잘 알고 있듯이 JVM은 가비지 컬렉터를 갖고 있기 때문이다. 가비지 컬렉터가 객체를 정리한다고 보장하지는 않는다. 단지 남아 있는 객체에 대한 참조를 갖고 있는지 여부와 몇 가지 다른 JVM 구현상의 특징에 따라 객체를 정리할지 여부를 결정한다.

가비지 컬렉터 프로세스에 의해 객체를 정리하려고 할 때 가비지 컬렉터가 호출하는 메소드가 있다. java.lang.Object 클래스의 finalize() 메소드로, 어떤 클래스에서나 이 메소드를 오버라이드할 수 있다.

```
@Override
protected void finalize() {
}
```

@Override 문법은 다음에 설명한다.

이 메소드는 클래스가 사용하는 자원을 해제하는 데 사용할 수 있지만 자원을 해제하는 마지막 기회로 생각하고, 프로그래머는 가능하면 좀 더 일찍 자원을 정리하는 것이 좋다. finalize( ) 메소드를 호출한다고 보장하지 않기 때문에, 코드의 다른 부분에서 자원을 닫거나 해제하는 방법이 더 좋다.

어떤 프로그래머는 사용 중인 자원을 finalize( ) 메소드가 닫으려고 할 때 프로그램에 오류가 있음을 알려주기 위해 로그 메시지를 기록(혹은 단순히 System.out.println( )을 호출)하기도 하지만 자원은 이전의 다른 위치에서 더 먼저 닫아야 한다.

클래스 확장

앞에서 언급했듯이 JVM은 하나의 클래스만 상속할 수 있는 플랫폼이다.

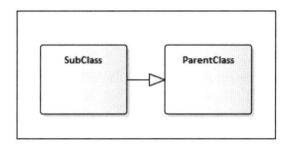

클래스를 상속하려면 다음과 같은 문법을 사용한다.

```
class SubClass extends ParentClass {
}
```

 final 일반 제한자가 앞에 붙은 클래스는 상속할 수 없다는 점을 기억하자.

클래스 접근 제한자에서 설명한 규칙에 따라 하위 클래스는 부모 클래스의 멤버(변수와 메소드)에 접근할 수 있다.

메소드 오버라이딩

부모 클래스의 멤버에 접근할 때 super 키워드를 사용한다.

```
class TheParentClass {
  void aMethod() {
  }
}

class TheSubClass extends TheParentClass {
  @Override
  public void aMethod() {
    super.aMethod();
    // 더 많은 코드....
  }
}
```

메소드를 오버라이딩할 때 메소드의 가시성을 고려해야 한다. 자바에서 오버라이드된 메소드의 가시성은 원 메소드의 가시성보다 줄어들지 않게 한다. 부모 클래스에서 protected였던 오버라이드된 메소드는 하위 클래스에서 protected이거나 public이어야 하고, 가시성이 줄어든 private이나 package-private이어서는 안 된다. 앞의 코드에서 이 개념을 설명했다. aMethod() 메소드는 부모 클래스에서 package-private이고 하위 클래스에서는 public이다.

기존의 메소드를 오버라이딩한다는 것을 쉽게 알 수 있도록 보통 하위 클래스의 오버라이드 메소드 위에 @Override 어노테이션을 붙인다. 어떤 것도 오버라이드하지 않은 메소드에 @Override를 붙이면 컴파일 오류가 발생한다.

어노테이션은 신호를 의미한다. 이 경우 소스코드를 읽고 있는 개발자를 상기시키는 용도로 사용하지만 컴파일러나 프레임워크가 처리하는 어노테이션도 있다.

부모 클래스의 생성자 호출

부모 클래스의 생성자도 super 키워드를 사용해서 호출할 수 있다.

```
class A {
  public A(int i) { }
}

class B extends A {
  B(int i) {
    super(i);
  }
}
```

자바에는 부모 클래스의 생성자 호출에 관한 몇 가지 규칙이 있다.

- 자바 언어에서 하위 클래스의 모든 생성자는 명시적 혹은 묵시적으로 부모 클래스의 생성자 중 하나를 호출해야 한다.
- 프로그래머가 하위 클래스에 어떠한 생성자도 추가하지 않으면, 부모 클래스는 아무 매개변수도 가지지 않는 생성자를 가지고 있어야 한다. 자바는 부모 클래스의 매개변수가 없는 생성자를 임의로 호출하기 때문이다.
- 부모 클래스에 매개변수가 없는 생성자가 없으면, 하위 클래스의 모든 생성자는 유효한 매개변수를 가진 부모 클래스의 생성자를 명확히 호출해야 한다. 부모 클래스의 생성자를 호출하는 코드는 하위 클래스 생성자 본문의 주석을 제외한 첫 번째 행에 위치해야 한다.

- 자바는 매개변수가 없는 부모 클래스의 생성자를 자동으로 호출하지만(부모 클래스가 매개변수 없는 생성자를 가진 경우), 프로그래머가 직접 호출할 수도 있다. 부모 클래스의 생성자 호출은 생성자 본문의 주석을 제외한 첫 번째 행에 있어야 한다.

앞의 규칙을 명확히 이해하기 위해 몇 가지 예를 살펴보자. 먼저 직접 정의한 생성자가 없는 부모 클래스와 하위 클래스부터 확인해보자.

```
class A { }
class B extends A { }
```

두 클래스 모두 생성자를 제공하지 않는다. 자바는 두 클래스에 대해 각각 A( )와 B( )라는 매개변수 없는 public 생성자를 자동으로 생성하고, 자동으로 생성된 생성자 B( )는 A( ) 생성자를 자동으로 호출한다. 프로그래머도 직접 생성자를 호출할 수 있다. 생성자 호출은 생성자의 첫 번째 행에 있어야 한다. 그렇지 않으면 자바는 코드를 컴파일하지 않는다. 다음의 경우 자바는 임의로 부모클래스의 생성자를 호출하지 않는다.

```
class A { }
class B extends A {

  public B( ) {
    super( );
  }
}
```

부모 클래스는 기본으로 제공되는 public의 매개변수 없는 생성자를 가지며 하위 클래스는 매개변수가 있는 public 생성자를 가진 클래스의 예를 보자.

```
class A { }

class B extends A {
```

```
    public B(int i) {
    }
}
```

클래스 A는 생성자를 제공하지 않으므로, 자바가 public 생성자 A( )를 자동으로 생성한다. B는 생성자를 지정했기 때문에 public의 매개변수 없는 생성자가 만들어지지 않는다. B 클래스의 생성자가 직접 A( ) 생성자를 호출하지 않더라도, 자바가 B(int i) 생성자를 사용할 때 A( ) 생성자를 호출한다.

다음은 부모 클래스에 매개변수를 가진 생성자가 있을 때의 예다.

```
class A {
  public A(String s) {
  }
}

class B extends A {
  public B( ) {
    super("Hello");
  }
}
```

상황이 재미있어졌다. 부모 클래스는 매개변수가 있는 생성자만 갖는다. 어떤 값을 생성자에 전달해야 할지 추측할 수 없기 때문에 자바는 이제 하위 클래스에서 생성자를 자동으로 호출할 수 없다. 하위 클래스의 생성자가 명시적으로 부모 클래스의 생성자를 호출하지 않으면 이제 컴파일 오류가 발생한다. 생성자의 본문 첫 번째 행에서 부모 클래스의 생성자를 호출해야 하고, 그렇지 않으면 컴파일 오류가 발생한다.

추상 클래스

일반적인 클래스를 구상 클래스concrete class라고 부른다. 클래스 이름 앞에 일반 제한자 abstract를 붙여서 추상 클래스abstract class로 바꾼다.

추상 클래스는 다른 클래스가 확장할 수 있지만, 추상 클래스의 인스턴스를 직접 생성할 수는 없다. 추상 클래스는 구현하지 않은 메소드를 가질 수 있다는 점이 구상 클래스와 다르다.

```
public abstract class AnAbstractClass {
  abstract public void thisIsAnAbstractMethod();
}
```

abstract 제한자는 클래스와 구현하지 않은 메소드에 모두 지정해야 한다. 추상 클래스는 구상 메소드를 가질 수 있으며 꼭 추상 메소드가 있어야 하는 것은 아니다. 추상 클래스를 확장하는 구상 클래스는 메소드를 오버라이딩함으로 모든 추상 메소드에 대해 구현을 제공해야 한다.

구상 클래스와 마찬가지로 추상 클래스는 하나의 다른 클래스를 상속할 수 있다. 상속하는 클래스는 구상 클래스와 추상 클래스 모두 가능하다. 다음의 예를 보자.

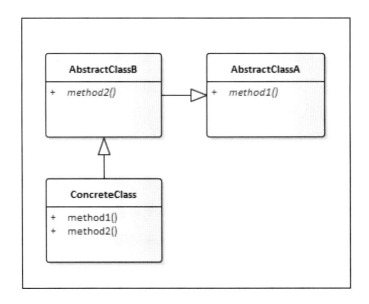

앞의 예제는 다음과 같은 자바 코드로 작성할 수 있다.

```java
abstract class AbstractClassA {
  public abstract void method1();
}
abstract class AbstractClassB extends AbstractClassA {
  public abstract void method2();
}

class ConcreteClass extends AbstractClassB {
  @Override
  public void method1() { } // 구현 코드...

  @Override
  public void method2() { } // 구현 코드...
}
```

추상 클래스 AbstractClassB가 추상 클래스 AbstractClassA를 상속하기 때문에 구상 클래스는 AbstractClassA와 AbstractClassB에 있는 모든 추상 메소드에 대한 구현을 제공해야 한다. 추상 클래스는 인스턴스를 생성할 수 없지만 참조 타입 변수는 직간접적으로 추상 클래스를 확장하는 클래스를 참조할 수 있다.

```java
AbstractClassA demo = new ConcreteClass();
```

demo는 AbstractClassA 클래스의 멤버만 접근 가능하다. ConcreteClass의 다른 변수와 메소드는 demo 참조를 통해서 접근할 수 없다. 뒤에서 살펴보겠지만, demo 참조는 ConcreteClass로 하위형변환할 수 있다.

인터페이스

인터페이스는 추상 클래스와 비슷하다. 자바 8까지 추상 클래스와 인터페이스의 가장 큰 차이는 인터페이스는 어떤 메소드에 대해서도 구현을 제공할 수 없다는 점이다. 클래스는 인터페이스를 확장하지 않고 구현한다.

 간단히 살펴보겠지만 자바 8은 메소드의 기본 구현을 제공하는 기능을 도입했다.

다음은 두 개의 인터페이스를 구현한 클래스의 예다.

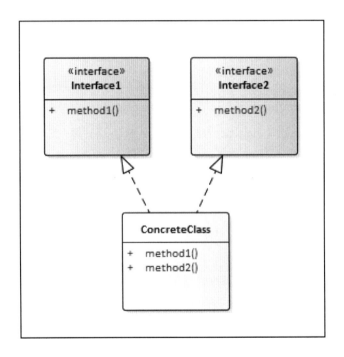

```
interface Interface1 {
  void method1();
}
```

```
interface Interface2 {
  public void method2();
}

class ConcreteClass implements Interface1, Interface2 {
  @Override
  public void method1() { } // 구현 코드...

  @Override
  public void method2() { } // 구현 코드...
}
```

인터페이스는 코드에 대해 클래스와 동일한 규칙을 갖는다. public 인터페이스는 인터페이스 이름과 완전히 일치하는 소스 파일에 정의해야 한다. 그래서 소스 파일에는 하나의 public 인터페이스만 정의할 수 있다. 그리고 인터페이스도 클래스와 동일한 접근 제한자(public과 package-private)를 지원한다.

인터페이스의 멤버는 암묵적으로 abstract이고 public이다. 직접 abstract와 public 접근 제한자를 추가할 수 있지만, public 제한자를 생략했더라도 그 멤버는 여전히 public이고, package-private이 아니다. public 멤버만 인터페이스의 부분이 될 수 있기 때문에, 기타 다른 접근 제한자를 사용하면 컴파일 오류가 발생한다.

메소드와 변수 모두 인터페이스의 부분이 될 수 있지만 몇 가지 다른 점이 있다.

- 인터페이스 안의 추상 메소드는 항상 public 인스턴스 메소드다.
- 반면 변수는 항상 final과 static 제한자를 갖는다. 두 제한자를 명시적으로 정의할 수도 있다.

추상 클래스와 구상 클래스 모두가 구현하려는 인터페이스의 멤버를 구현할 수 있다. 구상 클래스만 메소드 오버라이딩을 통해서 모든 메소드에 대한 구현을 제공해야 한다.

ConcreteClass는 Interface1과 Interface2를 모두 구현하므로 두 메소드를 모두 오버라이드해야 한다. Interface1에서 method1()에 public 제한자를 붙이지 않았지만, 어쨌든 public 메소드다. 참조 타입 변수는 지정한 인터페이스를 구현하는 클래스를 지정할 수 있다.

```
Interface2 i = new ConcreteClass();
```

앞에서 언급했듯이 자바 8부터 메소드에 대한 기본 구현을 제공할 수 있다. 기존 인터페이스에 메소드를 추가하면 인터페이스를 구현한 기존 클래스와 호환성이 깨지는 문제가 발생하기 때문에 이 기능이 추가됐다. 변경이 필요한 인터페이스를 구현한 클래스는 컴파일되기 전에 수정해야 했으나, 이제는 기존의 클래스가 변경이 필요한 인터페이스와의 호환성을 유지할 수 있게 하려고 기본 구현을 제공하므로 그럴 필요가 없다. 다음은 인터페이스의 메소드 기본 구현 예다.

```
interface ExistingInterface {
  public void methodWithoutImplementation();
  default public void methodWithImplementation() {
    // 구현....
  }
}
```

자바 8의 경우 인터페이스에 정적 메소드를 추가하는 일도 가능하다. 인터페이스의 정적 메소드는 인터페이스 이름을 통해서만 참조할 수 있기 때문에 인터페이스는 정적 메소드에 대한 구현을 제공해야 한다. 참조 타입 변수는 인터페이스의 정적 메소드에 대한 접근을 제공할 수 없다.

상위형변환과 하위형변환

자바는 정적으로 타입이 정해지는 OOP 언어다. 객체는 관련 유형으로 형변환cast할 수 있다. 다음 다이어그램을 살펴보자.

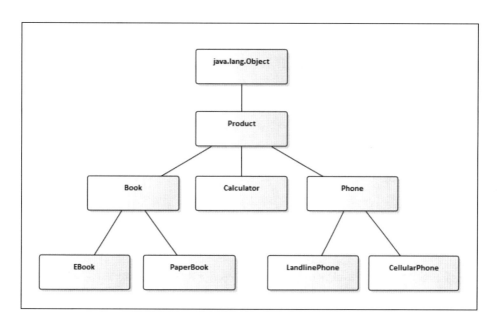

java.lang.Object 클래스는 JVM상의 모든 클래스의 조상이기 때문에, 다이어그램에 있는 모든 객체는 항상 java.lang.Object이다. 마찬가지로 Book 인스턴스는 항상 Product 이고 Calculator와 Phone 인스턴스도 Product이다. 하지만 Product는 Book 인스턴스일 필요가 없다. Product는 Book 혹은 Calculator, Phone이거나 그것들의 하위 클래스 중의 하나일 수 있다. 코드나 문서를 살펴보지 않고서는 모를 것이다.

자바는 동일한 딜레마를 가지고 있다. PaperBook 인스턴스가 Product 클래스의 인스턴스라고 말할 때, PaperBook를 Product 인스턴스로 상위형변환upcasting한 것이다. 다음은 상위형변환한 코드의 예다.

```
PaperBook paperBook = new PaperBook();
Product product = paperBook;
```

자바 컴파일러는 PaperBook 인스턴스를 Product 인스턴스로 항상 상위형변환할 수 있다. 그래서 두 번째 행은 올바르게 컴파일된다. 컴파일러는 이런 상황이 항상 가능하다고 동의하지 않으면 코드의 컴파일을 거부한다.

```
Product product = new PaperBook();
PaperBook paperBook = product; // 이 행의 컴파일은 실패한다.
```

첫 번째 행은 괜찮다. PaperBook 인스턴스는 자동으로 Product 인스턴스로 상위형변환될 수 있다. 하지만 두 번째 행은 컴파일되지 않는다. '컴파일러는 호환되지 않는 유형: Product를 PaperBook으로 변환할 수 없다(incompatible types: Product cannot be converted to PaperBook)'라는 오류 메시지를 전달한다. 컴파일러는 product 변수가 Product 인스턴스를 담는다고만 생각하지만 Product 인스턴스를 항상 PaperBook 인스턴스로 하위형변환할 수 있다고 보장할 수 없다. 그래서 컴파일러는 형변환 절차가 실패할 가능성이 있음을 프로그래머에게 알려줘야 한다. 코드를 컴파일하려면 다음과 같이 변경해야 한다.

```
Product product = new PaperBook();
PaperBook paperBook = (PaperBook)product;
```

앞의 코드는 잘 동작할 것이다. 런타임 시에 Product 인스턴스는 PaperBook 인스턴스로 하위형변환된다. 하지만 실수를 하면 코드는 런타임 예외를 던진다.

```
Product product = new PaperBook();
Phone phone = (Phone)product;
```

product 참조 타입 변수는 PaperBook 인스턴스를 참조하기 때문에, Product 인스턴스를 Phone 인스턴스로 하위형변환할 수 없다. JVM은 이와 같은 경우 ClassCastException이라는 런타임 예외를 던진다.

```
Exception in thread "main" java.lang.ClassCastException: PaperBook cannot be cast
to Phone
```

결코 가능하지 않은 상황으로 형변환을 하려고 하면 컴파일러는 코드의 컴파일을 거부한다. 다음이 그 예다.

```
LandLinePhone landlinePhone = new LandLinePhone();
CellularPhone cellularPhone = (LandLinePhone)landlinePhone;
// 컴파일되지 않는다.
```

자바 컴파일러는 LandLinePhone 인스턴스가 결코 CellularPhone 인스턴스가 아니라는 것을 이해할 만큼 똑똑하다. 그래서 앞의 코드는 컴파일되지 않는다.

▌자바 코드 작성

자바와 관련된 OOP 기능을 알아봤으니, 이제 실제로 무언가를 하는 클래스를 작성할 수 있게 됐다. 이제부터는 클래스를 작성하는 과정에서 도움이 되는 몇 가지 주제를 설명한다.

- 연산자
- POJO^{Plain Old Java Object}
- 배열
- 제네릭과 컬렉션
- 루프

- 예외
- 스레드
- 람다

연산자

다음은 자바 언어에서 가장 중요한 연산자 몇 가지를 정리한 표다. 자바는 여기에 나열한 것보다 더 많은 연산자를 제공한다. +, −, >, >=, <, <=와 같이 다른 모든 프로그램 언어에서 매우 일반적인 연산자는 여기에 나열하지 않았다.

연산자	설명
value++ value−−	값을 반환한 다음 값을 증가시키거나 감소시킨다.
++value −−value	값을 증가시키거나 감소시킨 다음 새로운 값을 반환한다.
!	논리 연산자 NOT이다.
%	나누기의 나머지(정수)를 지칭한다.
instanceof	전달받은 객체가 지정한 클래스 또는 인터페이스의 인스턴스인지 여부를 부울 (Boolean) 타입으로 반환한다.
== !=	등호와 부등호를 나타낸다.
&& ||	논리 연산자 AND와 OR이다.
=	배정을 의미한다.
+=	새로운 값을 계산하고 직접 결괏값을 변수에 할당하는 연산자다.
−=	
*=	
/=	
%=	

다음은 몇 가지 연산자를 사용한 예다.

```java
class OperatorDemo {
  public static void main(String[] args) {
    int i = 0;
    System.out.println(i++);
    System.out.println(++i);
    System.out.println(i += 10);
  }
}
```

코드를 실행하면 다음과 같은 결과를 콘솔에 출력한다.

```
0
2
12
```

정수 변수 i는 메소드 안에서 정의했기 때문에, 명시적으로 초기화해야 한다. 이 경우는 0
으로 초기화해 시작한다. 메소드의 두 번째 행에서는 현재 값인 0을 출력한 다음 1로 값을
증가시킨다. 다음 행에서는 i 변수의 값을 1만큼 증가시키고 그 결과를 출력한다. 이제 2
가 출력된다. 마지막으로 10을 더하고 결과를 출력하면 12가 출력된다.

조건 체크

두 가지 조건문을 사용할 수 있다.

- if...else 문장
- switch...case 문장

if...else 문장

자바에 있는 if와 if...else 문장은 놀라운 것이 아니다. if와 else if의 조건문은 부울 결과를 반환해야 하고 else 부분은 선택이다.

```
if (condition) {
} else if (condition) {
} else {
}
```

다음과 같이 논리 연산자 AND(&&)와 OR(||)를 사용한다.

```
if (i > 25 || i == -1) {
}
```

== 연산자는 기본형 변수에서만 예상대로 동작한다. == 연산자를 객체에 사용하면 두 객체 참조가 같은지 점검하고, 클래스의 내용(속성)을 비교하지 않는다. 그래서 String 변수는 == 연산자 대신 2장에서 설명한 java.lang.Object의 equals() 메소드를 오버라이드한 메소드로 값을 검사해야 한다.

```
String foo = "hello";
String bar = "world";
if (!foo.equals(bar))
  System.out.println("Not equal!");
```

 대부분의 IDE는 String에서 == 연산자를 사용하면 오류 가능성이 있음을 알려주고, String 의 equals 메소드로 코드를 재작성하도록 알려준다.

switch...case 문장

다른 많은 프로그램 언어와 마찬가지로, 자바도 switch문을 지원한다. 다음은 switch 문장을 사용한 예다.

```
int value = 3;
String s = "";
switch (value) {
  case 1:
    s = "One";
    break;
  case 2:
  case 3:
    s = "Two or three";
    break;
  default:
    s = "Something else";
}
System.out.println(s);
```

다음은 switch 문장 사용 시 주의할 점이다.

- 지정한 표현식은 정수 또는 문자열일 수 있다.
- case 문장에 지정한 값은 컴파일 시 사용 가능해야 한다. 그래서 값을 지정하는 데는 final이 아닌 변수를 사용할 수 없다.
- switch 문장 블록의 끝으로 제어를 이동시키기 위해 break 문장을 추가해야 한다. 그렇지 않으면 다음 case 문장으로 계속 진행한다.

POJO

자바 언어가 처음 도입됐을 때는 자바 언어에서 사용 가능한 프레임워크가 없어서 개발자는 대부분 자신만의 클래스를 작성했다. 시간이 지나면서 많은 프레임워크가 등장했고 이런 프레임워크 대부분은 프레임워크와 동작하기 위해서 특정 인터페이스를 구현하거나 프레임워크 클래스를 확장하도록 했다. 그 결과 클래스는 특정 프레임워크에만 긴밀하게 연결돼 동일한 프레임워크를 사용하지 않는 프로젝트에서는 코드를 재사용할 수가 없다. 모든 사람이 이런 상황에 만족하지 못했고 새로운 유행이 인기를 얻기 시작했다. 즉 평범한 옛 방식의 자바 객체POJO, Plain Old Java Objects로 되돌아갔다. 최근의 인기 있는 많은 프레임워크는 POJO 객체를 지원한다.

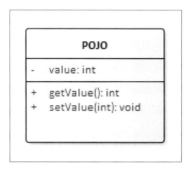

다음과 같은 클래스를 진정한 POJO로 인정한다.

- 클래스를 확장하거나 인터페이스를 구현하지 않는다.
- 클래스 변경이 가능하다.
- 매개변수를 허용하지 않는 public 생성자를 갖는다.
- private 변수의 값을 저장하고 조회하는데 public 메소드를 사용한다.

> 클래스를 확장하고 인터페이스를 구현해야 할 경우에도, POJO의 다른 설계 방식을 따를 수 있는 좋은 기회가 된다. POJO는 반드시 지켜야 할 규칙이 아니라 관습에 가깝다.

POJO 클래스의 예다.

```java
class POJO {
  private int value = 0;

  public POJO() {
  }

  public int getValue() {
    return value;
  }

  public void setValue(int value) {
    this.value = value;
  }
}
```

POJO 인스턴스에서 메소드를 이용해 설정하고 조회하는 값을 속성property이라고 부른다. 모든 속성에 대해 다음과 같은 관습이 있다.

- 속성 값은 private 변수에 저장한다.
- 속성 값을 반환하기 위해 public getter 메소드를 사용할 수 있다.
- 속성 값을 저장하기 위해 public setter 메소드를 사용할 수 있다.

getter 메소드의 이름은 변수 이름 앞에 get 텍스트를 붙여서 만든다. 변수가 부울이면 get 대신 is를 getter 이름 앞에 붙이곤 한다. 변수의 유형에 상관없이 setter 이름은 보통 변수 이름 앞에 set을 붙인다.

보통 매개변수 value 속성으로 POJO의 모든 속성을 수용하는 두 번째 오버로드된 public 생성자를 추가한다.

```
public POJO(int value) {
  this.value = value;
}
```

 대부분의 IDE는 버튼 클릭으로 POJO를 생성하고 기존의 POJO에 속성을 추가할 수 있다.

배열

자바는 배열에 대한 기본 기능을 제공한다. 배열은 변수 이름이나 유형에 [ ]를 추가해 선언하고 new 키워드를 사용해 배열을 생성하고 배열 크기를 지정한다.

```
int[] intArray1 = new int[2];
int intArray2[] = new int[2];
```

자바에서는 배열을 생성할 때 명시적으로 배열 크기를 지정해야 한다. 기본형 타입의 경우 초깃값은 0(숫자의 경우)이거나 false(부울의 경우)이지만 참조 타입의 배열 항목은 null로 초기화된다.

다른 많은 인기 있는 프로그래밍 언어와 마찬가지로, 배열의 인덱스는 0부터 시작한다. 앞의 예에서 intArray1와 intArray2의 인덱스는 모두 0과 1이다. 범위를 벗어난 인덱스를 사용하면 런타임 예외가 발생한다.

```
intArray1[0] = 10;
intArray1[1] = 20;
```

배열의 크기는 배열이 제공하는 읽기 전용 변수 length를 사용해서 확인할 수 있다.

```
System.out.println(intArray1.length);
```

앞의 코드는 콘솔에 2를 출력한다. 배열은 몇 가지 편리한 기능을 제공하지 않는다. 예를 들어 배열은 toString( ) 메소드를 오버라이드하지 않는다. 그래서 System.out.println 메소드를 사용해 배열 변수 intArray1를 출력하면 [I@659e0bfd와 같이 배열의 내용에 대해 아무것도 알려주지 않는 기본 객체 정보를 출력한다.

정적의 편리한 유틸리티 메소드를 많이 포함한 java.util 패키지의 Arrays라는 유틸리티 클래스가 있다. 배열을 Collection 클래스 인스턴스로 변환하고 배열 항목을 검색하며 배열을 정렬하는 등의 작업을 처리하고자 한다면 Arrays 클래스의 API 문서를 읽어보기를 권장한다. 다음은 java.util.Arrays 클래스를 사용한 예다.

```
System.out.println(java.util.Arrays.toString(intArray1));
```

앞의 코드는 [10, 20]을 출력한다.

배열을 설정할 때 중괄호를 사용해 배열을 초기화할 수 있다.

```
int[] intArray = { 10, 20, 30 };
```

자바 컴파일러는 자동으로 세 개의 기본형 정수 항목을 담는 배열을 선언하고 저장한 값으로 각 항목을 초기화한다.

제네릭과 컬렉션

JVM 개념에서 매우 중요하기 때문에 2장에서 컬렉션Collection을 설명했다. 자바에 컬렉션이 도입됐을 때, 컬렉션은 java.lang.Object 객체만 담을 수 있었다. JVM의 모든 객체는 java.lang.Object 인스턴스로 상위형변환할 수 있기 때문에, 컬렉션은 모든 유형의 객체를 저장할 수 있다. 이런 유연성은 단점도 있다. 즉, 클래스의 멤버에 접근하려면 객체를 하위형변환해야 한다. 잘못해서 다른 유형의 객체를 추가하면 런타임 오류가 발생한다. 다음은 컴파일은 잘 되지만 프로그램을 실행할 때 오류가 발생하는 예다.

```
import java.util.ArrayList;

class ClassCastExceptionExample {
  public static void main(String[] args) {
    ArrayList list = new ArrayList();

    list.add(new Integer(123));
    list.add("This is not an integer");

    Integer i = (Integer)list.get(0);
    i = (Integer)list.get(1); // 런타임 시에 예외 발생!!!!
  }
}
```

java.lang.String 인스턴스는 java.lang.Integer로 형변환을 할 수 없기 때문에, 두 번째 항목(인덱스 1)을 정수로 형변환하면 ClassCastException 예외가 발생한다.

개발자가 지정한 고정된 유형으로만 특정 클래스를 사용할 수 있음을 보장하기 위해 자바 언어는 제네릭generics을 추가했다. 예를 들어 java.lang.Integer 클래스의 인스턴스인 객체만 저장할 수 있는 ArrayList 객체를 생성할 수 있다. ArrayList 인스턴스에 다른 객체를 추가하려고 하면 컴파일러는 코드를 컴파일하지 않는다. 제네릭은 복잡한 주제이므로 여기서는 기본적인 사용법만 설명한다. 이어지는 예제에서 ArrayList를 사용할 예정이므로, ArrayList가 구현하는 몇 가지 인터페이스를 보여주는 다이어그램부터 살펴보자.

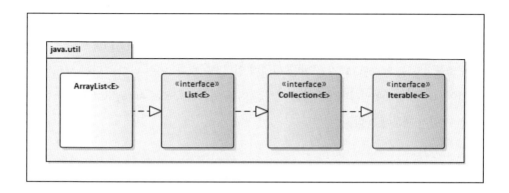

〈E〉 부분은 이 인터페이스(그리고 인터페이스를 구현한 클래스)가 제네릭을 지원함을 나타낸다. E는 List를 사용할 때 지정할 제네릭 유형에 대한 별명으로 간주할 수 있다. 예제의 E와 같이 항목에 대해서 단일 문자를 사용하는 것이 관례다. java.lang.Integer 인스턴스만 저장할 수 있는 java.util.ArrayList 인스턴스를 선언하기 위해 List 인터페이스에 대한 참조를 사용한다.

```java
import java.util.ArrayList;
import java.util.List;

class GenericsExample {
  public static void main(String[] args) {
    List<Integer> listWithIntegers = new ArrayList<>();
    listWithIntegers.add(new Integer(1));
  }
}
```

List 인터페이스 유형 뒤에 <Integer>를 추가함으로 기대하는 클래스로 Integer 클래스를 지정한다. ArrayList의 인스턴스를 생성할 때는 Integer 클래스를 반복해서 작성할 필요 없이 <>만 추가한다. 정수로 상위형변환할 수 없는 클래스의 인스턴스를 추가하려고 하면 컴파일러는 컴파일을 거부한다. 제네릭을 사용하지 않으면 런타임 시에만 오류를 발견할 수 있으므로, 대부분의 프로그래머는 이를 개선하려고 한다.

꼭 필요하지는 않지만, 참조 타입 변수 listWithIntegers가 ArrayList 클래스 대신 java.util.List 인터페이스를 지정하도록 했다. java.util.List는 컬렉션 API에서 다른 데이터 구조를 따르는 ArrayList가 구현한 제네릭 인터페이스다. 이런 방식은 다른 코드의 변경 없이 java.util.List 인터페이스를 구현하는 다른 데이터 구조로 ArrayList 클래스를 대체할 수 있기 때문에 좋다.

 특정 구현의 세부 정보를 숨기는 것은 JVM 세계에서 매우 좋은 설계 방식이다. 인터페이스와 추상 클래스를 사용해 세부 구현을 숨길 수 있다.

HashMap의 제네릭 예제도 살펴보자. HashMap 클래스는 java.util 패키지에 있다. HashMap은 더 일반적인 java.util.Map 인터페이스를 구현하므로, 참조 변수로 다시 Map 인터페이스를 사용한다. HashMap 클래스를 사용하고 있음을 나타내는 설계 정보를 숨기기 위해 Map을 사용한다. Map 인터페이스부터 살펴보자.

```
public interface Map<K,V>
```

Map은 제네릭을 지원하고 두 가지 유형 K와 V를 필요로 한다. K는 키를, V는 값을 의미한다. String 키와 Integer 값을 연결하는 HashMap 인스턴스를 생성해보자.

```
import java.util.HashMap;
import java.util.Map;

class GenericsExample {
  public static void main(String[] args) {
    Map<String, Integer> map = new HashMap<>();
    map.put("one", new Integer(1));
    map.put("ten", new Integer(10));
    System.out.println(map.get("one"));
  }
}
```

앞의 코드는 콘솔에 Integer 값 1을 출력한다.

 제네릭은 객체로만 동작한다. 기본형 값을 지정하면 컴파일 오류가 발생한다. 컴파일러는 기본형 값을 객체로 혹은 객체를 기본형으로 오토박싱하지 않는다.

루프

배열과 컬렉션은 좋지만 포함된 항목들을 순환할 수 있을 때만 의미가 있다. 다음은 자바에 내장된 로프 구조다.

- for 루프
- while 루프

for 루프

자바에는 두 가지 형식의 for 루프가 있다.

- 기본 for 루프(카운터 사용 시)
- 고급 for 루프(객체에 대해)

기본 for 루프

기본 for 루프의 문법은 다음과 같다.

```
for (int i=0; i < 10; i++) {
  System.out.println(i);
}
```

앞의 코드는 각각 새로운 행에 0부터 9까지 출력한다.

다른 언어와 마찬가지로, for 루프는 세 부분으로 구성된다.

- 첫 번째는 카운터를 초기화하는 영역이다.
- 두 번째 부분은 각 반복 주기를 시작하기 전에 검사하는 표현식을 포함한다. 반복 주기는 표현식이 false를 반환하면 멈춘다.
- 마지막 부분은 매 반복 주기 후에 호출되는 문장이다.

각 부분은 선택 사항이지만, 세 부분을 구분하는 세미콜론은 항상 존재해야 한다. 세 영역 모두를 비워두면 무한 루프의 특이한 구조를 만들 수 있다.

```
for (;;) {
}
```

for 루프는 break 키워드로 멈출 수 있다. 현재 반복 주기를 멈추고 다음 반복으로 넘어갈 때는 continue 키워드를 사용한다.

```
for (int i=0; i < 4; i++) {
  if (i == 1)
    continue;
  if (i == 3)
    break;
  System.out.println(i);
}
```

앞의 for 루프는 i가 1과 같으면 다음 주기로 넘어가고 i가 3에 도달하면 멈춘다. 그 결괏값 0과 2만 콘솔에 출력된다.

고급 for 루프

고급 for 루프는 제네릭을 인지하는 java.lang.Iterable<T> 인터페이스를 구현한 객체와 배열로만 동작한다. 대부분의 컬렉션 API 클래스는 Iterable 인터페이스를 구현한다. 다음은 배열을 이용한 고급 for 루프 예다.

```
String[] stringArray = { "One", "Two", "Three" };
for (String s: stringArray) {
  System.out.println(s);
}
```

앞의 코드는 새로운 행에 One, Two, Three 각각을 출력한다. 사용할 수 있으면 고급 for 루프를 사용하기를 권장한다. 기본 for 루프보다 고급 for 루프가 더 읽기 쉽기 때문이다.

while 루프

자바에서 while 루프는 다음과 같다.

```
int i = 10;
while (i < 10) {
  System.out.println(i);
  i++;
}
```

표현식은 부울을 반환해야 한다. 앞의 코드는 아무것도 출력하지 않는다. 정수 i는 10이기 때문에 표현식은 false를 반환하고 루프 안으로 전혀 진입하지 않는다.

for 루프와 마찬가지로, while 루프는 break 키워드로 멈추고 continue 키워드로 다음 반복으로 넘어갈 수 있다.

do...while 루프

do...while은 while 루프와 매우 유사하다. 반복을 완료한 다음에 표현식을 평가한다는 점만 다르다. 루프에 항상 진입한다는 의미다.

```
int i = 10;
do {
  System.out.println(i);
  i++;
} while (i < 10);
```

앞의 코드는 10을 출력한다. 첫 번째 반복주기를 실행한 후에 표현식을 평가하는데, 11은 10보다 크기 때문에 표현식은 false를 반환하고 반복을 멈춘다.

for와 while 루프와 마찬가지고, do...while 루프도 break 키워드로 멈추고 continue 키워드를 사용해 다음 반복으로 넘어갈 수 있다.

예외

2장에서 예외를 설명했다. 예외를 처리하려면 코드를 try와 catch 블록 사이에 둬야 한다. 여러 가지 예외를 정의할 수 있다. 다음의 클래스 다이어그램은 몇 가지 예외를 보여준다.

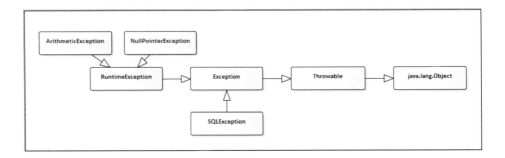

다음은 의도적으로 0으로 나누기를 하는 예제 코드다.

```
try {
  System.out.println(0/0);
  System.out.println("exit");
} catch (NullPointerException e) {
  System.out.println("NULL POINTER EXCEPTION!");
} catch (ArithmeticException e) {
  System.out.println(e.getMessage());
  e.printStackTrace();
} catch (Exception e) {
  System.out.println("DIFFERENT ERROR");
}
```

앞의 코드를 실행하면 다음의 결과가 출력된다.

```
/ by zero
java.lang.ArithmeticException: / by zero
at JavaApplication8.main(JavaApplication8.java:4)
```

exit 텍스트를 출력하는 문장을 실행하기 전에 예외가 발생하기 때문에 exit 텍스트
는 출력되지 않는다. 0/0 표현식은 ArithmeticException을 발생시키기 때문에, JVM
은 오류를 처리하는 모든 catch 블록을 분석한다. 발생한 ArithmeticException은
NullPointerException의 하위 클래스가 아니기 때문에, 첫 번째 catch 블록을 무시한다.
두 번째 catch 블록은 클래스 이름이 정확히 일치하기 때문에 두 번째 catch 블록이 선택
되어 예외 메시지와 스택 트레이스를 출력한다.

NullPointerException과 ArithmeticException이 아니고 두 예외의 하위 클래스도 아닌
예외가 발생하면 JVM은 세 번째 catch 블록을 선택한다. 일반적으로 예외는 java.lang.
Exception 클래스의 하위 클래스이기 때문이다.

사용할 수 있는 catch 블록이 하나도 없으면 JVM은 메소드의 호출자를 확인한다. 호출자가 try...catch 블록을 가지면, 그 블록을 분석한다. 일치하는 예외의 catch 블록을 찾으면 제어권을 해당 catch 블록으로 넘긴다. 호출자에 try...catch 블록이 없으면, 호출 스택을 다 확인할 때까지 메소드의 호출자를 확인한다. 오류를 처리할 수 있는 try...catch 블록이 하나도 없으면 프로그램은 멈춘다.

catch 블록은 올바른 순서대로 배치해야 한다. 먼저 가장 구체적인 Exception 클래스를 나열하고, 그 다음 Exception 하위 클래스를 나열하며 마지막으로 Exception 자체를 배치하는 것이 이상적이다. 다음의 예는 허용하지 않는다.

```java
try {
  Integer i = null;
  System.out.println(i.toString());
} catch (Exception e) {
  // ...
} catch (NullPointerException e) {
  // 컴파일되지 않는다!
}
```

NullPointerException 예외는 Exception 클래스의 하위 클래스이기 때문에 자바 컴파일러는 NullPointerException catch 블록은 결코 실행되지 않는다고 판단해서 이 코드를 컴파일하지 않는다.

선택적으로 finally 블록을 추가할 수 있다. finally 블록 안의 문장은 항상 실행되므로, 예외가 발생한 경우에도 실행된다.

```java
try {
  throw new Exception("oops");
} catch (Exception e) {
  System.out.println("Exception!");
} finally {
```

```
    System.out.println("FINALLY!");
}
```

앞의 코드를 실행하면 다음과 같이 출력된다.

Exception!
FINALLY!

런타임 예외

자바는 메소드가 던질 수 있는 예외와 관련해 특이한 요구 사항을 갖는다. 메소드는 java.lang.RuntimeException 하위 클래스인 예외를 자유롭게 던질 수 있다. 앞의 클래스 다이어그램에서 NullPointerException과 ArithmeticException 모두 RuntimeException의 하위 클래스다.

java.lang.RuntimeException 클래스의 하위 클래스가 아닌 Exception 인스턴스를 던지려면, RuntimeException의 하위 클래스가 아닌 Exception의 하위 클래스 전체를 명시적으로 메소드에 나열해야 한다. java.sql.ResultSet 인터페이스의 메소드 중 하나를 살펴보자.

```
public int getInt(String column) throws SQLException
```

이 메소드는 하나의 String 칼럼 이름을 매개변수로 받고 데이터베이스로부터 정숫값을 조회해 반환한다. 메소드 시그니처는 자바 컴파일러에게 java.lang.Exception의 하위 클래스지만 java.lang.RuntimeException의 하위 클래스가 아닌 SQLException이 발생할 수 있음을 알려준다. 이제 자바 컴파일러는 이 메소드에서 SQLException 예외가 발생할 수 있음을 안다.

구상 클래스나 추상 클래스 혹은 인터페이스에서 메소드를 오버라이딩할 때 다음 중 한 가지 경우를 선택할 수 있다.

- throws 키워드를 추가하지 않음으로 어떤 예외도 전혀 발생시키지 않게 한다.
- throws 키워드를 사용해서 원본 메소드의 예외 전체 혹은 일부만 전달한다.
- throws 안의 전체 혹은 일부 클래스를 지정한 예외의 하위 클래스를 포함한 예외 목록으로 교체한다.

RuntimeException 분류의 예외가 발생하지 않는 한 오버라이드된 메소드는 다른 어떤 예외도 던질 수 없다

스레드

여기서는 가장 간단한 동시성 프로그래밍인 여러 개의 스레드 실행만 다룬다.

 java.lang.Runnable 인터페이스는 스레드에서 중요한 역할을 한다. Runnable은 단 하나의 메소드만 갖는 간단한 인터페이스다.

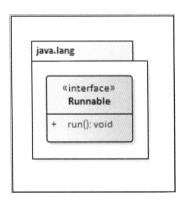

이 인터페이스의 run( ) 메소드를 구현하는 클래스는 별도의 스레드에서 실행할 수 있다. 간단한 예를 살펴보자.

먼저 Runnable 인터페이스를 구현하고 다른 스레드에서 실행 가능한 클래스이다.

```java
class SleepyClass implements Runnable {
  private int number;

  public SleepyClass(int number) { this.number = number; }

  @Override
  public void run() {
    System.out.println("Thread " + number + " started!");
    try {
      Thread.sleep(3000);
    } catch (InterruptedException e) {
      e.printStackTrace();
    }
    System.out.println("Thread " + number + " ended!");
  }
}
```

다음은 앞의 코드로 두 개 스레드를 실행하는 클래스다.

```java
public class ThreadsDemo {
  public static void main(String[] args) {
    Thread thread1 = new Thread(new SleepyClass(1));
    Thread thread2 = new Thread(new SleepyClass(2));
    thread1.start();
    thread2.start();
  }
}
```

코드를 실행하면 다음과 같은 결과를 출력한다.

```
Thread 1 started!
Thread 2 started!
```

```
Thread 2 ended!
Thread 1 ended!
```

JVM은 스레드의 시작 순서를 보장하지 않는다. 즉, thread 1을 먼저 시작하고 끝낸다고 보장하지 않는다. 사용 가능한 CPU 코어가 충분히 있다면, 개별 스레드는 고유한 CPU 코어에서 실행될 가능성이 높다.

SleepyClass 클래스는 자바 개발자가 자주 맞닥뜨리게 되는 예외 처리와 관련된 문제를 보여준다. Thread 클래스의 sleep 메소드는 InterruptedException 예외 인스턴스를 던질 수 있다. InterruptedException는 RuntimeException의 하위 클래스가 아니고 Runnable 인터페이스의 원본 run( ) 메소드는 InterruptedException 혹은 그 예외의 하위 클래스를 발생시키지 않기 때문에 run( ) 메소드 선언에 throws InterruptedException을 추가할 수 없다. 그래서 run( ) 메소드 안에서 이 예외를 처리해야 한다.

동시성 프로그래밍은 어렵다. 변수의 값을 손상시키고 감지하기 어려운 버그를 발생시키는 경합 조건을 발생시킬 수 있기 때문에 프로그래머는 여러 개의 스레드가 동시에 같은 변수에 값을 저장하지 못하도록 보장해야 한다. 이런 경합 조건은 변수에 대한 연산이 대개 원자 단위의 연산^{atomic operation}이 아니고 복수의 CPU 명령이 연산을 마쳐야 하기 때문에 발생한다. 하나의 연산을 실행하는 동안, 다른 스레드는 동일한 변수에 대한 자신만의 연산을 시작한다.

자바에는 한 번에 하나의 스레드만 메소드를 호출하도록 보장하는 메소드 일반 제한자가 있다. 일반 제한자 synchronized를 사용하면 스레드가 마칠 때까지 다른 스레드는 대기하고, 대기 중인 다른 스레드가 차례대로 메소드를 실행한다.

```
public synchronized void synchronizedMethod( ) {
}
```

JVM은 메소드에서 예외가 발생했어도 스레드가 메소드를 벗어나면 잠금을 항상 해제하도록 보장한다.

 스레드를 잠그는 일은 프로그램의 성능에 치명적인 영향을 줄 수 있는 부담스러운 연산이므로, synchronized 제한자는 많이 사용하지 않는 것이 좋다.

동시성 프로그램에 관심이 있다면 java.util.concurrent 패키지의 클래스를 살펴보기를 권한다.

람다

람다Lambda는 자바 8에 추가된 기능 가운데 가장 환영받았던 기능일 것이다. 람다는 마치 변수처럼 함수를 다른 메소드에 전달할 수 있게 해준다. 많은 다른 언어가 이미 기본적으로 람다에 대한 지원 기능을 제공하기 때문에 이 책에서 다루는 많은 언어에서 람다가 동작하는 것을 볼 수 있다.

람다를 함수에 전달하려면 먼저 함수 인터페이스를 생성해야 한다. 함수 인터페이스는 하나의 추상 메소드만을 포함하는 보통의 인터페이스다. 자바는 람다로 사용할 수 있는 다양한 인터페이스를 제공한다. 그 중 하나가 java.lang.Runnable 인터페이스다. Runnable 인터페이스는 추상 메소드 run( )만 가지기 때문에 람다에 딱 맞다. 하나의 스레드만 실행하길 원한다면 Thread 인스턴스에 익명의 람다 함수를 직접 전달할 수 있다.

```java
public class LambdaDemo {
  public static void main(String[] args) {
    Thread thread1 = new Thread( () -> {
      try {
        Thread.sleep(3000);
      } catch (InterruptedException e) {
```

```
        }
    });
    thread1.start();
  }
}
```

처음에는 구문이 혼란스러워 보일 수 있다. `java.lang.Runnable` 인터페이스의 `run()` 메소드는 어떠한 매개변수도 갖지 않는다고 간주한다. 그래서 빈 괄호 `()`를 지정한 다음 컴파일러에게 람다가 시작하는 위치를 알려주는 화살표 `->`를 지정한다.

블록 안에 스레드를 사용해서 실행할 함수의 코드를 평상시대로 작성한다.

4장에서 매개변수가 필요한 좀 더 복잡한 람다를 사용해볼 예정이다.

▌ 스타일 가이드

지금까지 오라클에서 공식적으로 제공하는 최신의 자바 언어 스타일 가이드는 없다. 그나마 스타일 가이드에 가장 가까운 문서는 1999년에 선 마이크로시스템즈가 작성한 문서로, 이 문서를 작성할 당시의 자바 웹사이트에 여전히 보관돼 있다. 다음은 오늘날에도 의미 있는 중요한 스타일 가이드의 일부다.

- 프로젝트의 모든 파일은 최소한 클래스 이름과 저작권 정보를 포함하는 동일한 헤더 주석으로 시작하도록 권장한다.
- public 클래스, 혹은 public 인터페이스는 파일의 첫 번째 항목이어야 한다. 파일에 다른 접근 제한자를 가진 다른 클래스나 인터페이스가 있으면, public 클래스나 인터페이스 뒤에 추가해야 한다.
- 클래스나 인터페이스를 정의할 때는 다음의 순서를 따른다.
    1. 클래스나 인터페이스에 대한 자바독(이 주제는 4장에서 설명한다)

2. class나 interface 키워드(접근 제한자와 다른 제한자 포함). 클래스나 인터페이스 이름 뒤의 동일한 행에서 클래스 블록을 시작하는 { 문자. 클래스 블록을 닫는 } 문자는 그에 맞는 행에 위치해야 한다.

3. 필요한 경우, 설명서의 일부가 아닌 구현 정보를 담은 주석

4. 다음 순서에 따른 정적 변수
   - public 정적 변수
   - protected 정적 변수
   - package-private (접근 제한자가 없는) 정적 변수
   - private 정적 변수

5. 정적 변수와 동일한 순서로 정의한 인스턴스 변수

6. 생성자

7. 접근 제한자가 아니라 기능 단위로 묶은 메소드

- 한 행에 여러 변수를 정의하지 않는다. 대신 한 줄에 하나의 변수를 선언한다.
- 가능하면 변수를 선언할 때 동시에 변수를 초기화한다.
- 변수 선언은 블록 {}의 시작 부분에 배치해야 한다. 블록의 중간에서 변수를 선언하지 마라.

▌ 퀴즈

간단한 퀴즈를 통해 자바 언어에 대한 지식을 테스트해보자. 퀴즈에 대한 답은 부록 1에 있다. 좋은 점수를 얻었다면 축하한다! 그렇지 않더라도 실망할 필요는 없다. 해당하는 부분을 다시 읽고 다음에 더 잘할 수 있는지 확인해보라.

1. 다음 코드는 컴파일될까? 컴파일이 안 된다면 코드의 어떤 부분이 잘못됐을까?

```
import java.util.ArrayList;
package com.example.quiz1;
public class Question1 {
}
```

a) package 이름이 잘못됐다. 패키지 이름에 숫자를 사용할 수 없다.

b) ArrayList는 java.util 패키지 안에 있는 클래스가 아니다.

c) package 문자는 import 문장 전에 있어야 한다.

d) 해당 사항 없음. 파일은 올바르게 컴파일된다.

2. 다음 코드는 컴파일될까? 컴파일이 안 된다면 무엇이 잘못됐을까?

```
class A { }

class B { }

class C extends A, B {
}
```

a) 클래스 이름은 두 개 이상의 문자로 구성돼야 한다.

b) 자바에서 클래스는 복수 개의 클래스를 상속(확장)할 수 없다.

c) 하나의 자바 소스 파일에는 하나의 클래스만 정의해야 한다.

d) 해당 사항 없음. 파일은 올바르게 컴파일된다.

3. 코드에서 잘못된 것 같은 부분은 무엇일까(다음 코드는 올바른 메소드에 위치한다고 가정한다)?

```
String s1 = "String A";
String s2 = "String B";
if (s1 != s2) {
```

```
// 더 많은 코드가 있음...
}
```

a) 아마도 프로그래머는 문자열의 내용을 검사하고자 했으므로, equals 메소드
   를 사용했어야 한다.

b) 자바는 != 연산자를 지원하지 않는다.

c) 더 많은 코드를 확인해야 코드에 오류가 있는지 알 수 있다.

d) 잘못된 부분은 없다. 모두 잘 동작한다.

4. 클래스나 인터페이스의 메소드를 오버라이딩할 때, 던져질 예외의 종류는 자유
롭게 결정할 수 있는가?

a) 예

b) 아니오

5. 다음의 메소드를 호출하면 콘솔에 어떤 결과가 출력될까(다음 코드는 올바른 클래스
에 위치한다고 가정한다)?

```java
void testMethod() {
  try {
    System.out.println("A");
    throw new RuntimeException("Error!");
  } catch(Exception e) {
    System.out.println("C");
    return;
  } finally {
    System.out.println("D");
  }
}
```

a) A, C

b) A, D

c) A, D, C

d) A, C, D

▌ 요약

3장에서 많은 자바 코드를 살펴봤다. 클래스 정의, 패키지로 클래스 묶기, 새로운 메소드와 변수를 정의함으로 클래스에 멤버 추가하기를 포함해 자바 언어의 모든 OOP 기능을 설명했다. 자바에서 객체지향 기능은 거기서 끝나지 않았으며, 추상 클래스와 인터페이스를 통해서 잘 구조화된 코드를 작성할 수 있는 많은 기능을 제공함을 알았다. 가장 중요한 접근 제한자와 일반 제한자를 설명했고, 클래스를 상위형변환하고 하위형변환하는 절차와 POJO와 관련한 관례도 논의했다. if...else 조건문과 for 루프, while 루프, do... while 루프와 같이 가장 중요한 연산자를 포함해 자바 언어의 다양한 주요 기능을 살펴보면서 3장을 마무리했다. 배열과 컬렉션, 제네릭, 예외도 살펴봤다. 다중 스레드와 람다 같은 좀 더 고급 기능도 몇 가지 알아봤다.

이런 모든 지식을 바탕으로 처음으로 실제 자바 프로젝트를 작성할 준비가 됐다. 코드를 같이 작성해보자!

04

자바 프로그래밍

많은 배경 지식을 바탕으로 실제 자바 프로그램을 작성해보자. 입력된 문자열에서 사용한 각 문자의 빈도수를 계산해 결과를 JSON 형태로 반환하는 간단한 독립형 웹 서비스를 작성한다. 인터넷을 통해 의존성을 자동으로 가져오는 빌드 도구 그래들Gradle을 사용해 프로젝트를 빌드하고 실행할 예정이다. 백엔드 클래스를 작성할 때는 테스트 주도 개발 방식을 사용해 개발 과정에서 단위 테스트를 작성한다. 코드 작성에서 마지막 웹 서비스 실행에 이르는 모든 단계에서 이클립스Eclipse IDE를 사용한다. 마지막으로 가능한 생산성을 높이기 위해 다양한 단축키shortcut에 대해 알아본다. 다음은 4장에서 살펴볼 주제다.

- 이클립스 IDE 구성
- 이클립스 IDE에서 새로운 그래들 기반 프로젝트 생성
- 그래들 빌드 스크립트 수정

- 프로젝트 빌드
- 백엔드 클래스 작성
- 백엔드 클래스를 테스트하기 위한 단위 테스트 작성
- 웹 서비스 작성
- 웹 서비스 실행

▌ 이클립스 IDE 구성

이클립스 IDE에서 기본 프로젝트 유형인 자바 프로젝트Java Project를 사용할 때 이클립스는 내부적으로 아파치 앤트Ant 빌드 도구 기반의 XML 빌드 스크립트를 생성하고, 사용자가 이클립스의 Compile과 Build 옵션을 선택하면 이 빌드 스크립트를 실행한다. 작은 프로젝트에서는 앤트 빌드 도구로도 잘 동작하지만 좀 더 큰 프로젝트에서는 보통 더 많은 통제가 필요하다. 책에서 다룰 예제에서는 이클립스가 추가적인 의존성 라이브러리를 다운로드하기를 원한다. 그래서 가장 인기 있는 그래들 빌드 도구를 사용하기로 했다.

이클립스 IDE는 그래들 지원 기능을 기본으로 제공하지 않기 때문에, 이클립스 IDE에 그래들 지원 기능을 가진 플러그인을 설치해야 한다. 그래들을 지원하는 다양한 플러그인이 있으나, 여기서는 그래들 팀에서 제작한 플러그인을 사용한다. 이 플러그인을 설치하려면 다음의 절차를 따라 해보라.

- Help 메뉴에서 Eclipse Marketplace...옵션을 선택한다.

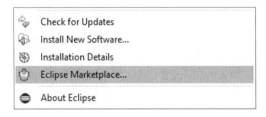

- Find 텍스트 박스에 gradle을 입력하고 Enter를 누른다. 화면에 출력되는 플러그인 목록에서 Buildship Gradle Integration 2.0을 찾을 때까지 스크롤을 내린다. Buildship Gradle Integration 2.0 항목에는 그래들의 코끼리 로고가 있어야 하고 이클립스 빌드십 프로젝트(Eclipse Buildship Project)가 보증한다는 표시가 있어야 한다. 플러그인 설치를 위해 Install 버튼을 클릭한다.

- 라이선스 조건에 동의해 조건을 수락하고 Finish 버튼을 클릭한다.
- 잠시 후 IDE를 다시 시작해야 한다는 대화창을 표시할 것이다. Yes를 클릭해서 IDE 재시작을 수락한다.

이제 플러그인을 설치했고 시작할 준비가 됐다.

▌ 자바로 웹 서비스 제작하기

테스트 주도 개발 방식을 이용해 자바로 간단한 웹 서비스를 만들어보자. 다음의 절차로
진행한다.

- 이클립스 IDE에서 프로젝트 생성
- 그래들 빌드 파일 수정
- 백엔드 클래스 작성
- 웹 서비스 코드 작성

이클립스에서 새로운 그래들 프로젝트 생성하기

그래들 프로젝트를 생성한 다음 생성된 프로젝트를 시험해보자.

먼저 이클립스를 실행한다. 필요하면 작업 공간 디렉터리를 확인한다. 작업 공간은 이클
립스가 새로운 프로젝트를 생성하고 기존의 프로젝트를 찾을 수 있는 디렉터리의 루트다.

이클립스를 실행하면 환영^{Welcome} 탭이 화면에 나타난다. 새로운 그래들 기반 프로젝트 생
성을 위한 바로 가기는 환영 탭에서 제공하지 않으므로, 환영 탭은 무시하고 넘어간다. 다
음의 절차에 따라 그래들 프로젝트를 생성한다.

- File 메뉴에서 New로 이동해 **Project...**를 선택한다(프로젝트를 빌드하기 위해 그래들
  을 사용하지 않으므로 Java Project를 선택하지 마라).

- New Project 마법사 창에서 Gradle 옵션을 확장하고 Gradle Project 옵션을 선
  택한다. **Next** 버튼을 클릭하면 환영 창이 나타난다. 텍스트를 자세히 읽어보라.

원한다면 다음에 '마법사가 표시될 때 환영 페이지를 표시합니다Show the welcome page the next time the wizard appears'의 체크를 해제한다. Next 버튼을 클릭한다.

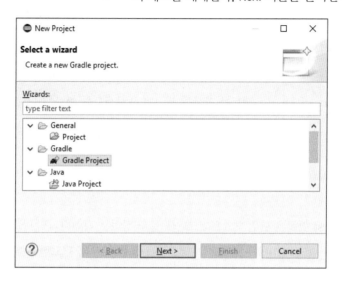

- New Gradle Project 창에서 프로젝트 이름으로 JavaWebservice를 입력한다. 프로젝트 위치를 확인하고 Finish 버튼을 클릭한다. 그래들을 처음 사용한다면 그래들 플러그인을 다운로드하고 설치하는 데 약간의 시간이 소요될 수 있다. 마지막에 창이 자동으로 닫힌다.

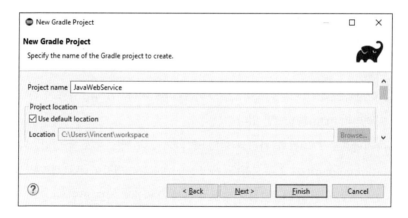

앞의 화면은 원래 화면의 크기를 조정한 것으로, 실제로는 더 많은 옵션을 확인할 수 있다.

생성된 프로젝트 탐색

패키지 탐색기Package Explorer 탭을 포함한 도킹 창이 이제 이클립스 IDE의 왼쪽에 나타나야 한다. JavaWebservice 프로젝트를 확장해 생성된 프로젝트를 빠르게 살펴보자.

그래들 빌드 플러그인은 다음과 같은 프로젝트 항목을 생성한다.

- src/main 항목은 메인 프로그램의 소스코드를 저장하는 디렉터리에 대한 바로가기다.
- src/test 항목은 단위 테스트 스크립트를 저장하는 디렉터리의 바로가기다.
- JRE System Library 항목은 프로그램을 실행하는 데 필요한 자바 플랫폼 파일을 보여준다.
- Project and External Dependencies 항목은 프로그램이 필요해서 추가한 라이브러리를 보여준다. 현재는 그래들이 기본적으로 로드한 JUnit 4 단위 테스트 프레임워크를 위한 몇 가지 라이브러리가 필요하다.
- gradle 디렉터리에는 그래들 래퍼에 필요한 파일이 들어 있다. 이 파일은 그래들이 설치되지 않은 시스템에서 프로젝트를 실행할 수 있게 해주는 스크립트로, 프로젝트를 빌드하는 과정에서 올바른 버전의 그래들을 다운로드하고 사용하게 해준다.
- src 항목은 소스 디렉터리의 전체 내용을 보여준다. 현재는 앞에서 논의한 하위 디렉터리 main과 test만 있다.
- 마지막으로 그래들과 관련된 파일 몇 개가 프로젝트 루트에 있다. 이 가운데 build.gradle이 가장 중요하다. build.gradle은 그래들이 프로젝트를 컴파일하고 빌드하며 단위 테스트를 실행하기 위해 사용하는 빌드 파일이다.

그래들 빌드 파일 수정

예제 프로젝트에서는 스파크자바SparkJava 프레임워크를 사용한다. 3장에서 간단히 설명한 스파크자바를 아파치의 빅데이터 플랫폼과 혼동하지 않도록 주의하자. 스파크자바는 독립형 웹 애플리케이션을 빠르고 쉽게 제작할 수 있게 도와주는 프레임워크다. 공식 사이트에서 스파크자바 라이브러리를 직접 다운로드해서 올바른 디렉터리에 필요한 파일을 넣어도 되지만 빌드 도구를 사용하면 좀 더 쉽게 이와 같은 작업을 처리할 수 있다.

 많은 유명한 라이브러리는 그 나름의 의존성을 가진 많은 다른 의존성 라이브러리에 의존한다. 그러므로 현대적인 JVM 소프트웨어 개발에 있어서 라이브러리를 다운로드할 수 있는 빌드 도구는 필수적이다.

패키지 탐색기에서 build.gradle 파일을 더블클릭해서 파일을 연다. 그래들의 현재 버전은 그루비 기반의 도메인 특정 언어DSL, Domain-Specific Language를 사용한다. 이후 버전은 코틀린 기반의 DSL를 지원할 예정이다. 그루비를 다룬 11장에서 언급하겠지만 그루비는 자바보다 덜 엄격한 문법을 갖는다. 그래서 그래들 빌드 파일에는 세미콜론과 괄호가 필요하지 않다. dependencies 블록이 시작하는 행을 찾아보라.

```
dependencies {
  ....
}
```

compile로 시작하는 행이 있다면, 그 행들을 삭제한다. 하지만 testCompile로 시작하는 문장은 그대로 둔다. dependencies 블록의 상단에 다음 항목을 추가한다.

```
compile 'org.slf4j:slf4j-simple:1.7.21'
compile 'com.sparkjava:spark-core:2.5.4'
compile 'com.fasterxml.jackson.core:jackson-databind:2.8.5'
```

변경한 파일을 저장한다. 추가한 항목은 그래들에게 프로젝트를 컴파일하기 위해 SLF4J^{Simple Logging Facade for Java}와 스파크자바, 잭슨JSON 핸들러 프레임워크가 필요하다고 알려준다. 새로운 버전의 라이브러리가 기존 코드를 변경할 수 있기 때문에 대개 의존성에 버전 번호를 추가하는 것이 좋다. 프로젝트를 빌드할 때 그래들은 인기 있는 저장소 사이트를 찾아보고 요청한 버전의 모든 의존성과 의존성이 가진 의존성 라이브러리를 다운로드해 올바른 디렉터리에 배치한다. 클래스경로는 수동으로 수정하지 않고 프로젝트를 실행할 수 있는 방법으로 설정한다.

 라이브러리와 프레임워크의 새로운 버전은 운영 환경에서 특별히 더 중요한 보안 오류를 해결할 수 있다는 점을 기억하자. 그래서 의존하는 프레임워크의 최신 버전을 항상 유지하는 것이 바람직하다.

프로젝트 빌드

다음 그림과 같이 이클립스 IDE 창의 아랫부분에서 Gradle Tasks 탭을 찾아 클릭한다. build 항목을 확장하고 build 작업을 더블클릭한다.

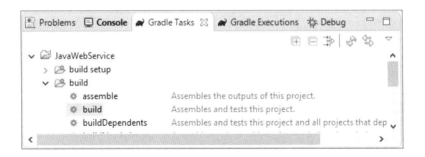

이제 창이 그래들 플러그인이 실행하는 작업의 진행 과정과 상태를 보여주는 Gradle Executions 탭으로 전환할 것이다. 모든 작업이 문제없이 진행된다면 각 작업의 옆에 녹색 마크가 보여진다.

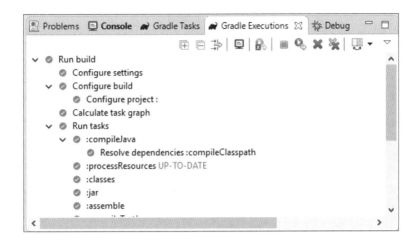

잘 진행이 되지 않고 :compileJava 작업에만 빨간 표시가 나타났다면 Console 탭으로
전환한다. Console 탭은 그래들 진행 과정에서 산출된 결과를 보여준다. 스크롤을 내려
tools.jar를 찾을 수 없다는 오류 메시지가 있는지 확인한다. tools.jar를 찾지 못한 오류가
맞다면 그래들 플러그인에 자바 설치 위치를 알려주면 된다. 다음 절차에 따라 그래들 플
러그인에 자바 설치 위치를 설정하는 작업을 해보자.

1. Gradle Tasks 탭으로 돌아간다.
2. build 작업에서 마우스 오른쪽을 클릭을 하고 Open Gradle Run Configuration...을
   선택한다.
3. 이제 Edit configuration 창이 표시돼야 한다. Java Home 탭으로 이동해서 Browse
   버튼을 클릭한다. JDK가 설치된 루트 디렉터리를 찾아 OK 버튼을 클릭하면 창이
   닫힌다. 그런 다음 OK 버튼을 클릭해서 Edit configuration을 닫는다.
4. build 작업을 더블클릭해 다시 빌드 작업을 시작한다. 이제 창에는 녹색 표시만
   보여야 한다.

이클립스를 위한 빌드십 그래들 통합 플러그인의 현재 버전은 의존성을 추가 혹은 변경, 삭제할 때 수동으로 프로젝트를 새로고침해야 하는 문제가 있다. 패키지 탐색기^{Package Explorer}의 Project and External Dependencies 항목을 확장했을 때 목록에 spark-core JAR 파일이 없으면, JavaWebservice 프로젝트에서 마우스 오른쪽을 클릭해 Gradle ➤ Refresh Gradle Project를 선택한다. 이제 더 많은 JAR 파일이 의존성 목록에 나타나야 한다.

백엔드 클래스 작성

이제 웹 서비스 기술에 대한 지식 없이 일반적이고 재사용 가능한 백엔드 클래스를 빌드할 예정이다. HTTP 요청을 처리하는 코드는 JSON 응답을 생성하는 백엔드 클래스를 사용하고, 테스트 주도 개발^{TDD, Test-Driven Development} 방식을 사용하며 다음 주제를 다룬다.

- 백엔드 클래스의 비즈니스 규칙
- 더미 메소드 생성
- 테스트 케이스 클래스 생성과 첫 번째 단위 테스트 작성
- 입력값 유효성 검사 구현
- 두 번째 단위 테스트 작성
- 비즈니스 로직 구현
- 웹 서비스 생성

백엔드 클래스 비즈니스 규칙

웹 서비스에 전단될 문자열에 있는 각 문자의 수를 반환하는 간단한 웹 서비스를 만들어보자.

다음은 문자열에서 사용된 각 문자의 수를 계산하는 메소드에 대한 요구 사항이다.

- 클래스는 chapter03.backend 패키지에 위치하며, 클래스 이름은 Character Counter이고 public이어야 한다.
- 메소드의 이름은 countCharacters이고, String 타입의 입력값을 받는 public 메소드다.
- 메소드는 제네릭을 지원하는 `Map<Character, Integer>` 인터페이스를 구현한 클래스의 인스턴스를 반환한다. 반환되는 값은 Character 인스턴스와 Integer 인스턴스 값을 연결한 맵이다.
- 반환되는 Map 객체는 입력값인 문자열 안의 모든 고유한 UTF-16 문자와 String에서 사용한 문자의 빈도수인 정수를 연결해야 한다.
- 입력값으로 전달받은 문자열은 null이 아닐 것이고, `IllegalArgumentException` 예외를 발생시켜야 한다.

다음은 입력값과 결괏값의 예다.

```
"A!Ba?!?!" --> {'A': 1, 'B':1, 'a':1, '?': 2, '!': 3}
```

더미 메소드 생성

단위 테스트를 작성하려면 메소드 시그니처 요구 사항(입력값과 출력값)을 만족하는 메소드를 작성해야 한다. 하지만 지금은 그냥 null을 반환하도록 한다. 그렇게 하면 단위 테스트를 작성해 테스트가 실패하는 것을 확인한 다음 올바르게 구현해 테스트가 성공하는 것을 확인할 수 있다.

비즈니스 규칙을 자세히 살펴보면 메소드가 입력값을 받고 응답을 생성하도록 코드를 작성해야 한다는 것을 알았을 것이다. 메소드는 모든 것을 담고 있어야 한다. 즉, 어떠한 클래스 인스턴스 변수나 메소드도 필요로 하지 않는다는 의미다. 그래서 정적 클래스 메소드로 작성할 것이다. 단위 테스트 코드를 작성하는 동안 이러한 방법이 잘못된 선택인지를 확인할 수 있다. 잘못된 경우라면 메소드를 운영 코드에 추가하기 전에 항상 코드를 변경할 수 있다.

> ℹ TDD의 중요한 장점 중 하나가 코드를 운영 환경에 적용하기 전에 잘못된 설계를 수정할 수 있다는 점이다.

chapter03.backend.CharacterCounter 클래스를 생성해보자.

1. 패키지 탐색기(Package Explorer)에서 src/main/java 항목을 찾아 마우스 오른쪽을 클릭을 한 다음 **New > Class...**를 선택한다.
2. Package 입력란에 chapter03.backend를 입력한다.
3. Name 입력란에 CharacterCounter를 입력한다.
4. public 제한자를 선택했는지 확인한다.
5. 클래스를 생성하기 위해 **Finish**를 클릭한다.

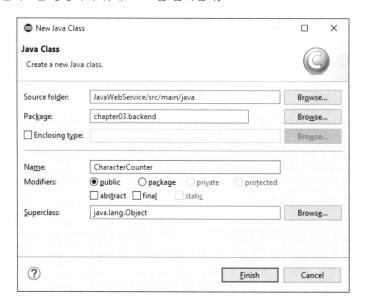

앞의 그림 속 창은 크기를 조정한 것으로, 실제 창은 더 많은 옵션을 보여준다. 다음은 마법사가 생성한 클래스다.

```
package chapter03.backend;
public class CharacterCounter {
}
```

이제 더미 메소드를 구현할 수 있다. 클래스의 본문으로 커서를 옮기고 다음의 작업을 수행한다.

1. 1단계 들여쓰기를 하기 위해 Tab 키를 누른다.
2. 필요한 접근 제한자와 일반 제한자^{public static}를 입력한다.
3. 단어 Map을 입력하고 Ctrl+Space 바를 누른다. 입력한 이름과 일치하는 몇몇 클래스가 보이는 창이 나타난다. Map – java.util 항목을 선택하고 Enter를 누른다.

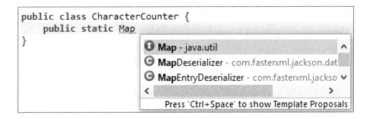

이클립스는 이제 패키지를 가져오는 문장과 Map⟨K, V⟩ 행을 작성한다. 그런 다음 커서를 맵의 키에 대응되는 첫 번째 K 타입으로 이동시킨다.

4. Char를 입력하고 다시 Ctrl+Space 바를 누른다. Character – java.lang 클래스를 선택하고 Enter를 누른다.

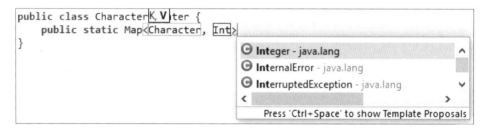

```
public class CharacterK, Vter {
    public static Map<Char, V>
}
```

5. Tab을 눌러 V 문자로 이동하고, Int를 입력한 다음 Ctrl+Space 바를 눌러 Integer
   – java.lang 클래스를 선택하고 Enter를 누른다. 맵의 값으로 사용한 타입이다.

```
public class CharacterK, Vter {
    public static Map<Character, Int>
}
```

6. 커서를 행 끝으로 이동하고 countCharacters(String text)를 입력한다. 그런
   다음 같은 행에 {를 추가하고 그 다음 행에 }를 입력한다.

이제 코드가 다음과 같은 모습이 돼야 한다.

```
package chapter03.backend;
import java.util.Map;
public class CharacterCounter {
  public static Map<Character, Integer> countCharacters(String text) {
  }
}
```

이클립스 IDE가 클래스를 컴파일할 수 없다고 알려줄 것이다. 빨간 밑줄이 그어
진 메소드 이름이나 오른쪽에 있는 빨간 X 표시에 마우스를 옮긴다. '메소드는 반드시

190

Map⟨Character, Integer⟩ 타입의 결과를 반환해야 한다(This method must return a result of type Map⟨Character, Integer⟩)'는 툴팁이 보여진다. 이클립스는 자동으로 적용 가능한 두 가지 해결 방법을 제안한다. 하나는 반환 문장 추가^{Add return statement}이고 다른 한 가지는 반환 타입을 'void'로 변경^{Change return type to 'void'}이다.

This method must return a result of type Map<Character,Integer>

2 quick fixes available:

⇨ Add return statement
⇨ Change return type to 'void'

Press 'F2' for focus

첫 번째 해결 방법인 **Add return statement**를 선택한다. 이제 이클립스는 자동으로 다음 코드를 추가한다.

```
return null;
```

이제 컴파일할 수 있는 백엔드 클래스를 갖게 됐다. 작성한 API가 올바른지 검사하는 단위 테스트를 작성해보자. 이렇게 하면 유효한 구현을 작성하고 예상대로 작동하는지 확인할 수 있다.

테스트 케이스 클래스를 생성하고 첫 번째 단위 테스트 작성하기

비즈니스 규칙을 보면 클래스는 String 인스턴스 대신 null을 입력으로 받으면 Illegal ArgumentException 예외를 발생시킨다고 돼 있다. 이제 클래스가 null을 입력받았을 때 이 예외를 발생시키는지 테스트해보자. 먼저 JUnit 테스트 프레임워크를 사용하는 클래스를 만들자. 이 클래스에 모든 테스트 케이스를 담을 예정이다.

1. 이클립스 IDE에서 src/test/java를 선택하고 마우스 오른쪽을 클릭한 다음 JUnit Test Case를 선택한다.

2. Package 입력란에 chapter03.backend를 입력한다.

3. Name 입력란에 CharacterCounterTests를 입력한다.

4. **Finish**를 클릭해서 클래스를 생성한다.

다음이 생성된 클래스다(간결해 보이도록 일부 빈 행은 제거했다).

```
package chapter03.backend;
import static org.junit.Assert.*;
import org.junit.Test;
public class CharacterCounterTests {
  @Test
  public void test() {
    fail("Not yet implemented");
  }
}
```

@Test 어노테이션은 JUnit 프레임워크에게 이 메소드에 단위 테스트가 포함돼 있음을 알리는 역할을 한다. 곧 알게 되겠지만, 이 어노테이션은 선택적으로 매개변수를 가질 수 있다. 단위 테스트를 포함한 메소드는 어떠한 반환 값도 있으면 안 된다. 그래서 반환 타입으로 void를 사용했다. 메소드 이름의 첫 번째 문자에 커서를 이동시킨 다음 Alt+Shift+R을 눌러서 메소드의 이름을 test( )에서 testNullInput으로 변경하고 Enter를 누른다.

```
@Test
public void testNullInput() {
    fail("Not yet implemented");
}
    Press Enter to refactor. Options... ▼
```

여기서 Alt+Shift+R을 사용하는 것이 이상해 보일 수 있다. 예제가 큰 프로그램에 존재하는 메소드라면 이클립스는 변경 사항을 프로그램 전체에 적용시키므로, 항상 이 기능을 사용하도록 노력해보라. 키 조합을 더 많이 사용할수록 기억하기 쉬워진다.

fail 문장을 포함한 행에 커서를 이동시키고 Ctrl+D를 눌러 행 전체를 삭제한다. 메소드를 다음 코드와 같이 보이도록 완전히 다시 작성한다(키 입력 횟수를 줄이기 위해 expected와 IllegalArgumentException, CharacterCounter를 작성할 때 Ctrl+Space 바를 누르는 것을 기억하라).

```
@Test(expected=IllegalArgumentException.class)
public void testNullInput() {
  CharacterCounter.countCharacters(null);
}
```

앞의 코드는 IllegalArgumentException 예외가 발생할 때만 해당하는 테스트를 성공으로 간주한다고 JUnit에 알린다. 만약 클래스가 이 예외를 던지지 않으면, JUnit은 테스트가 실패했다고 간주한다. 이제 테스트를 실행할 좋은 시점이다. F11 키를 누른다. 그러면 그래들이 코드를 빌드하고 컴파일한 다음 테스트를 실행한다.

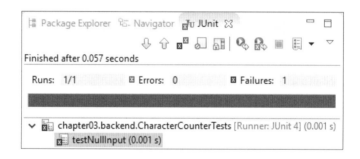

예상대로 테스트는 실패한다. **패키지 탐색기**Package Explorer 탭을 클릭해서 테스트를 수정해보자.

입력값 유효성 검사 구현

src/main/java에서 CharacterCounter 클래스를 연다. countCharacters 메소드 본문의 return null 행 위에 다음 코드를 추가한다.

```
if (text == null) {
  throw new IllegalArgumentException("text must not be null");
}
```

이 코드는 크게 설명할 필요 없이 명확하다. IllegalArgumentException은 RuntimeException의 하위 클래스이므로, 메소드는 컴파일러에게 이 예외를 던진다고 표시할 필요가 없다.

 정확히 확인하려면 IllegalArgumentException 클래스 이름을 더블클릭하고 F4를 누르거나, IllegalArgumentException에서 마우스 오른쪽을 클릭한 다음 Open Type hierarchy 옵션을 선택한다. Package Explorer 탭을 클릭해 패키지 탐색기로 되돌아간다.

F11을 눌러 테스트를 실행한다.

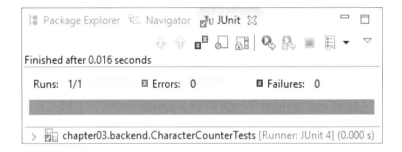

이제 테스트가 성공한다. 축하한다! 성공한 후에도 Package Explorer 탭을 다시 클릭하는 것을 잊지 마라.

두 번째 단위 테스트 작성

이제 주요 비즈니스 로직을 검사하는 테스트를 작성한다. 새로운 단위 테스트를 추가하기 위해 src/test/java의 CharacterCounterTests 클래스를 열고 testNullInput( ) 메소드 본문 뒤에 빈 행을 추가하고 다음 메소드를 추가한다.

```
@Test
public void testStringInput() {
  Map<Character, Integer> map = CharacterCounter
                                .countCharacters("!a!A!");
  assertEquals(map.size(), 3);
  assertEquals(map.get('a').intValue(), 1);
  assertEquals(map.get('!').intValue(), 3);
  assertEquals(map.get('A').intValue(), 1);
}
```

문자열을 전달한 다음 반환된 맵이 예상한 문자 수보다 더 많이 반환했는지 검사한다. 또한 개별 문자의 빈도수를 테스트한다. 여기에 몇 가지 참고할 사항이 있다.

- Character 클래스는 기본 타입 char의 값을 포장하는 기본형 래퍼 클래스다. 자바에서 char(하나의 UTF-16 유니코드 문자)의 값에는 작은 따옴표를 사용하고, 문자열 값에는 큰 따옴표를 사용한다. 그래서 문자 'A' 대신 문자열 "A"를 전달하면 맵의 get 메소드는 null을 반환한다.

- 맵의 get 메소드는 빈도수를 나타내는 Integer 래퍼 클래스를 반환한다. JUnit에서 assertEquals 메소드의 오버로드한 버전 중 assertEquals(int, int)를 더 쉽게 사용하기 위해 반환된 Integer를 기본형 값으로 변경한다. assertEquals 메소드를 오버로드한 매우 다양한 버전의 메소드가 있다. assertEquals(int, int) 메소드를 사용하지 않으면 자바의 오버로드 규칙을 지키면서 몇 가지 행변환을 수행해야 한다.

F11을 누르고 NullPointerException 때문에 테스트가 실패하는 것을 확인한다. 반환된 맵이 null 이기 때문에 map.size() 호출이 실패해 예외가 발생한다.

비즈니스 로직 구현

이제 비즈니스 로직을 구현해 앞의 테스트가 성공하도록 만들어보자. 시간을 지체하지 말고 패키지 탐색기에서 src/main/java에 있는 CharacterCounter 클래스를 연다. null 입력을 확인하는 코드 뒤에 다음 코드를 추가한다.

```
Map<Character, Integer> map = new HashMap<>();
for (char c: text.toCharArray()) {
  if (!map.containsKey(c)) {
    map.put(c, 1);
  } else {
    int curValue = map.get(c);
    map.put(c, ++curValue);
  }
}
return map;
```

앞의 코드에 대해 몇 가지 참고할 사항이 있다.

- map 변수는 Character 인스턴스(맵의 키)와 Integer 인스턴스(맵의 값)을 연결한 HashMap 인스턴스를 가리킨다.
- String 데이터 타입은 Iterable 인터페이스를 구현하지 않으므로 고급 for 루프에서 사용할 수 없다. 그래서 문자 배열을 반환하는 toCharArray() 메소드를 호출해야 한다. 배열은 항상 고급 for 루프에서 사용 가능하다.
- 코드에서는 기본형 char 값을 사용한다. Map 메소드를 사용할 때 자바는 자동으로 char 값을 Character 클래스로 변환한다. 오토박싱은 고마운 기능이다. 제네릭에서는 클래스를 사용한다는 점을 기억하자.
- 맵에서 문자를 찾지 못하면 해당 문자를 키로 하고 값을 1로 해 맵에 담는다.
- 맵에서 문자를 찾으면, 현재 값을 맵에서 조회한다.

- `map.put(c, ++curValue);` 행을 주목해보자. 먼저 값을 증가시키고 난 다음 키와 변경된 값을 맵에 저장한다. 예제로 `++curValue`를 `curValue++`로 변경해 테스트가 실패하는지 확인해보라.

두 테스트를 다시 실행하기 위해 F11을 누른다. 이제 두 테스트 모두 성공해야 한다.

실행 가능한 애플리케이션 작업 생성

스파크자바의 단위 테스트 기능을 사용하지 않는 대신 그래들이 실행할 수 있는 프로그램을 생성할 예정이다. 그래들 프로젝트에 run 작업을 추가하는 가장 쉬운 방법은 그래들의 application 플러그인을 사용하는 것이다. 먼저 웹 서비스를 시작하는 클래스를 생성한다.

패키지 탐색기에서 src/main/java 항목의 마우스 오른쪽을 클릭한 다음 New ❯ Class 옵션을 선택해 chapter03.main 패키지에 WebService라는 새로운 클래스를 추가한다. 콘솔에 간단한 문자열을 출력하는 main() 메소드를 추가한다. 클래스는 다음과 같아야 한다.

```
package chapter03.main;
public class WebService {
  public static void main(String[] args) {
    System.out.println("The program is running!");
  }
}
```

패키지 탐색기에서 build.gradle 파일을 연다. `apply plugin: 'java'` 행 아래에 다음과 같이 새로운 항목을 추가한다.

```
apply plugin: 'java'
apply plugin: 'application'
```

빈 행을 추가한 후 다음 항목을 추가한다.

```
mainClassName = "chapter03.main.WebService"
```

main( ) 메소드를 포함하고 플러그인이 실행할 클래스의 정규화된 클래스 이름을 정의한
다. Gradle Tasks 탭에서 build ➤ build 항목을 선택해 프로젝트를 빌드한다. 모든 일이 잘
진행된다면, 탭의 오른쪽에서 4번째 작은 아이콘을 클릭해서 Gradle Tasks 탭을 새로고
침한다. 모든 프로젝트 툴팁에 대한 새로고침 작업을 시작한다. 이렇게 하면 그래들 프로
젝트에 추가했던 애플리케이션 플러그인의 새로운 작업이 추가된다.

이제 Gradle Tasks 창에서 application ➤ run 작업을 선택할 수 있다. 필요하면 프로젝트
는 자동으로 컴파일된다. 콘솔에 찍힌 결과를 확인하기 위해 Console 탭으로 전환해야 한
다. 이클립스가 Gradle Execution 탭으로 자동 전환되는 것이 싫으면, 다음 순서에 따라
그 기능을 비활성화시킨다.

1. Gradle Tasks 탭으로 전환한다.
2. JavaWebservice ➤ application 항목을 확장한다. 이 항목에서 마우스 오른쪽을 클
   릭하고 Open Gradle Run Configuration... 옵션을 선택한다.
3. Show Execution View 옵션을 체크 해제한다. OK 버튼을 눌러 창을 닫는다.

이제 application ➤ run 작업을 선택하면 Gradle Execution 탭 대신 Console 탭이 자동으
로 활성화되고, main 메소드가 콘솔에 출력한 메시지를 확인할 수 있다.

웹 서비스 생성

HTTP Get 요청을 처리하기 위해 스파크Spark 라우터를 설정하는 프로그램으로 main( ) 메소드를 변경한다. chapter03.main.WebService 클래스를 연다. package 문장 밑에 다음과 같이 새로운 import 문장을 추가한다.

```java
package chapter03.main;
import java.util.Map;
import spark.Spark;
import com.fasterxml.jackson.databind.ObjectMapper;
import chapter03.backend.CharacterCounter;
```

WebService 클래스 안에 private static 변수 mapper를 추가한다. 이 변수는 ObjectMapper 클래스의 인스턴스다. 잭슨Jackson 라이브러리에서 제공하는 이 객체는 countCharacters 메소드의 결과인 Map<Character, Integer> 타입의 인스턴스를 변환한다. 즉, Character 인스턴스 키와 Integer 인스턴스 값을 연결한 Map 객체가 JSON으로 매핑된다.

```java
private static ObjectMapper mapper = new ObjectMapper();
```

이제 main( ) 메소드를 작성할 수 있다. 기존 코드를 변경하고, 코드를 작성하는 동안 이전에 언급한 키 조합을 사용하는 일을 잊지 마라.

```java
public static void main(String[] args) {
  Spark.get("/main", (req, res) -> {
    res.type("application/json");
    try {
      String value = req.queryMap("value").value();
      value = (value == null ? "" : value);
      Map<Character, Integer> map = CharacterCounter
                                    .countCharacters(value);
```

```
      return mapper.writeValueAsString(map);
    } catch (Exception e) {
      e.printStackTrace();
      return "{}";
    }
  });
}
```

앞의 코드와 관련해 몇 가지 흥미로운 참고 사항이 있다.

- `Spark.get` 메소드를 호출함으로 HTTP Get 방식으로 특정 URL을 요청할 때 응답하는 처리기의 기능을 설정한다. 일단 HTTP 처리기를 정의하고 나면, 스파크는 프로그램의 초기화가 완료될 때 자동으로 HTTP 서버가 구동되도록 한다.

- `Spark.get()` 메소드의 두 번째 매개변수는 람다. 이 경우, 람다는 두 개의 매개변수 request와 response를 필요로 한다. 두 매개변수 모두 람다에서 사용한다. HTTP 요청의 질의 매개변수를 읽기 위해 요청[req]를 사용하고, 웹 서비스의 결과물 형식을 JSON으로 설정하기 위해 응답[res]을 사용한다. 람다는 HTTP GET 요청이 /main URL을 요청할 때 실행된다.

- 이전에 보지 못한 "if" 조건문 형식을 사용한다. ? 앞 부분은 표현식이다. 표현식의 결과가 참이면 ? 뒤의 첫 번째 부분(예제의 경우 "")을 반환하고, 결과가 거짓이면 :의 뒷부분을 반환한다. 예제에서는 질의 매개변수로 받은 값이 null일 때 빈 문자열로 변경하고, 그렇지 않으면 질의 매개변수의 값을 반환한다.

- 잭슨 라이브러리의 `ObjectMapper` 인스턴스인 정적 변수 `mapper`는 `Map<Character,` `Integer>`(Character 인스턴스 키와 Integer 인스턴스 값을 연결하는 Map)을 맵에 대한 올바른 JSON 표현식을 담은 문자열로 변환하는 역할을 한다. 예외가 발생하면 오류를 콘솔에 출력하고 빈 JSON 객체를 반환한다.

웹 서비스 실행

이클립스 IDE의 상단 툴박스에 있는 녹색 실행 버튼을 통해 웹 서비스를 실행하려면, 실행 아이콘 옆의 아래 방향 화살표를 클릭한다.

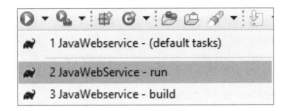

빌드 프로세스와 프로그램을 각각 실행하는 build와 run 옵션을 포함해 이 버튼을 눌러서 실행할 수 있는 모든 그래들 작업이 여기에 나열된다. Ctrl+F11을 누르거나 실행 아이콘을 클릭할 때 이클립스가 애플리케이션을 구동하도록 run 옵션을 선택한다. 이클립스 IDE는 시간을 낭비하는 일 없이 즉시 애플리케이션을 시작한다.

잠시 후 애플리케이션이 Console 창 탭에 로그 메시지를 출력하기 시작한다. 마지막 메시지는 스파크자바가 내부적으로 사용하는 서버의 클래스 이름, 즉 org.eclipse.jetty.server.Server 뒤에 Started가 붙어 있어야 한다.

스파크자바가 사용하는 HTTP 서버는 기본 설정대로라면 4567포트를 사용하도록 구성된다. 브라우저를 열고 http://localhost:4567/main?value=Test 페이지를 연다.

다음 그림과 같은 결과가 화면에 나타난다.

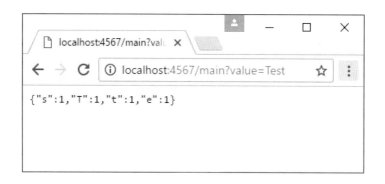

> ℹ️ 반환된 결과 안의 항목 순서와 출력되는 항목의 순서는 다를 수 있다. HashMap은 어떤 의미 있는 방법으로 항목을 정렬하지 않기 때문이다.

애플리케이션을 중단하려면, Console 탭에 있는 빨간색 중지 버튼을 누른다.

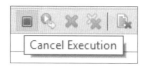

HTTP 서버가 중지되기 전까지 잠시 시간이 걸린다. 마침내 버튼이 회색으로 바뀌고 그런 다음 애플리케이션이 멈춘다. 모든 그래들 액션은 새로운 콘솔을 연다. 선택한 콘솔 표기 Display Selected Console라는 툴팁을 가진 버튼을 클릭해 열려 있는 콘솔을 둘러볼 수 있다. 혹은 열려 있는 모든 콘솔 목록을 보여주는 화살표 아이콘을 클릭해도 된다.

모든 비활성화된 창을 닫기 위해 종료된 모든 그래들 콘솔 삭제Remove All Terminated Gradle Consoles라는 툴팁을 가진 버튼을 클릭한다. 프로젝트를 개발하는 동안 많은 그래들 작업을 시작할 때 유용한 방법이다.

연습 삼아, `CharacterCounter` 클래스에서 `java.util.HashMap` 인스턴스를 `java.util.TreeMap` 인스턴스로 교체해보라. `TreeMap` 클래스는 입력한 키에 따라 항목을 정렬한다. `HashMap` 클래스와 마찬가지로 `TreeMap` 클래스는 Map<K, V> 인터페이스를 구현했기 때문에, 프로그램은 여전히 잘 동작한다. 인터페이스를 사용해 상세 구현을 숨기는 방법은 실제로 매우 좋은 방법이다.

자바doc 문서 생성

이제 문서를 작성하기 좋은 시점이다. Gradle Tasks 탭에서 Documentation ➤ Javadoc 작업을 클릭한다. 패키지 탐색기에서 프로젝트를 새로고침한 다음 Navigator 탭을 열고 프로젝트 빌드 파일을 탐색해 build ➤ docs ➤ javadocs ➤ index.html을 찾는다. 이 항목에서 마우스 오른쪽을 클릭하고 Open with ➤ System editor를 선택한다. 그러면 기본 브라우저가 구동된다.

클래스나 메소드에 문서를 추가하려면, 다음을 클래스나 메소드 정의 앞에 입력하고 Enter를 누른다.

```
/**
```

보통 자바에서 다중 주석은 /* */ 사이에 두고(C와 C++와 같이), 한 줄 주석은 //으로 시작한다. 자바doc 주석은 /**으로 시작해서 */으로 끝난다(보통의 주석과 마찬가지로). 이클립스는 자동으로 /**와 */를 사용해서 블록을 생성하고 자동으로 일부 속성을 추가한다. API에 대한 문서를 제공해야 하므로, 문서는 HTML로 작성해야 하고 그래서 제어 문자 없이는 몇몇 문자를 사용할 수 없다는 점을 주의한다. 예를 들어 >는 >라고 써야 한다.

▌ 요약

자바로 웹 애플리케이션을 작성할 때 항상 다른 최신 언어보다 더 많은 코드를 작성한다는 인식이 잘못됐음을 밝혀지길 바란다. 코드를 작성하는 동안 개발을 쉽고 빠르게 해주는 다양한 이클립스 IDE 기능을 사용했다. 의존성을 관리하고 프로젝트를 빌드하는 데 그래들을 사용했고, 간단한 그래들 작업을 실행해서 애플리케이션을 쉽게 구동하기 위해 그래들의 애플리케이션 플러그인을 추가했다. TDD를 적용해 백엔드 클래스를 작성했다. 백엔드 클래스의 결과를 JSON으로 변환하기 위해 잭슨 라이브러리를 사용하고, 웹 서비스를 생성하기 위해 스파크자바 프레임워크를 사용했다.

스파크자바 프레임워크에 관심이 있다면 http://sparkjava.com을 방문해보길 바란다.

5장에서는 스칼라에 대해서 알아본다. 스칼라는 함수형 프로그래밍을 강력히 지원하지만 동시에 순수한 OOP 언어다.

05

스칼라

스칼라Scala는 독특한 언어다. 스칼라는 함수형 프로그래밍을 지원하는 동시에 순수한 객체지향 프로그래밍OOP,Object-Oriented Programming 언어다. 5장에서는 OOP와 함수형 프로그래밍을 모두 다룬다.

스칼라는 코드를 실행하는 두 가지 방법을 제공한다. 첫 번째 방법은 코드를 직접 입력하고 바로 실행할 수 있는 대화형 셸을 사용하는 것이다. 대화형 셸은 코드를 컴파일하는 과정 없이 직접 스칼라의 소스코드를 실행하는 데 사용할 수 있다. 두 번째 방법은 스칼라의 소스코드를 자바 바이트코드로 컴파일하고 .class 확장자를 가진 파일을 생성하는 전통적인 컴파일러 scalac를 사용하는 방법이다. 5장에서는 대화형 셸을 사용하는 방법만 다루고, scalac 컴파일러는 6장에서 설명한다.

스칼라는 고유한 스칼라 표준 라이브러리를 함께 제공한다. 이 라이브러리는 자바 런타임 환경JRE, Java Runtime Environment의 번들로 제공되고 자바 개발 킷JDK, Java Development Kit의 자바 클래스 라이브러리를 보완한다. 스칼라 표준 라이브러리는 스칼라 언어의 기능을 사용하도록 최적화된 클래스를 포함한다. 특히 고유한 컬렉션 클래스를 구현하고 자바의 컬렉션과 호환성을 제공한다.

5장에서는 다음의 주제를 다룬다.

- 스칼라 설치
- 스칼라의 REPLRead-Eval-Print-Loop 셸
- 함수형 대 명령형 프로그래밍
- 스칼라 언어 문법과 규칙
- 스칼라에서의 OOP
- 스칼라의 표준 라이브러리
- 스칼라에서의 함수형 프로그래밍

> 5장에서 사용하는 많은 개념은 이전 장 특히 3장, '자바'에서 자세하게 다뤘으므로 5장을 시작하기 전에 읽어보기를 권한다.

스칼라 설치

스칼라 공식 사이트에서 최신 버전을 다운로드한다.

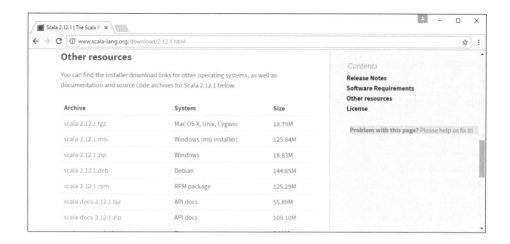

스칼라는 많은 다른 운영체제를 위한 설치 파일을 배포한다. 아카이브(윈도우용 ZIP 파일, 리눅스와 맥OS용 .tgz 파일)를 다운로드하고 직접 모든 것을 설치할 수 있지만, 인기 있는 운영체제를 위한 자동 설치 패키지를 사용해도 된다.

DOWNLOAD 페이지에서 Other resources까지 스크롤을 내려서 선호하는 아카이브 포맷을 찾은 다음 다운로드한다. 적절한 곳에 아카이브의 압축을 해제하고 압축을 해제한 아카이브의 bin 하위디렉터리를 경로에 추가한다. 윈도우와 맥OS 그리고 리눅스 시스템의 경로에 디렉터리를 추가하는 방법은 2장, '자바 가상 머신에서 개발하기'를 참고하라. 설치 관리자를 사용한다면 프롬프트만 따라 하면 된다.

정상적으로 설치됐는지 확인하기 위해 명령 프롬프트(윈도우)나 터미널 화면(리눅스 혹은 OS X)을 열고 다음 명령어를 입력한 다음 Enter를 누른다.

---

scala

정상적으로 설치됐다면 다음과 유사한 무언가가 콘솔에 출력된다.

```
Welcome to Scala 2.12.1 (Java HotSpot(TM) 64-Bit Server VM, Java
1.8.0_112).
Type in expressions for evaluation. Or try :help.

scala>
```

:quit을 입력하고 Enter를 눌러 종료한다.

스칼라 사이트는 온라인 문서를 제공한다. 참고로 다음 URL을 가까이 보관해둘 것을 권장한다.

- http://docs.scala-lang.org/
- http://www.scala-lang.org/api/current/

▌ 스칼라의 REPL 셀

앞 절에서 설명한 scala 명령어는 스칼라 REPL^{Read-Eval-Print-Loop} 환경으로 알려진 대화형 셀을 구동한다. 셀에서 행을 입력하면 REPL 프로그램은 명령어를 분석하고 결과(있다면)를 출력한다. 이런 작업은 셀 프로그램을 종료할 때까지 무한 루프를 실행한다.

스칼라 셸에서는 대화식으로 스칼라 코드를 작성할 수 있다. 스칼라는 번역된 언어가 아니라 컴파일된 언어이기 때문에 셸 프로그램에서 스칼라 코드를 동적으로 입력하고 실행할 수 있다. 내부적으로 스칼라는 코드를 컴파일하고 컴파일된 코드를 실행한다. 스칼라의 대화형 셸에서는 완전한 프로그램을 작성하지 않고 스칼라 표현식을 작성한다. 그래서 5장의 코드 스니펫을 시험해보기에 적합하다. 셸은 고유한 명령어를 갖는다. :help 명령어를 입력하고 Enter를 눌러 셸 명령어 전체를 확인해보라.

5장에서는 스칼라 코드를 실행하기 위해 scala 명령어만 사용하고, 6장에서 scalac 컴파일러를 다룬다. 5장의 코드를 실행하려면 셸에 직접 코드를 입력하면 된다. 소스코드 파일을 생성하기 위해 텍스트 편집기를 사용할 수도 있다. scala 명령어의 매개변수로 소스코드 파일의 경로를 전달해서 스크립트를 직접 실행할 수 있다. 파일의 경로를 전달하면, 셸은 스크립트를 컴파일하고 컴파일된 파일을 저장하지 않고도 즉시 실행하며, 스크립트가 완료되면 셸을 자동으로 종료한다.

▌ 함수형 대 명령형 프로그래밍

자바는 근본적으로 명령형 언어다. 명령형 언어에서는 변경 가능한 변수와 내부 상태를 유지하는 클래스를 갖는 것이 일반적이다. 자바에서 보통의 POJO^Plain Old Java Object가 명령형 프로그래밍 패러다임의 훌륭한 예다. 표준 POJO는 setter 메소드를 호출해 자유롭게 변경할 수 있는 변수를 갖는다. POJO 인스턴스에 접근 가능한 어떠한 코드에서도 이 변수를 변경할 수 있다. 이로 인해 미묘하고 감지하기 어려운 버그가 발생한다. 특히 여러 스레드가 동시에 변수를 변경하려고 할 때 문제가 된다.

함수형 프로그래밍에서는 프로그램을 실행하는 동안 기존의 변수를 변경하지 않도록 코드를 작성한다. 값은 매개변수로 지정되며 이 매개변수에 따라 결과를 생성한다. 함수는 모든 호출에서 동일한 매개변수를 지정하면 동일한 결과를 반환해야 한다.

아주 간단하고 단순한 예를 살펴보자. 문법은 너무 걱정하지 마라. 스칼라 언어 문법은 이 어지는 절에서 좀 더 상세히 다룬다. 먼저 스칼라에서의 전통적인 객체지향 예다.

```scala
class AddDemoOOP {
  var x = 0
  def add(y: Int): Int = {
    x += y
    x
  }
}

val a = new AddDemoOOP()
print(a.add(1))
print(a.add(1))
```

앞의 코드는 1과 2를 출력한다. add 메소드는 동일한 매개변수(정수 1)를 연속해서 두 번 받지만, 각 호출에 대해 다른 값을 반환한다. 이는 메소드를 호출하는 동안 클래스의 상태가 바뀌었기 때문이다. 순수한 함수형 프로그래밍에서는 허용되지 않는 일이다. 다음은 같은 클래스를 좀 더 함수형 프로그래밍 스타일로 작성한 예다.

```scala
class AddDemoFunctional {
  def add(x: Int, y: Int): Int = {
    x + y
  }
}

val b = new AddDemoFunctional
print(b.add(0, 1))
print(b.add(0, 1))
```

앞의 코드는 1을 두 번 출력한다. 이 클래스는 내부 상태를 보관하지 않기 때문이다. add 메소드가 다른 값을 반환하게 하려면 다른 매개변수를 add 메소드에 전달해야 한다.

스칼라는 순수한 OOP 언어지만, 순수한 함수형 프로그래밍 언어는 아니다. 첫 번째 예제에서 봤듯이 함수형 프로그래밍 규칙을 따르지 않는 스칼라 코드를 쉽게 작성할 수 있다.

함수형 프로그래밍은 여러 스레드를 사용하는 프로그램에서 많이 적용된다. 여러 스레드에서 사용하는 데이터 구조의 상태를 메소드가 변경할 수 없기 때문에 명령형 코드를 사용하는 것보다 훨씬 안전하다. 하지만 함수형 프로그래밍을 하려면 다른 사고방식이 필요하다.

함수형 프로그래밍에 대해 논의할 수 있는 주제는 훨씬 많다. 5장에서 함수형 프로그래밍과 관련된 주제를 좀 알아보자.

 스칼라는 순수한 객체지향 언어이기 때문에 많은 다른 함수형 언어와 다르게 독자의 수준에 맞춰 함수형 프로그램을 배울 수 있게 해준다.

▌ 스칼라 언어 문법과 규칙

스칼라는 자바보다 덜 엄격하고 덜 장황한 언어다. 세미콜론은 선택 사항이고 심지어 필요 없으면 함수 호출 시 괄호가 없어도 된다(마지막 예제의 val b = new AddDemoFunctional 행을 확인해보라). 이제부터 다음의 주제를 다룬다.

- 정적 타입 언어
- 가변 변수와 불변 변수
- 기본 스칼라 타입

정적 타입 언어

스칼라는 변수를 사용하기 전에 변수를 선언해야 하는 정적 타입 언어다. 자바와 마찬가지로 사용 타입을 항상 지정할 수 있지만, 자바와 달리 항상 명시적으로 타입을 지정할 필요는 없다.

메소드의 입력 매개변수와 반환 값을 선언할 때는 타입을 지정해야 하지만 메소드 혹은 함수 본문에서 변수를 선언할 때는 타입이 필요하지 않다. 스칼라 컴파일러가 보통 코드에서 올바른 타입을 감지할 수 있기 때문이다.

이와 관련된 예다.

```
var i = 10;
var j = new java.lang.Object();
```

가변 변수를 한 번 선언하고 나면 동일한 타입의 인스턴스 혹은 상위형변환 가능한 타입의 인스턴스를 저장하는 데 그 변수를 사용할 수 있다. 예를 들어 앞의 코드는 다음의 코드를 허용한다.

```
j = "Hello world"
```

String 타입은 java.lang.Object으로 상위형변환이 가능하기 때문에 변수 j는 다행히도 문자열 "Hello world"의 참조를 저장한다. 변수 i에 String 타입을 할당하는 일은 불가하다. 변수 i는 스칼라의 Int 인스턴스를 지정하고 String은 Int 인스턴스로 상위형변환할 수 없기 때문이다.

명시적으로 변수의 타입을 지정할 수 있다. 클래스의 집합을 처리할 때 보통 사용한다.

```
val i: Integer = 10
```

가변 변수와 불변 변수

스칼라는 두 가지 유형의 변수를 지원한다. 메소드의 매개변수 혹은 클래스의 인스턴스 변수를 선언할 때 다음 두 가지 중 하나를 앞에 표기해야 한다.

- 가변 변수를 위한 var
- 고정 변수를 위한 val

가변 변수는 자바 언어의 일반 변수에 대응한다. 변수는 완전히 변경 가능하고 자유롭게 변경된다. 고정 변수는 자바의 final 변수에 대응한다. 고정 변수에는 단 한번 인스턴스를 할당할 수 있다. 2장, '자바 가상 머신에서 개발하기'에서 설명했듯이 고정 변수가 변경 가능한 클래스 인스턴스를 참조한다면, 클래스의 내용은 여전히 변경 가능하다.

 함수형 프로그래밍을 적용할 때, 가능한 자주 불변 변수를 사용하려고 노력해야 한다. 불변 변수는 함수형 프로그래밍의 기본이다.

스칼라는 정적 변수(혹은 클래스 변수)의 생성을 지원하지 않지만, 뒤에서 설명할 싱글턴 객체를 대신 사용할 수 있다.

기본 스칼라 타입

스칼라는 자바의 기본 클래스를 사용할 수 있지만 가능하면 사용해야 하는 고유한 클래스를 제공한다. 이런 클래스는 스칼라의 핵심에서 더 많은 일을 한다. 여기서는 그 가운데 다음의 클래스를 설명한다.

- Any
- AnyRef

- AnyVal
- Strings

Any 클래스

자바의 엄마 클래스가 Object 클래스라면, 스칼라의 아빠 클래스는 Any 클래스이다. 명시
적으로 클래스를 상속하지 않으면, 묵시적으로 Any 클래스를 상속한다.

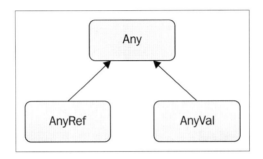

앞의 다이어그램에서 보듯, Any 클래스는 두 개의 하위 클래스를 갖는다.

- AnyRef
- AnyVal

AnyRef 클래스-참조 클래스

AnyRef는 참조 변수가 사용한다. 이 클래스는 자바의 java.lang.Object와 유사하며,
equals()와 hashCode(), finalize()와 비슷한 메소드를 제공한다. 스칼라 언어가 제공
하는 대부분의 클래스가 AnyRef 클래스를 직간접적으로 상속한다.

AnyVal 클래스-값 클래스

자바와 다르게 스칼라는 순수한 객체지향 언어다. 그래서 기본 타입의 값을 생성할 수 없다. 대신 기본 타입의 값을 고유한 래퍼 클래스로 래핑해 지원한다.

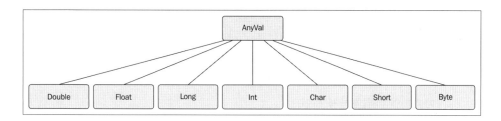

이런 래퍼 클래스는 AnyVal 클래스의 하위 클래스다. 값 클래스value classes라고 부르고 스칼라 컴파일러가 특별하게 취급한다.

스칼라가 자바 클래스 라이브러리의 래퍼 클래스 대신 고유한 래퍼 클래스를 사용하는 이유가 궁금할 것이다. 첫 번째 이유는 스칼라는 꼭 필요하지는 않고 값을 박싱하는 데 내부적인 로직이 필요할 때 값을 박싱하지 않음으로 성능을 개선하려고 노력하기 때문이다. 다른 주요한 이유는 자바와 달리 스칼라는 연산자 오버로딩을 지원한다는 점이다. 곧 자세히 살펴보겠지만 스칼라의 래퍼 클래스는 계산을 위해 사용하는 모든 바이너리 연산자를 구현한다.

Strings

많은 JVM 언어가 자바의 표준 String 클래스에 추가적으로 편리한 메소드와 필드를 제공하는 고유한 문자열 클래스를 제공하지만 스칼라는 그렇지 않다. 스칼라는 자바 클래스 라이브러리의 java.lang.String 클래스를 사용한다.

자바 문자열은 변경할 수 없다. 문자열을 변경하는 메소드를 호출하면, 원래의 String 인스턴스는 건드리지 않고 변경한 값을 담고 있는 새로운 String 인스턴스를 반환한다. 이런 불변성은 스칼라의 함수형 프로그래밍에 매우 적합하다.

스칼라에서의 OOP

자바와 유사하게 스칼라 컴파일러는 코드를 클래스로 둘러싸도록 하고 있다. 대화형 스칼라 REPL 셸은 내부적으로 생성한 보이지 않는 클래스로 입력한 코드를 자동으로 둘러싸서 이 규칙을 지킨다. 그래서 scala 명령어를 사용할 때, 일반적인 파이썬이나 다른 스크립트 언어에서처럼 실행할 함수나 코드를 즉시 작성할 수 있다. 지금부터는 다음의 주제를 설명한다.

- 패키지와 하위패키지 선언
- 멤버 가져오기
- 클래스 선언
- 인스턴스 메소드와 변수
- 생성자
- 클래스 확장
- 메소드 오버로딩
- 추상 클래스
- 트레이트
- 싱글턴 객체
- 연산자 오버로딩
- Case 클래스

패키지와 하위패키지 선언

스칼라는 package 문장을 가지며 파일의 제일 상단에 패키지를 선언한다.

```
package PACKAGENAME
```

자바와 동일한 형식으로 패키지를 정의한다. 동일한 소스 파일에 정의한 모든 클래스는 PACKAGENAME 패키지에 속한다.

하지만 스칼라는 더 많은 제어 기능을 제공한다. 곧 나올 예제에서 확인할 수 있지만, 스칼라는 하위패키지subpackage를 지원한다. 스칼라에서 같은 접두어를 가진 패키지는 자동으로 연결된다. 패키지 정의 문장이 포함된 동일한 소스 파일에 하위패키지를 정의할 수 있다.

```
package com.example.parent
class A {
}

package subpackage {
  class B { }
  class C { }
}
```

앞의 코드는 세 개의 public 클래스를 만든다.

- com.example.parent 패키지 구성
  - Class A
- com.example.parent.subpackage 패키지 구성
  - Class B
  - Class C

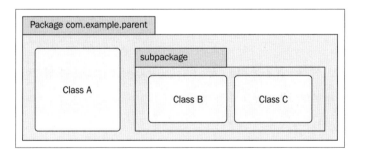

멤버 가져오기

스칼라의 import 문장은 자바보다 훨씬 강력하지만 기본 형식은 동일하다.

```
import com.example.parent.A
```

패키지의 모든 멤버를 가져올 때는 와일드카드 * 대신 밑줄 _을 사용해야 한다.

```
import com.example.parent._
```

여러 멤버를 한 문장으로 가져올 수 있다.

```
import com.example.parent.subpackage.{B, C}
```

가져온 멤버의 이름을 변경하는 것도 가능하다.

```
import com.example.parent.subpackage.{C => D}
```

앞의 예제는 코드에서 com.example.parent.subpackage.C 클래스를 참고할 때 클래스 이름 D를 사용해야 한다. 이 기능은 이름 충돌(동일한 이름을 가진 다른 멤버 가져오기)이 발생했을 때 매우 유용하다.

앞서 언급했듯이 스칼라는 하위패키지를 지원한다. 하위패키지는 부모 패키지의 private 멤버에 접근할 수 있다. 앞의 예제에서 com.example.parent.subpackage 내의 코드는 com.example.parent의 private 멤버에 접근 가능하고 심지어 부모 패키지의 클래스를 가져오기할 필요가 없다는 의미다.

패키지를 가져올 수 있는 다른 편리한 기능이 있다.

```
import com.example.parent
```

앞의 코드와 같이 가져오기를 선언하면 코드에서 parent 패키지의 멤버를 참조할 수 있다.

```
var c = new parent.subpackage.C( )
```

클래스 정의

앞선 몇 가지 예제에서 봤듯이, 클래스는 자바와 유사한 방법으로 정의한다.

```
class TheClassName {
}
```

스칼라에서는 하나의 소스 파일에 여러 개의 public 클래스를 정의할 수 있고, 소스 파일의 이름이 클래스 이름과 같을 필요가 없다.

스칼라는 클래스에 대해 다음과 같은 명시적 접근 제한자를 지원한다.

- private

접근 제한자를 지정하지 않으면 클래스는 public이다. 이 같은 특징이 자바와 가장 큰 차이다. 스칼라는 package-private 클래스를 생성할 수 없으며, 명시적으로 public 접근 제한자를 지정하지 않는다. 어떤 이유에서 빈 클래스를 생성하고자 할 때 { } 블록을 지정할 필요가 없다.

인스턴스 변수와 메소드

클래스는 인스턴스 변수와 인스턴스 메소드를 포함할 수 있다.

스칼라는 정적 멤버(클래스 변수와 클래스 메소드)를 지원하지 않는다. static이나 이와 유사한 키워드가 없다. 정적 변수를 대신하는 싱글턴 클래스를 지원한다. 5장 뒷부분에서 싱글턴 클래스에 대해 알아보자.

인스턴스 변수

인스턴스 변수는 클래스 본문에 def와 val 변수를 정의해서 쉽게 추가할 수 있다. 스칼라가 변수를 초기화할 때 타입을 감지하기 때문에 대부분 타입을 명시적으로 지정하지 않는다. 물론 선택적으로 타입을 지정할 수 있다.

```
var anIntegerVariable: Int
val anIntegerValue = 0
```

타입을 명시적으로 지정하면 인스턴스 변수를 즉시 초기화할 필요가 없다. 타입을 지정할 때 자동으로 null 값으로 초기화하기 때문이다. 타입을 지정하지 않으면 변수 혹은 값을 선언할 때 값을 같이 할당해야 한다. 그렇지 않으면 스칼라는 어떤 타입을 변수에 할당해야 할지 인지하지 못한다.

인스턴스 메소드

스칼라의 메소드 선언은 자바에서의 방법과 매우 유사하다. 메소드가 입력 매개변수를 가지면, 매개변수 타입을 지정해야 하고 메소드는 아무것도 반환하지 않거나 하나의 객체 인스턴스를 반환해야 한다. 반환 타입을 명시적으로 지정하는 것은 선택 사항이다.

```
def methodName(parameter1: Int, parameter2: Int): Int = {
  parameter1 + parameter2
}
```

자바와 다른 한 가지는 스칼라 컴파일러가 혼란스러울 수 있는 상황을 제외하고 명시적으로 반환 타입을 지정하지 않는다는 점이다. 앞의 코드에서 스칼라 컴파일러는 두 개의 Int 인스턴스를 더하므로, 반환 타입은 항상 Int와 동일하다고 이해한다. 그래서 컴파일러는 다음의 코드를 허용한다.

```
def methodName(parameter1: Int, parameter2: Int) = {
  parameter1 + parameter2
}
```

모든 메소드의 마지막 표현식은 자동으로 반환할 값이 된다. 스칼라는 명시적인 반환 문장을 갖지만, 필수가 아니며 사용을 권장하지 않는다. 스칼라에서 메소드와 함수는 중간에 일찍 반환하면 안 된다. 반환 문장을 사용할 때는 메소드의 반환 타입을 명시적으로 지정해야 한다.

스칼라에서 메소드가 아무것도 반환하지 않으면(자바의 void), 반환 유형으로 Unit 클래스 이름을 지정한다.

```
def methodWithoutReturnValue(): Unit = {
}
```

반환 유형을 정의하지 않고 메소드 본문에 한 개의 표현식도 포함하지 않은 경우, 임의로 스칼라는 Unit을 반환 유형으로 선택한다.

```
def methodWithoutReturnValue() = {
}
```

메소드에 Unit 반환 타입을 명시적으로 선언하고 본문에 단 하나의 표현식을 가진 행이 있으면, 컴파일러는 경고를 발생시키고 표현식을 무시한다.

메소드의 구현에 단 한 줄만 필요하다면, { } 블록을 쓰지 않아도 된다. 그래서 다음 코드는 유효하다.

```
def helloWorld() = println("Hello world")
```

클래스 인스턴스 멤버를 위한 접근 제한자

클래스와 마찬가지로 클래스 멤버에 명시적으로 접근 제한자를 지정하지 않으면 public이다. 스칼라가 지원하는 다른 접근 제한자는 다음과 같다.

- protected
- private

스칼라와 자바는 접근 제한자와 관련해서 몇 가지 중요한 차이점이 있다.

- 스칼라는 하위패키지 개념을 갖는다. import 문장에서 이미 언급했듯이 하위패키지에 있는 클래스는 부모 패키지의 private 멤버에 접근할 수 있다.
- 스칼라 클래스 인스턴스에서 protected 접근 제한자를 사용한 멤버는 같은 패키지에 있는 다른 클래스에서 볼 수 없다. 자바에서는 같은 패키지에 있는 다른 클래스에서 protected 멤버를 볼 수 있다.

생성자

기본^{primary} 생성자라고 부르는 주 생성자는 클래스 블록에 매개변수와 입력 유형을 추가
해서 정의한다.

```scala
class ClassWithParameterizedConstructor(var parm1: Int, parm2: Int)
{
  println("This code is executed as part of the constructor")
}
```

앞의 코드는 Int 타입의 parm1이라는 변수와 parm2라는 고정 값을 가진 기본 생성자를 정
의한다. 이와 관련해 몇 가지 주목할 사항을 살펴보자.

- 스칼라는 매개변수와 동일한 이름을 가진 필드를 자동으로 생성한다.
- var 필드의 경우 public getter와 setter 메소드를 임의로 생성한다. 그래서 이
  클래스를 접근할 수 있는 코드에서 생성자 매개변수를 자유롭게 접근할 수 있다.
- var나 val 키워드를 지정하지 않으면 내부적으로 val을 선택한다.
- 클래스 안의 모든 코드에서 심지어 내장 클래스와 메소드, 함수에서도 입력 매개
  변수와 값에 접근할 수 있다.

기본 생성자를 사용할 때 클래스 본문에 있는 문장을 실행한다. 생성자를 오버로드할 수
있으며, 스칼라에서는 오버로드한 생성자를 보조 생성자^{auxiliary constructor}라고 한다. 추가적
인 생성자를 생성하려면, this 키워드를 사용한다.

```scala
class ClassWithParameterizedConstructor(var parm1: Int,
                                        val parm2: Int) {
  def this(parm1: Int) = this(parm1, 0)
}
```

생성자 본문에 한 줄 이상의 코드를 작성해야 한다면 메소드와 마찬가지로 = 표시 뒤에
{}로 블록을 시작할 수 있다.

```
class ClassWithParameterizedConstructor(var parm1: Int,
                                        val parm2: Int) {
  def this(parm1: Int) = {
    this(parm1, 0)
  }
}
```

보조 생성자와 관련한 중요한 규칙이 있다. 보조 생성자 본문의 첫 번째 행은 기본 생성자
혹은 먼저 정의한 다른 보조 생성자 중에 하나를 호출해야 한다.

클래스 확장

클래스는 익숙한 extends 키워드를 사용해 확장한다.

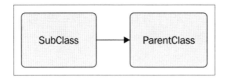

```
class ParentClass {
}

class SubClass extends ParentClass {
}
```

자바와 마찬가지로 스칼라는 하나의 클래스만 상속할 수 있다. 클래스가 명시적으로 다른
클래스를 상속하지 않으면, 내부적으로 **AnyRef** 클래스를 상속한다(AnyRef 클래스는 Any 클
래스의 하위 클래스다).

스칼라에서 하위 클래스의 기본 생성자만 부모 클래스의 생성자를 호출할 수 있다. 다음과 같이 하면 된다.

```scala
class ParentClass(param1: Int, param2: Int) {
}

class SubClass(var param1: Int) extends ParentClass(param1, 10) {
}
```

SubClass의 기본 생성자(하나의 매개변수를 가진)는 두 개의 매개변수를 가진 ParentClass의 기본 생성자를 호출한다. ParentClass가 보조 생성자를 갖는다면 ParentClass의 보조 생성자를 호출해도 된다.

곧 알게 되겠지만, extends 키워드는 트레이트traits를 구현할 때도 사용한다. 클래스를 확장하고 트레이트를 구현할 때는 오버라이드된 클래스가 첫 번째 항목이어야 한다.

메소드 오버라이딩

자식 클래스에서 override 키워드를 메소드 앞에 붙여 메소드를 오버라이드할 수 있다.

```scala
class ParentClass {
  def test() = print("Hello, from the parent class")
}
class SubClass extends ParentClass {
  override def test() = {
    super.test()
    print(" and from the child class as well")
  }
}
```

앞의 예제처럼, 부모 클래스의 멤버는 super 키워드를 사용해 접근할 수 있다.

메소드 오버로딩

스칼라는 메소드 오버로딩을 지원한다. 자바와 동일하게 동작하며 동일한 규칙을 적용한다. 다음은 메소드 오버로딩 예다.

```scala
class OverloadExample {
  def anOverloadedMethod(i: Int) { }
  def anOverloadedMethod(s: String) { }
}
```

추상 클래스

추상 클래스는 클래스 키워드 앞에 abstract를 붙여 생성할 수 있다.

```scala
abstract class AbstractClassName {
  def methodWithNoImplementationYet
  def methodWithImplementation() { }
}
```

자바와는 다르게 추상 메소드에는 abstract 키워드를 붙이지 않는다. 대신 메소드에는 어떠한 구현도 하지 않는다.

트레이트

트레이트는 자바 인터페이스와 매우 유사하다. 자바 8 인터페이스처럼 트레이트는 추상 메소드와 구현을 가진 메소드를 모두 정의할 수 있다. 예제를 살펴보자.

```scala
trait TraitName {
  def methodWithImplementation() {
    // 여기에 코드를...
```

```
    }

  def methodWithoutImplementation()
}
```

스칼라는 부모 클래스를 확장하기 위해 extends 키워드를 사용한다. extends 키워드는
트레이트를 구현할 때도 사용한다. 자바 클래스가 여러 개의 인터페이스를 구현하듯이 스
칼라의 클래스도 여러 개의 트레이트를 확장할 수 있다.

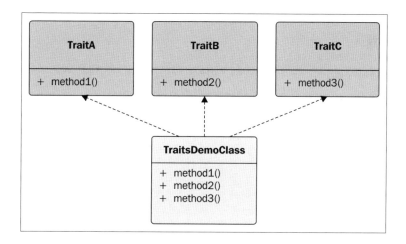

extends 목록의 항목은 with 키워드를 사용해 구분해야 한다.

```
trait TraitA { def method1() }
trait TraitB { def method2() }
trait TraitC { def method3() }

class TraitsDemoClass extends TraitA with TraitB with TraitC {
  def method1() { }
  def method2() { }
  def method3() { }
}
```

추상 클래스도 하나 이상의 트레이트를 확장할 수 있지만 트레이트의 추상 메소드를 반드시 구현할 필요는 없다. 구상 클래스는 (앞의 예제처럼) 직접적 혹은 간접적(예를 들어 트레이트를 구현한 다른 클래스를 확장함)으로 모든 트레이트의 추상 메소드를 구현해야 한다.

싱글턴 객체

스칼라는 편리한 object 타입을 갖는다. object 타입은 class 정의와 매우 유사하지만 클래스와 특정 객체 이름으로 참조 가능한 단 하나의 객체 인스턴스만 생성한다는 점이 다르다. 이런 클래스를 싱글턴이라고 하며, 단 하나의 인스턴스만 생성함을 보장한다는 의미를 갖는다. 다음은 싱글턴 객체의 예다.

```
object SingletonObjectName {
  var x = 100
  def printX() = println(x)
}
```

이 객체는 인스턴스를 생성할 필요가 없다. 스칼라가 자동으로 인스턴스를 생성한다. SingletonObjectName 인스턴스는 그 이름을 이용해 쉽게 접근 가능하다.

```
SingletonObjectName.x = 250
SingletonObjectName.printX()
```

앞의 코드는 250을 출력한다. 물론 싱글턴 객체에 가변 변수를 추가하는 일은 좋은 생각이 아니다. 특히 다수의 스레드를 사용하는 클래스의 경우는 더욱 그렇다. 가변의 전역 변수를 갖는 것은 결코 좋은 생각이 아니다.

스칼라는 정적 클래스 멤버를 지원하지 않기 때문에 싱글턴 객체를 대신 사용할 수 있다. 항상 클래스에 대해 단 하나의 인스턴스만 존재하기 때문에, 정적 변수에 데이터를 저장하거나 정적 메소드를 가지는 것과 동일한 효과가 있다.

연산자 오버로딩

AnyVal 하위 클래스에서 언급했듯이 스칼라는 연산자 오버로딩을 지원한다. 자바는 +와 * 같은 연산자를 오버로드할 수 없고 단지 기본형 데이터 타입에 대해서만 연산자를 사용할 수 있다(래퍼 클래스에 대해 연산자를 사용하면 래퍼 클래스를 기본형 타입으로 변환하지 않고 계산 후 원래의 상태로 되돌아간다).

자바에서 1 + 1을 실행하면 자바 컴파일러는 두 개의 정숫값을 합하는 방법을 아는 하위 수준의 JVM 명령어를 호출하는 바이너리 자바 바이트코드를 컴파일한다. 자바 연산자는 사용자 정의 클래스에서는 결코 사용할 수 없다. 사용자 정의 클래스 인스턴스에 + 를 호출하면 코드를 컴파일하지 않는다. 다음의 자바 코드는 컴파일되지 않는다.

```java
class A {
  public static void main(String[] args) {
    // 컴파일 오류: 바이너리 연산자 '+'에 대한 잘못된 피연산자 유형
    A result = new A() + new A();
  }
}
```

반면 스칼라는 보통의 메소드처럼 연산자를 구현한다. 스칼라의 Int 클래스는 + 메소드를 포함한다. 그래서 스칼라에서는 연산자를 오버라이드하고 사용자 정의 클래스에서 연산자를 구현할 수 있다. 클래스에서 + 연산자를 오버라이드하면 코드에서 이 + 연산자를 사용할 수 있고, + 메소드는 클래스의 두 인스턴스(혹은 다른 클래스의 인스턴스)를 더하기했을 때 어떤 일이 발생하는지를 결정한다. + 연산자를 구현한 간단한 스칼라 클래스 예를 살펴보자.

```
class CustomClass(var x: Int) {
  def + (other: CustomClass) = {
    new CustomClass(x + other.x)
  }
}

val result = new CustomClass(400) + new CustomClass(155)
print(result.x)
```

앞의 코드는 555를 출력한다.

case 클래스

스칼라는 case 클래스라는 특별한 클래스를 갖는다. 프로그래머라면 서로 비슷하지만 조금씩 다른 데이터 구조를 처리하는 데 익숙할 것이다. 이런 데이터 구조를 처리할 때 종종 유지 관리하기 어려운 switch... case(C과 C#, 자바, 자바스크립트)나 case...when(루비), Select Case(비주얼 베이직), if ...else 블록(다른 언어)을 사용해 올바른 데이터를 조회하고 관련된 처리를 수행하도록 한다.

case 클래스는 이런 문제를 처리하는 우아한 방법을 제공한다. 간단한 예를 살펴보자.

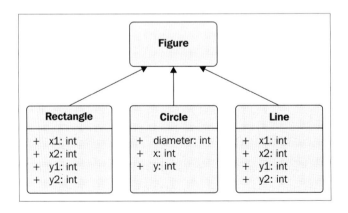

추상 클래스 Figure를 Rectangle과 Circle, Line case 클래스가 확장한다.

```
abstract class Figure
case class Rectangle(x1: Int, y1: Int, x2: Int, y2: Int) extends
            Figure
case class Circle(x: Int, y: Int, diameter: Int) extends Figure
case class Line(x1: Int, y1: Int, x2: Int, y2: Int) extends Figure
```

먼저 논리적으로 case 클래스를 그룹으로 묶기 위해 빈 Figure 추상 클래스를 생성한다. 그림 그리기 프로그램이 그릴 수 있는 모양의 집합을 위한 case 클래스를 선언한다. 모든 case 클래스는 모양이 필요로 하는 필드를 제공한다. case 클래스의 인스턴스를 생성하는 방법은 매우 쉽다.

```
val rectangle = Rectangle(10, 20, 80, 50)
val circle = Circle(100, 200, 30)
```

case 클래스의 인스턴스를 생성할 때 new 키워드를 사용하지 않는 점이 흥미롭다. case 클래스를 처리하려면 패턴 매칭^{pattern matching}이라는 기술을 사용해야 한다.

```
def drawFigure(figure: Figure): Unit = {
  figure match {
    case Rectangle(x1, y1, _, _) => _draw(x1, y1)
    case Circle(x, y, _) => _draw(x, y)
    case Line(x1, y1, _, _) => _draw(x1, y1)
  }

  def _draw(x: Int, y: Int): Unit = println("Start drawing at "
                                            + x + ", " + y)
}

drawFigure(rectangle)
drawFigure(circle)
```

현재로서는 불필요한 필드에 밑줄()을 사용하는 것이 관례다.

▎ 스칼라의 표준 라이브러리

OOP에 대해서 알아봤으니, 이제 유익한 일을 하는 클래스와 메소드를 작성해보자. 스칼라를 설치하면 스칼라에서만 고유한 커다란 클래스 라이브러리인 스칼라 표준 라이브러리가 제공된다. 지금부터 스칼라 표준 라이브러리와 관련해 다음의 주제를 알아본다.

- 제네릭
- 컬렉션
- XML 처리

제네릭

자바에서는 제네릭^{generics}을 인지하는 클래스에 ClassName<T> 표기를 사용했다. 이미 확인했듯이 Map<K, V> 인터페이스와 같이 여러 개의 타입이 필요한 클래스도 있다. Map에서는 맵에 저장하는 키와 그에 대응하는 값 모두에 대해 타입을 지정해야 한다.

스칼라에서는 ClassName[T] 표기법을 사용한다.

```
val aList = List[Int](1, 2, 3, 5)
```

앞의 코드는 다섯 개의 요소를 가진 불변의 목록을 만든다. List[Int]라고 지정했기 때문에 Int가 아닌 다른 타입의 인스턴스나 Int로 상위형변환할 수 없는 클래스의 인스턴스를 추가하면 안 된다.

마찬가지로, 두 개의 유형이 필요한 클래스는 다음과 같이 작성한다.

```
val m = Map[String, String]("key1" -> "value1", "key2" -> "value2")
```

"key1" 키에 "value1" 문자열 값을 연결하고 "key2" 키에 "value2" 문자열 값을 연결한 맵을 생성했다.

컬렉션

스칼라의 표준 라이브러리는 수많은 컬렉션 API를 제공한다. 컬렉션 API는 다음 두 가지 유형으로 나눌 수 있다.

- 불변 컬렉션
- 가변 컬렉션

불변 컬렉션Immutable collections은 보통 scala.collection.immutable 패키지에 있으며, 가변 컬렉션Mutable collections 클래스는 scala.collection.mutable 패키지에 있다. 스칼라에서 묵시적으로 가져오기되는 패키지는 여러 개의 불변 컬렉션 클래스에 대한 참조를 포함한다. 그래서 불변 혹은 가변 컬렉션 클래스를 명시적으로 가져오기하지 않았을 때 기본적으로 불변 컬렉션의 클래스를 사용한다.

불변 리스트

앞의 예제에서는 불변의 List와 Map 데이터 구조를 사용했다. 두 가지 모두 초기화할 때 값을 입력해야 한다. 새로운 리스트를 생성하기 위해 불변 컬렉션을 사용할 수 있다. 다음은 기존 리스트의 내용을 바탕으로 새로운 리스트를 생성하는 예제다.

```
val immutableList = List[Int](1, 2, 3, 4, 5)
val newImmutableList1 = 0 :: immutableList
val newImmutableList2 = immutableList ::: List(6, 7)
```

처음에 다소 헷갈릴 것이다. 두 번째 행은 0과 목록의 사본을 포함하는 새로운 리스트 인스턴스를 생성한다. 그래서 newInstance1는 List[Int](0, 1, 2, 3, 4, 5)이 된다. :: 연산자의 왼편은 새로 생성한 인스턴스에 추가할 값을 표기하고, 오른편에는 복사할 목록을 둔다. List 클래스는 LIFO(선입선출, Last in, first out) 사용 사례에 최적화돼 있기 때문에, 기존 목록의 항목 앞에 새로운 항목을 갖는 새로운 리스트는 만들기 더 쉽다.

물론 기존 목록 뒤에 새로운 항목을 추가한 새로운 리스트 인스턴스를 생성할 수도 있다. 이때는 ::: 연산자를 사용한다. 앞의 코드에서 newImmutableList2는 1, 2, 3, 4, 5, 6, 7을 요소로 갖는다.

원래의 목록 aList는 새로운 리스트를 만드는 동안 변경되지 않는다는 점을 주목하자.

가변 리스트

scala.collection.mutable 패키지에 있는 ListBuffer라고 부르는 가변 리스트가 있다. 쉽게 유추할 수 있듯이 ListBuffer는 append()와 remove(), clear()와 같은 익숙한 메소드를 제공한다.

```
import scala.collection.mutable
val aMutableList = mutable.ListBuffer[Int](1, 2, 5)
aMutableList.remove(2)
aMutableList.append(3)
println(aMutableList(0))
println(aMutableList)
```

앞의 코드는 1과 ListBuffer(1, 2, 3)를 출력한다.

스칼라에서는 되도록 연산자를 사용하는 것이 좋다. 다음은 연산자를 사용한 동일한 예다.

```
import scala.collection.mutable
```

```
val aMutableList = mutable.ListBuffer[Int](1, 2, 5)
aMutableList -= 5
aMutableList += 3
println(aMutableList)
```

-= 연산자는 목록에서 특정 값을 제거하고, +=는 값을 추가한다.

 -= 연산자를 사용할 때 값을 지정해야 함을 유의하자. 또한 제거해야 하는 항목의 인덱스도 유의한다.

스칼라가 제공하는 많은 컬렉션 클래스 가운데 가변의 **ArrayBuffer** 클래스도 있다. **ArrayBuffer**는 내부적으로 배열을 포함하며, 특정 요소에 도달하기 위해 색인을 사용하는 경우 좀 더 유용하다.

```
import scala.collection.mutable

val aMutableArray = mutable.ArrayBuffer[Int](1, 2, 3)
aMutableArray += 4
println(aMutableArray(3))
```

앞의 코드는 4를 출력한다. **ListBuffer** 클래스와 마찬가지로, **ArrayBuffer**는 많은 연산자를 구현한다.

불변 맵

스칼라 표준 라이브러리는 다르게 구현된 다양한 불변 맵 클래스를 제공한다. 여기서는 표준의 불변 **Map** 클래스를 설명한다.

```
val immutableMap = Map[Int, String](10 -> "ten", 20 -> "twenty")
println(immutableMap(20))
```

기존의 맵을 기반으로 새로운 맵 인스턴스를 생성하기는 쉽다. 다음은 이미 정의된 맵을 수정하는 예제다.

```
val newImmutableMap = immutableMap + (30 -> "thirty")
```

++ 연산자를 통해 두 개의 맵을 결합할 수 있다.

```
val combinedMap = newImmutableMap ++ Map[Int, String]
 (24 -> "twentyfour")
```

가변 맵

스칼라 표준 라이브러리의 가변 맵 클래스 중 하나가 HashMap이다. 이 클래스는 자바의 java.lang.HashMap 클래스와 매우 유사하다.

```
import scala.collection.mutable

val mutableMap = mutable.HashMap[Int, String](10->"ten",
                                               50->"fifty")
mutableMap += (100 -> "Hundred", 150 -> "Hundred and fifty")
mutableMap -= 10
println(mutableMap)
```

앞의 코드는 mutableMap.type = Map(50 -> fifty, 100 -> Hundred, 150 -> Hundred and fifty)를 출력한다.

 불변 맵 예제에서 사용한 연산자는 HashMap 인스턴스에서도 동작한다. 동작 방식이 바뀌지 않고, 현재의 HashMap 인스턴스를 변경하는 대신 새로운 인스턴스를 생성한다.

XML 처리

스칼라 표준 라이브러리는 XML 문서를 생성하고 소비하는 데 도움이 되는 기능을 가진 강력한 XML 라이브러리를 포함하고 있다. 이번 절에서는 XML 문자열을 사용해 XML 문서를 생성하는 방법을 설명한다. 이 기능을 사용해 스칼라 소스코드에 직접 XML 콘텐츠를 입력할 수 있다. 스칼라 컴파일러는 내부적으로 XML 라이브러리를 사용해 변수를 채우고 생성한 XML의 유효성을 검사한다.

 다음의 예제 코드를 직접 scala REPL 셀에 입력하면 안 된다. 대신 선호하는 텍스트 편집기를 이용해 소스 파일을 생성하고 scala 명령어에 파일 경로를 전달하라. REPL 셀에 직접 코드와 XML을 혼합해 입력하면 대화형 파서가 제대로 동작하지 않는다.

다음은 XML을 포함한 문자열을 생성하는 간단한 예다.

```
val productCode = "PC Monitor"
val qty = 2.toString()
val xmlContent =
                    <basket>
                      <line>
                       <product qty={ qty }>{ productCode }</product>
                      </line>
                    </basket>
println(xmlContent)
```

XML 요소에 사용하는 모든 변수는 문자열이어야 함을 유의하자. 또한 문자열 값 2는 스칼라에서 객체라는 점도 유의하라. 즉, 문자열의 toString() 메소드를 호출할 수 있다는 의미다. 앞의 프로그램은 다음과 같은 결과를 산출한다.

```
<basket>
  <line>
```

```
    <product qty="2">PC Monitor</product>
  </line>
</basket>
```

XML 요소를 반환하는 함수를 생성해 쉽게 XML 결과에 컬렉션을 추가할 수 있다. XML 요소를 반환하는 함수는 xml.Elem 인스턴스를 반환해야 한다.

```
def createXMLProduct(productCode: String): xml.Elem = {
  <product qty="1">{ productCode }</product>
}

val productCodes = List[String]("Keyboard", "Mouse")
def lines =
  <basket>
    <products> {
        productCodes.map(x => createXMLProduct(x))
    }</products>
  </basket>

println(lines.toString())
```

컬렉션을 직접 반복 순회하기보다 map 메소드를 호출한다. 컬렉션의 모든 항목에 대해 새로운 콘텐츠를 반환하는 람다 함수를 전달해 목록을 XML로 변환한다. 이런 경우 문자열을 가진 productCodes 리스트를 XML 요소의 새로운 리스트로 변환한다. map 함수는 함수형 프로그래밍의 좋은 예다. 그래서 다음 절에서 좀 더 자세히 논의할 예정이다. 다음은 앞의 스크립트를 실행한 결과다.

```
<basket>
  <products>
    <product qty="1">Keyboard</product>
    <product qty="1">Mouse</product>
  </products>
</basket>
```

실제 시나리오에서는 수량(qty 속성)을 값 1로 하드코딩하면 안 된다.

▌ 스칼라에서의 함수형 프로그래밍

앞서 얘기했듯이 함수형 프로그래밍은 명령형 프로그래밍과 다른 관점이 필요하다. 여기
서는 함수형 프로그래밍과 관련해 다음의 몇 가지 주제를 살펴본다.

- 함수를 사용해서 컬렉션 검색하기
- 맵과 필터, 리듀스 디자인 패턴^{reduce design pattern}
- 커링^{currying}

함수를 사용해서 컬렉션 검색하기

함수형 프로그래밍에서 배열과 컬렉션에 대한 반복 순환과 반복 시 각 항목을 처리할 때
for나 while 루프를 사용하는 일은 흔치 않다. 대신 배열이나 컬렉션 인스턴스에 대해 메
소드를 호출해 내부적으로 배열이나 컬렉션의 항목을 반복한다. 메소드는 매개변수로 람
다 함수를 전달받고 각 항목에 대해 함수를 호출한다.

```
var a = List[Int](5, 10, 15, 20, 25)
a.foreach((x: Int) => println("%03d".format(x)))
```

앞의 코드는 005, 010, 015, 020, 025를 출력한다. 출력되는 정수가 세 개의 숫자로 표
기되도록 하기 위해 자바의 java.lang.String 클래스에 있는 format 메소드를 사용한다.

맵과 필터, 리듀스 디자인 패턴

함수형 프로그래밍과 관련해 잘 알려진 디자인 패턴을 맵과 필터, 리듀스라 부른다. 이번 절에서는 각각의 디자인 패턴에 대해 알아본다.

- 맵
- 필터
- 리듀스

맵-데이터 변환

배열이나 컬렉션 내의 모든 요소를 다른 무언가로 변환해야 할 때 map 메소드를 사용할 수 있다.

```
var a = List[Int](1, 2, 3)
var b = a.map((x: Int) => 2 * x)
println(b)
```

앞의 코드는 List(2, 4, 6)을 출력한다.

맵 메소드는 배열이나 컬렉션 내의 항목과 동일한 타입의 입력 매개변수 하나를 가진 람다 함수를 필요로 한다. 앞의 예에서는 Int 타입의 값 x를 받아서 2 * x한 결괏값을 반환하는 람다 함수를 생성했다. map 함수는 리스트의 모든 항목에 대해 전달받은 함수를 호출해 새로운 리스트를 생성한다.

필터-컬렉션이나 배열의 항목 필터

배열과 컬렉션 클래스에서 구현한 filter 메소드는 전달받은 항목을 필터의 결과 리스트나 배열에 남겨둬야 하는지 여부를 결정하는 부울 값을 반환하는 함수를 전달해서 컬렉션이나 배열에서 항목을 제거한다.

```
var a = List[Int](100, 150, 200, 300)
var b = a.filter((x: Int) => x > 150)
println(b)
```

앞의 코드는 List(200, 300)를 출력한다. 100과 150은 150보다 크지 않기 때문에, 필터에 전달된 함수는 해당 항목에 대해 false를 반환하고 그 항목을 결과 리스트에 추가하지 않는다.

리듀스–계산 성능을 위한

reduce 메소드에 전달되는 람다 함수는 시작 값과 현재 항목 두 개의 매개변수를 받는다. 반환 값은 다음 호출의 시작 값으로 사용된다. 다음은 sum 함수를 구현한 간단한 예다.

```
var a = List[Int](10, 20, 30, 40, 50)
var b = a.reduce((x: Int, y: Int) => x + y)
println(b)
```

앞의 코드는 150을 결과로 출력한다. 다음은 스칼라의 max 연산자를 사용한 다른 예다.

```
var a = List[Int](100, 2, 30, 60, 555)
var b = a.reduce((x: Int, y: Int) => x max y)
println(b)
```

이 코드는 555를 출력한다. max 연산자는 두 값 중 가장 큰 값을 반환한다. 예상한대로 스칼라는 min 연산자도 지원한다.

 5장에서 확인하는 모든 연산자와 마찬가지로 min과 max 연산자 모두 Int 클래스에서 메소드로 구현했다.

커링

스칼라에서는 메소드 혹은 함수에 여러 개의 입력 매개변수 목록을 제공할 수 있다.

```
class CurryingTest {
  def curryingMethod(a: Int, b: Int)(c: Int): Int = {
    a * b * c
  }
}
```

이를 커링currying이라 부른다. 앞선 코드의 메소드 정의는 입력 매개변수의 두 개 집합을 갖는다. 한 집합은 a와 b 매개변수를 받고, 두 번째 집합은 하나의 c 매개변수를 받는다. 모든 매개변수를 가지고 이 메소드를 호출하려면 다음과 같이 코드를 작성해야 한다.

```
var c = new CurryingTest()
var result = c.curryingMethod(2, 3)(4)
println(result)
```

예상한대로, 앞의 코드는 24를 결과로 반환한다. 프로그램에서 이런 방식으로만 메소드를 호출한다면 커링을 사용하는 장점이 없다. 커링은 함수형 프로그래밍에서 매우 일반적인 동작을 하는 다른 메소드나 함수에 함수를 전달하고자 할 때 유용하다. 다음은 커링을 사용한 예다.

```
def doCurrying(x: Int, fun: Int => Int): Int = {
  fun(x)
}

var result = doCurrying(30, c.curryingMethod(10, 20))
println(result)
```

앞의 코드는 6000을 출력한다. 코드에서 어떤 일이 일어나는지 자세히 살펴보자.

1. doCurry 메소드는 입력으로 두 개의 매개변수를 받는다.
   - x 는 보통의 Int 인스턴스다.
   - fun은 하나의 Int 매개변수를 받아서 결괏값으로 Int를 반환하는 함수다.
2. doCurrying 함수는 입력 매개변수로 x를 전달하면서 fun 함수를 호출한다. 그리고 fun(x)의 결괏값을 반환한다.
3. doCurrying 함수를 호출할 때 스칼라는 첫 번째 매개변수 집합 a=10과 b=20을 가지고 전달받은 curryingMethod 메소드를 호출하는 익명의 임시 함수(이름이 없는 함수)를 생성한다. curryingMethod 함수가 결과를 산출하려면 curryingMethod를 실행하기 전에 하나의 추가적인 매개변수 집합, 예제의 경우는 c 매개변수가 필요하다. 그래서 생성된 함수는 하나의 Int 입력 매개변수가 필요하다.
4. 생성된 임시 익명 함수의 시그니처는 Int => Int 정의(하나의 Int 입력을 받아서 Int 결과를 전달함)와 호환되므로, 스칼라 컴파일러는 생성된 함수를 doCurrying의 입력 매개변수로 사용한다.
5. doCurrying 메소드는 x를 매개변수로 전달해 전달받은 함수(이 경우 생성된 익명의 함수)를 실행한다. 이제 매개변수의 두 가지 집합 모두를 알게 됐고 생성된 함수가 세 개 매개변수를 통해 c.curryingMethod를 호출할 수 있다. 컴파일러는 curryingMethod가 Int를 반환함을 알고 doCurrying의 객체 선언과 함께 반환되는 정수로 컴파일한다.

▌ 퀴즈

1. 스칼라는 순수한 OOP 및 함수형 프로그래밍 언어라 할 수 있는가?
   a) 예, 스칼라는 순수 OOP 및 함수형 프로그래밍 언어다.

b) 아니오, 스칼라는 순수한 OOP 언어지만 순수한 함수형 프로그래밍 언어라고는 할 수 없다.

c) 아니오, 스칼라는 순수한 함수형 프로그래밍 언어지만 순수한 OOP 언어는 아니다.

d) 아니오, 스칼라는 순수한 OOP 언어도 순수한 함수형 프로그램 언어도 아니다.

2. 다음의 코드는 정상적으로 컴파일되는가? 컴파일되지 않는다면 그 이유는 무엇인가?

```
class A { def method1 = {} }
trait B { def method2 }
trait C { def method3 }
abstract class D extends A with B with C { }
```

a) 예, 코드는 정상적으로 컴파일되고 실행된다.

b) 아니오, 트레이트는 implements 키워드를 사용해서 구현해야 한다.

c) 아니오, class D는 class A와 trait B, trait C의 메소드를 구현하지 않았다.

d) b와 c 모두 답이다.

3. 다음 클래스 정의는 무엇이 잘못됐나?

```
public class A
```

a) 이 클래스는 잘 컴파일되며, 잘못된 것이 없다.

b) 빈 본문(={ })을 정의하지 않았으므로 컴파일되지 않는다.

c) 스칼라에는 public 접근 제한자가 없으므로 컴파일되지 않는다.

d) b와 c 모두 답이다.

4. 함수형 프로그래밍에서 어떤 디자인 패턴이 Int 값만을 가진 배열의 합을 계산하는 데 가장 적합한가?

a) 맵 디자인 패턴

b) 필터 디자인 패턴

c) 리듀스 디자인 패턴

d) 모두 답이 아니다.

5. 멀티스레드 프로그램에서 Singleton 객체의 가변 변수의 값을 변경하는 것이 항상 안전하다고 할 수 있나?

a) 예, 스칼라는 모든 스레드가 싱글턴 데이터의 복사본을 갖도록 보장한다.

b) 아니오, 다수의 스레드가 접근하는 Singleton 객체 내의 가변 변수를 변경하는 일은 안전하지 않다.

▌요약

5장에서는 순수한 OOP 언어이면서 동시에 함수형 프로그래밍을 지원하는 언어인 스칼라에 대해서 많은 내용을 배웠다. 스칼라를 설치하고 scala 명령어로 구동되는 스칼라의 REPL 대화형 셸을 사용하는 것부터 학습했다. 5장의 모든 코드 조각을 이 대화형 셸을 사용해 확인해봤다. 명령형 프로그래밍과 함수형 프로그래밍의 차이도 설명했다. 스칼라 언어의 많은 OOP 기능을 살펴봤고, 같은 문장의 자바 버전보다 스칼라 버전이 좀 더 강력한 많은 문장도 알아봤다. 완벽히 같지는 않지만 서로 유사한 스칼라와 자바의 접근 제한자도 살펴봤다. 스칼라 표준 라이브러리의 컬렉션 클래스 몇 가지를 다뤄보고 그 클래스에 제네릭을 적용해봤다. 마지막으로 함수형 프로그램에 대해 좀 더 자세히 살펴보고 5장을 마쳤다.

이런 모든 지식을 바탕으로 작은 스칼라 프로젝트를 만들어 볼 시점이다. 이제 scalac 컴파일러와 스칼라 빌드 툴인 sbt를 사용할 예정이다.

06

스칼라 프로그래밍

6장에서는 인기 많은 아카^{Akka} 툴킷을 이용해 스칼라로 작은 프로젝트를 만들어 볼 예정이다. 아카는 JVM에서 확장 가능한 애플리케이션을 좀 더 쉽게 만들 수 있도록 도와주는 툴킷이다. 아카는 자바와 스칼라 모두에 사용 가능하지만 스칼라의 제작자가 만들었으므로 스칼라에 더 적합하다.

하드코딩된 인용구 목록에서 무작위로 인용구를 뽑아서 출력하는 간단한 프로그램을 만들게 된다. 아카는 6장에서 알아보게 될 액터^{Actor} 모델을 기반으로 한다. 프로젝트를 작성하기 위해 사용하는 스칼라 IDE는 독립형 소프트웨어 패키지와 이클립스 IDE에 설치할 수 있는 플러그인 두 가지 형태로 제공되는데, 여기서는 플러그인을 사용한다. 프로젝트를 빌드할 때는 스칼라 빌드 도구를 사용한다. 다음은 6장에서 다룰 주요 내용이다.

- 이클립스를 위한 스칼라 IDE
- 스칼라 빌드 도구SBT, Scala Build Tool
- SBT 플러그인을 위한 SBT 이클립스
- scalac 컴파일러
- 아카 툴킷
- ScalaTest로 단위 테스트 수행
- 실행 가능한 메일 프로그램 작성

▌ 이클립스 플러그인 형태의 스칼라 IDE

이클립스 IDE는 스칼라 기능을 기본으로 제공하지 않는다. 그래서 이클립스 IDE에 스칼라 호환성을 추가하려면 스칼라 IDE 플러그인을 설치해야 한다. 한 가지 문제는 설치된 스칼라 IDE는 이클립스에서 사용할 스칼라 릴리스 버전을 제한한다는 점이다. 어떤 경우는 스칼라 IDE 팀이 최신의 스칼라 버전에 대한 지원을 추가하는 데 좀 시간이 소요되기도 한다. 스칼라 IDE 플러그인을 설치한 후에는 이클립스의 새로운 〈Scala〉 퍼스펙티브로 변경할 수 있다.

이클립스에 스칼라 IDE 설치

스칼라 IDE는 이클립스 마켓플레이스에서 다운로드할 수 있지만 가장 최신의 버전이 아닌 경우가 종종 있다. 설치된 스칼라 IDE 버전은 지원하는 스칼라 릴리스 버전을 결정하므로, 가장 안정적이고 최신의 버전을 스칼라 IDE 팀이 직접 관리하는 저장소에서 내려받아 설치하기를 권장한다.

수동으로 스칼라 IDE 저장소를 추가하면 이클립스가 가장 최신의 안정적인 버전을 다운로드하고 설치할 수 있다. 이때 스칼라 IDE에 맞는 이클립스 버전을 알아야 한다. 이클립

스의 버전은 이클립스 IDE의 Help ➤ About 메뉴에서 확인할 수 있다. 보통 메이저 버전
과 마이너 버전만 중요하다. 예를 들어 저자가 현재 사용 중인 이클립스 버전은 4.6이다.

 스칼라 IDE의 최신 버전은 최신의 스칼라 릴리스를 지원하지 않을 수 있다. 스칼라 IDE 팀
은 이클립스 마켓플레이스보다 자체 저장소에 더 빨리 업데이트를 릴리스할 가능성이 높
다.

스칼라 IDE 웹사이트 http://scala-ide.org/를 방문한다.

다음 절차에 따라 이클립스 IDE에 플러그인을 설치한다.

- 스칼라 IDE 홈페이지에서 update sites 링크를 찾는다. 책을 쓰는 시점에는 눈에
  잘 띄는 Download IDE 버튼 옆에 링크가 있었다.
- 지원하는 이클립스 버전 목록에서 자신이 설치한 이클립스 버전을 찾고, Update
  site installation 아래에 있는 링크를 클립보드에 복사한다.

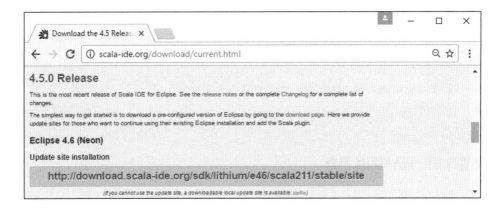

이미 실행 중인 이클립스 IDE로 돌아가거나, 실행 중이 아니라면 새로운 이클립스 IDE
인스턴스를 구동한다. 그런 뒤 다음 절차에 따라 이클립스에 스칼라 IDE 저장소를 추가
한다.

- 메뉴바에서 Help ❯ Install new software...를 선택한다.
- Install 대화창이 나타난다. Work With 옆의 드롭다운 박스에는 이미 알려진 저장소 사이트 목록이 있다. 이 필드 옆의 **Add...** 버튼을 클릭해서 스칼라 IDE 저장소를 추가한다.
- Add Repository 대화창이 나타난다. 저장소 이름으로 Scala IDE를 입력하고 클립보드에 복사해둔 URL을 붙여 넣는다. **OK** 버튼을 눌러 저장소를 저장한다.
- 이제 스칼라 IDE 저장소를 선택한다. 저장소에서 사용 가능한 컴포넌트 목록 중 **Scala IDE for Eclipse** 항목을 찾아 체크한다. 또한 **ScalaTest for Scala IDE** 컴포넌트도 찾아서 체크한다.

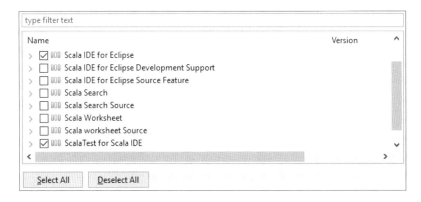

- Finish 버튼을 클릭하고 프롬프트를 따른다.

스칼라 IDE 퍼스펙티브 전환

이클립스는 다른 많은 프로그램 언어를 지원한다. 스칼라 IDE를 설치한 다음 스칼라도 그 가운데 한 언어가 됐다. 이클립스는 지정된 프로그래밍 언어나 환경에 대해 다른 퍼스펙티브를 제공함으로 그에 특화된 사용자 인터페이스를 최적화해 제공한다. 스칼라 IDE도 고유한 퍼스펙티브를 이클립스에 추가한다. 다음 순서에 따라 스칼라 IDE 퍼스펙티브로 전환해보자.

- 화면 오른쪽 상단에는 마지막에 사용한 퍼스펙티브를 표시하는 몇 개의 버튼이 있다. 버튼 위에 마우스를 올려보라. 그 중 하나가 〈Scala〉 툴팁을 보여준다. 그 버튼을 클릭한다.

- 스칼라 퍼스펙티브 버튼이 보이지 않으면 퍼스펙티브 열기Open Perspective 툴팁을 가진 버튼을 클릭하고 목록에서 〈Scala〉 퍼스펙티브를 선택한다. 이제 버튼이 툴바에 추가되어 보인다.

IDE의 사용자 인터페이스는 이제 스칼라 프로그래밍에 최적화됐다.

 언제든지 다른 퍼스펙티브로 전환할 수 있다. 이클립스 IDE는 다른 프로그래밍 언어를 사용하는 프로젝트에 매우 적합하다.

▌ SBT

스칼라 프로젝트를 아파치 메이븐과 그래들(자바 프로젝트를 위해 4장, '자바 프로그래밍'에서 사용한 빌드 도구)과 같은 대부분의 JVM 기반 빌드 도구로 빌드할 수 있지만, 스칼라는 고유한 빌드 도구를 갖는다. SBT라고 부르며, 스칼라 빌드 도구Scala Build Tool를 의미한다.

스칼라 IDE는 SBT를 기본으로 제공하지 않는다. 곧 알게 되겠지만, 반대로 SBT는 스칼라 IDE 기능을 제공하므로 이것은 문제가 되지 않는다. 즉 SBT에 이클립스 지원 기능을 추가할 수 있다. SBT를 사용해 새로운 프로젝트를 생성하며 이클립스 프로젝트를 생성하고 업데이트할 수 있는 플러그인을 SBT에 설치할 것이다. 이제 SBT와 관련된 다음의 주제를 살펴보자.

- SBT 설치
- 새로운 SBT 기반 프로젝트 생성
- SBT에 이클립스 관련 명령어를 추가하기 위해 SBT 플러그인 추가

SBT 설치

SBT를 설치하기 위해 http://www.scala-sbt.org/를 방문해 환경에 맞는 최신 버전을 다운로드한다. 윈도우용으로는 MSI 설치관리자를 이용해 설치하고 경로를 설정할 수 있다. 다른 운영체제에 대해서는 아카이브 파일(ZIP 또는 TGZ)을 다운로드받아 압축을 해제하고 경로에 추가해야 한다.

SBT 명령어는 매개변수로 명령어를 지정함으로 커맨드 라인에서도 실행할 수 있다는 점에서 그래들과 유사하지만, SBT는 대화형 셸 옵션이 있다는 점이 독특하다. 대화 모드로 SBT를 실행하면 SBT 명령어를 대화식으로 실행할 수 있고, 추가적으로 자동완성 기능도 지원해 Tab 키만 누르면 된다.

커맨드 창(윈도우) 혹은 터미널(맥OS와 리눅스)에서 정상 설치를 확인하려면, sbt를 입력하고 Enter를 눌러서 대화형 셸 모드로 SBT를 시작한다.

SBT 기반 이클립스 IDE 프로젝트 생성

앞서 언급했듯이 이클립스 IDE용 스칼라 IDE 플러그인의 현재 버전이 가진 주요한 문제는 SBT를 지원하지 않는다는 점이다. 그 대신 SBT에 플러그인을 설치해 SBT에서 이클립스 프로젝트를 생성할 수 있다. 스칼라 IDE 플러그인이 설치된 이클립스 IDE에서 열 수 있는 SBT 기반 프로젝트를 새로 생성하는 절차는 다음과 같다.

1. 프로젝트 템플릿을 적용해 새로운 SBT 기반 프로젝트를 생성한다.
2. SBT에 sbteclipse 플러그인을 추가한다.

3. SBT에서 sbteclipse 플러그인을 사용해서 새로운 이클립스 IDE/스칼라 IDE 프로젝트를 생성한다.

새로운 SBT 프로젝트 생성

새로운 프로젝트를 생성하는 가장 쉬운 방법은 빈 빌드 파일을 포함하는 Hello World 프로젝트를 SBT가 생성하게 하는 것이다. 프로젝트 생성 명령어는 반드시 이클립스 IDE의 작업 공간workspace 디렉터리에서 실행해야 한다. 작업 공간은 이클립스 IDE가 프로젝트를 저장하는 데 사용하는 디렉터리다. 작업 공간의 위치를 잘 모르겠으면 이클립스를 시작해서 자바 프로젝트를 생성해보라. 그러면 workspace 디렉터리 경로가 표시된다. 다음 절차에 따라 새로운 SBT 기반 프로젝트를 생성해보자.

- 명령어 프롬프트(윈도우) 혹은 터미널(맥OS와 리눅스)을 시작하고 workspace 디렉터리로 이동한다. 다음 명령어를 입력하고 Enter를 누른다.

```
sbt new sbt/scala-seed.g8
```

- 앞의 명령어를 처음 입력하면 SBT가 몇 가지 의존성을 다운로드한다. 잠시 후 SBT가 프로젝트 이름을 물으면 Akka Quotes라고 입력하고 Enter를 누른다. 새로운 프로젝트는 akka-quotes 디렉터리에 생성된다.
- 현재 디렉터리를 akka-quotes 디렉터리를 변경하고, sbt를 입력한 다음 Enter를 눌러 SBT의 대화형 셸을 실행한다.
- 다음 명령어를 입력하고 Enter를 눌러 생성된 프로젝트를 실행해보라.

```
run
```

다시, SBT는 처음 프로젝트를 실행할 때 몇 가지 의존성을 다운로드하기 시작한다. 다운로드를 마치면 콘솔에 hello 메시지가 표시돼야 한다.

```
Command Prompt - sbt                                                      —    □    ×

C:\Users\Vincent\workspace\akka-quotes>sbt
Java HotSpot(TM) 64-Bit Server VM warning: ignoring option MaxPermSize=256m; support was removed in 8.0
[info] Loading project definition from C:\Users\Vincent\workspace\akka-quotes\project
[info] Updating {file:/C:/Users/Vincent/workspace/akka-quotes/project/}akka-quotes-build...
[info] Resolving org.scala-sbt.ivy#ivy;2.3.0-sbt-2cf13e211b2cb31f0d3b317289dca70[info] Resolving org.fusesource.jansi#jansi;1.4 ...
[info] Done updating.
[info] Compiling 1 Scala source to C:\Users\Vincent\workspace\akka-quotes\project\target\scala-2.10\sbt-0.13\classes...
[info] Set current project to Hello (in build file:/C:/Users/Vincent/workspace/akka-quotes/)
> run
[info] Updating {file:/C:/Users/Vincent/workspace/akka-quotes/}root...
[info] Resolving jline#jline;2.14.1 ...
[info] Done updating.
[info] Compiling 1 Scala source to C:\Users\Vincent\workspace\akka-quotes\target\scala-2.12\classes...
[info] Running example.Hello
hello
[success] Total time: 20 s, completed Feb 8, 2017 10:21:27 PM
```

exit 명령어를 입력하고 Enter를 눌러 대화형 셸을 종료한다.

프로젝트 생성에 사용한 템플릿은 가장 최신의 안정적인 스칼라 릴리스를 기반으로 한다.
설치한 스칼라 IDE 버전이 템플릿의 스칼라 버전을 지원하는지 확인해야 한다. 이클립스
IDE의 메뉴바에서 Window ➤ Preferences를 선택하라.

트리에서 Scala 항목을 찾아 확장한 다음 Installation 항목을 선택한다. 설치한 스칼라 IDE
버전에서 기본으로 지원하는 모든 스칼라 버전의 목록이 나열된다. 저자의 경우 내장된 버
전이 스칼라 2.11.8과 스칼라 2.10.6이다. 텍스트 편집기에서 akka-quotes 디렉터리에
있는 built.sbt 파일을 연다. 저자의 빌드 파일은 다음과 같이 보인다.

```
import Dependencies._

lazy val root = (project in file(".")).
  settings(
    inThisBuild(List(
      organization := "com.example",
      scalaVersion := "2.12.1",
      version := "0.1.0-SNAPSHOT"
    )),
    name := "Hello",
    libraryDependencies += scalaTest % Test
  )
```

scalaVersion 변수에 지정된 버전이 스칼라 IDE에서 지원하는 버전 목록 중에 있다면 모든 것이 정상적이다. 만약 목록에 해당 버전이 없으면 scalaVersion을 지원하는 버전으로 변경해야 한다. 저자의 경우는 다음과 같이 변경했다.

```
scalaVersion := "2.11.8",
```

버전을 변경해야 한다면 다음 명령어를 커맨드 라인에 입력해서 프로젝트를 정리하고 다시 컴파일한다.

```
sbt clean run
```

SBT는 변경된 스칼라 버전을 사용해서 프로젝트를 다시 컴파일한다. 템플릿은 버전이 제일 낮은 프로젝트에 기반하기 때문에 보통 문제없이 동작해야 한다.

 TIP 6장에서 사용하는 도구의 조합에서 심각한 버전 충돌 문제가 있다면, 이 책에서 사용하는 버전을 다운로드하고 충분한 경험을 쌓은 다음 최신 버전으로 전환하라.

SBTEclipse 플러그인 로드

프로젝트 페이지 https://github.com/typesafehub/sbteclipse에 방문해 설치해야 할 플러그인 버전을 확인한다.

깃허브^{GitHub} 프로젝트 페이지에는 프로젝트에 플러그인을 추가하는 방법이 있다. 가이드에서 addSbtPlugin으로 시작하는 행을 찾아야 한다. 저자의 경우 다음 문장이다.

```
addSbtPlugin("com.typesafe.sbteclipse" % "sbteclipse-plugin"
             % "5.1.0")
```

---

akka-quotes의 하위디렉터리 project에 새 plugins.sbt 파일을 생성하고 웹사이트에서 행을 복사해 붙여 넣는다. SBT는 이제 이 프로젝트에서 플러그인이 필요하다는 점을 안다.

 plugins.sbt 파일은 반드시 하위디렉터리 project에 저장해야 한다. 그렇지 않으면 SBT는 파일을 찾지 못한다.

SBTEclipse로 새로운 이클립스 IDE 프로젝트 생성

현재 디렉터리를 akka-quotes 디렉터리의 루트로 다시 이동한 다음 sbt를 입력하고 Enter를 눌러 SBT 대화형 셸을 시작한다.

SBT는 플러그인을 다운로드하고 활성화시킨다. 이제부터 이 프로젝트 디렉터리에서 SBT를 시작하면 이클립스IDE/스칼라IDE 프로젝트를 생성하거나 업데이트할 수 있다. sbteclipse 플러그인이 추가한 다음 명령어를 실행해보라.

---

eclipse

이제 sbteclipse 플러그인은 SBT 프로젝트의 디렉터리에 스칼라 IDE 플러그인이 설치된 이클립스 IDE가 가져올 수 있는 프로젝트 파일을 생성한다.

이클립스 IDE로 생성된 프로젝트 가져오기

이미 실행 중인 이클립스 IDE로 돌아가거나, 실행 중이 아니라면 새로운 이클립스 IDE 인스턴스를 구동한다. 다음 순서에 따라 SBTEclipse가 생성한 프로젝트를 가져온다.

1. 화면 왼쪽의 패키지 탐색기Package Explorer 빈 공간에서 마우스 오른쪽을 클릭한 다음 Import…를 선택한다.
2. Import 대화창이 나타나고 가져오기 마법사를 선택하라고 한다. 작업 공간으로 **기존 프로젝트 가져오기**Existing Projects into Workspace 옵션을 선택하고 Next 버튼을 클릭한다.
3. 루트 디렉터리 선택Select root directory 입력 란 옆의 Browse… 버튼을 클릭하고 작업 공간workspace 디렉터리의 하위디렉터리 akka-quotes를 찾은 다음 OK를 클릭한다.
4. 이제 가져오기 마법사 대화창의 프로젝트 목록에 akka-quotes 프로젝트 항목이 나타난다. Finish 버튼을 클릭해서 대화창을 닫는다.

프로젝트가 이제 패키지 탐색기Package Explorer에 추가된다. 패키지 탐색기에서 src/main/Scala ➤ example ➤ Hello.scala 파일을 찾는다. Ctrl+F11을 눌러 파일을 실행한다. 혹은 툴바의 Run 버튼을 클릭하거나 메뉴바의 Run ➤ Run 메뉴를 선택한다. 모든 것이 잘 동작한다면, 콘솔^{Console} 탭에 hello가 출력된다.

```
Problems  Tasks  Console  ScalaTest
<terminated> Hello$ (1) [Scala Application] C:\Program Files\Java\jre1.8.0_101\bin\javaw.exe (Feb 8, 2017, 11:00:40 PM)
hello
```

스칼라 컴파일러(scalac)

프로젝트를 빌드할 때 SBT가 스칼라 컴파일러 scalac를 호출하는 일을 담당하기 때문에, 직접 scalac를 호출하지 않는다. 5장 전체 과정에서 사용한 scala 명령어 대신 SBT는 scalac를 사용한다는 점을 인지해야 한다.

scala와 scalac의 가장 큰 차이점은 스칼라 컴파일러는 자바 컴파일러와 마찬가지로 코드를 클래스로 둘러싸야 한다는 점이다. scala 명령어는 내부적으로 보이지 않는 클래스를 만들어서 이 규칙을 처리한다. scalac 컴파일러는 이런 작업을 하지 않기 때문에 스칼라 IDE에서 SBT가 빌드하는 스칼라 코드를 작성할 때는 클래스를 정의하고 클래스 안에 코드를 추가해야 한다.

코드를 작성하는 다음의 두 가지 방법이 있다.

- main( ) 메소드를 가진 싱글턴 객체 생성
- App 트레이트를 확장한 싱글턴 객체 생성

main() 메소드를 가진 싱글턴 객체 생성

이 방법은 자바와 매우 비슷하다. 스칼라는 자바의 static 접근 제한자와 동일한 접근 제한자가 없기 때문에, 싱글턴 객체를 사용해야 한다. 메소드는 문자열 배열, Array[String]을 입력 매개변수로 받아야 하고, 자바의 void 키워드와 유사한 Unit을 반환 타입으로 한다.

```
object MainObject {
  def main(args: Array[String]): Unit = {
    println("Executable code here...")
  }
}
```

App 트레이트를 확장한 싱글턴 객체 생성

싱글턴 객체에 main( ) 메소드를 추가하는 대신 스칼라가 제공하는 App 트레이트를 사용할 수 있다. App 트레이트를 구현하는 클래스에서는 어떤 메소드도 오버라이드할 수 없고 main( ) 메소드를 추가할 수 없다는 App 트레이트의 특이 사항이다. 그 대신, 클래스의 기본 생성자에서 실행 가능한 코드를 가지는 것과 같이 간단히 클래스 본문에 실행 가능한 코드를 직접 추가한다.

```
object MainObject extends App {
  println("Executable code here...")
}
```

앞의 코드가 6장에서 사용할 메소드다.

▌ 아카 프로젝트 생성

아카Akka는 큰 규모의 분산 애플리케이션 제작을 위한 모듈형 툴킷이다. 아카는 뒤에서 깊이 다룰 액터Actor 모델을 통해 동작하고 스칼라의 함수형 프로그래밍 기능을 크게 사용한다. 거대한 라이브러리이기 때문에 6장에서는 아주 일부분만 설명할 수 있다.

더 많은 정보는 아카 웹사이트(http://akka.io/)를 방문해 확인하라.

프로젝트를 작성하는 동안 아카 문서를 가까이 두기를 권장한다. http://akka.io/docs에 방문해 아카 문서에서 많은 정보를 확인해보라.

다음은 이 절에서 다룰 내용이다.

- SBT 빌드 파일에 아카 의존성 추가
- 스칼라 IDE 프로젝트 업데이트
- 아카 개념
- 액터 생성
- 메시지 생성
- ScalaTest 라이브러리를 이용한 액터 단위 테스트
- 실행 가능한 애플리케이션 작성

SBT 빌드 파일에 아카 의존성 추가

아카 문서 사이트의 첫 화면에서 sbt 영역을 찾는다.

목록에서 akka-actor 아티팩트를 찾아서 해당 행을 클립보드에 복사한다.

```
"com.typesafe.akka" %% "akka-actor" % "2.4.16"
```

이클립스 IDE의 패키지 탐색기에서 build.sbt 파일을 열고 다음과 같이 수정하라.

- libraryDependencies가 있는 행에 콤마를 추가한다.
- 빈 행을 추가한다. libraryDependencies +=를 입력하고 아카 문서에서 복사한 행을 붙여 넣는다. 행의 끝에 콤마를 추가한다.

아티팩트와 동일한 목록에서 akka-testkit 항목을 찾아서 앞의 절차를 반복한다. 마지막 행은 콤마로 끝나지 않도록 주의한다. 이제 % Test를 행 끝에 추가한다.

앞의 변경 작업을 마치면 빌드 파일은 다음과 같이 보인다.

```
import Dependencies._

lazy val root = (project in file(".")).
  settings(
    inThisBuild(List(
      organization := "com.example",
      scalaVersion := "2.11.8",
      version := "0.1.0-SNAPSHOT"
      )),
    name := "Hello",
    libraryDependencies += scalaTest % Test,
    libraryDependencies += "com.typesafe.akka" %% "akka-actor"
                                % "2.4.16",
    libraryDependencies += "com.typesafe.akka" %% "akka-testkit"
                        % "2.4.16" % Test
  )
```

libraryDependencies 항목에 % Test를 추가하면 SBT는 해당 의존성을 단위 테스트를 위해서만 사용한다. 이 의존성은 메인 프로그램을 실행하는 동안 클래스경로에 추가되지 않고, 프로젝트와 함께 배포되지도 않는다. Ctrl+S를 눌러서 변경을 저장한다.

스칼라 IDE 프로젝트 업데이트

build.sbt 파일을 업데이트한 후 의존성을 가져오고 경로에 추가할 수 있도록 SBT를 항상 실행해야 한다. 이런 경우 sbteclipse 플러그인을 이용해 이클립스 IDE 프로젝트 파일도 업데이트해야 한다. 그렇지 않으면 이클립스 IDE는 변경 사항을.감지하지 못한다.

커맨드 라인에서 현재 작업 디렉터리를 akka-quotes 디렉터리로 변경한다. SBT가 새로운 의존성을 가져오고 이클립스 프로젝트를 업데이트하도록 하기 위해 커맨드 라인에서 다음 명령어를 실행한다.

```
sbt eclipse
```

SBT는 이제 새로운 의존성(그리고 그들의 의존성)을 다운로드하고 관련된 이클립스 IDE 프로젝트도 업데이트한다. 잠시 후 다음과 같은 메시지가 화면에 출력돼야 한다.

```
[info] Successfully created Eclipse project files for project(s):
[info] Hello
```

이클립스 IDE 패키지 탐색기에서 akka-quotes 프로젝트에 마우스 오른쪽을 클릭하고 Refresh를 선택한다. 모든 작업이 잘 진행이 됐다면, 패키지 탐색기의 Referenced Libraries 영역에서 akka-actor 항목이 보여야 한다.

아카 개념

아카 툴킷을 이용한 첫 번째 스칼라 코드를 작성하기 전에, 몇 가지 아카 개념부터 살펴보자. 앞에서 언급했듯이 아카는 액터[Actor] 모델을 사용한다. 그래서 아카 코드 작성을 시작하기 전에 다음과 같은 아카 개념에 대한 배경 지식이 필요하다.

- 액터
- 액터 레퍼런스(ActorRef)
- 메시지
- 디스패처

액터

액터 모델에서는 클래스에서 직접 메소드를 호출하는 대신 액터에 메시지를 전달한다. 아카에서 액터는 akka.actor.Actor 트레이트를 확장하고 메시지 처리기(handler)를 가진 클래스 인스턴스다. 메시지 처리기는 액터가 지원하는 모든 메시지를 처리할 수 있는 메소드다. 액터의 메시지 처리기는 다른 액터에게 전달받은 메시지를 전송할 수 있고 하나 이상의 새로운 메시지를 생성해 다른 액터에게 전달할 수 있다. 심지어 새로운 액터 자체를 생성할 수도 있다.

아직까지는 클래스에서 직접 메소드를 호출하는 방법보다 더 특별하고 실질적으로 도움이 되는 것을 살펴보지 않았다. 아카의 강력한 기능 중 하나는 액터를 하나의 애플리케이션의 단일 프로세스로 구동할 수 있을 뿐만 아니라 다른 스레드, 다른 프로세스(예를 들어 다른 JVM 인스턴스)에서도 실행 가능하다는 점이다. 심지어 액터는 네트워크상의 완전히 다른 기계에서도 동작할 수 있다. 애플리케이션이 규칙을 지키기만 한다면, 개발자는 록킹이나 경쟁 조건 예방과 같은 동시성/병렬 프로그래밍과 관련된 고전적인 문제와 종종 처리하고 디버깅하기 어려운 다른 많은 문제를 걱정할 필요가 없다.

이미 언급했듯이 액터는 자신만의 고유한 액터를 생성할 수 있다. 다른 액터를 생성하는 액터는 자식 액터의 부모가 되고 모든 자식 액터의 관리자supervisor로 간주된다. 자식 액터가 실패하면 메시지가 관리자 액터에게 전달되고 관리자 액터는 해당 문제의 처리를 담당한다. 관리자 액터는 오류를 처리하기 위해 다음과 같은 옵션을 갖는다.

- 자식 액터의 상태를 유지한 채 작업을 재개하도록 요청한다.

- 자식 액터의 상태를 지우고 작업을 재개하도록 요청한다.
- 영구적으로 작업을 중단한다.
- 문제를 에스컬레이션하고 작업은 실패한다.

로컬 액터를 생성하는 가장 쉬운 방법은 ActorSystem 인스턴스의 actorOf 팩토리 메소드를 사용하는 것이다. akka.actor.Props 클래스는 액터 클래스에 대한 참조를 포함한 매개변수를 입력으로 받아야 한다. Props 클래스는 actorOf 메소드에 구성 데이터를 제공한다. 다음은 액터를 생성하는 예다.

```
import akka.actor.{ ActorSystem, Actor, Props }

val system = ActorSystem("AkkaQuote")

class MyActor extends Actor {
  def receive: Actor.Receive = { Actor.emptyBehavior }
}

val myActorRef = system.actorOf(Props[MyActor], "My-Actor")
```

지금 앞의 코드를 입력할 필요는 없다.

액터 레퍼런스(ActorRef)

보통 아카는 액터 인스턴스에 직접 접근하지 않는다. 대신 액터를 생성할 때 ActorRef 인스턴스를 반환한다. ActorRef 인스턴스는 액터에 메시지를 전달하는 데 사용한다. ActorRef 인스턴스는 액터의 내부를 노출하지 않는다는 점을 주목하자. ActorRef는 변경이 불가하고 스레드 안정적인 객체이며, 안전하게 메시지를 통해 다른 액터에 전달할 수 있다.

아카가 Actor 클래스의 인스턴스 대신 ActorRef 인스턴스를 반환하는 이유 중 하나는 액터가 네트워크상의 다른 기계에서 동작할 수 있기 때문이다. ActorRef 레퍼런스 인스턴스를 사용하면, 애플리케이션의 동일한 프로세스에서 실행하든 원격의 서버에서 실행하는 지에 상관없이 모든 액터에 접근할 수 있다.

액터 내부의 메시지 처리기는 self 변수에 접근 가능하다. self 변수는 액터 자신의 Actor Ref 인스턴스와 메시지를 전달하는 액터의 ActorRef 인스턴스인 sender에 대한 참조를 포함한다.

 단위 테스트는 특별한 TestActorRef 클래스를 사용해 액터 내부에 완전히 접근 가능하다. TestActorRef 클래스는 6장 뒷부분에서 설명한다.

메시지

메시지는 필요한 데이터를 포함한 클래스(어떤 클래스도 가능함)의 인스턴스다. 메시지에는 변경이 불가한 데이터만 보관할 것을 강력히 권장한다. 액터가 자유롭게 메시지 상태를 변경한다면 앞에서 언급한 전형적인 멀티스레딩 문제가 발생할 수 있다. 대신 상태는 액터 자체에서 처리해야 한다. 스칼라의 case 클래스 인스턴스는 액터의 메시지 처리기가 쉽게 처리할 수 있기 때문에 case 클래스는 메시지를 위한 매우 훌륭한 선택이다.

현재 아카는 전송 메시지가 목적지 액터에서 반드시 수신한다고 보장하지 않는다. 단지 아카의 지속성 모듈(2장, '자바 가상 머신에서 개발하기'에서 간단히 살펴본 ORM^Object Relation Manager 라이브러리를 통해 데이터베이스와 상호작용하는 아카의 모듈)만 수신 액터가 메시지를 받음을 보장하는 기능을 갖는다. 하지만 송수신 파트 모두에서 전송 오류를 처리하는 자체 계층을 추가할 수 있다.

액터에 전달된 메시지는 수신 액터의 큐에 저장된다. 이 큐는 액터의 메일박스라고 부른다. 아카는 여러 개의 기본 메일박스를 제공한다. 그래서 액터는 성능을 위해 특정 메일박스를 선택할 수 있다. 필요하면 자신만의 메일박스를 구현할 수도 있다. 아카는 액터가 가능한 빨리 메일박스 내의 메시지를 처리하도록 보장한다.

디스패처

디스패처는 아카가 다양한 내부 작업을 수행하는 데 사용하는 스레드 풀이다. 디스패처는 액터가 전송한 메시지를 수신 액터의 메일박스에 두고, 액터가 메일박스에서 대기 중인 메시지를 처리하게 하며 액터가 요청하는 콜백을 호출하는 등의 작업을 수행한다.

아카는 디스패처에 대한 기본 구현을 제공하지만 다른 구현을 선택할 수 있고 자신만의 디스패처를 구현할 수도 있다.

첫 번째 아카 액터 QuotesHandlerActor 생성

인용구 목록을 내장 메모리에 저장하는 간단한 아카 프로그램을 작성할 예정이다. 하나의 액터가 목록을 관리(새로운 인용구 추가와 임의의 인용구 요청)하고 다른 액터는 임의의 인용구를 요청하고 인용구를 콘솔에 출력한다.

main 디렉터리와 test 디렉터리에 있는 현재 파일을 삭제하는 것부터 시작한다. 이클립스의 패키지 탐색기에서 src/main/scala의 example 패키지에서 마우스 오른쪽을 클릭한 다음 Delete를 선택한다. 삭제하는 게 맞는지 묻는 대화창이 나타나면 OK 버튼을 클릭한다.

src/test/scala 디렉터리에 있는 example 패키지에 대해서 동일하게 한다. 처음부터 시작해보자.

패키지 탐색기에 있는 src/main/scala 디렉터리에서 마우스 오른쪽을 클릭한 다음 New ❯ Scala Class를 선택해 akkaquote.actor 패키지에 QuotesHandlerActor라는 새로운 클래스를 생성한다.

클래스 이름으로 akkaquote.actor.QuotesHandlerActor를 입력한다.

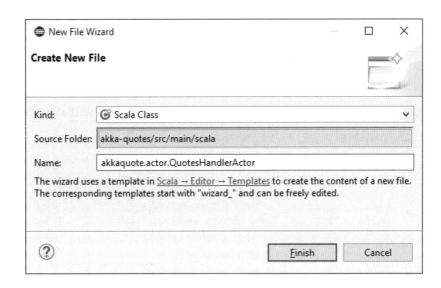

스칼라 IDE는 이제 클래스와 패키지를 생성하고 다음과 같은 코드를 생성한다(몇 개 빈 행
은 제거했다).

```
package akkaquote.actor

class QuotesHandlerActor {
}
```

QuotesHandlerActor 뒤에 커서를 옮기고 빈 칸을 추가한 다음 extends Actor를 입력하고
Ctrl+Space 바를 누른다. 그러면 스칼라 IDE가 제안하는 클래스 이름 목록이 나타난다.

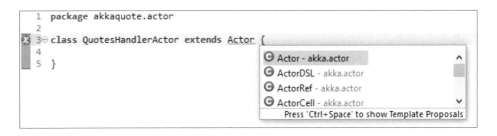

akka.actor 패키지의 Actor 클래스를 선택하고 Enter를 누른다. 스칼라 IDE는 자동으로 관련된 import 문장을 추가한다.

이 클래스는 인용구를 보관하므로, 변경 가능한 목록을 구현해보자. 클래스 본문의 내부에 val quotes = new ListB를 입력하고 Ctrl+Space 바를 누른다. 커서를 ListBuffer(scala.collections.mutable)로 옮긴 다음 Enter를 누른다.

행이 val quotes = new ListBuffer로 보여야 한다.

코드는 이제 다음과 같아야 한다.

```scala
package akkaquote.actor

import akka.actor.Actor
import scala.collection.mutable.ListBuffer

class QuotesHandlerActor extends Actor {
  val quotes = new ListBuffer
}
```

이제 빈 두 줄을 추가하고 Ctrl+1(맥OS에서는 cmd+1)를 누른다. 스칼라 IDE가 구현할 수 있는 메소드 목록을 보여주면 receive 메소드를 선택하고 Enter를 누른다.

```
val quotes = new ListBuffer
```

```
}          ● Implement def 'receive(): Actor.Receive'
```

스칼라 IDE는 다음과 같이 메소드 시그니처를 작성한다.

```
def receive: Actor.Receive = {
  ???
}
```

이 메소드는 들어오는 메시지를 처리한다. 아직 처리할 수 있는 메시지가 없지만 아카가 유효한 객체를 반환하게 한다. ???를 Actor.emptyBehavior로 바꾼다. 이 문장은 아카에게 수신자가 (현재는) 일부러 아무 일도 하지 않음을 알린다.

메시지를 처리하기 전에 먼저 메시지를 작성해야 한다. 메시지를 작성해보자.

메시지 생성

앞서 언급했듯이 메시지 인스턴스는 어떤 클래스 인스턴스도 가능하며 어떠한 트레이트나 기본 클래스를 확장할 필요가 없다. 하지만 case 클래스를 사용할 것을 강력히 권장한다. 액터는 단 하나의 receive( ) 메소드만 가지며 모든 메시지를 이 메소드에 전달하기때문이다. 곧 직접 알게 되겠지만, 메시지를 처리하는 데 case 클래스의 패턴 매칭 기능을 사용하면 매우 편리하다.

akkaquote.message 패키지에 Messages라는 이름의 새로운 클래스를 생성한다. 공간을 절약하기 위해 이 파일에 모든 public 메시지 클래스를 정의한다. 자바와 달리 스칼라는 같은 소스 파일에 여러 개의 public 클래스를 추가할 수 있다. 파일에서 생성된 Messages

클래스를 완전히 제거한다. 그런 다음 가장 먼저 import 문장과 인용구를 정의하는 클래스를 정의한다.

```
package akkaquote.message

import akka.actor.ActorRef

class Quote(val quote: String, val author: String)
```

Quote 클래스는 텍스트로 구성된 인용구와 관련된 저자를 정의한다. 인용구와 저자 모두 변경이 불가한 변수다. 그런 다음 새로운 행을 추가하고 예제의 액터가 사용할 메시지를 정의하는 case 클래스를 추가한다. 소스 파일 끝에 다음을 추가하라.

```
case class AddQuote(quote: Quote)
case class RequestQuote(originalSender: ActorRef)
case object PrintRandomQuote

case object QuoteAdded
case class QuoteRequested(quote: Quote, originalSender: ActorRef)
case object QuotePrinted
```

처음 두 개 클래스, AddQuote와 RequestQuote는 앞서 정의한 QuotesHandlerActor 액터에게 전달할 수 있는 메시지다. 세 번째 객체 PrintRandomQuote는 뒤에 생성할 QuotePrinterActor 액터에 전달할 수 있는 메시지다. 나머지 세 개 객체는 응답을 위한 메시지다. 다음은 앞의 코드에 대한 몇 가지 주목할 만한 사항이다.

- 코드가 얼마나 간결한지 주목해서 보라. 스칼라에서는 기본 생성자를 클래스 정의에서 정의하기 때문에, 필드를 정의하고 매개변수를 저장하는 코드를 작성할 필요가 없다. 스칼라가 알아서 처리한다.

- 어떤 클래스와 객체도 필드를 추가적으로 처리할 필요가 없다. 그래서 모두 본문이 없다.
- 매개변수가 필요 없는 메시지는 싱글턴 객체로 정의한다. 꼭 그래야 하는 것은 아니지만 여러 개의 메시지 인스턴스가 있으면 메모리 낭비가 발생할 수 있다.
- 싱글턴 객체도 case 클래스일 수 있다.
- RequestQuote와 QuoteRequested 메시지 모두 ActorRef 인스턴스(액터 레퍼런스)를 생성자의 매개변수로 전달받는다. 그 이유는 뒤에 설명한다.

남은 작업은 QuotesHandlerActor가 Quote 인스턴스만 저장하도록 하는 것이다. 이 작업은 제네릭을 이용한다. QuotesHandlerActor 클래스를 열고 다음 행을 찾는다.

```
val quotes = new ListBuffer
```

앞의 코드를 다음과 같이 변경한다.

```
val quotes = new ListBuffer[Quote]()
```

Quote 클래스 이름을 입력할 때 Ctrl+Space 바 키 조합을 사용하라. 그러면 필요한 import akkaquote.message 문장이 자동으로 추가된다.

ScalaTest 기반 단위 테스트 작성

ScalaTest 단위 테스트 라이브러리의 동작 원리를 설명하기 위해 한 액터에 대한 단위 테스트를 작성해보자. src/test/scala에서 마우스 오른쪽을 클릭하고 New > Scala Class를 선택해 ScalaTest 테스트 케이스를 추가한다. 클래스 이름은 QuotesHandlerActorTests로 한다. 생성된 코드를 제거하고 다음과 같이 필요한 import 문장과 클래스 정의를 작성한다.

```
import akka.actor.{ActorSystem, Props}
import akka.testkit.{TestKit, ImplicitSender, TestActorRef}
import org.scalatest.{Matchers, FlatSpecLike, BeforeAndAfterAll}
import akkaquote.actor.QuotesHandlerActor
import akkaquote.message.{AddQuote, Quote, QuoteAdded}

class QuotesHandlerActorTests()
extends TestKit(ActorSystem("Tests"))
with ImplicitSender with Matchers
with FlatSpecLike with BeforeAndAfterAll {

}
```

이 클래스는 아카 TestKit 모듈 의존성의 TestKit 클래스를 상속한다. TestKit 클래스는 아카 액터의 단위 테스트를 쉽게 수행할 수 있도록 해주는 많은 메소드를 제공한다. FlatSpecLike와 Matchers 트레이트를 구현함으로 좀 더 자연스럽게 단위 테스트를 작성할 수 있게 해주는 ScalaTest의 DSL을 사용할 수 있다. ImplicitSender 트레이트를 구현함으로 액터가 응답으로 전달하는 메시지를 테스트 클래스가 받을 수 있도록 보장한다.

모든 테스트를 마치고 나면 적절한 방법으로 아카 시스템을 중지하는 일이 중요하다. 그렇지 않으면 메모리 누수 현상이 발생하기 때문이다. 클래스 내부에 다음 메소드를 추가하라.

```
override def afterAll(): Unit = {
  system.terminate()
}
```

테스트 클래스는 BeforeAndAfterAll 트레이트를 구현하기 때문에 afterAll() 메소드를 오버라이드할 수 있다. system 필드는 TestKit 클래스에서 상속받은 필드다.

예제에서는 QuotesHandlerActor 액터에 AddQuote 메시지를 전달해 새로운 인용구를 추가할 수 있는지 테스트할 계획이다. 클래스 본문에 다음을 추가하라. ScalaTest의 고유한 도메인 특화 언어DSL, Domain-Specific Language를 사용한 점을 주목하자. 처음에는 좀 낯설어 보인다.

```
"An QuotesHandlerActor" should "add new quotes" in {
  val quoteHandlerActorRef = TestActorRef(Props[QuotesHandlerActor])
  val actorInstance = quoteHandlerActorRef.underlyingActor
                             .asInstanceOf[QuotesHandlerActor]

  actorInstance.quotes.size should be(0)

  val quote = new Quote("This is a test", "me")
  quoteHandlerActorRef ! AddQuote(quote)
  expectMsg(QuoteAdded)

  actorInstance.quotes.size should be(1)
  actorInstance.quotes(0).quote should be("This is a test")
  actorInstance.quotes(0).author should be("me")
}
```

앞의 코드에서는 많은 일이 일어난다. 자세히 살펴보자.

- 첫 번째 행은 테스트를 정의한다. 첫 번째 문자열 "A QuotesHandlerActor"는 어떤 클래스 혹은 객체를 테스트하는지 설명하고, 그 뒤에 should 키워드가 붙는다. 이 키워드는 ScalaTest에게 이 클래스는 테스트라고 알려준다. 뒤이은 문자열, 예제에서 "add new quotes when receiving AddQuote message"는 무엇을 테스트하는지를 설명한다. in 키워드 뒤에 테스트 코드를 포함하는 블럭을 시작한다.
- QuotesHandlerActor를 참조하는 TestActorRef 객체를 생성한다. TestActorRef는 단위 테스트를 위해 사용할 수 있는 ActorRef 인스턴스다. TestActorRef는 감싸고 있는 실제 QuotesHandlerActor 액터 인스턴스에 직접 접근한다.

- TestActorRef 객체를 통해 QuotesHandlerActor 액터 인스턴스 객체에 참조를 조회한다. 이제 실제 액터 객체에 대한 참조를 갖고 있으니 액터 내부를 테스트 할 수 있다.

- 액터 참조 actorInstance를 직접 사용해 액터의 인용구 컬렉션 인스턴스 멤버 가 인용구를 갖고 있지 않음을 점검한다. 만약 요소를 가지고 있다면 테스트는 실패한다.

- TestActorRef 인스턴스에 AddQuote 메시지를 전달한다. TestActorRef는 실제 액터에 메시지를 전달한다. 이렇게 하는 이유는 ActorRef 클래스에서만 ! 연산 자를 구현하기 때문이다. TestActorRef는 ActorRef 클래스의 인스턴스인 반면 actorInstance 변수는 액터 클래스의 인스턴스를 가리킨다. 메시지의 매개변수 로 전달한 새로운 인용구를 생성한다.

- ImplicitSender 트레이트를 구현했기 때문에, AddQuote가 돌려 보낸 응답을 받 을 수 있다. expectMsg 메소드는 특정 메시지를 전달받았는지 여부를 검사한다. 이 메소드는 기본 3초의 시간 간격을 가지고 동작하며, 예제에서는 3초면 충분 하다.

- 그런 다음 actorInstance의 quotes 목록에 요소가 있는지 확인하고, quote와 author 속성이 메시지에 전달한 인용구와 일치하는지 검사한다.

> ⓘ 스칼라 IDE의 특정 버전은 expectMsg 메소드에 버그를 가지고 있다. 그런 버전에서는 이 메소드를 사용할 때 not found: value expectMsg라는 오류를 표시할 수 있지만, 스칼라 IDE는 그대로 컴파일을 수행하고 정상적으로 코드를 실행하므로 이 메시지를 보게 되면 무 시해도 된다.

설명은 충분하니, 이제 패키지 탐색기의 QuotesHandlerActorTests 클래스에서 마우스 오 른쪽을 클릭하고 **Run As ❯ ScalaTest** 파일을 선택해 단위 테스트를 실행해보자. 당연히 테 스트는 실패하고, 콘솔에 다음과 같은 메시지가 나타난다.

```
Run starting. Expected test count is: 1
QuotesHandlerActorTests:
An QuotesHandlerActor
- should add new quotes *** FAILED ***
 java.lang.AssertionError: assertion failed: timeout (3 seconds) during
expectMsg while waiting for QuoteAdded
```

세부 정보를 보기 위해 ScalaTest 탭으로 전환한다.

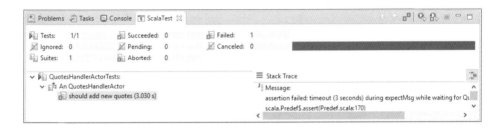

아직 AddQuote 메시지를 처리하지 않았다. 그래서 적정 시간 내에 단위 테스트 스크립트는 QuoteAdded 응답 메시지를 받지 못했다. 바꿔보자.

메시지 처리기 구현

패키지 탐색기에서 akkaquote.actor 패키지의 QuotesHandlerActor.scala 파일을 연다.

새롭게 필요한 import 문장을 추가한다.

```
package akkaquote.actor

import akka.actor.Actor
import scala.collection.mutable.ListBuffer
import scala.util.Random
import akkaquote.message.{ Quote, AddQuote, QuoteAdded, RequestQuote,
                          QuoteRequested }
```

receive 메소드를 다음 코드로 대체한다.

```scala
def receive = {
  case AddQuote(quote) => {
    quotes += quote
    sender ! QuoteAdded
  }
  case RequestQuote(originalSender) => {
    val index = Random.nextInt(quotes.size)
    sender ! QuoteRequested(quotes(index), originalSender)
  }
}
```

case 클래스와 패턴 매칭 기능 덕에 어떤 메시지가 전송됐는지 쉽게 확인할 수 있고 그에 맞게 지원하는 메시지를 처리할 수 있다. AddQuote 메시지를 받으면 전달된 quote 객체를 quotes 목록에 추가하고 응답으로 QuoteAdded 메시지를 sender에게 반환한다.

이 액터는 RequestQuote 메시지도 처리한다. RequestQuote 메시지를 받으면 인용구 목록에서 임의로 인용구를 선택하고 메시지를 전달한 액터에게 응답으로 QuoteRequested 메시지를 전달한다. RequestQuote 메시지는 originalSender에 대한 ActorRef 인스턴스도 갖고 있기 때문에 메시지 수신자는 인용구를 요청한 원래의 액터에게 메시지를 반환할 수 있다. 좀 더 자세한 내용은 뒤에서 다룬다.

src/test/scala 디렉터리의 QuotesHandlerActorTests.scala 파일을 다시 열고 파일 이름에서 마우스 오른쪽을 클릭한 다음 **Run As ❯ Scala-Test**를 선택해 다시 테스트를 실행한다. 이제 테스트가 성공해야 한다. 축하한다. 드디어 해냈다.

QuotePrinterActor 생성

이제 QuotesHandlerActor에게 인용구를 요청하고 반환된 인용구를 콘솔에 출력하는 액터를 만들어보자. 이 액터는 RequestQuote 메시지를 받으면 QuotesHandlerActor에게 전달한다. 앞서 봤듯이 QuotesHandlerActor는 임의의 인용구를 포함한 QuoteRequested 메시지를 응답으로 전달한다. 인용구를 출력하는 액터는 QuoteRequested 메시지를 받으면 메시지를 화면에 출력한다. 공간을 줄이기 위해 이 액터 클래스는 단위 테스트하지 않는다.

 실제 운영 환경에서 시간 때문에 단위 테스트를 하지 않는 것은 좋은 생각이 아님을 유의하자.

akkaquote.actor.QuotePrinterActor라는 이름의 새 클래스를 생성한다. 먼저 import 문장과 본문을 추가한다.

```
package akkaquote.actor

import akka.actor.{ Actor, ActorRef }
import akkaquote.message.{ PrintRandomQuote, RequestQuote,
                           QuoteRequested, QuotePrinted }
```

```
class QuotePrinterActor(val quoteManagerActorRef: ActorRef) extends
    Actor {
}
```

주목할 점은 이 클래스가 ActorRef 인스턴스를 전달하는 기본 생성자를 갖는다는 점이다. 그래서 ActorRef 객체와 ! 연산자를 이용해 액터에게 메시지를 전송할 수 있다.

클래스 본문에 메시지 처리기를 추가한다.

```
def receive: Actor.Receive = {
  case PrintRandomQuote => {
    val originalSender = sender
    quoteManagerActorRef ! RequestQuote(originalSender)
  }

  case QuoteRequested(quote, originalSender) => {
    System.out.println('"' + quote.quote + '"')
    System.out.println("-- " + quote.author)
    originalSender ! QuotePrinted
  }
}
```

QuotePrinterActor가 PrintRandomQuote 메시지를 받으면 생성자를 통해 전달받은 quoteManagerActorRef 액터 레퍼런스 인스턴스를 사용해서 RequestQuote 메시지를 QuoteManagerActor에게 전달한다. 이 액터는 임의의 인용구를 포함한 응답으로 QuoteRequested 메시지를 전달하게 된다.

그리고 QuoteRequested 메시지를 받으면 콘솔에 메시지를 출력한다.

송신자를 RequestQuote 메시지에 추가하는 부분이 좀 복잡해 보일 수 있다. 이제 좀 더 자세히 이 부분을 살펴보자. 송신자sender는 PrintRandomQuote 메시지를 받을 때 PrintRandomQuote 메시지를 QuotePrinterActor에 전달하는 액터다. 이 시점에는 어느 액터인지 모르므로, 지금은 그 액터를 Actor X라고 하자. 시각적으로 UML 시퀀스 다이어그램으로 작업의 흐름을 정의하면 다음과 같다.

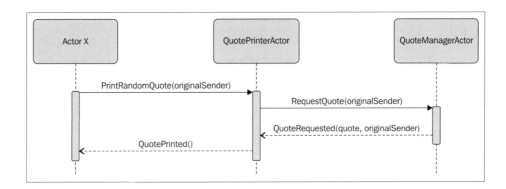

Actor X에 대한 참조를 originalSender의 형태로 RequestQuote 메시지에 추가한다. Quote ManagerActor는 QuotePrinterActor 액터에게 되돌려 보내는 QuoteRequested 응답 메시지에 단순히 originalSender 참조를 전달한다. 인용구를 콘솔에 출력한 후 QuoteRequested 처리기는 이제 액터에게 QuotePrint 메시지를 전달해서 originalSender(Actor X)에게 메시지를 출력했음을 알려줄 수 있다. originalSender 액터 참조 대신 Sender 액터 참조를 사용했다면 의도와는 다르게 QuoteManagerActor에게 QuotePrinted 메시지를 전달했을 것이다.

메인 애플리케이션

컬렉션에 인용구를 추가한 다음 임의의 인용구를 출력하는 콘솔 기반의 간단한 애플리케이션을 만들어 볼 예정이다. 애플리케이션은 액터에 메시지를 전달해서 통신한다. 액터 내부의 메시지 처리기는 멈춰지면 안 된다. 즉, 동일 스레드에서 완료하는 데 시간이 걸리는 코드를 실행해서는 안 된다. 이 규칙을 고수하기 위해 두 개의 액터 모두 직접 메시지를 처리하고 즉시 반환한다.

두 액터의 동작을 시연하기 위해 메인 프로그램에 뭔가 다른 것을 할 계획이다. 즉 액터에 메시지를 전달할 때 프로그램이 계속 진행하기 전에 응답을 기다리도록 할 것이다. 출력할 인용구를 요청하기 전에 모든 인용구를 추가함으로 이 규칙을 지킨다. 또한 아카 시스템과 프로그램을 중지하기 전에 인용구를 출력하고자 한다.

ask 패턴이 이와 같은 일을 도와준다. ask 패턴은 액터에 메시지를 전달하고 응답 대기 없이 즉시 반환한다. 반환되는 값을 Future 객체라 부르는데, 다른 스레드의 디스패처가 Future 객체를 실행할 수 있고 아카 애플리케이션을 중단하지 않고 실행할 수 있다. 즉, 응답을 수신하거나 시간 초과가 발생할 때까지 Future(프로그램 중지) 내에서 실행하는 코드를 대기할 수 있다. 이 예제는 뒤에서 해보자.

akkaquote 패키지에서 마우스 오른쪽을 클릭을 하고 New ➤ Scala Object를 선택해 새로운 Singleton 객체를 추가한다. 코드를 다음과 같이 바꾼다.

```
package akkaquote

import akka.actor.{ ActorSystem, Props, ActorRef }
import akka.pattern.ask
import akka.util.Timeout
import scala.concurrent.Await
import scala.concurrent.duration.DurationInt
import scala.language.postfixOps
import akkaquote.actor.{ QuotePrinterActor, QuotesHandlerActor }
import akkaquote.message.{ Quote, AddQuote, RequestQuote,
                                   PrintRandomQuote }

object Main extends App {

}
```

많은 import 문장이 있다. **akka.actor** 패키지의 클래스들은 아카 액터에 필수적이다. **akka.pattern.ask** 패키지는 반드시 가져와야 한다. 그렇지 않으면 **ask** 메소드 혹은 유사

한 ? 연산자를 인식하지 못한다. ask 메소드는 많은 것을 소비하는 명령어로, 아카 설계자는 프로그래머가 이점을 인식하기를 원한다. Await 클래스는 Future 객체가 완료될 때까지 기다리는데 필요하다. Timeout과 DurationInt, postfixOps 클래스는 후치 표기법을 사용해서 간격을 설정하는 데 필요하다.

이제 아카와 액터를 초기화하는 것부터 시작하자. 객체 본문에 다음 코드를 배치한다.

```scala
val system = ActorSystem("AkkaQuote")
val quoteActorRef = system.actorOf(Props[QuotesHandlerActor],
                                          "quotesActor")
val quotePrinterActorRef = system.actorOf(Props(new
                              QuotePrinterActor(quoteActorRef)),
                              "quotesPrinterActor")
```

그런 다음 타임아웃 시간을 초기화하고 QuotesHandlerActor에 새로운 인용구를 추가하는 코드를 추가한다.

```scala
implicit val timeout = Timeout(10 seconds)

val future1 = quoteActorRef ? AddQuote(new Quote("Hello world",
                                          "Various book authors"))
val future2 = quoteActorRef ? AddQuote(new Quote("To be or not to be",
                                          "W. Shakespeare"))
val future3 = quoteActorRef ? AddQuote(new Quote(
                                          "In the middle of difficulty lies
opportunity",
                                          "A. Einstein"))

Await.result(future1, timeout.duration)
Await.result(future2, timeout.duration)
Await.result(future3, timeout.duration)
```

? 연산자(akka.pattern.ask 패키지를 가져오는 일을 잊지 마라. 그러지 않으면 ? 연산자를 사용할 수 없다)를 사용할 때, Future 객체를 반환한다. 모든 메시지에 대해 응답이나 타임아웃이 발

생할 때까지 기다린다. 타임아웃이 발생하면 예외가 발생한다. 이 작은 애플리케이션의 마지막 코드를 추가한다.

```
val future4 = quotePrinterActorRef ? PrintRandomQuote
Await.result(future4, timeout.duration)

system.terminate()
```

마지막으로 액터의 ActorRef 인스턴스를 사용해서 PrintRandomQuote 메시지를 QuotePrinterActor에게 보낸다. 다시 응답으로 메시지를 되돌려 보내거나 타임아웃이 발생할 때까지 기다린다. 마지막으로 terminate() 메소드를 호출해 아카 시스템을 중지한다.

 버그 때문에 특정 버전의 스칼라 IDE는 system.terminate()을 인지하지 못할지도 모르고, 해당하는 행에 '값 terminate는 akka.actor.ActorSystem의 멤버가 아니다(value terminate is not a member of akka.actor.ActorSystem)'라는 오류를 표시할 것이다. 하지만 컴파일과 실행은 모두 잘 동작한다.

그런 다음 우아하게 프로그램을 종료하고 적절히 모든 자원을 해제한다.

Ctrl+F11을 눌러 애플리케이션을 실행하면 콘솔에 인용구가 출력돼야 한다.

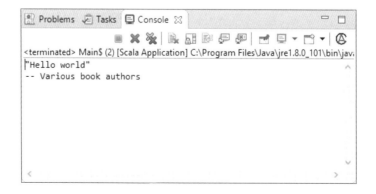

▌ 요약

6장에서는 많은 기술을 설명했다. 이클립스 IDE에서 스칼라 코드를 작성하고 이클립스의 많은 기능을 사용해보기 위해 이클립스 IDE를 위한 스칼라 IDE 플러그인을 설치했다. 프로젝트를 빌드하기 위해 SBT를 설치했으며, 스칼라 IDE는 기본으로 SBT 기능을 지원하지 않으므로, SBT에 sbteclipse 플러그인을 설치했다. SBTEclipse는 SBT 빌드 파일을 사용하는 스칼라 IDE 프로젝트를 생성하고 업데이트한다.

다양한 액터가 다른 액터에 메시지를 전송하는 액터^{Actor} 모델에 대해 배웠다. 각각의 액터는 모든 메시지를 처리하는 하나의 메소드만 갖는다. 액터 인스턴스와 직접 통신하는 대신 ActorRef 인스턴스라는 액터 레퍼런스를 사용했다. ActorRef 인스턴스를 사용하면 코드에서 실제 액터가 로컬 혹은 네트워크상의 원격 중 어디에서 동작하는지 신경 쓸 필요가 없다. 액터 내부를 테스트하기 위해 DSL을 사용해 단위 테스트를 작성했다. 마지막으로 응답을 기다리는 ask-pattern과 Future 객체를 사용하는 메인 프로그램을 작성했다.

7장에서는 JVM에 Lisp 언어를 구현한 클로저^{Clojure}를 자세히 살펴본다. 클로저는 함수형 프로그래밍에도 특화돼 있기 때문에, 스칼라 팬에게는 흥미로울 것이다.

07

클로저

클로저Clojure는 이 책에서 다루는 다른 언어와는 다소 다른 언어다. 1950년대 후반으로 거슬러 올라가 당시의 리스프Lisp 프로그래밍 언어에 영감을 받은 언어다. 리스프는 기술과 시대에 뒤떨어지지 않은 상태로 명맥을 유지하고 있다. 커먼 리스프Common Lisp와 스키마 Scheme는 최근에 사용되는 가장 인기 있는 리스프 언어다. 클로저도 리스프 언어지만 두 언어 모두로부터 영향을 받아 설계됐다.

자바와 스칼라와는 다르게 클로저는 동적 언어다. 변수의 타입을 고정하지 않고 컴파일 할 때 컴파일러가 변수의 타입을 검사하지 않는다. 함수의 코드와 호환되지 않는 변수를 함수에 전달하면 런타임 시 예외가 발생한다. 또 다른 주목할 점은 클로저가 이 책의 다른 언어와는 다르게 객체지향언어(OOP)가 아니라는 점이다. 클로저는 객체 인스턴스를 생성 할 수 있으므로 여전히 자바와 JVM에 상호호환성을 제공한다. 곧 학습하겠지만, 클로저는 클로저가 컴파일한 바이트코드를 JVM상의 다른 자바 호환 언어가 실행하도록 하는 클래스도 생성할 수 있다.

다음은 7장에서 다룰 주제다.

- 클로저 설치
- 클로저의 대화형 셸–REPL(Read–Eval–Print–Loop)
- 클로저 언어 기본
- 클래스로 작업하기
- 클로저 에이전트 시스템

▌ 클로저 설치

클로저 공식 홈페이지(https://clojure.org/)에서 최신 버전을 다운로드한다.

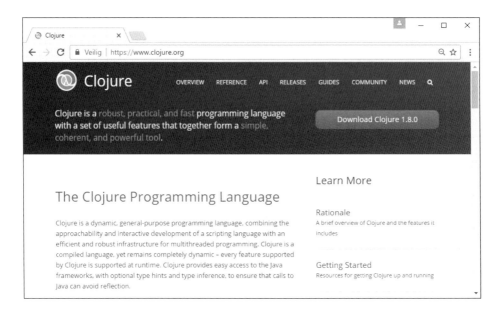

책의 예제를 따라 하는 동안 참고할 수 있는 문서를 가까이 두기를 권장한다. 온라인 공식 문서와 커뮤니티에서 작성한 문서 모두를 권장한다.

- http://clojure.org/reference
- http://clojure-doc.org/

책을 작성할 당시의 클로저 최신 버전은 1.8.0이다. 아카이브 파일의 압축을 해제하고, 시작 스크립트를 생성할 때 필요하므로 압축을 해제한 디렉터리의 전체 경로를 기록해둔다.

정상적으로 설치됐는지 확인하기 위해 대화형 셸을 구동한다. 명령어 프롬프트(윈도우)나 터미널(맥OS와 리눅스)에서 클로저의 메인 디렉터리로 이동한 후 다음 명령어를 입력한다 (버전 번호는 설치된 클로저 버전으로 변경하라).

```
java -jar clojure-1.8.0.jar
```

 앞의 명령어는 셸을 테스트하기에 적합하지만 실제 클로저 코드를 실행하기에는 부적합하다. -jar 옵션을 사용하면 사용자가 정의한 클래스경로를 설정할 수 없기 때문이다. 이에 대한 설명은 2장 '자바 가상 머신에서 개발하기'에 있다. 뒤에서 셸을 실행하는 더 좋은 방법을 배우게 될 것이다.

모든 작업이 잘 진행됐다면 다음과 유사한 문자열이 콘솔에 출력돼야 한다.

```
Clojure 1.8.0
user=>
```

다음 코드를 입력하고 Enter를 눌러 셸을 빠져나온다.

```
(System/exit 0)
```

앞의 코드는 실행 중인 JVM 인스턴스를 우아한 방법으로 중지시키는 java.lang.System 클래스의 표준 exit 메소드를 실행한다.

시작 스크립트 작성

다른 많은 JVM 언어와 달리, 클로저의 배포판에는 공통 운영체제에 대한 시작 스크립트가 없다. 그래서 클로저를 실행하는 가장 쉬운 방법은 직접 시작 스크립트를 작성하고 운영체제 경로에 있는 디렉터리에 스크립트를 추가하는 것이다.

다음에 논의할 시작 스크립트는 고정된 클래스경로를 지정한다. 클래스경로에 추가적인 클래스가 필요한 클로저에서 애플리케이션을 생성하려면 그 프로그램에 고유한 시작 스크립트를 생성할 것을 권장한다.

윈도우에서 시작 스크립트 작성

텍스트 편집기를 사용해 다음 행을 포함한 파일을 생성하라.

```
java -cp c:\PATHTO\clojure\clojure-1.8.0.jar clojure.main
```

c:\PATHTO\clojure를 자신이 설치한 클로저의 경로로 바꾼다. 버전 번호도 설치한 클로저 버전으로 변경하라.

명령어 창에서 path를 입력해서 경로에 해당 디렉터리가 있는지 확인한다. 아니면 2장, '자바 가상 머신에서 개발하기'의 경로에 다른 디렉터리를 추가하는 방법을 참조하라. 파일 이름을 clojure.bat으로 해 경로에 있는 디렉터리에 파일을 저장한다.

맥OS와 리눅스에서 시작 스크립트 작성

경로에 있는 디렉터리에 다음을 내용으로 하는 파일을 생성하라.

```
java -cp /path/to/clojure/clojure-1.8.0.jar clojure.main
```

/path/to/를 자신이 설치한 클로저의 경로로 바꾼다. 버전 번호도 설치한 클로저 버전으로 변경하라. 파일 이름을 clojure.sh로 하여 경로에 있는 디렉터리에 파일을 저장한다. 터미널에서 다음 명령어를 입력해 파일을 실행 가능하게 만들고, clojure.sh를 저장한 디렉터리로 활성화된 작업 디렉터리를 변경한다.

```
chmod +x clojure.sh
```


▌ 클로저 대화형 셸(REPL)

시작 스크립트를 실행해 클로저의 REPL 대화형 셸을 실행할 수 있다. 스칼라의 scala REPL 대화형 셸과 다르게 클로저 REPL은 고유한 명령어를 가지고 있지 않다. 앞서 살펴봤지만 셸을 빠져나가기 위해 (System/exit 0)을 입력해서 java.lang.System 클래스의 exit( ) 메소드를 호출해야 한다.

클로저는 독립형 컴파일러 명령어를 포함하지 않는다. 대신 클로저 코드를 실행하는 동안 메모리에 JVM 바이트코드를 생성하고 실행한다. 다른 JVM 언어에서 사용할 수 있는 클래스 파일을 파일시스템에 있는 디렉터리에 생성하기 위해 보통의 클로저 함수를 호출해야 한다. 8장에서 이 기능을 설명한다.

▌클로저 언어

클로저는 많은 주요 프로그래밍 언어와는 조금 다르기 때문에, 이 책의 다른 언어에 비해 클로저 기본에 대해 더 강조해 설명한다. 다음은 여기서 다룰 클로저의 기본 개념이다.

- 문법
- 표현식
- 변수 정의
- 함수 정의
- 데이터 구조(숫자, 문자열, 컬렉션)
- 배열과 루프의 반복
- 조건문

문법

리스프와 클로저 모두 '코드는 데이터고 데이터는 코드다code is data and data is code'라는 원칙을 고수한다. 리스프의 이런 속성을 동형성homoiconicity이라고 부른다. 언어 구문은 프로그램 구조와 유사하다는 의미다. 리스프의 기본 데이터 타입 중에는 리스트list가 있다. 이 리스트 타입은 코드를 작성할 때 사용한다. 리스트를 정의한 다음 리스트에 표현식을 추가할 수 있다. 표현식은 함수 참조와 매개변수를 포함한다. 리스트를 닫으면 동적으로 리스트를 평가한다. 기본적으로 전체 프로그램은 클로저의 내부 데이터 구조로 표현된다. 클로저는 리더reader라 부르는 프로세스를 갖는다. 이 프로세스는 리스트의 항목을 읽고 평가하며 컴파일러에게 전달할 특정 데이터 구조를 생성한다. 이제 간단한 표현식을 살펴보자.

```
(println "Hello" "from Clojure!")
```

코드를 클로저의 REPL 셸에 입력해보라. REPL 셸은 콘솔에 다음을 출력한다.

```
Hello from Clojure!
nil
```

문자로 리스트를 시작하고 끝낸다. 예제의 경우 리스트의 내용은 리더가 읽고 평가할 수 있는 하나의 표현식이다. 표현식은 클로저의 println 함수에 대한 호출로 구성된다. println 함수를 가변인자variadic 함수라고 부르는데, 리스트에 남아 있는 모든 항목을 입력 매개변수로 사용한다는 의미다. 가변인자는 3장, '자바'에서 간단히 살펴봤던 자바의 varargs 키워드와 유사하다. 예제에서는 두 개의 매개변수가 있고 두 변수 모두 println 함수에 전달되기 전에 평가된다. println 함수는 전달 받은 문자열을 콘솔에 출력하고 어떠한 값도 반환하지 않는다(자바의 void를 가진 함수와 유사하다). 그래서 호출의 결과는 nil 이며, nil은 자바의 null과 비슷하다. 자바와 달리 클로저에서의 함수 호출은 항상 무언가를 평가한다.

전통적인 파서를 사용해 컴파일러가 분석하는 고정된 언어의 문법을 정의하는 대신 코드 (7장에서는 주로 표현식에 집중한다)를 포함하는 데이터 구조를 사용하는 장점이 무엇인지 궁금할 수 있다. 단순히 데이터 구조를 수정해 코드를 직접 조작할 수 있는 특수한 함수를 작성할 수 있다는 것이 답이다. 이런 특별한 함수를 매크로macros라고 부른다. 매크로는 표현식을 포함한 리스트를 간단히 조작함으로 기존의 코드를 동적으로 변경하거나 보강한다. 매크로는 많은 새로운 가능성을 열어준다. 새로운 매크로 작성은 다소 어려운 주제이므로 이 책의 범위를 벗어난다. 여기서는 클로저가 제공하는 함수와 매크로에 집중해 살펴본다.

표현식

표현식은 함수 호출로 시작하고 이어서 매개변수를 정의한다. 곧 알 수 있겠지만 표현식은 중첩될 수 있다.

다른 주류의 언어와 다르게 클로저는 연산자의 개념이 없다. 대신 계산한 결과를 반환하는 함수를 제공한다. 예를 들어 동일한 목록에 정의한 모든 숫자 값을 더하는 + 함수가 있다.

```
(+ 10 20 30)
```

이 코드는 60을 결과로 반환한다.

클로저의 모든 표현식은 단일 값으로 평가된다. 목록에 표현식을 위치시킨다. 목록의 첫 번째 항목이 함수고, 다른 모든 항목이 매개변수다. 함수에 전달하기 전에 매개변수를 평가하므로, 어떤 처리가 필요한 중첩 표현식을 매개변수로 추가할 수 있게 해준다.

```
(+ 10 ( * 3 5 ))
```

앞의 표현식은 다음의 순서로 계산된다.

```
(+ 10 ( * 3 5 ))
(+ 10 ( 15 ))
(+ 10 15)
(25)
```

목록의 두 번째 매개변수는 15로 평가되므로, 15가 + 함수의 두 번째 매개변수로 전달된다. 그래서 표현식의 결과는 25가 된다. 클로저는 연산자 우선순위에 대한 어떠한 개념도 없다. 즉, 표현식을 가진 목록을 왼쪽에서부터 오른쪽으로 평가한다. 그래서 계산하는 데 중첩 목록을 종종 사용한다.

다음은 가장 중요한 산술 연산을 요약한 표다.

함수	설명	예제
+	값을 더한다.	(+ 10 20) ⟶ 30
−	왼쪽에서 오른쪽으로 값을 뺀다.	(− 50 25) ⟶ 25
*	값을 곱한다.	(* 10 20) ⟶ 200
/	값을 나눈다(좀 더 자세한 설명은 뒤에 설명한 "숫자 타입"을 참조하라)	(/ 25 5) ⟶ 5
quot	지수 연산자	(quot 13 4) ⟶ 3
rem	리마인더 연산자	(rem −13 4) ⟶ −1
mod	모듈러 연산자	(mod −13 4) ⟶ 3
inc	값을 하나씩 증가시킨다.	(inc 41) ⟶ 42
dec	값을 하나씩 감소시킨다.	(dec 43) ⟶ 42
max	최댓값을 반환한다.	(max 100 20 30) ⟶ 100
min	최솟값을 반환한다.	(min 0 −1 30) ⟶ −1

변수 정의

클로저는 순수한 함수형 프로그래밍 언어가 아니다. 시간에 따라 다른 데이터 구조를 가리키는 변수를 생성할 수 있으며, 이는 부작용이 있을 수 있음을 의미한다. 변수는 def 함수로 정의한다.

```
(def var-name)
```

값을 지정하지 않으면 변수는 타입이 정해지지 않는다. 변수를 정의할 때 변수에 값을 지정할 수 있다. 변수 이름이 특정 값을 가리키도록 하는 새로운 전역 바인딩을 생성한다.

```
(def var-name "This is a value")
```

변수 var-name은 이제 This is a value라는 문자열을 가리킨다. 이 변수가 다른 값을 가리키게 하려면 다시 def 함수를 사용하면 된다.

```
(def var-name 100)
```

var-name의 다른 참조는 바뀌지 않는다. 이제부터 var-name에 접근할 수 있는 코드만 새로운 값 100을 인지한다.

다른 스레드는 각자 고유한 변수의 복사본을 가질 수 있도록 스레드마다 변수를 바인딩할 수 있지만, 이 내용은 이 책의 범위를 벗어난다.

함수 정의

함수를 생성하는 가장 쉬운 방법은 defn 함수를 사용하는 것이다.

```
(defn greet [name] (println (str "Greetings, " name "!")))
```

앞서 정의한 greet 함수는 통상적인 방법으로 호출할 수 있다.

```
(greet "reader of this book")
```

앞의 코드는 Greetings, reader of this book!을 콘솔에 출력한다. 다음은 defn 함수에 대한 설명이다.

- 첫 번째 매개변수는 함수의 이름이다.
- 두 번째 매개변수는 함수의 입력 매개변수를 포함한 vector 객체여야 한다. 매개변수가 필요 없다면 빈 vector [] 배열을 사용하라.
- 세 번째 매개변수는 함수가 평가하고 반환하는 표현식이다.

- 함수의 마지막 표현식을 반환한다. 예제의 경우, println은 nil로 평가되기 때문에 nil을 반환한다.

nil 대신 greet true 값을 반환하고자 한다면, 반환 값을 목록의 마지막 항목으로 지정해야 한다. 그리고 true 값은 함수가 아니기 때문에 괄호 사이에 두면 안 된다.

```
(defn greet [name] (println (str "Greetings, " name "!")) true)
```

데이터 구조

불변 데이터가 함수형 프로그래밍의 기본이라는 점을 이미 5장, '스칼라'에서 확인했다. 함수는 데이터를 변경하는 대신, 기존의 데이터 인스턴스를 변경하지 않도록 데이터의 새로운 복사본을 반환한다. 이 또한 스칼라의 불변 리스트에서 이미 확인했다. 불변 리스트에 새로운 요소를 추가하기 위해 + 연산자를 사용할 때, 새로운 리스트를 반환하고 기존 리스트는 그대로 됐다.

언뜻 보기엔 상당한 메모리를 차지하고 각각의 복사본을 약간씩만 변경한 거의 동일한 데이터의 복사본을 여러 개 분리해 갖는 일이 쓸모없어 보일 것이다. 사실 클로저는 참조 필드를 지능적으로 사용하는 복잡한 데이터 구조를 사용한다. 변경한 데이터의 복사본에는 변경된 데이터에 대해서만 새로운 공간을 할당한다.

네 개의 요소를 가진 간단한 리스트를 생성한다고 가정하자.

Original list
Item 1
Item 2
Item 3
Item 4

리스트의 두 번째 항목을 변경한다. 클로저는 새로운 리스트를 생성한다. 새로운 리스트에서 두 번째 요소를 제외한 모든 항목은 원래의 리스트를 가리킨다.

Updated List		Original list
		→ Item 1
Updated item 2		Item 2
		→ Item 3
		→ Item 4

모든 버전의 데이터는 변경이 불가하고 결코 변경되지 않기 때문에, 이런 참조는 항상 유효하다.

 이런 기술은 지속적 데이터 구조(persistent data structures)라고 부르며, 객체 관계 관리 ORM(Object Relation Manager)에서 사용하는 지속성 데이터베이스 객체(persistent database objects)와 혼동하면 안 된다.

클로저의 데이터 구조는 좋은 JVM 요소다. 클로저 데이터 구조는 1장과 2장에서 설명한 JVM 규약을 준수한다. HashMap 인스턴스와 같은 일반적인 자바 컬렉션을 사용할 수 있도록 hashCode( )와 equals( ) 메소드를 구현한다. 호출자에게 상세 구현을 숨기기 위해 JVM 인터페이스를 사용할 수도 있다. 클로저 컬렉션 클래스는 for 루프에서 사용 가능하도록 하기 위해 반복기iterators를 구현한다. 클로저 팀은 자바 에코시스템 그리고 대부분의 다른 인기 있는 JVM 언어와의 우수한 호환성을 제공하기 위해 많은 노력을 기울였다.

숫자 타입

성능과 효율성을 이유로 클로저는 숫자 타입에 대해 6장에서 설명한 래퍼 클래스 대신 JVM의 기본primitive 데이터 타입을 기본 타입으로 사용한다. 클로저는 모든 숫자에 대해 long 타입을 기본으로 사용한다. 값이 long 변수에 적합하면, 정수를 사용했더라도 long 타입 변수를 생성한다. 부동 소수점 값에 대해서는 기본으로 double 변수를 사용한다. 뒤에서 학습하겠지만 클로저는 더 큰 값 혹은 정확도를 제공하는 표준 자바 클래스 라이브러리의 클래스에 대한 지원 기능을 기본으로 제공한다.

 하지만 클로저는 기본 래퍼 클래스에 대한 지원을 기본으로 제공한다는 점을 유의해야 한다. 예를 들어 java.lang.Integer 클래스를 사용하면 클로저는 자동으로 변수를 기본형 정수로 오토박싱한다.

계산 결과가 완전히 정수와 일치하지 않으면 Ratio 객체를 대신 반환한다. Ratio 객체는 클로저에 고유한 기능으로, 다음 예제를 살펴보자.

```
(/ 1 3)
```

대부분의 언어에서 정수 1을 정수 3으로 나누면 간단히 정수 0을 결과로 반환한다. 놀랍게도 클로저는 다음을 반환한다.

```
1/3
```

클로저 런타임 라이브러리에서 정의한 정상적인 JVM 클래스인 Ratio 클래스 인스턴스다. Ratio 클래스는 분자와 분모를 별도의 필드에 보관한다. Ratio 객체를 전혀 고려하지 않고 정수 대신 double을 결과로 받고자 한다면 적어도 하나의 정수를 double 값으로 변경해야 한다.

```
(/ 1 3.0)
```

이 코드는 보다 친숙한 기본 double 값인 0.3333333333333333을 반환한다.

정수 지수와 모듈러스를 알고 싶다면, quot와 mod 함수를 사용하면 된다.

```
(quot 42 10) (mod 42 10)
```

이 표현식은 각각 4와 2를 결과로 반환한다.

내장된 기본 long과 double 데이터 타입과 함께 클로저는 기본 long 변수보다 더 큰 수를 저장할 수 있는 고유한 BigInt 타입도 제공한다. 클로저는 자바 클래스 라이브러리의 java.math 패키지에 있는 BigDecimal 클래스에 대한 기본적인 지원 기능도 제공한다. 클로저는 정숫값에 N을 붙여서 정수를 BigInt 인스턴스로 변환한다.

```
(+ 100 1N)
```

이 표현식의 결과는 101N이다. 연산 함수의 입력 매개변수 하나라도 BigInt 인스턴스라면 연산의 결과는 BigInt 인스턴스가 된다. BigDecimal도 유사하게 동작한다. 값에 문자 M을 붙여서 값을 BigDecimal 인스턴스로 변환한다.

```
(+ 555 0.4169M)
```

이제 놀라울 것도 없이 결과는 555.4169M이 된다.

클로저 문서에서는 기본 long 가변 값에 맞지 않는 전체 값을 사용할 때 표준 산술 함수가 예외를 발생시킬 수 있다고 언급한다. 다음이 실제 사례다.

```
(* 123 1234567890123456789)
```

앞의 코드는 ArithmeticException integer overflow clojure.lang.Numbers.throwIntOverflow라는 예외를 발생시킨다. 표현식 절의 표에서 언급한 모든 산술 함수는 추가적으로 아포스트로피(') 접미사를 붙인 변형을 갖는다 이런 함수는 필요하면 결괏값을 BigInt 인스턴스로 변환한다.

```
(*' 123 1234567890123456789)
```

앞의 표현식을 실행하면 15185185048518518547N를 반환한다.

문자열과 문자

스칼라와 마찬가지로 클로저는 문자열에 대해 표준 JVM(java.lang.String) 클래스를 사용한다. 클로저의 수학 함수는 문자열에서 동작하지 않는다. 많은 언어가 두 개의 문자열을 연결하는 데 더하기 연산자(보통 +)를 사용하지만 클로저의 + 함수는 문자열을 지원하지 않는다. 대신 str 함수를 사용해야 한다.

```
(str "Good" "night!")
```

앞의 표현식은 Goodnight!을 결과로 산출한다.

클로저는 문자열 전용으로 제공하는 고유한 많은 함수를 갖는다. 이런 함수는 clojure. string 네임스페이스에 정의돼 있다. 예를 들어 목록을 String으로 변환하려면 clojure. string 라이브러리의 join 함수를 사용하면 된다.

```
(clojure.string/join "/" ["10", 20, 30M, 40N])
```

이 표현식의 결과는 10/20/30/40이다. 매개변수로 요소 사이에 추가할 구분자를 지정한다. 목록에 다양한 유형의 값(문자열 "10", 정수 20, BigDecimal 30M, BigInt 40N)을 포함하고 있더라도, 모두 문자열로 변환된다.

require로 clojure.string 라이브러리를 가져오는 것을 권장한다.

```
(require '[clojure.string :as str])
(str/join, "/" [1, 2, 3])
```

다음은 clojure.string 네임스페이스에 존재하는 다른 일반적인 함수 목록이다. 이 표의
예는 앞의 예제에 있는 (require '[clojure.string :as str]) 행으로 clojure.string
라이브러리를 로드했다고 가정한다.

이름	설명	예제 입력 ⟶ 출력
blank?	전달된 문자열이 nil이거나 빈 문자열, 공백 문자만 포함한 문자열인 경우 true를 반환하고, 그렇지 않으면 false를 반환한다.	(str/blank? " ") ⟶ true
capitalize	문자열의 첫 번째 문자를 대문자로 하고 나머지는 소문자로 변환한다.	(str/capitalize "JVM rules") ⟶ "Jvm rules"
ends-with?	문자열이 특정 문자 혹은 문자열로 끝나는지 여부를 반환한다.	(str/ends-with? "Hi" "i") ⟶ true
last-index-of	문자가 문자열에서 마지막으로 나타나는 위치를 0부터 계산해 반환하고, 문자가 문자열에 없으면 null을 반환한다.	(str/last-index-of "HELLO" "L") ⟶ 3
lower-case	문자열의 모든 문자를 소문자로 변경한 복사본을 반환한다.	(str/lower-case "HeLlO") ⟶ "hello"
replace	입력 문자열의 일부를 다른 문자열로 교체한다.	(str/replace "HELLO" "ELLO" "i!") ⟶ "Hi!"
reverse	입력 문자의 문자를 역순으로 배열한 문자열을 반환한다.	(str/reverse "!iH") ⟶ "Hi!"
split	정규식을 이용해 문자열을 분할한다. 클로저에서 정규식은 #을 앞에 위치시킨다.	(str/split "a-b-c" #"-") ⟶ ["a" "b" "c"]
lit-lines	윈도우에서 사용하는 행 종단 부호(CR+LF 혹은 실행)나 리눅스(그리고 다른 많은 인기 있는 운영체제)의 LF n 문자로 문자열을 분할한다.	(str/split-lines "A\nB\r\nC") ⟶ ["A" "B" "C"]
trim	앞뒤의 공백 문자(Space 바와, Tab, CR, LF)를 제거한다.	(str/trim " A\nBC\t\n") ⟶ "A\nBC"
upper-case	문자열의 모든 문자를 대문자로 변경해 반환한다.	(str/upper-case "abC") ⟶ "ABC"

 라이브러리에는 여기서 설명한 함수보다 더 많은 함수를 포함하고 있으니 문서를 꼭 읽어
보길 바란다.

클로저는 문자에 대해 기본 타입 char를 사용하지 않는다. 클로저의 문자는 java.lang.Character 인스턴스이고 역슬래시를 문자 앞에 붙여 생성할 수 있다.

```
(println \H \e \l \l \o)
```

앞의 코드는 H e l l o 를 콘솔에 출력한다. println 함수에 전달된 매개변수는 문자열이 아니므로 큰따옴표가 필요 없다. 대신 각 문자를 java.lang.Character 클래스 인스턴스로 변환하고 println 함수는 간단히 왼쪽에서부터 오른쪽으로 지정된 모든 클래스 인스턴스를 출력한다.

문자의 UTF−16 코드를 안다면 char 함수를 사용할 수도 있다.

```
(println (char 65))
```

ASCII 문자 #65는 A이고 UTF−16 인코딩은 전통적인 ASCII 문자셋과 호환 가능하므로 앞의 표현식은 A를 출력한다. 함수에 전달하기 전에 매개변수를 평가하므로, 앞의 예제에서는 추가적인 괄호가 필요하다는 점을 유의하자. 만약 괄호를 없애면 char 함수에 대한 참조가 출력되고 65가 출력될 것이다.

컬렉션

스칼라와 마찬가지로 클로저는 자신만의 고유한 컬렉션 클래스를 구현해 제공한다. 클로저는 변경이 불가하고 지속되는 컬렉션이 필요했다(앞에서 설명한대로, 이런 맥락에서 지속성은 메모리를 안전하게 유지하기 위해 컬렉션에서 새로운 복사본은 이전 복사본에 대한 참조를 사용한다는 것을 의미한다).

클로저는 컬렉션에 대한 인터페이스를 제공하고, 클래스의 어떤 구현체를 사용할지를 결정한다. 심지어 특정 함수를 호출할 때 구현을 변경할지를 결정하기도 한다. 모든 컬렉션은 동일한 인터페이스를 구현하기 때문에, 일반적으로 문제가 되지 않는다.

다음의 컬렉션 유형을 살펴보자.

- 리스트
- 벡터
- 세트
- 해시맵

리스트

보통의 리스트는 list 함수로 생성한다.

```
(list "item 1" "item 2")
```

리스트는 모든 클로저 컬렉션이 구현하는 **ISeq**라는 클로저의 인터페이스를 구현한다. 짧게 살펴본 벡터와는 다르게 리스트는 반복이 가능하지만(7장 뒷부분에서 반복을 설명한다), 인덱스를 기반으로 하는 반복 검색에 최적화돼 있지 않다. 클로저는 리스트에서 특정 항목을 찾기 위해 리스트를 검색하는 nth 함수를 제공하지만 항목을 찾기 위해 컬렉션을 반복해서 검색해야 하기 때문에 매우 효율이 떨어지는 방법이다.

```
(nth (list "item A" "item B" "item C") 2)
```

이 코드는 세 번째 항목(인덱스는 0부터 시작한다)을 찾기 위해 nth가 리스트를 반복해서 검색하도록 한다. 예상대로 item C가 반환된다. 다음은 nth가 동작하는 방식을 표현한다.

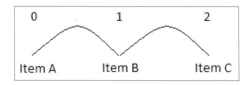

수백 개의 항목을 가진 리스트를 가지고 있을 때 발생할 일을 상상해보라. 다행스럽게도 클로저는 인덱스 처리가 필요할 때 좀 더 적합한 데이터 구조를 갖고 있다.

기존의 리스트에 새로운 항목을 추가해서 새로운 리스트를 만들고 싶을 때, conj 함수를 사용하면 된다. 다음은 conj 함수를 사용한 예다.

```
(conj (list 10 20 30) 40 50)
```

놀랍게도 새로운 리스트는 (40 50 10 20 30)을 반환한다. 설계 시 리스트는 리스트의 항목을 헤더 즉, 리스트의 시작 부분에 추가하는 데 최적화돼 있기 때문이다.

벡터

벡터^{vector}는 자바의 ArrayList 클래스와 매우 비슷하다. 리스트와는 다르게 벡터는 ArrayList 객체처럼 특정 인덱스의 항목을 조회하는 데 최적화돼 있다. 벡터는 vector 함수를 사용해서 생성한다.

```
(vector 10 20 30)
```

앞의 코드는 [10 20 30]을 반환한다. 대괄호로 벡터를 생성할 수도 있다. 다음 코드는 앞의 코드와 동일하게 동작한다.

```
[10 20 30]
```

괄호는 함수 호출을 필요로 하기 때문에 앞의 예제에서는 괄호를 추가하지 않았다.

nth 함수로 특정 인덱스의 항목을 검색할 수 있지만 권장하지 않는다. 앞에서 설명했듯이 nth 함수는 항목을 찾기 위해 컬렉션 전체를 반복한다. 벡터를 사용할 때는 get 함수를 사용하면 더욱 편리하다. 리스트가 지원하지 않는 get 함수는 직접 참조를 읽어 항목을 조회한다.

```
(get [10 20 30] 1)
```

앞의 표현식은 20을 반환한다.

벡터는 컬렉션 끝에 항목을 추가하도록 최적화돼 있다. 이번에는 벡터에 항목을 추가해 보자.

```
(conj [10 20 30] 40 50)
```

이 예제는 [10 20 30 40 50]을 반환한다.

세트

세트set는 고유한 값을 가진 값의 모음이다. 세트에 이미 존재하는 값을 추가하면 값을 다시 추가하지 않는다. 해시 세트(추가한 요소의 원래 순서를 유지하지 않는 세트의 한 종류)를 생성하려면 다음의 글자 표기법을 사용하라.

```
#{ 10 20 30 }
```

세트는 다른 순서로 정렬된 값을 반환한다. 이 경우 #{20 30 10}을 반환했다.

추가한 요소의 순서를 유지하는 정렬된 세트를 생성하려면 sorted-set 함수를 사용한다.

```
(sorted-set 10 20 30)
```

이제 동일한 순서를 가진 #{10 20 30} 세트를 반환해야 한다. 정렬된 세트는 해시 세트보다 더 많은 자원을 소비한다는 점을 주의한다.

벡터와 비슷하게 get 함수를 사용해 세트에서 값을 조회할 수 있고, 세트에 값을 추가할 때 conj 함수를 사용한다.

해시맵

벡터와 마찬가지로, 해시맵^{hash-map}은 hash-map 함수와 { }를 사용해 생성할 수 있다. 다음 두 개의 코드는 동일하다.

```
(hash-map :key1 "value1", :key2 "value2")

{:key1 "value1", :key2 "value2"}
```

키/값 쌍을 구분하는 콤마(,)는 꼭 필요하지 않지만 코드를 읽기 쉽게 하기 위해 사용하는 편이 좋다. 대부분의 표준 HashMap 구현처럼 키/값 쌍의 순서는 예측할 수 없다. 저자의 경우 {:key2 "value2", :key1 "value1"}이 결과로 출력됐다.

앞의 예제에서 두 키는 키워드다. 키워드는 이름 앞에 콜론(:) 문자를 붙여서 만든다. hash-map 키에는 필요하지 않지만 좀 더 효율적이고 빨리 찾을 수 있기 때문에 가능하면 콜론 사용을 권장한다. 키워드는 그 자체로 평가돼, REPL에 :key1을 입력하면 결과로 :key1을 출력한다.

HashMap에서 값을 조회하려면, 벡터에서 항목을 조회할 때 사용했던 get 함수를 사용하면 된다.

```
(get { :key1 "value1", :key2 "value2" } :key2)
```

이 코드는 "value2"를 반환한다.

HashMap에서 값을 조회하기 위해 키로 키워드를 사용한다면 get 함수 호출을 제거해야 한다.

```
(:key1 { :key1 "value1", :key2 "value2" })
```

이 코드는 "value1"을 반환한다.

변경된 키/값 쌍을 가진 새로운 hash-map 객체를 생성하려면 assoc 함수를 사용하라.

```
(assoc { :k1 "v1", :k2 "v2" } :k3 "v3", :k2 nil)
```

이 코드는 새로운 hash-map {:k1 "v1", :k2 nil, :k3 "v3"}를 생성한다.

두 해시맵을 병합하려면 merge 함수를 사용하라.

```
(merge { :k1 "v1", :k2 "v2" } { :k2, nil, :k3 "v3" })
```

이 코드도 {:k1 "v1", :k2 nil, :k3 "v3"}를 반환한다.

hash-map이 현재 키를 포함하고 있는지 확인할 때는 contains? 함수를 사용하라.

```
(contains? { :k1 "v1", :k2 "v2" } :k3)
```

맵은 키가 :k3 키워드인 항목을 포함하고 있지 않으므로, 이 코드는 false를 반환한다.

배열 반복과 루프

클로저의 for 함수는 매우 강력하고, 가장 단순한 형태로 컬렉션 전체를 반복한다.

```
(for [x ["A" "B" "C"]]
 x)
```

앞의 코드는 새로운 리스트 ("A" "B" "C")를 반환한다.

하나의 for 루프에 여러 개의 반복을 추가하는 일도 가능하다.

```
(for [x [1 2 3],
      y [100 200]]
  (+ x y))
```

항상 그렇듯이 쉼표는 선택 사항이다. 이 코드는 새로운 리스트 (101 201 102 202 103 203)을 반환한다.

:let 키워드를 추가해 새로운 로컬 변수를 정의하고 각 반복에 대해 호출하는 함수를 정의할 수 있다. 로컬 변수는 for 루프의 본문에서만 사용할 수 있고 변경이 불가하다.

```
(for [x [10 20 30]
      :let [y (* 2 x)]]
  (list x y))
```

앞의 코드는 세 개의 리스트를 포함한 새로운 리스트 ((10 20) (20 40) (30 60))을 반환한다.

참 혹은 거짓을 반환하는 함수와 함께 :while 키워드를 추가할 수 있다. 이 함수가 거짓을 반환할 때 반복을 멈춘다.

```
(for [x [10 20 30]
      :let [y (* 2 x)]
      :while (<= y 40)]
  (list x y))
```

이 코드는 리스트 ((10 20) (20 40))을 반환한다.

마지막으로 :when 키워드와 함께 조건을 추가할 수 있다. 표현식은 true 혹은 false를 반환해야 한다. true를 반환하면 값을 리스트에 추가하고, 그렇지 않으면 값을 무시한다. 반복은 값을 무시할 때까지 계속된다.

```
(for [x (range 10)
     :let [y (* x x)]
     :when (= (mod y 2) 0)]
 y)
```

앞의 함수는 (0 4 16 36 64)를 반환한다. (range 10) 함수는 0부터 9(포함)까지의 일련 번호를 생성한다.

조건

for 함수에 :while과 :when 키워드를 지정할 때 간단하게 조건문을 살펴봤다. 다시 말해, 클로저는 연산자를 제공하는 대신 참 혹은 거짓을 평가하는 일반적인 함수를 제공한다. 다음 표에서 소개하는 모든 함수는 가변 길이 인자 함수variadic다. 즉 함수에 두 개 이상의 값을 지정할 수 있다는 의미다. 여기에 가장 중요한 기능이 있다.

함수	설명	예제 입력 → 출력
==	지정된 매개변수 모두가 같은 값인 경우 true를 반환한다.	(== 42 42.0 42M 42N) → true
not=	지정된 매개변수 중의 하나가 다음 매개변수와 같지 않은 경우 true를 반환한다.	(not= 1 1 2) → true
<	각 매개변수가 다음 매개변수보다 작으면 true를 반환한다.	(< -1 5 10) → true
>	각 매개변수가 다음 매개변수보다 크면 true를 반환한다.	(> 10 5 -1) → true
<=	각 매개변수가 다음 매개변수와 같거나 작은 경우 true를 반환한다.	(<= 5 5 6) → true
>=	각 매개변수가 다음 매개변수보다 같거나 큰 경우 true를 반환한다.	(>= 6 6 5) → true
and	논리연산자 AND	(and (> 6 5) (< -1 10)) → true
or	논리연산자 OR	(or (== 3 10) (> 5 3)) → true
not	논리연산자 NOT	(not (== 1 5)) → true

클로저는 if 함수도 제공한다.

```
(if (< 100 10) "This is true" "This is completely false")
```

첫 번째 매개변수가 true이면 두 번째 매개변수의 평가된 값을 반환한다. 만약 첫 번째 매개변수가 false면 세 번째 매개변수를 반환한다. 앞의 예제는 "This is completely false"로 평가된다. 다음은 if 함수에 대한 몇 가지 주의 사항이다.

- nil은 false로 평가된다.
- else 부분(세 번째 매개변수)을 꼭 정의할 필요는 없다. 이 부분을 정의하지 않고 조건문이 false를 반환하면 표현식을 nil로 평가한다.

▌ 자바 클래스와 동작하기

지금까지 알려진 바와 같이, 클로저는 객체지향 언어가 아니다. 하지만 클로저 팀은 클로저가 자바 클래스 라이브러리와 다른 JVM 라이브러리의 클래스를 생성하고 적절히 사용할 수 있도록 하기 위해 몇 가지 기능을 추가했다.

클래스 인스턴스를 생성하는 방법은 두 가지가 있다. 첫 번째는 new를 사용하는 방식이다.

```
(def x (new java.util.ArrayList () ))
```

여기서는 ArrayList 인스턴스를 가리키는 변수를 정의한다. 빈 list( ) 메소드를 전달해 클래스의 생성자에 어떤 매개변수도 전달하지 않는다. 인스턴스를 생성하는 다른 방법은 클래스 이름에 점(.)을 추가하는 것이다.

```
(def x (java.util.ArrayList. () ))
```

ArrayList에 점을 추가한 것을 주의하라. 두 가지 방식의 기능적 차이는 없다.

 클로저 프로그램에서 변경 가능한 컬렉션을 사용하기 전에 두 번 생각하라. 클로저는 함수형 프로그래밍 언어이기 때문에, 가능하면 클로저의 불변 컬렉션을 사용하는 것이 더 좋다.

객체 인스턴스에 대한 메소드를 호출하려면 앞에 점을 붙인 메소드 이름 뒤에 인스턴스를 쓰고 이어서 메소드의 매개변수를 작성한다.

```
(.add x 10)
```

add 메소드는 true를 반환한다. 내용을 살펴보기 위해 간단히 REPL에서 x를 입력하고 Enter를 누른다. [10]이 출력될 것이다.

하나의 인스턴스에 대해 여러 개의 메소드를 호출하는 편리한 방법은 doto 매크로를 사용하는 방법이다.

```
(doto x (.add 20) (.add 30) (.add 40))
```

doto 매크로는 객체 인스턴스를 반환하므로, 앞 코드는 [10, 20, 30 40]을 출력한다.

정규화된 클래스 이름과 슬래시 그리고 멤버 이름을 지정해서 클래스 속성(정적 필드)에 접근할 수 있다.

```
(java.lang.Integer/MAX_VALUE)
```

이 코드는 2147483647을 반환한다.

다음은 메시지를 출력하기 위해 java.lang.System 클래스의 정적 out 필드를 사용하는 다른 예제다.

```
(.printf System/out "Hello %s!!n" (into-array String (list "world")))
```

이 코드는#object[java.io.PrintStream 0x4ea5b703 "java.io.PrintStream@4ea5b703"]와 같은 무언가를 출력한다(값은 실행하는 기계에 따라 달라진다).

앞의 코드는 몇 가지 트릭을 보여준다.

- 클로저는 내부적으로 java.lang 패키지를 가져온다. 그래서 정규화된 클래스 이름 java.lang.System을 사용할 필요가 없다.
- PrintStream 클래스의 printf 메소드의 두 번째 인자는 문자열 배열(String [])이다. 그래서 클로저의 into-array 함수를 사용해서 하나의 항목을 가진 리스트를 문자열 배열로 변환한다.
- println 메소드는 PrintStream 객체를 반환한다. 그래서 표현식을 앞서 출력한 객체로 평가한다.

deftype과 defrecord를 가진 간단한 자바 클래스 생성

클로저는 동적으로 피처 생성자와 필드를 가진 자바 클래스를 생성하는 데 사용할 수 있는 deftype와 defrecord 매크로를 제공한다. 이런 클래스는 간단한 데이터를 보관하는 타입을 정의하는데 사용할 수 있다. 다음은 deftype 매크로를 사용한 사례다.

```
(deftype Position2D [x y])
```

x와 y 두 개 필드를 가진 Position2D 클래스를 정의한다. 이 클래스를 기반으로 한 객체의 인스턴스를 생성하기 위해 다음과 같이 작성한다.

```
(def position (Position2D. 5 10))
```

이 코드는 인스턴스 필드 x=5와 y=10을 가진 position 변수를 생성한다. 클래스 이름 Position2D 뒤에 점이 필요하다는 점을 주의하라. 이런 문법은 앞에서 이미 설명했다.

매크로로 클래스를 지정하는 과정 중에 하나 이상의 자바 인터페이스를 지정하면, 생성된 클래스에 메소드를 추가할 수도 있다. 하지만 인터페이스에 정의돼 있는 메소드만 추가할 수 있다. 자바 클래스 라이브러리의 java.io.Closeable 인터페이스를 구현한 폐쇄 가능한closeable 자원을 구현한다고 가정해보자.

```
(deftype SomeCloseableResource []
  java.io.Closeable
  (close
    [this]
    (println "Closing resource...")))
```

java.io.Closeable 인터페이스는 close( )라는 하나의 메소드를 정의한다. 이 메소드는 매개변수가 없지만, 클로저에서는 자바에서 this라고 부르는 인스턴스에 대한 참조를 보관할 변수를 정의해야 한다.

 자바는 자동으로 인스턴스 메소드에서 this 변수를 정의하지만 클로저에서는 각 메소드에서 직접 변수를 정의해야 한다.

다음은 close( ) 메소드를 사용한 예다.

```
(def resource (SomeCloseableResource.))
(.close resource)
```

앞의 코드는 콘솔에 Closing resource...라는 텍스트를 출력한다.

defrecord 매크로는 deftype 매크로와 동일한 문법을 가지지만, 다음과 같은 중요한 차이가 있다.

- defrecord로 정의한 클래스는 확장 가능한 필드를 가진 영구적인 맵을 특징으로 한다. 클래스를 정의할 때 정의하지 않은 추가적인 키를 객체에 추가할 수 있다.
- deftype으로 정의한 클래스는 가변 필드를 선택적으로 지원한다. defrecord로 정의한 클래스에서 필드는 항상 변경이 불가하다.

다음은 defrecord로 정의한 클래스 예다. 예제는 이 클래스가 맵과 같은 인터페이스를 구현하는 것을 보여준다.

```
(defrecord Record [:field1 :field2])
(def rec (Record. "value1" "value2"))

(contains? rec :field2)
```

이 표현식은 true를 반환한다.

▌ 에이전트로 상태 관리하기

멀티스레드 프로그램에서 변경 가능한 상태를 안전하게 관리하기 위해 클로저는 에이전트agent를 제공한다. 각 에이전트는 상태를 보관하는 하나의 객체를 관리하는 책임이 있다. 대부분 상태 객체를 클로저 고유의 변경이 불가한 데이터 구조 중에 하나에 저장한다. 특정 에이전트의 상태를 변경하려면 액션을 객체에 전달하면 된다. 액션은 에이전트가 실행하는 차단되지 않는 일반적인 함수다. 액션의 반환 값은 에이전트의 현재 상태를 의미한다.

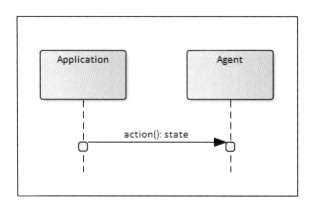

클로저가 관리하는 내부의 스레드 풀에서 제공하는 스레드가 에이전트를 실행한다. 에이전트는 응답을 위해 만들어졌다. 클로저는 결코 액션을 처리하는 동안 차단하지 않는다. 그래서 에이전트가 어느 스레드에서 동작하는지 상관없이 다른 코드가 어느 때나 에이전트의 상태를 안전하게 읽을 수 있다. 에이전트에 액션을 비동기적으로 전달하고 에이전트의 스레드가 나중에 액션을 가져온다. 에이전트의 스레드는 액션을 실행하고 그 결괏값을 에이전트의 새로운 상태로 한다.

에이전트에 유효성 검사기validator를 추가할 수 있다. 검사기는 새로운 상태를 검사하고 이 상태를 수용할지 거부할지를 결정하는 함수다. 검사기를 에이전트에 추가하면 액션이 먼저 검사기에 전달된다. 검사기가 새로운 상태를 수용하면 액션의 응답은 에이전트의 새로운 상태가 된다. 하지만 검사기가 액션을 거절하면 액션의 반환 값은 버려지고 예외가 발생한다.

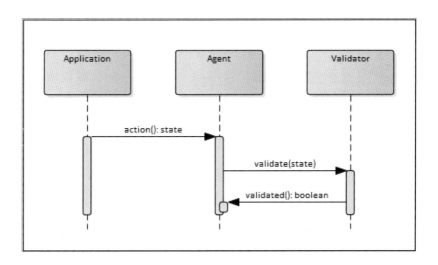

에이전트에 감시기watcher를 추가할 수도 있다. 감시기가 있는 경우 에이전트의 상태를 성공적으로 변경하고 나면 감시기가 호출된다. 예외가 발생하면 에이전트가 오류를 캐시에 저장하고, 에이전트는 에이전트를 다시 시작할 때까지 액션을 수용하지 않는다.

에이전트는 스레드 풀이 제공하는 스레드에서 동작하기 때문에 에이전트가 실행하는 동안 JVM이 멈추지 않는다. 그래서 자원을 올바르게 해제하도록 하기 위해 에이전트는 제공하는 함수를 사용해서 적절히 클로저를 중단해야 한다.

에이전트 예제

에이전트는 agent 함수로 생성한다. 송장의 상태를 유지하는 가상의 에이전트를 생성해 보자. 간단히 하기 위해 고객 이름과 송장을 처리할지 여부를 나타내는 Boolean 플래그만 저장한다.

```
(def invoice-agent (agent (hash-map :name nil, :isProcessed false)))
```

이 코드는 에이전트를 생성해서 invoice-agent 변수에 참조를 저장한다. 에이전트의 상태를 위해 고객의 이름(초기에는 빈 값)과 송장을 처리할지 여부를 나타내는 플래그(초깃값은 false)를 보관하는 변경이 불가한 맵을 유지한다.

이 에이전트를 위한 두 가지 액션을 생성해보자.

- update-customer-name 고객의 이름을 변경하는 액션이다.
- update-processed 송장의 isProcessed 플래그를 변경하는 액션이다.

액션은 새로운 에이전트의 상태를 반환하는 보통의 함수라는 점을 기억하라. 액션은 입력으로 에이전트의 현재 상태를 받는다. 여기 두 액션을 위한 코드가 있다.

```
(defn update-customer-name [state name] (assoc state :name name))
(defn update-processed [state flag] (assoc state :isProcessed flag))
```

두 함수 모두 자동으로 에이전트의 현재 상태를 받는다. 두 번째 매개변수로 새로운 고객의 이름 혹은 송장의 처리 여부를 나타내는 플래그 값을 받는다. 두 함수 모두 에이전트 상태에 대한 HashMap의 변경된 복사본을 반환한다. hash-map과 assoc 함수에 대해 설명한 해시맵 절을 다시 확인해보라. 이렇게 반환된 값이 새로운 상태가 된다.

이제 고객 이름을 설정해 에이전트를 테스트해보자.

```
(send invoice-agent update-customer-name "Your Name")
```

send 함수의 첫 번째 매개변수는 액션을 받을 에이전트 인스턴스다. 두 번째 매개변수는 액션이고, 나머지 모든 매개변수는 액션의 매개변수로, 액션의 첫 번째 매개변수(예제의 경우, 두 함수 모두에 대해 state)를 제외했다. 액션과 매개변수를 에이전트에 전달했지만, 에이전트가 액션을 처리하기 전에 send 함수가 반환된다. 에이전트는 별도의 스레드에서 동작하기 때문에, 액션이 처리될 때를 예측할 수 없다. 하지만 동시에 실행되는 많은 스레드를 가진 애플리케이션이 아니기 때문에, Enter를 입력한 후에 바로 액션이 처리될 확률이 높다. send 함수는 에이전트 인스턴스를 반환하지만 이미 invoice-agent 변수에 에이전트의 참조를 가지고 있으므로 무시하고 넘어간다.

에이전트의 현재 상태를 확인하기 위해 에이전트 변수 앞에 @를 붙인 이름을 입력하라.

```
@invoice-agent
```

표현식은 {:name "Your Name", :isProcessed false}라는 결과를 출력한다.

동작한다! 송장을 처리하는 동안 이름을 nil로 설정하는 액션을 거부하는 검사기^{validator}를 추가해보자. 검사기 함수는 새로운 상태를 입력으로 받고 상태 변경을 허락하면 true를 반환한다. 만약 상태 변경을 허용하지 않으면 false를 반환한다.

```
(defn validator-invoice [state]
  (if
    (and
      (get state :isProcessed)
      (clojure.string/blank? (get state :name)))
    false
    true)
)
```

clojure.string 라이브러리의 blank? 함수는 문자열이 nil인 경우 true를 반환하고 그 외의 경우는 false를 반환한다. 에이전트에 검사기를 추가해보자. set-validator! 함수를 사용하면 된다.

```
(set-validator! invoice-agent validator-invoice)
```

처리 플래그를 true로 변경하고 잠시 후에 현재 상태를 요청하라.

```
(send invoice-agent update-processed true)
@invoice-agent
```

에이전트가 이제 처리가 됐음을 확인해야 한다. {:name "Your Name", :isProcessed true}

이름으로 nil을 재설정해 검사기가 잘 동작하는지 확인해보자.

```
(send invoice-agent update-customer-name nil)
@invoice-agent
```

검사기가 이 작업을 거부하기 때문에 이름이 nil로 설정되지 않을 것이다. 에이전트의 오류는 agent-error 함수로 확인해 볼 수 있다.

```
(agent-error invoice-agent)
```

검사기가 메시지를 거부할 때 역추적기술traceback이 자동으로 에이전트 시스템에 발생한다. 그래서 다음과 같은 결과를 반환한다(일부 중략).

```
#error {
  :cause "Invalid reference state"
  ...
}
```

에이전트를 다시 시작하기 전까지 에이전트는 새로운 액션을 수용하지 않음을 주의하라. 그동안 전달받은 액션은 버퍼에 보관된다. 에이전트를 다시 시작하려면 간단히 restart-agent 함수를 호출하라.

```
(restart-agent invoice-agent (hash-map :name nil, :isProcessed false)
:clear-actions true)
```

다시 시작한 에이전트의 상태를 지정해야 한다. 에이전트가 응답하지 않는 동안 버퍼에 보관된 액션을 에이전트가 처리하게 하려면 :clear-actions라는 선택적인 키워드 매개 변수 뒤에 false를 지정하라.

에이전트 시스템을 적절하게 중지하기 위해 shutdown-agents 함수를 실행하라.

```
(shutdown-agents)
```

에이전트 스레드는 이제 중단되고 더 이상 액션에 응답하지 않는다.

▌스타일 가이드

클로저 팀은 웹사이트에 공식적인 스타일 가이드를 게시하지 않지만 https://github.com/bbatsov/clojure-style-guide에 커뮤니티에서 작성한 문서를 제공한다.

다음은 문서에서 설명하는 중요한 규칙이다.

- 들여쓰기는 일반적으로 두 개의 공백 문자를 사용한다.
- defn으로 함수를 정의할 때 하나의 행에 함수 이름과 입력 매개변수를 두고, 새로운 행에서 본문을 작성한다.

```
(defn function1 [input]
( ...function calls here... )
```

- 한 행에 매개변수를 다 지정하지 못하면, 수직으로 매개변수를 정렬하고, 한 개의 공백 문자를 사용하라.

```
(defn function2 []
  (str
      "Hello"
      " and goodbye"))
```

- 리스트의 요소 사이에 쉼표를 두지 마라.
- 해시맵을 코딩할 때 좋은 기호를 사용하라. 하나의 행에 여러 개의 키/값 쌍을 지정할 때 항목을 구분하기 위해 콤마를 사용하라.
- 해당하는 행에 닫는 괄호를 두지 마라(function2 예제에서 확인했듯이, 마지막 행에서 매개변수와 함수 블록을 모두 닫았다).
- 윈도우의 행 종단 부호(CR+LF)보다 리눅스의 개행문자(LF)를 더 선호한다.
- 한 행에는 80문자까지 사용하는 것을 선호한다.

▌퀴즈

1. 클로저는 순수한 함수형 프로그래밍 언어인가?

   a) 예, 순수한 함수형 프로그래밍 언어다.

   b) 아니오, 함수형 프로그래밍 언어지만 상태 변경을 허용하므로 순수한 함수형 프로그래밍 언어는 아니다.

   c) 아니오, 하지만 클로저는 순수한 OOP언어다.

   d) 아니오, 클로저는 함수형 프로그래밍 언어가 아니다.

2. 클로저 REPL에서 다음 코드가 실행되는가?

```
(10)
```

a) 예, 유효한 코드이며, 10을 반환한다.

b) 아니오, 리스트의 마지막 항목은 함수여야 한다.

c) 아니오, 리스트의 첫 번째 항목이 함수가 아니므로 실행되지 않는다.

d) 모두 답이 아니다.

3. 데이터 타입에 맞을 때 클로저가 전체 숫자에 대해 사용하는 기본 유형은 무엇인가?

a) 기본 long 값

b) java.lang.Long 래퍼 클래스 인스턴스

c) 기본 정숫값

d) java.lang.Integer 래퍼 클래스 인스턴스

4. 다음 코드는 어떤 결과를 출력하는가?

```
(println + 25 25)
```

a) 50을 출력한다.

b) + 25 25를 출력한다.

c) 예외가 발생한다.

d) 모두 답이 아니다.

5. 반복 가능한 리스트 컬렉션이 필요하고 컬렉션의 임의의 항목에 접근해야 한다면 리스트와 벡터 중 어느 것을 사용해야 하나?

a) 벡터

b) 리스트

c) 벡터와 리스트 모두 사용 가능하다.

d) 모두 답이 아니다.

▌ 요약

7장에서는 책에서 다루는 다른 언어와 매우 다른 클로저 언어를 살펴봤다. REPL 환경에서 여러 개의 한 줄 표현식을 작성해본 후 클로저 문법이 전혀 어렵지 않다는 점을 알게 됐기를 바란다. 종종 여러 개의 리스트가 중첩된 표현식을 포함한 리스트를 생성함으로 놀랍도록 읽기 쉬운 코드를 작성할 수 있다. 클로저는 함수형 프로그래밍 언어이고 가장 중요한 데이터 구조는 변경이 불가하다는 점도 배웠다. 자바와 다르게 클로저는 기본적으로 객체지향언어가 아니지만 JVM 플랫폼에 매우 잘 호환된다. JVM 객체 인스턴스를 생성했고 메소드를 호출했으며 인스턴스의 필드를 읽었다. 마지막으로 멀티스레딩 애플리케이션에서 상태를 안전하게 관리하는 방법인 에이전트를 살펴봤다. 에이전트를 시험해보려고 간단한 애플리케이션도 작성했다.

이제 클로저의 가장 중요한 규칙을 알았으니, 실제 애플리케이션을 작성할 준비가 됐다.

08

클로저 프로그래밍

7장에서는 REPL에 직접 코드를 입력해 클로저 프로그래밍하는 방법을 살펴봤다. 이런 방식은 작은 프로젝트에서조차도 잘 동작하지만 여러 소스 파일에 코드를 작성하는 경우도 필요하다. 8장의 주요 과제는 프로젝트를 작성하는 것이고, 코드를 작성하기 위해 다시 이클립스 IDE를 사용할 예정이다. 이클립스 IDE에 클로저 호환성을 추가하는 카운터클락와이즈Counterclockwise 플러그인이 있기 때문이다. 클로저 프로젝트를 위한 가장 인기 많은 빌드 도구는 라이닝겐Leiningen이며, 8장의 내용을 설명하는 동안 많이 사용할 것이다.

두 개의 프로젝트를 빌드할 것이다. 한 프로젝트는 함수형 프로그래밍 언어에서 많이 사용하는 모나드monad에 집중 설명하고, 이때 테스트 주도 개발 방식을 적용한다. 클로저를 위한 인기 많은 마이크로 웹 프레임워크인 루미너스Luminus를 사용해 매우 간단한 웹 애플리케이션도 만들어 본다. 다음은 8장에서 다룰 주제다.

- 이클립스 IDE의 카운터클락와이즈 플러그인
- 라이닝겐의 빌드 도구
- 클로저로 실행 가능한 프로그램 작성
- 이클립스 IDE에서 카운터클락와이즈 프로젝트 생성
- 테스트 주도 개발을 적용한 모나드 탐구
- 루미너스 웹 프레임워크

이클립스 IDE의 카운터클락와이즈 플러그인

이클립스 IDE에 클로저 기능을 추가하려면 플러그인이 필요하다. 클로저에서 이런 플러그인을 카운터클락와이즈라고 부른다. 이클립스 IDE를 설치할 필요가 없는 독립 실행형 버전도 사용 가능하지만 이 책에서 다루는 다른 모든 언어처럼 8장에서도 플러그인 버전을 설치하는 방법을 설명한다. 다음은 모든 언어를 지원하게 된 이클립스 IDE의 모습이다.

http://doc.ccw-ide.org/에서 카운터클락와이즈에 대한 문서를 읽어보길 바란다.

카운터클락와이즈 플러그인 설치

이클립스 마켓플레이스에서 제공하는 카운터클락와이즈 버전을 사용한다. 다음 절차에 따라 이클립스 IDE에 플러그인을 설치해보자.

1. 이클립스 IDE의 Help 메뉴에서 Eclipse Marketplace...를 선택한다.
2. 검색 바에 counterclockwise를 입력하고 Enter를 누른다. 카운터클락와이즈 팀이 보증하는 가장 최신의 카운터클락와이즈를 찾아 Install 버튼을 클릭한다.

3. 라이선스 조항에 동의하면 수락을 선택하고 **Finish** 버튼을 클릭한다. 8장에서 설명한 다른 플러그인보다 설치하는 데 시간이 좀 더 오래 걸릴 것이다. 독립 팀의 다른 많은 플러그인과 마찬가지로, 카운터클락와이즈 설치 파일은 현재 서명되지 않았다. 그래서 보안 경고를 표시하는 대화 상자가 나타나면, **OK** 버튼을 클릭해 설치를 확인한다.

4. 자동으로 다시 시작한다는 메시지가 나타나면 **Yes**를 클릭한다.

자바 퍼스펙티브로 변환하기

다른 많은 언어의 플러그인과 다르게 카운터클락와이즈 플러그인은 이클립스 IDE에 클로저 전용 퍼스펙티브를 추가하지 않는다. 대신 개발자가 자바 퍼스펙티브를 활성화해 사용하도록 한다. 이클립스 IDE 창의 오른쪽 상단에서 자바 퍼스펙티브 버튼을 찾아 클릭한다.

자바 퍼스펙티브 버튼이 안 보이면 툴바에서 **Open Perspective** 버튼을 클릭하라. 사용 가능한 퍼스펙티브 목록을 포함한 창이 나타나면, 자바 퍼스펙티브를 찾아 클릭하라.

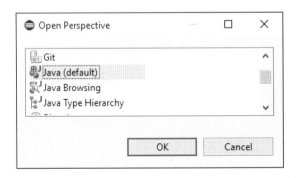

클로저 프로그래밍을 하고 싶을 때와 중간에 다른 퍼스펙티브를 활성화할 때마다 이와 같은 절차를 반복해야 한다.

8장의 내용을 학습하다 보면 새로운 카운터클락와이즈 프로젝트를 생성하거나 기존의 프로젝트를 열 때 카운터클락와이즈 플러그인이 자바 퍼스펙티브의 사용자 인터페이스에 클로저와 관련된 몇 가지 요소를 추가한다.

▌ 라이닝겐 빌드 도구

라이닝겐은 클로저 개발을 위해 사용하는 실질적인 개발 도구 표준이다. 프로젝트는 다음을 구호로 한다.

'화를 내지 않고 클로저 프로젝트를 자동화하기For automating Clojure projects without setting your hair on fire'

카운터클락와이즈 플러그인은 라이닝겐을 기본으로 제공하지만 책을 쓰는 시점에 기본으로 제공되는 버전은 최신 버전이 아니다. 그래서 직접 최신 버전을 설치할 것을 권장한다. 직접 라이닝겐을 설치할 수 있도록 카운터클락와이즈를 구성하는 방법을 설명한다.

좀 더 자세한 사항은 라이닝겐 웹사이트 https://leiningen.org/를 참조하라.

라이닝겐 설치

라이닝겐 설치 절차는 간단하다. 프로젝트의 메인 웹사이트에서 Install 절을 찾는다. 거기서 리눅스와 맥OS용 설치 스크립트와 윈도우용 설치 스크립트를 다운로드할 수 있다. 설치 스크립트를 디렉터리에 두고, 다음 절차에 따라 스크립트를 실행한다.

1. 명령어 프롬프트(윈도우) 혹은 터미널(맥OS/리눅스)에서 스크립트를 저장한 하위디렉터리로 활성화된 디렉터리를 변경한다.

2. 다운로드한 스크립트를 실행하라(리눅스/맥OS에서는 chmod+x SCRIPTNAME으로 실행 권한을 추가해야 한다). 홈 디렉터리의 하위디렉터리 .lein에서 JAR 파일을 찾을 수 없다는 메시지를 확인하게 된다.

```
C:\Users\USERNAME\.lein\self-installs\leiningen-2.7.1-standalone.jar
    can not be found.
You can try running "lein self-install"
or change LEIN_JAR environment variable
or edit lein.bat to set appropriate LEIN_JAR path.
```

3. lein self-install 명령어를 실행하라. 그러면 JAR 파일을 다운로드하고 앞에서 언급한 디렉터리에 둔다.

4. 이제 lein 명령어를 실행하면 옵션 목록을 화면에 출력한다.

5. 운영체제 경로에 스크립트를 저장한 디렉터리를 추가하거나 경로에 이미 존재하는 디렉터리에 스크립트를 복사해서 둔다.

작업 디렉터리를 다른 디렉터리로 이동하고 클로저의 REPL을 시작하는 lein repl 명령어를 실행해 설치가 정상적으로 이루어졌는지 확인하라. 다음과 같은 클로저 표현식을 입력하라.

```
(+ 1 2)
```

콘솔에 3이 출력돼야 한다. 라이닝겐은 REPL에 exit 명령어를 추가한다. 그래서 exit를 입력하고 Enter를 눌러서 REPL을 중단할 수 있다. 콘솔에 Bye for now!라는 메시지가 표시돼야 한다.

별도로 설치한 라이닝겐을 사용하도록 카운터클락와이즈를 구성하라.

1. 이클립스 IDE에서 메뉴바에 있는 **Window ➤ Preferences**를 선택하라.
2. 기본설정^{Preferences} 대화창이 나타난다. 왼쪽 바에서 **Clojure ➤ General**를 확장하라. Leningen jar (empty = use embedded):라는 레이블 옆의 **Browse...** 버튼을 클릭하라. 라이닝겐 설치 스크립트는 홈 디렉터리에 있는 .lein이라는 디렉터리(앞에 점이 있다는 것을 유의하라)에 라이닝겐을 설치한다. 설치 디렉터리에서 JAR 파일을 확인할 수 있을 것이다. 저자의 경우 leiningen-2.7.1-standalone.jar라는 파일을 확인했다.

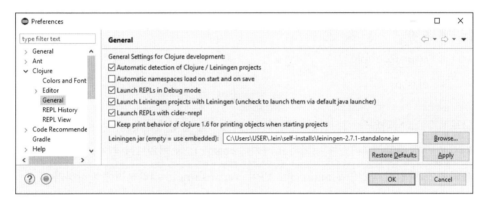

3. **OK** 버튼을 클릭해서 기본 설정 창을 닫는다.
4. 변경을 적용하기 위해 이클립스 IDE를 다시 시작한다.

▌ 클로저에서 실행 가능한 프로그램 작성

지금까지 클로저의 대화형 REPL 셸에 코드 일부만 입력했다. 7장에서 언급했듯이 클로저는 독립적으로 동작하는 컴파일러는 제공하지 않는다. 클로저에서 실행 가능한 프로그램을 생성하려면 코드에서 보통의 클로저 매크로를 호출해야 한다. 클로저 매크로는 내장형 컴파일러가 JVM의 .class 파일을 생성하도록 지시한다. 매크로는 클로저가 코드를 컴파일할 때 클래스만 생성하고 이미 컴파일된 코드를 실행할 때는 아무런 동작을 하지 않는다.

라이닝겐 없이 클래스 파일 컴파일

빌드 시스템 없이 실행 가능한 클래스 파일을 생성해보자. 빌드 시스템을 사용할 때와의 차이를 경험하고 나면 라이닝겐이 더 고맙게 느껴질 것이다. 이클립스 IDE 대신 보통의 텍스트 편집기를 사용해서 작은 프로젝트를 만들어보자. 예제 파일을 둘 루트 디렉터리로 testproject1을 생성하고, 필요한 하위디렉터리를 생성하는 것부터 시작하자.

- com
- com\example
- classes

클로저가 class 파일을 작성하기 전에, JVM 클래스를 생성해야 한다. 이 작업을 하는 한 가지 방법은 네임스페이스를 정의하고 거기에 :gen-class 키워드를 추가하는 것이다. 다음의 소스 파일의 파일명을 main.clj로 하여 com\example 디렉터리에 저장하라.

```
(ns com.example.main
  (:gen-class :name com.example.Main))
  (defn -main [] (println "hi!"))
  (compile 'com.example.main)
```

클로저만 ns 함수의 첫 번째 매개변수로 정의한 네임스페이스를 사용하지만 JVM 패키지 이름과 일치하게 하는 것이 좋다. 클로저에서는 네임스페이스를 소문자만으로 정의하는 것이 관례다. 클로저의 스크립트 파일 이름과 디렉터리 구조를 클로저 네임스페이스와 일치시키는 것은 중요하다. 자바의 소스코드를 패키지 구조에 맞게 저장한다는 점에서 자바와 유사하다. 그러므로, main.clj 파일은 com\example 디렉터리에 저장해야 한다.

ns 함수의 매개변수로 :gen-class 키워드를 지정하고 뒤이어 :name 매개변수를 설정했다. :name 매개변수는 정규화된 JVM 클래스 이름을 지정한다. JVM 규칙을 준수하기 위해 Main을 가리키는 M을 클래스의 이름으로 지정한다.

그런 다음 main 메소드를 클래스에 추가한다. 메소드 이름 앞에 대시 - 를 붙여서 클로저에게 이 메소드를 com.example.Main 클래스에 추가하라고 알린다. 사실 하나의 파일에 여러 클래스를 정의할 때 유용한 다른 접두사를 지정할 수 있다. 클로저는 main이라는 메소드를 JVM의 static void main(String[] args) 변형으로 컴파일하는 로직을 내장하고 있다. 메소드 본문은 간단히 인사 메시지를 출력한다.

마지막으로 compile 매크로를 호출한다. 매크로의 매개변수로 컴파일해야 할 클로저 네임스페이스에 대한 참조를 지정한다. 작은 따옴표를 지정하지만 닫는 작은 따옴표는 지정하지 않음을 주의하자. 오타가 아니다. 이름 앞에 '를 지정하면 심볼이 되고, 심볼은 평가되지 않고 즉시 함수나 매크로로 전달된다.

이 코드를 컴파일하려면 프로젝트의 루트 디렉터리(classes와 com을 하위디렉터리로 갖고 있는 디렉터리다)를 활성화된 디렉터리로 한 다음 명령어 프롬프트나 터미널에 다음 명령어를 실행하라.

```
java -cp ".;.\classes;c:\PATHTO\clojure\clojure-1.8.0.jar" clojure.main
com\example\main.clj
```

PATHTO\clojure를 클로저 JAR 파일의 경로로 대체하고 버전 번호는 자신의 PC에 설치한 버전으로 변경하라. 리눅스와 맥OS 사용자는 클래스경로의 디렉터리 구분자로 ; 대신 :을 사용해야 한다.

클로저는 코드를 컴파일하고 classes 디렉터리에 클래스 파일을 생성하므로, classes 디렉터리를 클래스경로에 지정해야 한다. 그렇지 않으면 컴파일러가 중단된다. classes 디렉터리를 살펴보면 클로저가 여러 개의 클래스 파일을 생성했음을 확인할 수 있다. 클로저의 내부 인프라 구조에서 필요한 몇몇 지원 클래스가 있기 때문이다. 이 파일은 신경 쓸 필요가 없다. 애플리케이션을 실행할 때 클래스경로에 이런 파일을 추가하기만 하면 된다. 이제 애플리케이션을 실행할 시점이다. 활성화된 작업 디렉터리를 classes 디렉터리로 변경하고 다음 명령어를 실행하라.

```
java -cp ".;c:\PATHTO\clojure\clojure-1.8.0.jar" com.example.Main
```

자신의 운영체제에서 사용하는 디렉터리 구분자와 클로저의 경로에 대해서는 앞의 자바 명령어가 제공하는 동일한 지침을 따른다. hi! 메시지를 확인해야 한다.

클래스경로를 지정해야 하기 때문에 절차가 다소 복잡하다. 다음 절에서 확인하겠지만 라이닝겐은 이런 절차를 좀 더 쉽게 만들어준다.

라이닝겐으로 프로젝트 컴파일

이제 라이닝겐 빌드 도구가 모든 세부적인 사항을 처리하도록 해보자. 먼저 라이닝겐이 앱을 위한 빈 프로젝트 골격을 생성하도록 한 다음 컴파일하고 실행한다.

프로젝트를 위한 새로운 루트 디렉터리부터 만들고 활성화된 작업 디렉터리를 루트 디렉터리로 변경하자. 라이닝겐이 제공하는 템플릿을 기반으로 빈 프로젝트 골격을 생성하기 위해 다음 명령어를 입력한다.

```
lein new app testproject2
```

라이닝겐은 app 템플릿을 기반으로 프로젝트 파일을 포함한 testproject2 디렉터리를 새로 생성한다. 라이닝겐이 제공하는 다른 템플릿은 라이브러리를 위한 하나의 프로젝트 파일을 포함한다(템플릿을 지정하지 않으면 app 템플릿이 기본이다). 자신만의 고유한 템플릿도 작성이 가능하다.

생성된 디렉터리의 콘텐츠를 확인해보자. 문서를 저장할 수 있는 doc 파일을 생성했고, src/testproject2 디렉터리는 프로젝트의 소스 파일을 포함한다. core.clj 파일은 Hello World와 같은 스크립트를 포함한 곳에 위치한다. 다른 디렉터리는 단위 테스트를 보관하는 test 디렉터리와 컴파일한 파일이 위치하는 target 디렉터리를 포함한다. project.clj 파일은 프로젝트의 루트 디렉터리에 뒀다. 이 파일은 라이닝겐이 프로젝트를 빌드할 때 사용하는 빌드 파일을 포함한다. 뒤에서 이 파일에 대해 좀 더 자세히 설명한다.

프로젝트 루트가 현재 작업 디렉터리(project.clj 파일을 포함하는 디렉터리)인지 확인하고, 다음 명령어를 입력해서 프로젝트를 실행하라.

```
lein run
```

Hello, World가 출력된다. 살펴본 바와 같이 라이닝겐을 사용해서 프로젝트를 실행하는 데 어려운 점은 없다 직접 복잡한 클래스경로 항목을 지정할 필요가 없기 때문이다. 마지막으로 프로젝트를 컴파일한다. app 템플릿은 편리하게도 uberjar 작업을 구성해서, 코드를 클래스 파일로 컴파일할 뿐만 아니라 JAR 파일도 생성한다. 다시 프로젝트 루트 디렉터리에서 다음 명령어를 실행하라.

```
lein uberjar
```

target/uberjar 디렉터리 하위에 두 개의 jar 파일이 생성된다. 하위디렉터리 classes는 개별 클래스 파일을 포함한다. JAR 파일 중 하나는 testproject2-0.1.0-SNAPSHOT-standalone.jar라는 이름의 좀 더 큰 파일이고 다른 하나는 testproject2-0.1.0-SNAPSHOT.jar라는 이름의 작은 파일이다. 두 파일의 차이는 클로저 런타임 라이브러리를 포함했는지 여부로, 독립실행형 버전은 모든 필요한 의존성을 포함한 모든 것이 갖춰진 JAR 파일이다. 작업 디렉터리를 target/uberjar로 변경하고 다음 명령어가 동작하는지 확인해보자.

```
java -jar testproject2-0.1.0-SNAPSHOT-standalone.jar
```

동작한다. 다시 인사 메시지를 확인하게 된다.

소스 파일 src/testproject2/core.clj는 클로저의 컴파일 함수를 호출하지 않는다는 점이
흥미롭다. 라이닝겐이 내부적으로 컴파일을 처리하기 때문에 컴파일 함수의 호출은 라이
닝겐의 컴파일 작업을 사용할 때 필요 없다.

▍ 새로운 카운터클락와이즈 프로젝트 생성

이제 라이닝겐을 시험해봤으니 카운터클락와이즈 플러그인을 사용해 이클립스 IDE에서
첫 번째 프로젝트를 빌드할 준비가 됐다.

1. 이클립스 IDE에서 패키지 탐색기의 빈 공간에 오른쪽 마우스를 클릭한 다음 New
   ➤ Other...를 선택하라.
2. Select a wizard 대화창이 나타난다. Clojure ➤ Clojure Project를 선택하고 Next
   를 클릭하라.
3. 프로젝트 이름으로 exploring-monads를 입력하고, default 라이닝겐 템플릿
   을 선택하라.

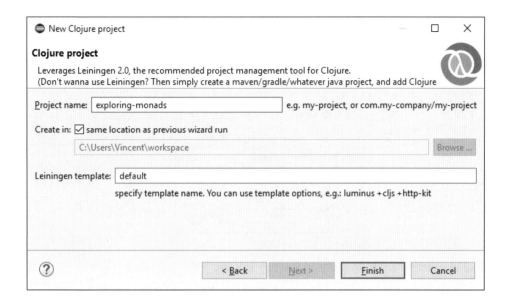

4. Finish 버튼을 클릭해서 프로젝트를 생성한다.

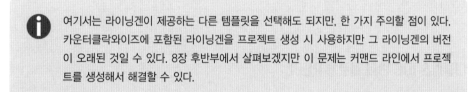

여기서는 라이닝겐이 제공하는 다른 템플릿을 선택해도 되지만, 한 가지 주의할 점이 있다. 카운터클락와이즈에 포함된 라이닝겐을 프로젝트 생성 시 사용하지만 그 라이닝겐의 버전이 오래된 것일 수 있다. 8장 후반부에서 살펴보겠지만 이 문제는 커맨드 라인에서 프로젝트를 생성해서 해결할 수 있다.

프로젝트를 생성하는 절차는 다소 시간이 소요된다. 작업이 완료되면 패키지 탐색기에서 생성된 프로젝트를 살펴보라. 프로젝트의 디렉터리가 친숙해 보여야 한다.

src/exploring_monads/core.clj 파일을 열고, 파일 마지막에 다음 행을 추가하라.

```
(foo "I'm tired of hearing: ")
```

정상 설치를 확인하기 위해, 패키지 탐색기에서 프로젝트 이름을 클릭하고 이클립스 IDE 툴바의 실행 버튼을 클릭하라. 실행 구성을 선택하라는 대화창이 나타나면, Clojure application을 선택하고 OK 버튼을 클릭한다.

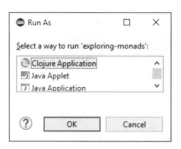

카운터클락와이즈는 이제 클로저의 REPL을 로드한다. 잠깐 시간이 걸릴 것이다. 로딩 작업이 완료되면, REPL을 포함한 새로운 탭이 IDE에 추가된다. 이제 이클립스 IDE 내에서 REPL이 실행되고, 패키지 탐색기에서 core.clj 파일을 클릭하고 툴바의 실행 버튼을 다시 클릭해 코드를 실행할 수 있다. 다소 무례한 메시지--I'm tired of hearing: Hello, World!--가 콘솔에 출력돼야 한다.

이클립스 IDE 안의 클로저 REPL

프로젝트의 클로저 소스코드를 이클립스 내부에서 동작하는 클로저 REPL 인스턴스에서 실행했다. REPL 화면은 두 개의 창으로 구분된다. 위쪽 창은 REPL의 결과를 출력하고, 아래쪽 창은 명령어를 입력하는 데 사용한다. 명령어를 입력하고 Enter를 누르면, 명령어가 위쪽 창에 출력되고 평가된 결과를 출력한다.

동시에 여러 개의 REPL을 실행할 수 있다. 인스턴스를 추가로 실행하려면, 프로젝트 이름을 다시 한 번 클릭한 다음 툴바의 **Run** 버튼을 클릭해서 나타나는 **Run Configuration** 선택 프롬프트에서 클로저 애플리케이션을 선택하라. 카운터클락와이즈는 프로젝트 스크립트를 실행하기 위해 새로운 REPL 탭을 시작할지 혹은 마지막 REPL 인스턴스를 사용할지를 물을 것이다. 새로운 인스턴스를 시작하려면 **OK** 버튼을 클릭하고 마지막에 로딩된 인스턴스를 사용하려면 Cancel을 클릭한다.

REPL에는 마지막으로 활성화된 네임스페이스가 남아 있다. Ctrl+Alt+N(맥OS에서는 cmd+alt+N)을 눌러서 현재 편집기에 활성화된 네임스페이스를 REPL에 활성화시킨다.

> REPL에서 명령어를 입력했을 때 현재 문맥에서 명령어를 찾을 수 없다는 메시지가 나타나면, Ctrl+Alt+N(맥OS에서는 cmd+alt+N) 키 조합을 눌러 네임스페이스를 변경해보라.

프로젝트의 클로저 버전 변경

기본으로 선택된 클로저 버전은 가장 최신 버전이 아닐 것이다. 카운터클락와이즈에서 가장 최신의 라이닝겐 버전을 사용하도록 선택했기 때문에, 클로저 버전을 업데이트할 수 있다. 패키지 탐색기에서 project.clj 빌드 파일을 열어라. 같은 디렉터리에 있는 이클립스 프로젝트 파일 정의를 포함한 .project 파일이 아니라 project.clj 파일을 선택했는지 확인하라. 앞서 언급했듯이 project.clj는 프로젝트를 빌드하고 실행하는 데 사용하는 라이닝겐 빌드 파일이다. 저자의 경우 빌드 파일의 내용은 다음과 같다.

```
(defproject exploring-monads "0.1.0-SNAPSHOT"
  description "FIXME: write description"
  :url "http://example.com/FIXME"
  :license {:name "Eclipse Public License"
            :url "http://www.eclipse.org/legal/epl-v10.html"}
  :dependencies [[org.clojure/clojure "1.6.0"]]
```

```
:main ^:skip-aot exploring-monads.core
:target-path "target/%s"
:profiles {:uberjar {:aot :all}})
```

라이닝겐이 프로젝트와 빌드 요구 사항을 정의하는 데 클로저의 소스코드를 사용한 것을 확인할 수 있다. 이는 정보를 저장하기 위해 XML 파일을 사용하는 메이븐과 같은 다른 빌드 도구와 다른 점이다. 사실 클로저의 '코드는 데이터고 데이터는 코드다code is data and data is code'라는 원칙이 여기서 증명된 것이다. 몇 가지 키워드와 그에 대응하는 값을 매개변수로 허용하는 라이닝겐의 defproject 매크로를 사용해 빌드 파일을 정의한다.

defproject 매크로의 매개변수는 프로젝트 설명, 프로젝트 URL, 라이선스와 같은 많은 메타데이터를 포함한다. :main 키는 exploring-monads.core 네임스페이스 내에 정의한 프로그램을 실행할 때 호출되는 main 함수를 지정하며, 하위디렉터리 src/exploringmonads의 core.clj 파일로 해석된다. :dependencies 키는 현재 의존성을 지정한다. 현재 이 프로젝트의 유일한 의존성은 클로저 1.6이다.

:aot 참조는 클로저의 AOTahead of time 컴파일 기능을 처리한다. aot는 컴파일 작업을 할 때 클래스 파일에 어떤 네임스페이스를 컴파일할지 결정한다. :all 값을 지정하면, 모든 네임스페이스를 컴파일함을 의미한다. 예제의 경우, uberjar 작업을 사용할 때 aot를 적용할 수 있다. 메타데이터 ^:skip-aot를 설정해서 main 함수의 AOT 기능을 건너뛰는 것이 관례다.

이 프로젝트에서 사용하는 클로저 버전을 업데이트하려면 다음 절차를 따라 해보라.

1. 간단히 :dependencies 절의 버전 번호를 변경하라. 책을 출간할 때 사용 가능한 클로저의 최신 버전은 1.8.0이어서, 1.6.0을 1.8.0으로 변경했다.
2. Ctrl+S(맥OS는 cmd+S)를 눌러서 파일을 저장하라. 카운터클락와이즈는 즉시 프로젝트를 업데이트하고 지정한 버전으로 클로저 버전을 교체한다.

3. 탭의 Close 아이콘을 클릭해서 REPL을 닫는다. core.clj 파일을 다시 열고, 툴바의 Run 아이콘을 누른다. 이제 새로운 클로저 버전을 사용하는 REPL 탭을 확인해야 한다.

의존성 추가

모나드 라이브러리를 사용할 예정이다. 라이닝겐에게 제공해야 할 모나드의 버전과 의존성에 대한 상세 정보를 확인하기 위해 프로젝트의 웹사이트 https://github.com/clojure/algo.monads를 방문해보라.

책을 쓰는 시점의 최신 버전은 0.1.6이다. 라이닝겐의 의존성 정보는 홈페이지에서 확인할 수 있다. 저자의 경우 다음과 같이 지정했다.

```
[org.clojure/algo.monads "0.1.6"]
```

이클립스에서 project.clj 파일을 열고 앞선 코드의 벡터에 :dependencies 벡터를 추가해서 새로운 의존성을 추가하라. :dependencies 행은 이제 다음과 같이 보여야 한다.

```
:dependencies [[org.clojure/clojure "1.8.0"],
               [org.clojure/algo.monads "0.1.6"]]
```

Ctrl+S를 눌러서 파일을 저장할 때, 카운터클락와이즈는 즉시 프로젝트를 업데이트한다. 패키지 탐색기에서 라이닝겐의 의존성 트리를 확장할 때 목록에 algo.monads가 보일 것이다.

▌ 테스트 주도 개발을 통한 모나드 탐구

함수형 프로그램에서 간단한 컴포넌트를 빌드하기 위해 모나드^{monad}를 사용한다. 모나드는 안전한 방법으로 일련의 연산을 연결하기 위해 사용한다. 각 컴포넌트는 값을 캡슐화하고 호출할 다음 컴포넌트는 앞 컴포넌트의 결과를 입력으로 처리할 수 있다. 예를 들어 컴포넌트 A가 nil(null)을 결과로 산출하고 연산 체인 내의 다음 컴포넌트가 입력으로 nil을 처리할 수 없으면 연산 체인은 자동으로 중단된다.

순수 함수형 프로그래밍 언어인 하스켈^{Haskell}에서 두드러지게 모나드를 사용한다. 여전히 다른 함수형 프로그래밍 언어에서도 모나드를 유용하게 사용할 수 있다. 여기에서는 모나드를 간략하고 개괄적인 부분만 알아보고 수많은 복잡한 이론이나 배경 지식은 건너뛴다.

화려한 형식의 메시지를 반환하는 간단한 모나드를 만들 계획이다. 이 모나드는 전달한 문자열의 앞뒤에 수많은 별표를 추가한다. src/exploring-monads/core.clj 파일을 열고, 단위 테스트를 수행하는 다음의 main 코드로 코드를 교체하라. 코드를 커밋하기 전, API가 올바른지 확인하기 위해 pretty-msg 함수의 더미 구현부터 시작한다.

```
(ns exploring-monads.core)
(use 'clojure.algo.monads)
(defn pretty-msg [msg asterisk-amount]
   (str ""))
```

파일을 저장하라. 이제 단위 테스트를 저장하는 소스 파일을 정의한다. test/exploring-monads/core_test.clj 파일을 열고 파일의 내용을 다음 코드로 변경하라.

```
(ns exploring-monads.core-test
  (:require [clojure.test :refer :all]
            [exploring-monads.core :refer :all]))
(deftest test-sane-parameters
  (testing "pretty-msg with with sane parameters"
    (is (= (pretty-msg "test" 3) "***test***"))))
```

이 코드는 테스트 케이스를 포함하는 exploring-monads.core-test 네임스페이스를 정의한다. :require 키워드는 clojure.test와 exploring-monads.core에 대한 참조를 추가한다. 마지막으로 첫 번째 테스트 케이스를 정의한다. 테스트 케이스에 대한 좀 더 자세한 사항은 테스트를 실행한 후에 설명한다.

 TIP 파일의 내용을 실행 중인 클로저 REPL 인스턴스에 전달하기 위해 Ctrl+Alt+S(윈도우/리눅스) 혹은 cmd+alt+s(맥OS) 키 조합을 사용할 수 있다.

업데이트한 코드를 실행하기 위해 다음 절차를 따라 해보라.

1. src/exploring−monads/core.clj 파일을 열고, Ctrl+Alt+S(맥OS는 cmd+alt+S)를 누른다.

2. test/exploring−monads/core_test.clj 파일을 열고, Ctrl+Alt+S(맥OS는 cmd+alt+S)를 다시 누른다.

3. Ctrl+Alt+N(맥OS는 cmd+alt+n)을 눌러서 REPL의 활성화된 네임스페이스를 변경하라.

실행 중인 클로저 인스턴스가 이제 코드를 컴파일한다. 대부분의 IDE가 JVM에 제공하지만 카운터클락와이즈에 없는 기능 중 하나가 단위 테스트에 대한 지원 기능이다. 단위 테스트를 실행하는 한 가지 방법은 REPL에서 직접 run-test 함수를 실행하는 것이다. 테스트를 실행하기 위해 클로저의 REPL 탭에서 다음 행을 입력하라.

```
(run-tests)
```

 편의상 REPL이 스크립트를 분석할 때 자동으로 테스트를 실행하도록 스크립트에 run-test 호출을 추가할 수 있다. 하지만 라이닝겐 빌드의 테스트 커맨드를 사용할 때 충돌이 발생할 수 있으므로 이 방식을 권장하지는 않는다.

다음을 출력해야 한다.

```
Testing exploring-monads.core-test
FAIL in (test-sane-parameters) (core_test.clj:7)
pretty-msg with with sane parameters
expected: (= (pretty-msg "test" 3) "***test***")
 actual: (not (= "" "***test***"))

Ran 1 tests containing 1 assertions.
1 failures, 0 errors.
{:test 1,
 :pass 0,
 :fail 1,
 :error 0,
 :type :summary}
```

actual: (not (= "" "***test***")) 행은 무엇이 잘못됐는지 보여준다. pretty-msg 함수는 기대했던 문자열 ***test*** 대신 빈 문자열 ""을 반환했다. pretty-msg의 API

가 테스트에 성공하도록 이제 pretty-msg를 구현하자. 모나드를 이용할 것이다. src/monad_test/core.clj 파일을 열고 기존 함수를 다음 코드로 교체하라.

```
(defn pretty-msg [msg asterisk-amount]
  (domonad identity-m
           [a asterisk-amount
            b (clojure.string/join (repeat a "*"))
            c (str b msg)]
           (str c b)))
```

정의에 의하면 모나드는 bind 함수를 포함한다. bind 함수는 한 컴포넌트의 결과를 다음 컴포넌트의 입력으로 사용할 수 있고, 결정을 내리는 데 사용할 수도 있게 해준다. 예제에서는 clojure.algo.monads 라이브러리에서 제공하는 기본 bind 함수를 가지는 모나드 타입만 사용한다. 앞의 예제에서는 bind 함수를 가지는 identity-m 모나드 타입을 사용하지만 어떤 방식으로 값을 처리하거나 값에 기반해서 결정을 내리는 데 사용하지 않는다. 뒤에서 bind 함수를 사용하는 다른 모나드 유형을 사용하고 좀 더 자세히 bind 함수를 설명할 것이다.

파일을 저장하고 Ctrl+F11을 눌러서 실행한다. 다시 테스트를 실행할 시점이다. 다시 한번 test/monad_test/core_test.clj 파일을 열어라. Ctrl+Alt+S를 누르고 REPL에서 다시 (run-tests) 함수를 실행하라. 앞에서 시도했을 때보다 좀 더 보기 좋은 결과가 나와야 한다.

```
Testing exploring-monads.core-test
Ran 1 tests containing 1 assertions.
0 failures, 0 errors.
{:test 1, :pass 1, :fail 0, :error 0, :type :summary}
```

이제 모나드가 예상대로 동작했음을 알 것이다. src/monad_test/core.clj 파일의 주요한 코드를 자세히 살펴보자.

1. 먼저 모나드 라이브러리를 가져왔다.

2. 메시지를 포함하는 msg와 메시지의 앞뒤에 출력할 별표의 수를 포함하는 asterisk-amount를 매개변수로 하는 함수를 생성한다.

3. 함수의 본문은 domonad 매크로를 호출하고 identity-m 모나드 타입을 지정한다. 모나드 타입은 뒤에서 자세히 다룬다.

4. 모나드의 컴포넌트를 포함하는 벡터를 시작한다.

5. 첫 번째 컴포넌트를 로컬변수 a에 바인딩한다. 이 값은 메시지 앞뒤에 추가할 별표의 수를 표현하는 정숫값에 바인딩된다.

6. 두 번째 컴포넌트는 로컬변수 b에 바인딩되고, 뒤따르는 표현식의 결과를 바인딩한다. a에는 3을, b에는 문자열 ***을 바인딩할 것이다.

7. 세 번째 컴포넌트는 c에 바인딩되는 값을 지정하며, 메시지를 포함하는 b의 결과와 msg 매개변수를 조합한다. 마지막 컴포넌트이고, 여기서 벡터를 닫는다. msg는 test를 담고 있으며 a는 3으로 바인딩되므로, 이제 c는 ***test를 값으로 갖는다.

8. 마지막으로 모나드의 결과로 c와 b를 조합한다. 예제에서 c는 ***test를 값으로 하고 b는 ***를 담고 있다.

그래서 pretty-msg가 단위 테스트에서 반환하는 문자열은 ***test***다.

앞의 코드를 살펴볼 때 다음의 몇 가지 사항을 확인할 수 있다.

- 모나드의 각 컴포넌트는 모두 이전 컴포넌트 값을 사용할 수 있다.
- domonad 매크로의 첫 번째 매개변수는 모나드 타입이다. 여기서는 기본으로 제공하는 identity-m 유형을 사용했다. 잠시 뒤에 다른 사용 가능한 유형을 살펴볼 것이다.
- 두 번째 매개변수는 컴포넌트를 담고 있는 벡터다. 컴포넌트 결과는 모두 로컬변수에 바인딩된다.

- 세 번째 매개변수는 표현식이다. 모든 컴포넌트 연결을 성공적으로 수행했을 때, 표현식의 계산 결과가 모나드의 반환 값이다.

실험을 해보자. 숫자에 nil을 지정하면 어떤 일이 일어날까? 이런 경우 간단히 nil을 반환하게 하고 싶다. 확인을 위해 테스트 스크립트 test/monad_test/core_test.clj에 새로운 테스트 케이스를 추가하라.

```
(deftest test-nil-amount
  (testing "pretty-msg with with amount=nil"
  (is (= (pretty-msg "JVM" nil) nil))))
```

Ctrl+Alt+S(맥OS에서는 cmd+alt+S)를 눌러서 다시 테스트 스크립트를 실행하고 REPL에서 (run-tests)를 실행하라. 이제 테스트가 오류를 발생시켜야 한다(간결하게 하기 위해 중략했다).

```
ERROR in (test-nil-amount) (RT.java:1241)
pretty-msg with with amount=nil
expected: (= (pretty-msg "JVM" nil) "***JVM***")
actual: java.lang.NullPointerException: null
```

모나드의 두 번째 컴포넌트에서 호출하는 repeat 함수가 nil(자바의 null)을 허용하지 않아서 발생했으며 이 경우 NullPointerException이 발생한다. 예제에서 사용한 identity-m 모나드 타입은 모든 값을 허용하고 다음 컴포넌트는 앞 컴포넌트 값을 사용할 수 있도록 보장한다. 다른 기본 내장 모나드 타입 중 하나는 maybe-m 타입이다. maybe-m 모나드 타입은 컴포넌트 결과가 nil이면 컴포넌트 연결 실행을 중단한다.

앞에서 설명했듯이 모든 모나드는 bind 함수를 갖는다. 앞 컴포넌트의 결과 데이터를 다음 컴포넌트에서 사용 가능하도록 변환하는 데 bind 함수를 사용할 수 있다. 반환한 값에 따라 어떤 결정을 내리는데도 사용할 수 있다. bind 함수는 라이브러리가 자동으로 호출한다. 앞에서 사용했던 identity-m 모나드는 bind 함수를 갖지만, 어떤 방식으로 데이터를 처리하거나 값에 기반해 결정을 내리지는 않았다. 반면 maybe-m 모나드 타입은 다음과 같이 정의된 bind 함수를 내부에 갖는다(어떠한 정의도 작성할 필요가 없다. 사용 중인 clojure. algo.monads 라이브러리가 제공한다).

```
...
fn m-bind-maybe [mv f] (when-not (nil? mv) (f mv))
...
```

앞의 코드는 보이지 않는 리스트에 중첩된다. 함수를 정의하는 fn 매크로는 신경 쓰지 마라. 컴포넌트가 완료되면 clojure.algo.monads 라이브러리가 m-bind-maybe 함수를 호출한다. fn을 호출할 때, 첫 번째 매개변수 mv는 이전 컴포넌트의 결괏값을 담고 있으며, 두 번째 매개변수 f는 호출할 다음 컴포넌트의 구현을 포함한 함수다. 이전 코드에서 볼 수 있듯이 mv 값이 nil이 아니라면 (함수 f로 표현되는) 컴포넌트만 호출한다. 그래서 컴포넌트가 nil을 반환할 때 컴포넌트의 연결을 실행 종료한다. 모나드의 바인드 함수를 종종 데이터를 변환하는 데 사용하지만 maybe-m 모나드 타입의 경우에는 이전 컴포넌트의 결괏값에 따라 다음 컴포넌트를 호출할 수 있는지를 결정하는 데 사용한다. 이 또한 bind 함수를 사용하는 유용한 사례이다.

src/monad_test/core.clj 파일에서 모나드 타입을 identity-m에서 maybe-m으로 변경하라. 이제 함수는 다음과 같이 보여야 한다.

```
(defn pretty-msg [msg asterisk-amount]
  (domonad maybe-m
          [a asterisk-amount
           b (clojure.string/join (repeat a "*"))
           c (str b msg)]
          (str c b)))
```

파일을 저장하고 Ctrl+F11을 눌러서 다시 메인 프로그램을 실행하라. 테스트 코드를 수정하지 않았기 때문에 단위 테스트 코드를 REPL에 전달할 필요가 없다. REPL에서 (run-tests)를 실행하라. 이번에는 예외가 발생하지 않고 모나드는 nil을 계산해서 테스트를 통과한다. maybe-m 타입은 컴포넌트 중의 하나가 nil로 평가될 때 컴포넌트 연결을 중단하고 nil을 반환한다. 그래서 clojure-test는 이제 다음을 반환한다.

Ran 2 tests containing 2 assertions.
0 failures, 0 errors.

모나드에 명시적인 조건을 추가할 수 있다. 컴포넌트 벡터에 :when 키워드를 추가해서 조건을 추가한다. 예를 들어 전달된 문자열 메시지가 적어도 하나의 문자를 가진 문자열이 아닐 때 실행을 중단하도록 컴포넌트 벡터의 마지막에 다음 조건을 추가하라.

```
(defn pretty-msg [msg asterisk-amount]
  (domonad maybe-m
          [a asterisk-amount
           b (clojure.string/join (repeat a "*"))
           c (str b msg)
           :when (> (count msg) 0)]
          (str c b)))
```

조건문이 참을 반환하면 정상적으로 실행하고, 그렇지 않으면 모나드의 실행을 중단하고 nil을 반환한다. 이 조건은 모든 모나드 타입에 추가할 수 있고 결과 표현식을 평가하기 바로 직전에 평가된다.

모나드와 관련된 주제를 마치기 전에 정의에 의하면 모나드도 (return 혹은 result 함수라고 부르는) 단위(unit) 함수를 가지고 있음을 주의해야 한다. 이 함수는 입력 매개변수를 받는 클래스의 생성자와 비교할 수 있다. unit 함수는 모나드를 초기화하고 주로 데이터를 변환함으로 첫 번째 컴포넌트가 전달된 데이터를 사용할 수 있게 보장한다. bind 함수와 마찬가지로, clojure.algo.monads 라이브러리가 unit 함수를 제공하고, `identity-m`과 `maybe-m` 타입 모두의 경우 단위 함수는 어떤 방식으로도 전달된 입력값을 처리하지 않는다.

모나드의 결과에 따라 반환되는 표현식과 unit, bind 함수를 현명하게 사용하는 자신만의 모나드를 생성함으로 다른 모나드와 쉽게 조합할 수 있는 다른 모나드 유형을 생성할 수 있다.

루미너스 웹 프레임워크

루미너스^{Luminus}는 클로저에서 강력한 웹 애플리케이션을 빠르게 작성하기 위한 마이크로 프레임워크다. 루미너스는 완전히 구성 가능하고, 전통적인 SQL과 NoSQL 데이터베이스 모두를 위한 강력한 데이터베이스 지원 기능을 제공한다. 특히 기본 라이닝겐 템플릿 중 하나를 사용하는 경우 시작하기 쉽다. 루미너스를 사용하는 동안 문서를 참조하는 것이 좋으며, 문서는 http://www.luminusweb.net/에서 찾을 수 있다.

다음 절에서는 myapp 템플릿 기반의 새로운 프로젝트를 생성하고 실행하며 프로젝트를 탐색해본다.

루미너스 프로젝트 생성

앞서 살펴봤듯이 카운터클락와이즈는 라이닝겐 템플릿 기반으로 프로젝트를 생성할 수 있다. 하지만 프로젝트를 생성할 때 문제가 하나 있다. 카운터클락와이즈는 최신 버전보다 오래된 버전의 라이닝겐을 내장해 사용한다. 책을 저술하는 시점에 카운터클락와이즈는 luminus myapp 템플릿 기반으로 프로젝트를 생성할 때 예외를 발생시킨다. 이 문제는 최신 버전의 라이닝겐으로 프로젝트를 생성하고 카운터클락와이즈에서 직접 프로젝트를 가져와서 해결할 수 있다. 8장에서는 이런 방식으로 라이닝겐을 사용한다.

커맨드 라인에서 활성화된 디렉터리를 이클립스의 workspace 디렉터리로 변경하고 다음 명령어를 입력하라.

```
lein new luminus myapp
```

활성화된 작업 디렉터리를 myapp으로 변경한 후 다음 명령어를 입력한다.

```
lein run
```

라이닝겐은 프로젝트를 첫 번째 실행할 때 필요한 의존성을 가져올 것이다. 잠시 후, HTTP 서버를 실행한다는 메시지를 표시해야 한다. 루미너스에 내장된 HTTP 서버가 사용하는 포트는 3000이다. 이제 다음 URL을 실행해 웹 애플리케이션을 방문하라.

http://localhost:3000/

다음과 같은 화면이 나타나야 한다.

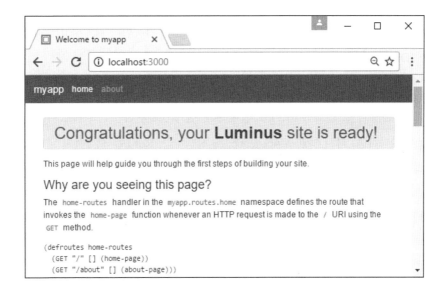

프레임워크에 대한 설명을 포함하고 있으니 초기 페이지의 텍스트를 전부 읽어보고, about 링크를 클릭해보라.

카운터클락와이즈에서 프로젝트 가져오기

라이닝겐 프로젝트를 가져오고 카운터클락와이즈와 호환되는 이클립스 IDE 프로젝트를 생성하기 위해 다음 절차를 따라 해보라.

- 이클립스 IDE에서 패키지 탐색기의 빈 공간에 마우스 오른쪽을 클릭하고 Import...를 선택하라. Import 대화창이 나타나면, Projects from Folder or Archive 옵션을 선택하고 Next 버튼을 클릭하라.
- 이제 출력되는 창에서 Import 소스 필드 옆의 Directory... 버튼을 클릭한다. workspace 디렉터리(보통 사용자의 홈 디렉터리)를 찾고, 하위디렉터리 myapp을 선택하라. Search for nested projects와 Detect and configure project natures 옵션을 체크했는지 확인한다. Finish 버튼을 클릭하라.

이클립스 IDE는 이 프로젝트가 카운터클락와이즈와 호환 가능한지 감지하고 상응하는 이클립스 IDE 프로젝트를 생성한다.

이클립스 IDE에서 프로젝트를 실행하려면, 패키지 탐색기에서 프로젝트 이름을 클릭하고 툴바의 Run 버튼을 클릭해 REPL을 실행하라. 선택하고자 하는 프로젝트 유형을 묻는 팝업창이 나타나면, 다시 Clojure Application을 선택하라. REPL을 시작하고 나면 간단히 다음 명령어를 입력하라.

```
(start)
```

Console 탭으로 전환한다. 서버가 시작됐음을 알려주는 메시지가 나타나야 한다. 기본적으로 HTTP 서버를 시작하지 않는다. 서버를 시작하려면 REPL 탭으로 다시 이동해 다음 명령어를 입력하라.

```
(mount/start #'myapp.core/http-server)
```

이제 3000포트 페이지를 다시 방문할 수 있다. 서버를 종료하려면 Console 탭에서 종료 버튼을 클릭하라.

루미너스 프로젝트 탐색

다음 표는 프로젝트를 위해 생성한 가장 중요한 파일과 디렉터리 목록이다.

파일	설명
project.clj	항상 그렇듯이, project.clj는 라이닝겐 빌드 파일이다.
profiles.clj	데이터베이스 연결 자격증명과 같이 운영체제에서 시스템을 실행하는 데 필요한 데이터를 보관할 때 사용한다. 이 파일은 깃 버전 관리자에서 제외하도록 구성한다.
src/myapp/config.clj	구성 파일이다. 생성된 파일은 커맨드 라인 인수나 자바 시스템 속성, env 디렉터리의 구성 파일로부터 설정을 로드하려고 한다. dev(개발하는 동안 사용할 설정)와 prod(운영 환경을 위한 설정), test(단위 테스트를 실행하는 동안 사용할 설정)와 같이 시나리오별로 다른 구성을 정의할 수 있다.
src/myapp/core.clj	메인 메소드를 포함한다. 즉, JVM의 진입점 함수로, 서버를 시작하는 동안 호출되는 코드를 포함한다.
src/myapp/layout.clj	이 파일은 뷰를 렌더링하는 로직을 포함한다. 기본 구현은 템플릿 엔진이 하위디렉터리 /resource에 템플릿을 로드할 수 있도록 한다. 예외가 발생했을 때 로드되는 오류 페이지를 정의하기도 한다.
src/myapp/middleware.clj	미들웨어는 요청 핸들러를 호출하기 전에 요청을 처리하는 래퍼 함수다. myapp 템플릿을 위해 생성된 미들웨어 기능 중의 하나는 잘 알려진 웹 공격에 대응하도록 애플리케이션을 보호하는 것이다.

(이어짐)

파일	설명
src/myapp/handler.clj	어떤 경로가 사용 가능한지 결정하고 특정 경로마다 어떤 미들웨어를 로드할지 결정한다. URL이 경로(다음 파일에서 확인하라)에 연결돼 있으므로, 여러 URL에서 미들웨어를 공유할 수 있다.
src/myapp/routes/home.clj	이 파일에 URL을 정의한다. 모든 URL에 대해 URL을 요청할 때 호출할 핸들러 함수를 정의한다. 핸들러 함수는 템플릿 엔진을 사용해 페이지를 렌더링할 수 있다. URL 그룹을 경로에 연결한다.
resources/	이 디렉터리는 정적 자산을 포함한다. resources/public 디렉터리의 파일과 하위디렉터리만 HTTP 서버에서 사용 가능하다. 그 외 모든 파일은 애플리케이션 내부적으로만 사용한다.
resources/templates/	src/myapp/routes/home.clj가 사용하는 HTML 템플릿을 보관하는 디렉터리다. 루미너스는 셀마(Selmer) 템플릿 시스템을 HTML 파일을 위한 기본 템플릿 엔진으로 사용한다.
resources/public/	앞서 언급했듯이 이 디렉터리의 모든 것은 HTTP 서버에서 사용 가능하다. 이미지와 자바스크립트 파일, CSS 스타일시트 등과 같은 프론트엔드 파일을 저장해야 하는 디렉터리다.

웹 애플리케이션에 페이지 추가

연습 삼아 애플리케이션에 새로운 페이지를 추가해보자. 다음은 페이지에 대한 요구 사항이다.

- 페이지의 URL은 /monadtest여야 한다.
- 기존의 home-routes 경로를 이용해야 한다. 이 경로는 특정 웹 공격로부터 애플리케이션을 보호하는 미들웨어를 호출한다.
- pretty-msg 함수를 이용해 입력한 텍스트를 렌더링하는 폼을 가진 HTML 페이지를 사용한다.

이 페이지는 모나드 탐색 절에서 작성한 pretty-msg 함수를 사용할 것이다.

project.clj 빌드 파일에서 exploring-monads/project.clj 파일의 의존성 행을 복사해 myapp/project.clj 파일의 의존성 절에 붙여 넣음으로 org.clojure/algo.monads 의존

성을 추가하라. 파일을 저장하면 카운터클락와이즈는 의존성을 가져와서 프로젝트에 추가한다.

이제 exploring−monad 프로젝트의 core.clj 파일을 복사해서 이름을 변경해야 한다.

- **패키지 탐색기**에서 src/exploringmonads/core.clj 파일을 선택하고 마우스 오른쪽을 클릭한 다음 **Copy**를 선택해 exploring−monad 프로젝트의 core.clj 파일을 복사하라.
- myapp 프로젝트의 src/clj/myapp.routes 디렉터리에서 마우스 오른쪽을 클릭하고 **Paste**를 선택하라.
- 붙여 넣은 src/clj/myapp.routes/core.clj 파일에서 마우스 오른쪽을 클릭하고 **Refactor ➤ Rename**을 선택하라. 파일 이름으로 pretty_msg.clj(대시가 아닌 밑줄임을 주의하라)을 입력하고 **OK**를 클릭한다.
- pretty_msg.clj 파일을 열고 네임스페이스 정의를 (ns exploring-monads.core)에서 (ns myapp.routes.pretty-msg)로 변경하고 파일을 저장한다.

myapp.routes.home.clj 파일을 열어라. :require 블록에 다음 항목을 추가하라.

```
[myapp.routes.pretty-msg :as prettymsg]
```

그리고, POST 요청 메소드를 가져온다. 같은 :require 블록 내에 있는 다음 행을 찾아라.

```
[compojure.core :refer [defroutes GET]]
```

다음과 같이 보이도록 POST 메소드를 추가한다.

```
[compojure.core :refer [defroutes GET POST]]
```

이제 /monadtest URL을 요청할 때 호출할 핸들러 함수를 작성할 수 있다. 이 함수는 HTML 페이지와 두 개의 변수, 형식이 갖춰진 메시지를 포함하는 :prettymsg와 원래의 메시지를 담고 있는 msg를 페이지에 렌더링한다. myapp.routes.home.clj 파일에서 (defroutes home-routes으로 시작하는 행 위에 다음을 추가하라.

```
(defn monad-test-page [msg]
    (layout/render
        "monadtest.html" {:prettymsg (prettymsg/pretty-msg msg 10)
                                  :msg msg }))
```

defroutes home-routes 블록에 새로운 페이지를 위한 URL을 정의하는 두 개 항목을 추가하라.

```
(defroutes home-routes
  (GET "/" [] (home-page))
  (GET "/about" [] (about-page))
  (GET "/monadtest" [] (monad-test-page nil))
  (POST "/monadtest" [msg] (monad-test-page msg))
```

home-routes 블록에 항목을 추가했다. /monadtest URL에 대한 GET과 POST 요청 모두가 애플리케이션을 보호하도록 돕는 미들웨어를 호출하는 home-routes 경로를 사용한다는 의미다. 파일을 저장하라.

마지막으로 HTML 페이지를 추가하라. 패키지 탐색기의 resources/templates 디렉터리에서 마우스 오른쪽을 클릭하고 New ➤ Other를 선택하라. 마법사 창에서 General ➤ File을 선택하고 Next를 클릭한다. 파일 이름으로 monadtest.html를 입력하라. 사용자가 문장을 입력할 폼을 정의해보자. 다음 콘텐츠를 추가하고 파일을 저장한다.

```
{% extends "base.html" %}
{% block content %}
```

```
    <div class="row">
        <div class="col-sm-12">
            <form name="input" action="/monadtest" method="POST">
                {% csrf-field %}
                Message: <input type="text" name="msg" value="{{ msg }}">
                <input type="submit" class="btn" value="Submit">
            </form>
        </div>
    </div>
{% endblock %}
```

매우 표준화된 HTML 템플릿이다. 템플릿에 전달된 변수는 {{ variable name }} 문법을 사용해서 생성된 결과로 대체될 수 있다. 앞의 코드에서 가장 주목할 부분은 {% crsf-field %}행이다. home-routes 경로가 호출하는 미들웨어는 사이트 간 요청 위조CSRF, Cross-Site Request Forgery 공격으로부터 보호하는 웹사이트와 애플리케이션이 공통적으로 이용하는 기능을 제공한다. 루미너스를 사용해서 폼을 제출할 때 프레임워크가 생성하는 토큰을 보관할 보이지 않은 <input> 필드를 HTML에 지정해야 한다. {% csrf-field %} 매크로가 이 역할을 담당한다.

HTML 결과를 렌더링할 행을 추가한다. 마지막 </div> 요소 바로 밑에 다음을 추가하라.

```
<div class="row">
  <div class="col-sm-12">
    <p><h1>{{ prettymsg }}</h1></p>
  </div>
</div>
```

기존의 myapp 인스턴스가 실행되고 있지 않은지 확인하라. 실행 중이라면 콘솔 탭에서 현재 세션을 종료하고 Close 아이콘을 눌러서 기존의 REPL 탭을 닫는다. 패키지 탐색기에서 myapp 프로젝트를 클릭하고 툴바의 Run 아이콘을 눌러 프로젝트를 실행하라. Clojure Application을 선택하라. REPL을 로드할 때, (start)를 입력하라. REPL 탭으로 다시 돌아가서 (mount/start #'myapp.core/http-server) 명령어를 입력하라.

브라우저에서 새로운 URL http://localhost:3000/monadtest를 방문한다.

모든 작업이 잘 동작하면 메시지를 입력하고 제출할 수 있는 페이지가 나타나야 한다.

▌ 요약

이클립스 IDE에 카운터클락와이즈 플러그인 설치부터 시작했다. 이 플러그인은 책에서 다루는 다른 이클립스 플러그인만큼 기능이 풍부하지 않지만 꽤 많은 기능을 제공한다. 클로저 개발자들이 사용하는 가장 인기 있는 빌드 도구인 라이닝겐을 설치했다. 7장에서 약속한 대로 라이닝겐 빌드 도구를 이용해 클래스 파일을 빌드하는 방법과 라이닝겐 없이 클래스 파일을 빌드하는 방법 모두를 설명했다. 모든 의존성을 포함하는 JAR 파일을 생성하는 라이닝겐의 uberjar 작업도 시도해봤다. clojure.test 단위 테스트 프레임워크를 사용하는 테스트 주도 개발을 적용해 모나드를 알아볼 수 있는 첫 번째 프로젝트를 생성했다. 그런 다음 이클립스 IDE에 가져올 수 있으면서 기본 내장 템플릿을 기반으로 하는 루미너스 마이크로 웹 프레임워크 프로젝트를 생성했다. 텍스트 입력을 허용하고 모나드 절에서 생성한 함수를 사용해 입력한 텍스트를 보여주는 페이지를 추가했다.

다음에 다룰 언어는 코틀린^{Kotlin}이다. 자바와 같이 코틀린은 강력한 정적 자료형 프로그래밍 언어다. 코틀린 언어로 작성한 코드는 종종 자바보다 훨씬 간결하고 읽기 쉽다.

09

코틀린

코틀린Kotlin은 젯브레인JetBrains이 고안한 언어다. 젯브레인은 자바(IntelliJ)와 파이썬 (PyCharm), PHP(PhpStorm)를 비롯, 많은 다양한 언어를 위한 IDE로 유명한 회사다. 이러한 IDE는 상업용으로도 판매하고, 일부 기능이 제한적이지만 여전히 매우 유용한 무료 커뮤니티용으로도 제공한다. 자바와 마찬가지로 코틀린은 객체지향 프로그램을 지향하는 정적인 자료형을 갖는 언어이면서, 절차적 프로그래밍도 허용한다. 많은 현대식 OOP 언어와 같이, 코틀린은 함수형 프로그램에서 많은 영감을 받았다. 9장에서는 다음의 주제를 다룬다.

- 코틀린 설치
- 코틀린 REPLRead-Eval-Print-Loop 대화형 셸
- 코틀린에서의 OOP

- 코틀린 절차적 프로그래밍
- 스타일 가이드
- 퀴즈

코틀린 설치

코틀린 웹사이트를 방문해 코틀린 컴파일러를 다운로드한다. 컴파일러를 다운로드하고
실행하는 방법은 다양하다.

- 코틀린 온라인 버전에서 스니펫 실행하기
- 컴파일러 다운로드

이 책의 예제를 실습하는 데 가장 적합한 설치 파일인 독립형standalone 버전을 다운로드한
다. 이 책을 쓸 시점에는 http://kotlinlang.org에 있는 깃허브 링크를 클릭해 설치 파일
을 다운로드했다.

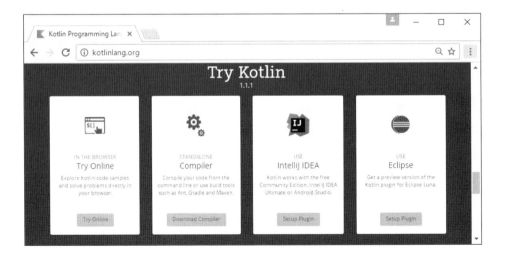

다음 순서대로 가장 최신의 독립형 컴파일러를 다운로드한다.

1. 홈페이지에서 스크롤을 내려 STANDALONE Complier 영역에서 Download Compiler
   링크를 찾는다. 링크를 클릭하면 최신의 컴파일러를 다운로드하는 방법과 깃허
   브 페이지로 이동하는 링크를 포함한 문서가 열린다.
2. 깃허브 저장소에서 Downloads 영역까지 스크롤을 내려 최신 버전의 ZIP 파일을 찾
   아 다운로드한다. 이 책을 출간할 때는 1.1이 최신 버전이며, kotliln-compiler-
   1.1.zip이 압축 파일의 이름이다.

코틀린 설치 순서는 이 책의 다른 언어의 설치와 매우 유사하다.

1. 압축 파일을 푼다.
2. bin 디렉터리를 시스템 환경변수 경로에 배치한다.

정상적으로 설치됐는지 확인하기 위해, `kotlinc-jvm` 실행 스크립트(윈도우는 `kotlinc-jvm.`
`bat`, 리눅스와 맥OS에서는 `kotlinc-jvm`)를 실행해보라. 그러면 다음 그림과 같이 REPL이라
는 대화형 셸이 실행된다.

`:quit`을 입력해 셸을 닫는다.

 다양한 REPL 셸 개발자는 공통된 명령어 집합을 허용하지 않는다. 8장에서 봤듯이, 스칼라
와 클로저(셸을 시작하기 위해 라이닝겐을 사용할 때)는 셸을 종료할 때 :exit를 사용하지만
코틀린 REPL은 :quit을 사용한다.

실행 스크립트

코틀린은 많이 사용되는 운영체제를 위한 다양한 실행 스크립트를 제공한다. 코틀린 컴파일러는 다수의 대상^{target}(JVM과 자바스크립트)에 대해 컴파일할 수 있기 때문에, 각 타깃을 위한 별도의 실행 스크립트를 제공한다. 현재 JVM이 기본 타깃이므로, 코틀린 코드를 컴파일하는 데 보통의 kotlinc 실행 스크립트를 사용해도 된다. 다음은 bin 디렉터리 밑의 실행 스크립트에 대한 간략한 설명이다.

윈도우 실행 스크립트	리눅스/맥OS 실행 스크립트	설명
kotlinc.bat	kotlinc	기본 코틀린 컴파일러를 실행한다(JVM이 기본 타깃).
kotlinc-jvm.bat	kotlinc-jvm	코틀린 코드를 JVM 바이트코드로 컴파일하는 코틀린 컴파일러를 실행한다. 명령어라인(command-line) 옵션이 정해지지 않았을 때는 REPL을 실행하는 데도 사용한다.
kotlinc-js.bat	kotlinc-js	코틀린 코드를 웹 애플리케이션의 프론트엔드에서 사용되는 자바스크립트 코드로 컴파일하는 코틀린 컴파일러를 실행한다. 이 컴파일러를 위한 RHPL은 없다.
kotlin.bat	kotlin	코틀린 컴파일러가 컴파일한 class 파일의 main() 함수를 호출할 때 사용하는 스크립트다. 이 스크립트를 실행하면 자동으로 자바 클래스 패스에 코틀린 런타임 라이브러리가 추가된다.

이 책은 JVM을 다루므로, 자바스크립트를 타깃으로 하는 경우는 설명하지 않는다.

 코틀린은 현재 안드로이드 플랫폼의 공식적인 언어다. 즉, 구글은 코틀린을 안드로이드 소프트웨어 개발에 있어서 최고의 언어로 생각한다는 의미다. 안드로이드 스튜디오 IDE의 새로운 버전에는 코틀린이 번들로 포함돼 있다. 안드로이드는 자바를 사용하지만 1장에서 설명했듯이 이 책에서는 다루지 않는다.

▮ 코틀린 REPL 대화형 셸

이 책의 앞에서 다룬 스칼라와 클로저처럼 코틀린도 대화식으로 코틀린 코드 일부를 연습해볼 수 있는 REPL 대화형 셸을 제공한다. 앞에서 언급했듯이 REPL은 매개변수 없이 컴파일러 실행 스크립트를 시작해서 구동한다(윈도우에서는 .bat 확장자를 붙여서 스크립트를 실행해야 한다).

```
kotlinc-jvm
```

 JVM이 코틀린의 기본 컴파일 타깃이므로, 단순히 kotlinc 실행 스크립트를 실행해서 셸을 실행할 수 있다.

REPL 셸은 몇 가지 내장 명령어를 구현한다. 그래서 코틀린 REPL에서 자바 클래스 라이브러리의 메소드를 호출하기 위해 셸을 빠져나갈 필요가 없다.

명령어	설명
:help	내장 REPL 명령어를 포함한 도움말 화면을 표시한다.
:quit	REPL을 빠져나올 때 사용한다.
:dump bytecode	현재 세션 동안 생성한 모든 코드의 자바 바이트코드 덤프를 사람이 읽을 수 있는 형태로 생성한다. 이 기능은 대부분의 일반 사용자에 유용하지는 않지만, 자바 바이트코드를 학습하고자 하는 고급 개발자에게는 흥미로운 기능일 것이다.
:load FILE	코틀린 소스코드를 포함한 파일의 전체 경로를 FILE란에 입력하면 해당 파일을 사용 중인 REPL 화면에 로드한다.

책을 쓰는 시점에 코틀린의 REPL은 특히 윈도우 플랫폼에서 심각한 신뢰성 문제가 있는 것으로 보인다. 독립 실행형 컴파일러로 컴파일이 잘 되는 코드를 셸에 복사해 붙여 넣을 때 허용하지 않는 경우가 많다. 또한, 때때로 완벽한 코드를 컴파일할 때 프로그램이 멈추는 것처럼 보인다. 다행히 이런 문제는 이후 버전에서 해결될 예정이다. 9장의 코드는 REPL에서 잘 동작하는 방식으로 작성했다.

윈도우 시스템에서 :load 명령어를 사용할 때 리눅스 EOL 형식으로 파일을 저장할 수 있는 텍스트 편집기를 사용해야 한다. 책을 쓰는 시점에 :load 명령어는 윈도우의 행 종단 부호 형식 CR+LF를 허용하지 않기 때문이다. Notepad++는 리눅스 EOL 형식으로 파일을 저장할 수 있는 오픈소스 편집기로, http://notepad-plus-plus.org/에서 다운로드할 수 있다.

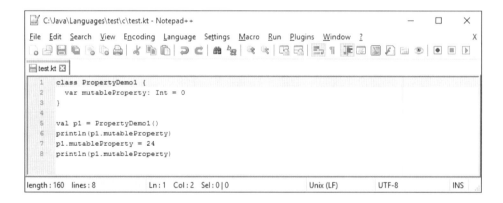

파일을 저장하기 전에 Notepad++ 메뉴바에서 **Edit ❯ EOL Conversion ❯ Unix(LF)**로 가라.

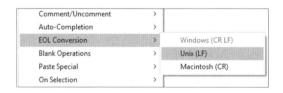

팩트 웹사이트에서 다운로드할 수 있는 예제 파일은 쉽게 실행할 수 있도록 리눅스 EOL 형식으로 저장했다.

▌ 코틀린 언어 기본

코틀린을 학습하는 동안 코틀린 참조 문서를 가까이 두는 것을 권장한다. 참조 문서는 코틀린 홈페이지의 **LEARN** 링크를 클릭하거나 http://kotlinlang.org/docs/reference/를 방문해 얻을 수 있다.

다음은 이 절에서 다룰 주제다.

- 로컬 변수 정의
- 함수 정의
- 코틀린 유형
- 루프

로컬 변수 정의

로컬 변수는 var 혹은 val로 정의한다.

```
var aMutableNumber = 24
val anImmutableNumber = 42
```

var로 정의한 변수는 변경 가능한 반면, val로 정의한 변수는 변경이 불가하다는 차이가 있다. 타입은 선택적으로 정의할 수 있다.

```
var aMutableString: String = "A type can optionally be specified..."
val anImmutableString: String = "...no matter whether you are using
                                var or val"
```

사용 가능한 유형은 9장의 '코틀린 유형' 절에서 설명한다. 사전 정의 없이 변수에는 null (아무것도 아닌 것)을 할당할 수 없다. 코틀린은 선택적으로 null을 할당할 수 있는 변수를 사용할 때 지켜야 할 몇 가지 규칙을 가진 고유한 데이터 타입 시스템을 가지고 있다. 이 또한 코틀린 유형에서 다룬다.

함수 또는 클래스 안이나 코드의 최상단에 절차적 언어를 프로그래밍할 때 변수를 정의할 수 있다. 각각의 사용 사례는 관련된 절에서 설명한다.

코틀린에서는 다음과 같이 리터럴 값을 처리한다.

- 접미사가 없는 모든 숫자는 Int다.
- long 값은 접미사 L을 사용한다.
- Int와 Long에 16진수 접두사 0x를 붙여서 16진수 값을 표기한다.
- 모든 숫자에 2진수 접두사 0b를 붙여서 2진수 값을 표기한다.
- 접미사가 없는 부동 소수점 숫자는 Double이다.
- f나 F가 붙은 부동 소수점 숫자는 Float이다.
- Float과 Double 값은 모두 과학적 표기법으로 작성할 수 있다.

다음은 숫자를 표기한 예다.

```
val thisIsAnInt = 42
val thisIsALong = 1000L
val hexInt = 0xFF
val binaryLong = 0b10101100L
val thisIsADouble = 149.16
val thisIsAFloat = 501.19e2f
```

코틀린은 객체의 인스턴스를 생성하는 데 자바의 new 키워드를 사용하지 않는 대신, 클래스 이름을 함수처럼 사용한다.

```
class A (i: Int) {
}
val a = A(25)
```

앞의 예제에서 Int를 입력 매개변수로 받는 기본 생성자를 가진 class A를 정의했다. 그런 다음 간단히 클래스 이름을 작성하고 생성자의 매개변숫값을 지정해 이 클래스의 인스턴스를 생성했다.

함수 정의

함수는 fun 키워드를 사용해서 정의한다.

```
fun functionName() {
}
```

물론 매개변수를 지정할 수 있으며 타입을 지정해야 한다.

```
fun functionNameWithParameters(i: Int, j: Int) {
  println(i * j)
}
```

반환 유형을 지정하지 않으면(앞의 두 예제에서 봤듯이), 함수는 기본 반환 값으로 Unit을 받는다. Unit은 자바의 void에 대응되지만, Unit 반환 값은 계산이 가능하고 변수에 보관할 수 있다는 점이 다르다.

```
fun noReturnValue(x: Int, y: Int): Unit {
}
val f = noReturnValue(1, 2)
println(f)
```

앞의 코드를 REPL에 입력하면 kotlin.Unit를 출력할 것이다. 다음은 코틀린의 정수 Int를 반환하는 예다.

```
fun returnsAnInt(x: Int, y: Int): Int {
  return x * y
}
val f = returnsAnInt(10, 10)
println(f)
```

중괄호({ }) 대신 = 연산자를 사용해서 한 줄에 함수를 정의할 수 있다. 한 줄 함수는 명시적으로 함수의 반환 유형을 설정할 필요가 없다. 반환 유형은 코드에서 추론한다.

```
fun alsoReturnsAnInt(x: Int, y: Int) = x * y
```

코틀린 유형

코틀린의 고유한 특징 중의 하나가 null 참조를 처리하는 타입 시스템이다. 이번 절에서는 다음의 주제를 다룬다.

- 코틀린 기본 유형
- 문자열
- Null 안전한 처리
- 변환
- 컬렉션과 제네릭

코틀린 기본 유형

코틀린은 직접 JVM의 데이터 유형을 사용하지 않는 대신 고유한 유형으로 JVM 데이터 유형을 래핑해 사용한다. 코틀린이 여러 개의 컴파일 타깃(현재는 JVM과 안드로이드, 자바스크립트)을 지원하기 때문이다. 코틀린 고유의 유형을 사용하면 다양한 플랫폼에서 동일한 기능을 사용할 수 있다. 예를 들어 java.lang.Integer와 java.lang.String 같은 기본 유형과 일반적인 클래스 같은 인기 있는 JVM 데이터 타입을 사용하는 JVM 코드와 코틀린은 여전히 완전하게 호환 가능하다. 코틀린 컴파일러가 자바 코드를 컴파일할 때 자동으로 JVM의 유형과 내부의 유형을 변환해주기 때문이다.

다음은 코틀린의 가장 중요한 기본 유형과 그 유형의 정규화된 전체 이름, 그에 대응되는 JVM 유형을 나열한 표다.

코틀린 유형 이름	코틀린의 정규화된 유형 이름	JVM 유형
Byte	kotlin.Byte	Primitive byte
Byte?	kotlin.Byte?	java.lang.Byte
Double	kotlin.Double	Primitive double
Double?	kotlin.Double?	java.lang.Double
Float	kotlin.Float	Primitive float
Float?	kotlin.Float?	java.lang.Float
Int	kotlin.Int	Primitive int
Int?	kotlin.Int?	java.lang.Integer
Long	kotlin.Long	Primitive long
Long?	kotlin.Long?	java.lang.Long
Short	kotlin.Short	Primitive short
Short?	kotlin.Short?	java.lang.Short
Any	kotlin.Any	java.lang.Object
String	kotlin.String	java.lang.String

유형 이름 뒤의 물음표의 의미는 조금 뒤에 자세히 설명한다. 지금은 유형 이름 뒤에 물음표가 있는 유형의 변수만 null 참조를 허용한다고 알면 된다. 물음표가 없는 유형의 변수는 결코 null을 허용하지 않는다.

코틀린 유형이 평범한 클래스처럼 동작한다는 점이 흥미롭다(예를 들어 각 유형은 자신만의 고유한 메소드를 제공한다). 하지만 내부적으로는 앞의 유형 대부분은 가능하면 JVM의 기본 유형을 직접 사용하려고 한다. 코틀린이 기본 유형의 값을 항상 오토박싱할 필요가 없기 때문에 컴파일러가 유형 처리와 같은 작업을 완전히 처리해 성능을 상당히 개선시킨다.

문자열

kotlin.String 유형은 매우 강력하고 사용하기 쉬우며, 자바의 `java.lang.String` 클래스처럼 사용할 수 있다.

```
val s: String = "Hello!"
```

원시 문자열raw string도 있으며, 여러 행의 문자열도 표기할 수 있다.

```
val s: String = """
raw string"""
```

일반 문자열과 다르게 원시 문자열에서 역슬래시(\)를 이용해 문자를 처리 언어가 아니라 출력 언어로 취급할 수 없다(새로운 행을 위한 \n과 탭, 인스턴스).

String 템플릿도 지원한다.

```
var favoriteBar = "FooBar"
println("Your favorite bar's name $favoriteBar consists of
       ${favoriteBar.length} characters")
```

앞의 코드는 Your favorite bar's name FooBar consists of 6 characters를 출력한다.

 원시 문자열에서는 String 템플릿을 지원하지 않는다는 점을 기억하라.

Null 안전한 처리

여러 번 언급했지만, 코틀린은 참조 변수에 null을 할당해서 발생하는 오류가 발생하지 않도록 한다. 일반적인 유형을 사용할 때 변수에 null을 할당하면 코틀린은 컴파일을 거부한다.

예를 들어 다음 코드를 컴파일하지 않는다.

```
var currentTime = java.util.Date()
// 아래 행은 컴파일되지 않음
currentTime = null
```

코틀린은 클래스의 인스턴스를 생성하는 데 new 키워드가 필요 없다(지원하지도 않는다)는 점을 기억하라. 다음 오류는 앞의 코드를 실행했을 때 발생한다.

```
error: null can not be a value of a non-null type Date
```

이 코드를 컴파일하려면, 변수의 유형 이름에 물음표를 추가해야 한다.

```
var currentTime: java.util.Date? = java.util.Date()
// 아래 행은 컴파일됨
currentTime = null
```

currentTime의 메소드를 호출하거나 다른 멤버에 접근하기 전에, 참조가 null인지 아닌지를 완전히 인지하고 있음을 컴파일러가 알게 해야 한다. 예를 들어 다음 코드는 컴파일되지 않는다.

```
var currentTime: java.util.Date? = java.util.Date()
// 컴파일되지 않는 행이다.
var seconds = currentTime.getTime()
```

다음의 오류가 발생한다.

---

error: only safe (?.) or non-null asserted (!!.) calls are allowed on a nullable receiver of type Date?

코드에서 currentTime이 null 참조가 아니더라도 코틀린 컴파일러에게 currentTime이 잠재적으로 null일 수 있음을 알려줘야 한다. 다음과 같이 몇 가지 가능한 시나리오가 있다.

- 조건부 검사 추가
- 안전한 호출 연산자 ?. 사용
- 엘비스Elvis 연산자 ?: 사용
- !! 연산자 사용

옵션 1-조건부 검사 추가

간단히 if문을 추가해서 컴파일러에게 참조 변수가 null일 수 있음을 알려줄 수 있다.

```
fun test() {
  var currentTime: java.util.Date? = java.util.Date()
  println("Line below will now compile fine")
  var seconds = if (currentTime != null) currentTime.getTime() else 0
  println(seconds)
}
test()
```

컴파일러는 인스턴스 변수가 null일 수 있음을 알고 있으며 코드를 컴파일한다. 이 방법을 사용할 때 if 조건문은 currentTime.getTime()의 결과나 0을 반환한다. 앞의 예제의 경우 currentTime이 null 참조가 아니므로 test()를 호출했을 때 currentTime.getTime()의 결과가 출력된다.

이 옵션은 코드를 실행하는 스레드가 아닌 다른 어떠한 스레드도 변수에 접근할 수 없음을 컴파일러가 보장할 때만 동작한다. currentTime은 함수 안에서 정의했기 때문에 이 조건을 만족한다. currentTime이 클래스의 공개된 필드였다면, 잠재적으로 if (currentTime != null) 검사와 currentTime.getTime() 호출 사이에 다른 스레드가 변수의 값을 변경할 수 있기 때문에 컴파일러는 코드를 컴파일하지 않는다. 이와 같은 경우 다른 방법을 사용해야 한다. 그렇지 않으면 컴파일러는 오류 메시지와 함께 코드를 컴파일하지 않는다.

옵션 2-안전한 호출 연산자 ?. 사용

코틀린은 안전한 호출 연산자라고 부르는 ?.(물음표 뒤에 점이 있다) 연산자를 제공한다. 이 연산자는 참조가 null 참조면 null을 반환하고, 그렇지 않으면 메소드를 호출하거나 멤버에 접근한다.

```
var currentTime: java.util.Date? = null
var seconds = currentTime?.getTime()
println(seconds)
```

currentTime?.getTime()을 호출할 때 코틀린은 currentTime이 null 참조라는 것을 알기 때문에, test()를 호출하면 이 코드는 null을 출력한다. currentTime이 java.util.Date 인스턴스를 가리킨다면 getTime() 메소드의 결과를 출력했을 것이다.

?. 연산자의 훌륭한 기능은 연결이 가능하다는 점이다. 다음은 가상의 예다.

```
member1?.member2()?.member3()
```

member1 속성이 null 참조이거나 member2 메소드가 null을 반환하면 전체 표현식의 결과는 null이 된다. member1과 member2의 결과가 모두 null 참조가 아니면 member3 메소드의 결과가 반환된다.

옵션 3–엘비스(Elvis) 연산자 ?: 사용

첫 번째 예에서 사용한 if 문장을 엘비스 연산자 ?:로 작성할 수 있다.

```
var currentTime: java.util.Date? = null
var seconds = currentTime?.getTime() ?: -1
println(seconds)
```

currentTime?.getTime()이 null을 반환하기 때문에 앞의 코드는 -1을 출력한다(currentTime 은 null 참조이므로, 안전한 호출 연산자 ?.는 null을 반환한다). 그래서 엘비스 연산자 ?: 뒤의 -1 문자가 반환된다. currentTime이 java.util.Date 인스턴스의 참조라면 getTime() 결과를 출력할 것이다.

옵션 4–!! 연산자 사용

공식 문서에 따르면, '이 연산자는 NullPointerException 애호가를 위한 것이다(this operator is meant for NullPointerException–lovers).'

변수 이름에 !! 연산자를 추가해서 코틀린에게 완전히 null에 안전한 시스템을 건너뛰라고 알려준다. 인스턴스 변수가 null 참조이고 코드가 메소드를 호출하거나 멤버에 접근하려고 하면 동일한 상황에서 자바가 동작하는 것과 마찬가지로 코틀린은 NullPointerException을 던진다.

```
fun test() {
  var currentTime: java.util.Date? = null
  println("Next line compiles, but throws exception when running")
  var seconds = currentTime!!.getTime()
  println(seconds)
}
test()
```

변환

자바에서는 컴파일러가 정확성에 손실이 없음을 보장할 때 자동으로 데이터 변환이 발생한다. 예를 들어 다음의 경우는 자바에서 유효하다.

```
// 자바 코드
int a = 1000;
long b = a;
```

int는 정확도의 손실 없이 long 타입에 저장이 가능하기 때문에 자바는 자동으로 int를 long으로 변환한다. 하지만 코틀린은 자동으로 변수를 변환하지 않는다. 그래서 프로그래머가 직접 변수를 변환해야 한다.

```
val a: Int = 1000
val b: Long = a.toLong()
```

코틀린의 모든 숫자 타입(Int, Long 등)은 변환을 위해 다음의 메소드를 제공한다.

- toByte()
- toChar()
- toDouble()
- toFloat()
- toInt()
- toLong()
- toShort()

컬렉션과 제네릭

스칼라와 클로저처럼 코틀린은 고유한 컬렉션 클래스를 제공한다. 일반적인 컬렉션 클래스의 불변 타입과 가변 타입 모두가 사용 가능하다. 코틀린의 제네릭은 자바의 제네릭과 매우 유사하다. 다음은 사용 가능한 인터페이스와 코틀린 런타임 라이브러리에서 인터페이스를 구현한 클래스의 인스턴스를 생성하기 위해 호출해야 하는 함수를 나열한 표다.

인터페이스	설명	인스턴스를 생성하는 함수
List〈T〉	변경이 불가한 리스트를 위한 메소드를 제공한다.	listOf
MutableList〈T〉	변경이 가능한 리스트를 위한 메소드를 제공한다.	mutableListOf
Set〈T〉	변경이 불가한 세트를 위한 메소드를 제공한다.	setoff
MutableSet〈T〉	변경이 가능한 세트를 위한 메소드를 제공한다.	mutableSetOf
Map〈K, V〉	변경이 불가한 맵을 위한 메소드를 제공한다.	mapOf
MutableMap〈K, V〉	변경이 가능한 맵을 위한 메소드를 제공한다.	mutableMapOf

사용 가능한 모든 메소드와 각 유형의 속성에 대한 전체 문서는 코틀린 문서의 API 참고 절에서 확인하라. 여기서는 앞의 표에 있는 몇 가지 유형의 메소드 예제를 설명한다. 불변 리스트부터 살펴보자.

```
val someImmutableInts: List<Int> = listOf(10, 20, 30)
println("$someImmutableInts --> ${someImmutableInts.size} elements")
```

앞의 코드는 [10, 20, 30] --> 3 elements를 출력한다. 코틀린의 List 인터페이스에서 사용 가능한 다른 메소드는 contains( )와 indexOf( ), isEmpty( ), lastIndexOf( ), subList( )가 있다. List 인터페이스는 확장 함수라고 부르는 다양한 함수형 프로그래밍을 위한 함수도 제공한다. 확장 함수^{extension function}는 10장에서 설명한다.

```
val mutableDoubles: MutableList<Double> = mutableListOf(3.14, 1.0,
                                                        25.5)
```

```
mutableDoubles.add(1, -1.99)
mutableDoubles.removeAt(0)
println(mutableDoubles)
```

앞의 코드는 [-1.99, 1.0, 25.5]를 출력한다. MutableList 인터페이스의 다른 일반적인 함수는 addAll( )과 clear( ), remove( )가 있다. 이런 함수는 특정 요소를 제거하는 데 사용한다.

```
val mapNumbers: Map<String, Int> = mapOf("one" to 1, "ten" to 10,
                                         "thirty" to 30)
println(mapNumbers["thirty"])
for ((key, value) in mapNumbers) {
  print("$key = $value ")
}

println()
```

이 예제는 30과 one = 1 ten = 10 thirty = 30을 출력한다. 다른 일반적인 메소드는 keys( )와 values( ), containsKey( ), containsValue( ), getOrDefault( ) (new in version 1.1), isEmpty( )가 있다.

반복

코틀린은 for와 while, do...while 같은 일반적인 모든 반복 문장을 지원한다.

for 반복 예제부터 살펴보자.

```
val items = listOf(10, 20, 30)
for (i in items) {
  println(i)
}
```

놀라운 것도 없이, 예제는 10 20 30을 각각 새로운 행에 출력한다.

while 문장도 있다. 항상 그렇듯이 먼저 조건문을 검사한다. 조건문이 false이면 어떠한 반복도 이루어지지 않는다. 반면 조건문이 참이면 조건문이 false이거나 break 문장을 호출할 때까지 반복을 수행한다.

```
var x = 10
while (x > 20) {
  println("Hello")
  x++
}
```

예제는 x가 20보다 작기 때문에 아무것도 출력하지 않는다.

또한, do...while 반복도 지원한다.

```
var y = 0
do {
  y++
  if (y == 2)
    continue
  println(y)
} while (y % 5 != 0)
```

이 예제는 1, 3, 4, 5를 출력한다.

자바와 다른 많은 인기 있는 프로그래밍 언어처럼 모든 반복의 조건에서 반복을 멈추거나 현재 반복 주기를 건너뛰기 위해 코틀린은 break와 continue 문장을 지원한다.

▌ 코틀린에서 OOP

코틀린은 무엇보다도 OOP 언어다. 여기서는 OOP와 관련된 기본적은 모든 사항을 살펴본다.

- 패키지 정의
- 멤버 가져오기
- 클래스와 생성자 정의
- 클래스에 멤버 추가
- 인터페이스
- 가시성 제한자
- 싱글턴과 컴패니언 객체
- 데이터 클래스
- 람다와 인라인 함수

패키지 정의

패키지는 자바와 매우 유사한 방법으로 동작하는 패키지 문장으로 정의한다.

```
package com.example
```

하지만 자바나 클로저와는 다르게 코틀린에서는 소스코드의 디렉터리 구조를 패키지 이름과 일치시킬 필요는 없다. 자신이 원하는 방식으로 소스코드를 구조화하면 된다.

 코틀린의 대화형 REPL 셸은 패키지 생성을 지원하지 않으므로, REPL 셸에서 패키지 문장을 사용하면 안 된다.

멤버 가져오기

코틀린의 import 문장은 자바와 매우 비슷하다.

```
import java.util.ArrayList
import java.io.*
```

중요한 차이점은 별명을 설정할 수 있다는 것으로, 이름 충돌이 발생했을 때 매우 유용하다.

```
import java.io.File as JavaFile
val f = JavaFile("test.txt")
```

클래스와 생성자 정의

클래스는 class 키워드로 정의한다.

```
class ClassName {
}
```

기본 생성자는 헤더의 일부로 정의할 수 있다.

```
class Point constructor(x: Int, y: Int) {
}
```

constructor 키워드는 생략해도 된다.

```
class Point (x: Int, y: Int) {
}
```

클래스를 생성할 때 코드를 실행하고 싶으면 init 키워드를 가진 블록을 지정하면 된다.

```
class Point (x: Int, y: Int) {
  init {
    println("Executable code here...")
  }
}
```

생성자의 매개변수와 같이 클래스에서 정의한 속성을 init 블록에서 사용할 수 있다(클래스에 속성을 추가하는 방법은 간단히 다룰 예정이다). 메소드에서도 생성자의 매개변수를 사용하고 싶으면 val(불변 속성에 대해)이나 var(가변 매개변수에 대해)를 생성자의 매개변수 앞에 지정해야 한다.

```
class Point (val x: Int, val y: Int) {
  override fun toString(): String { return "${x}, ${y}" }
}
val p = Point(-30, 50)
println(p)
```

앞의 코드는 -30, 50을 출력한다. 생성자 매개변수는 val을 사용해서 불변 속성으로 만드는 것이 더 낫다. 그래서 설계상 꼭 필요한 경우가 아니라면 var를 이용해 가변 매개변수로 만들기 전에 다시 한 번 생각해보라.

constructor 키워드를 지정할 때 기본 생성자의 접근 제한자를 지정할 수도 있다. 하지만 constructor 키워드를 생략하면 접근 제한자 지정이 불가하다(생성자는 임의로 public이 된다).

```
class Customer private constructor(id: Int) { }
```

constructor를 명시적으로 지정하지 않으면 자동으로 public의 매개변수가 없는 기본 생성자가 생성된다. 자동으로 생성자가 생성되는 것을 원치 않으면 매개변수가 없는 private 생성자를 명시적으로 생성하면 된다.

```
class Customer private constructor()
```

뒤에서 사용 가능한 접근 제한자를 살펴보자. 하나 이상의 두 번째 생성자도 추가할 수 있다.

```
class Customer(val name: String, val country: String?) {
  constructor(name: String) : this(name, null) {
    println("Name: " + name)
    println("Country: " + country)
  }
}

var c = Customer("Your Name")
```

앞의 코드는 Name: Your name과 Country: null을 출력한다. 두 번째 생성자는 (앞의 예제처럼) 직접 혹은 간접적으로 기본 생성자를 호출해야 한다. 예제는 직간접적으로 기본 생성자를 호출하는 두 번째 생성자를 간접적으로 호출한다.

클래스에 멤버 추가

이제 클래스에 멤버를 추가하는 방법을 알아보자.

- 함수 추가
- 주요 진입점 함수 추가
- 속성 추가

함수 추가

자바에서는 함수를 메소드라고 부르지만, 코틀린에서는 함수라고 부른다. 이미 함수, 메소드를 살펴봤기 때문에 여기서는 신기할 것이 없다.

```kotlin
class MethodDemo {
  fun instanceMethod(i: Int): Int {
    return i*i
  }
}
var demo = MethodDemo()
println(demo.instanceMethod(5))
```

놀랍게도 코틀린에는 정적 메소드(클래스 메소드)를 생성하는 키워드가 없다. 대신 클래스 밖에 메소드를 둘 수 있다(이 주제는 코틀린에서의 '절차적 프로그래밍' 절에서 설명한다). 뒤에서 다룰 객체 컴패니언companion을 사용해 정적 함수를 생성할 수도 있다.

주요 진입점 함수

앞서 살펴봤지만 자바에서는 애플리케이션의 진입점으로 동작하는 static main(String[] args)를 추가할 수 있다. 코틀린에서는 자동으로 클래스 내부의 메소드가 인스턴스 메소드다. 그래서 클래스에 다음 함수를 추가해도 동작하지 않는다.

```kotlin
// 다음의 main() 함수는 정상적인 인스턴스 메소드이고,
// 애플리케이션의 진입점으로 동작하지 않는다.
class A {
  fun main(args : Array<String>) {
    println("Executable code here...")
  }
}
```

코틀린에서 main() 진입점을 정의하는 방법은 두 가지가 있다.

- (어떠한 클래스 내부도 아닌) 소스코드의 최상위에 함수로 main( ) 함수를 배치하라. 이 방법은 코틀린에서 '절차적 프로그래밍' 절에서 설명한다.
- 컴패니언 객체에 main( ) 함수를 추가하고 @JvmStatic 어노테이션을 추가하라. 이 방법은 '싱글턴과 컴패니언 객체' 절에서 설명한다.

속성 추가

코틀린에서 클래스는 독립적인 변수를 가질 수 없다. 대신 속성을 클래스에 추가한다. 속성은 연결되는 getter와 setter를 가진 변수다(이 점은 속성이 읽고 쓰기 가능한지 여부에 따라 다르다). 코틀린은 속성에 대한 기본 getter/setter를 생성할 수 있지만, 자신이 직접 구현해도 된다.

다음은 변경이 가능한 속성의 예다(읽고 쓸 수 있다). 속성을 선언할 때 var 키워드를 사용했기 때문에 변경 가능하다.

```
class PropertyDemo1 {
  var mutableProperty: Int = 0
}

val p1 = PropertyDemo1()
println(p1.mutableProperty)
p1.mutableProperty = 24
println(p1.mutableProperty)
```

mutableProperty 속성은 0으로 초기화된다. 명시적으로 getter와 setter를 구현하지 않았기 때문에, 코틀린 컴파일러는 자동으로 mutableProperty 속성에 대한 getter와 setter를 생성한다. 속성에 접근하려면 get과 set을 앞에 붙일 필요 없이 간단히 속성 이름을 사용하면 된다. 코틀린이 자동으로 생성된 getter와 setter 함수를 호출하고, 코틀린에서는 이를 접근자^{accessor}라고 부른다.

코틀린 컴파일러는 속성을 선언과 동시에 초기화하거나(앞의 예제처럼) init {} 블록에서 초기화해야 한다.

다음은 읽기만 가능한 속성의 예다. 읽기만 가능한 속성은 val 키워드를 사용해 선언한다.

```
class PropertyDemo2 {
  val readOnlyProperty: Int = 1000
}

val p2 = PropertyDemo2()
println(p2.readOnlyProperty)
```

앞의 예제의 p2.readOnlyProperty = 1234와 같이 무언가를 실행하려고 한다면 다음과 같은 예외가 발생한다.

java.lang.IllegalAccessError: tried to access field

Line35$PropertyDemo2.readOnlyProperty from class Line39.

가변 속성과 마찬가지로, 읽기만 가능한 속성은 선언할 때 혹은 init {} 블록에서 명시적으로 초기화해야 한다.

이미 언급한 것처럼 속성은 고유한 접근자(getter와 setter)를 구현할 수 있다. 다음은 가변 속성에 대한 getter/setter 접근자 예다.

```
class PropertyDemo3 {
    var customProperty: Int = 1000
    get() { field + 1 }
    set(value) { field = value }
}

var p3 = PropertyDemo3()
```

```
p3.customProperty = 10
println(p3.customProperty)
```

생성된 필드에 접근할 때 field 키워드를 사용한다. 코틀린 문서에서 이를 백킹 필드^{backing} field라고 부른다.

변수를 private하게 만들기 위해 setter 접근자를 숨기는 것도 가능하다.

```
class PropertyDemo4 {
  var anotherProperty: Int = 314
    private set
}

var p4 = PropertyDemo4()
println(p4.anotherProperty)
```

anotherProperty 속성은 setter 함수(코틀린의 기본 구현)를 갖지만, private이기 때문에 보이지 않는다. getter는 항상 자동으로 생성되고 public이다. getter를 private하게 만들 수는 없다. getter는 속성의 고유한 접근 제한자와 일치해야 한다. 속성의 접근 제한자는 코틀린에서 가시성 제한자^{visibility modifier}라고 부르며 뒤에서 살펴본다.

상속

JVM 플랫폼상의 대부분의 인기 있는 언어와 마찬가지로 코틀린은 하나의 상위 클래스를 확장할 수 있다. 다른 클래스를 상속하지 않은 클래스는 코틀린의 kotlin.Any 클래스를 상속한다. kotlin.Any 클래스는 java.lang.Object 클래스와 비슷하지만 두 가지 다른 클래스가 있음을 주의하자.

명시적인 제한자 없이 생성한 클래스는 항상 final이고 상속할 수 없다. 클래스를 상속하게 하려면 부모 클래스의 앞에 open 키워드를 설정해야 한다.

```
open class Person(name: String)
class Customer(name: String, department: String) : Person(name) {
}
```

자식 클래스가 기본 생성자를 가지지 않으면, 부모의 생성자를 호출하는 데 super 키워드를 사용해야 한다.

```
open class Person(name: String)
class Customer : Person {
  constructor(name: String) : super(name)
}
```

메소드를 상속하려면 override 키워드를 사용해야 한다.

```
open class ParentClass {
  open fun greatMethod() {
    println("greatMethod in parent class")
  }
}

class ChildClass: ParentClass() {
  override fun greatMethod() {
    super.greatMethod()
  }
}
```

함수는 기본으로 final이므로 명시적으로 open 접근 제한자를 지정해야 함을 유의하라.

인터페이스

코틀린의 인터페이스는 자바 8의 인터페이스와 유사하다. 즉, 코틀린의 인터페이스는 추상 함수(구현이 없는 함수)와 함수의 기본 구현 모두를 포함할 수 있다.

```
interface NameOfInterface {
  fun functionWithoutImplementation()
  fun functionWithImplementation(i: Int) {
    // 기본 구현은 여기에...
  }
}
```

구현이 있든 없든 속성 선언도 가능하다.

```
interface InterfaceWithProperties {
  var propertyWithGetterAndSetter: Int
  val propertyWithGetterOnly: String
  val propertyWithDefaultImplementation: Double
    get() = 0.0
}
```

인터페이스에서 백킹 필드는 허용하지 않기 때문에, 인터페이스 내에서 `field` 키워드를 사용할 수 없다. 그래서 인터페이스의 setter 접근자에 대한 기본 구현을 제공할 수 없다.

코틀린은 인터페이스를 구현할 때 클래스를 상속할 때와 동일한 문법을 사용한다.

```
class DemoClass : NameOfInterface, InterfaceWithProperties {
  override fun functionWithoutImplementation() {
    println("but now it has a implementation")
  }
  override var propertyWithGetterAndSetter: Int = 0
  override val propertyWithGetterOnly: String = "test"
}
```

클래스나 인터페이스의 순서는 중요하지 않지만, 상속하는 상위 클래스를 첫 번째 항목으로 먼저 지정하고 이어서 클래스가 구현하는 인터페이스를 지정하는 것이 좋다.

가시성 제한자

코틀린에서 함수와 속성은 클래스 외부에서 정의할 수 있다. 클래스 외부에서 정의한 속성을 패키지의 최상위top level 선언이라고 부르며, 코틀린에서 '절차적 프로그래밍' 절에서 좀 더 자세히 설명한다. 최상위 선언과 클래스 멤버에는 다른 종류의 가시성 제한자(자바에서는 접근 제한자access modifier라고 부른다)를 지정할 수 있다. 다음은 코틀린의 가시성 제한자 목록이다.

가시성 제한자	적용 범위	설명
public	최상위 선언과 클래스 멤버	어떠한 가시성 제한자를 명시적으로 추가하지 않을 때의 코틀린 기본 가시성 제한자다. 자바의 public 접근 제한자와 동일한 의미를 갖는다. 선언은 어디에서나 가능하다.
private	최상위 선언과 클래스 멤버	동일한 파일 내의 코드에서만 보인다.
internal	최상위 선언과 클래스 멤버	동일한 모듈 내의 코드에서만 보인다. 예를 들어 특정 프로젝트의 모든 코틀린 소스코드와 같이 모듈은 함께 컴파일되는 코틀린 파일의 그룹이라 할 수 있다.
protected	클래스 멤버만	자바의 protected와 같다. 클래스와 하위 클래스에서만 볼 수 있는 멤버다. 기타 다른 클래스에서는 보이지 않는다.

코틀린에는 자바의 package—private(접근 제한자를 지정하지 않을 때의 자바 기본 접근 제한자) 멤버에 대응하는 가시성 제한자가 없다.

싱글턴과 컴패니언 객체

코틀린의 object는 스칼라의 object 키워드와 매우 유사하며, 싱글턴 객체를 생성한다.

```
object ThisIsASingleton {
  fun coolMethod() = println("Not so cool, after all")
}

ThisIsASingleton.coolMethod()
```

이 클래스의 인스턴스는 자동으로 생성되고 그 멤버는 객체의 이름을 이용해 접근 가능하다.

클래스 내에 싱글턴 객체를 생성할 수 있으며 companion 키워드를 앞에 추가할 수 있다.

```
class NormalClass {
  companion object CompanionObject {
    var i = 100
    fun yetAnotherCoolMethod() {
      i = 50
    }
  }
}

NormalClass.CompanionObject.yetAnotherCoolMethod()
println(NormalClass.i)
println(NormalClass.CompanionObject.i)
```

예제에서처럼 컴패니언 객체의 멤버는 NormalClass.CompanionObject 참조나 내부적으로 컴패니언 객체 CompanionObject를 참조하는 클래스 이름 NormalClass을 이용해 접근할 수 있다. 앞의 코드는 50을 두 번 출력한다.

 명시적으로 지정하지 않으면 컴패니언 객체의 이름은 필요하지 않다. 코틀린은 그 객체를 단순히 컴패니언(Companion)으로 호출할 것이다.

컴패니언 객체는 부모 클래스(예제의 경우, NormalClass)를 통해서만 접근이 가능하고 참조 변수를 통해서는 접근할 수 없다. 그래서 다음 코드는 컴파일되지 않는다.

```
var i = Normalclass()
// 컴파일되지 않는다.
i.CompanionObject.yetAnotherCoolMethod()
```

다음과 같은 예외가 발생할 것이다. error: nested companion object 'CompanionObject' accessed via instance reference.

오류의 원인은 컴패니언 객체의 멤버는 자바의 정적 멤버와 매우 유사하게 동작하기 때문이다. 컴패니언 객체는 싱글턴 객체이기 때문에, 부모 클래스의 모든 인스턴스가 공유하는 단 하나의 객체 인스턴스다. 컴패니언 객체를 보통의 인스턴스 변수 필드와 함수로 취급하지 않도록 보장하기 위해 코틀린은 참조 변수를 통해 컴패니언 객체에 접근하는 것을 막는다.

기술적으로 컴패니언 객체나 그의 멤버는 정적 멤버가 아니라는 점을 유의해야 한다. 내부적으로는 여전히 보통의 인스턴스 멤버지만, 프로그램이 그것을 사용할 수 있기 전에 자동으로 인스턴스를 생성하기 때문에 정적 멤버처럼 동작한다. @JvmStatic 어노테이션을 사용해 컴패니언 객체에 진짜 정적 메소드를 생성하는 일도 가능하다.

```
class StaticDemo {
  companion object {
    @JvmStatic fun realStaticMethod() {
      println("Real static method...")
    }
  }
}

StaticDemo.realStaticMethod()
```

다시 부모 클래스의 이름을 이용해 메소드를 호출할 수 있다. 코틀린은 컴패니언 객체의 정적 메소드 realStaticMethod()를 호출할 수 있다.

객체나 컴패니언 객체 내부의 필드 앞에 const 키워드를 붙여서 실제 JVM 정적 필드로 컴파일할 수 있다.

```
class StaticFieldsDemo {
  companion object {
    const val CONSTANT_VALUE = 3
  }
}
```

앞의 코드는 자바의 public static final int CONSTANT_VALUE = 3;과 동일하다.

 컴패니언 객체 멤버는 이미 정적 멤버처럼 동작하는데 실제 정적 메소드나 필드로 만드는 이유가 궁금할 것이다. 그 이유 중의 하나는 자바처럼 다른 JVM 언어가 호출하는 클래스에 유용하기 때문이다.

main( ) 메소드라고 부르는 애플리케이션의 JVM 진입점 메소드가 실제 정적 메소드의 좋은 예다. 설계상 main( ) 메소드는 static이어야 한다. 클래스 내에 진입점을 정의하고 싶으면 코틀린에서는 컴패니언 객체를 생성하고 @JvmStatic 어노테이션을 추가하는 방법 밖에 없다.

```
class MainDemo {
  companion object {
    @JvmStatic fun main(args: Array<String>) {
      println("This is the main method")
    }
  }
}
```

데이터 클래스

몇 개의 필드만 가지는 클래스를 생성하고자 한다면 데이터 클래스^{data classes}가 매우 유용하다. 자바에서 POJO^{Plain Old Java Object}를 생성하는 일은 필드와 각 필드에 대한 두 개의 메소드를 정의하기 위해 많은 코드가 필요하다는 것을 3장, '자바'에서 봤다. 코틀린은 각 필드에 대해 자동으로 속성을 생성해주는 데이터 클래스를 지원한다. 예제를 살펴보자.

```
data class Computer(val brand: String, val cpu: String, var memoryGB:
Int, var harddiskSizeGB: Int)
```

앞의 한 행은 다음과 같은 클래스를 생성한다.

코드에서는 보통의 코틀린 클래스처럼 데이터 클래스에 접근한다. 기본 생성자는 매개변수로 모든 필드를 전달받는다.

```
var pc = Computer("Dell", "Intel Core i5", 8, 1024)
println(pc.brand)
pc.memoryGB = 4
```

컴파일러가 생성한 클래스는 자동으로 각 필드에 대해 getter 함수를 생성한다(그리고 val 대신 var 키워드를 앞에 붙인 변경 가능한 모든 필드에 대해서 setter 함수를 추가로 생성한다).

equals( )와 hashCode( ), toString( )을 포함한 보통의 JVM 메소드의 구현도 자동으로 추가한다.

항상 그렇듯이 코틀린에서 속성에 접근할 때 get/set을 앞에 붙일 필요가 없다. 이전의 예제에서 이 점을 살펴봤다.

copy( ) 함수도 생성한다. 이 함수는 데이터 클래스를 복사하고 복사한 클래스에서 수정하고 싶은 몇 개 필드를 지정할 수 있는 편리한 함수다.

```
var pc2 = pc.copy(brand="HP", memoryGB=16)
println(pc2)
```

pc 변수에서 참조하는 Computer라는 데이터 클래스의 복사본을 생성해서, 브랜드는 HP로 바꾸고 메모리는 16GB로 업그레이드했다.

 TIP 데이터 클래스는 인터페이스를 구현하고 다른 클래스를 확장할 수 있다(코틀린 버전 1.1 현재).

람다와 인라인 함수

이 책의 다른 언어와 마찬가지로 코틀린에서도 매개변수로 람다 함수를 전달할 수 있고, 이를 람다 함수라 부른다. 서버를 다시 부팅할 수 있는 충분한 권한을 가진 애플리케이션이 있다고 가정하자. 이 함수를 호출할 때 어딘가에서 로그를 남기고 싶을 것이다. 다음은 서버를 종료하는 함수의 헤더다.

```
fun shutdown(logger: (m: String) -> Unit) {
  logger("The server is about to shutdown. There's no way back.")
  println("Code to shutdown the application here...")
}
```

shutdown 함수는 입력값으로 문자열 하나를 받고(이름 m을 사용하지 않음을 유의하라) 아무것도 반환하지 않는(Unit) logger라는 이름의 매개변수 하나를 전달받는다. 서버를 종료하기 전에 shutdown( ) 함수는 전달받은 logger 함수를 호출한다. logger 함수의 구현에 대해서는 자세히 모른다. 아는 것은 로그에 기록하려는 메시지를 포함한 하나의 문자열을 받고 아무것도 반환하지 않는다는 것뿐이다.

shutdown( ) 함수의 호출자는 shutdown( )을 호출할 때 logger 함수의 본문을 직접 전달해서 람다를 전달할 수 있다.

```
shutdown({ msg: String -> println("Logged message: '$msg'") })
```

여기서의 람다는 단순히 msg를 콘솔에 출력한다.

다른 함수에 함수를 전달하는 것은 내부적으로 함수를 객체로 정의하기 때문에 자원을 많이 소비한다. shutdown( ) 함수가 logger( ) 함수를 호출할 때 내부적으로 많은 일이 발생하고 이 작업은 시간이 많이 소요된다. 람다 함수는 부모 클래스의 멤버에 접근하기 때문에, 부모 클래스의 멤버 변수의 복사본을 람다 함수에 전달할 수 있다. 최근에 람다 함수는 큰 문제가 되지 않지만, 속도가 매우 중요할 때 코틀린은 인라인 함수inline function라는 기법을 사용한다. 예제의 shutdown 함수처럼 람다를 입력값으로 받는 함수의 앞에 inline 키워드를 추가하면, 코틀린 컴파일러는 내부적으로 람다를 더 이상 호출하지 않는 방식으로 코드를 다시 작성한다. 즉, 람다의 구현을 함수에 복사해 붙여 넣는다.

약간 혼란스러울 테니 예제를 살펴보자. shutdown( ) 함수 앞에 inline 키워드를 붙여보자.

```
inline fun shutdown(logger: (m: String) -> Unit) {
  logger("The server is about to shutdown. There's no way back.")
  println("Code to shutdown the application here...")
}
```

람다 함수를 호출할 때, 컴파일러는 보이지 않게 인라인 함수를 호출하는 코드를 다시 작
성한다. 예를 들어 shutdown 함수를 호출하는 예제 코드를 살펴보자.

```
fun closeConnectionsAndShutdown() {
  println("Code that shutdowns active connections omitted...")
  shutdown({ msg: String -> println("Logged message: '$msg'") })
}
```

컴파일러는 앞의 코드를 다음과 유사한 내용의 코드로 재작성할 것이다.

```
fun closeConnectionsAndShutdown() {
  println("Code that shutdowns active connections omitted...")
  val msg = "The server is about to shutdown. There's no way back."
  println("Logged message: '$msg'")
  println("Code to shutdown the application here...")
}
```

shutdown의 이 버전은 원래 함수보다 더 빠르게 실행된다.

█ 코틀린에서 절차적 프로그래밍

코틀린은 순수한 OOP 언어지만, 절차적 프로그래밍도 지원한다. 자바나 컴파일된 스칼
라 코드와는 다르게 클래스 안에 명시적으로 함수와 변수를 배치하지 않고 함수와 변수
를 정의할 수 있다는 의미다(앞에서 봤듯이, 스칼라의 REPL을 사용할 때 함수와 변수를 클래스에
배치할 필요가 없다. 독립 실행형 scalac 컴파일러를 사용할 때는 클래스 내에 함수와 변수를 배치해
야 한다).

프로그램을 작성하기 위해 코틀린의 REPL 대화형 셸을 사용하지 않는다면, 코틀린 컴파
일러를 사용해야 한다. 소스코드를 컴파일하기 위해 컴파일러를 사용할 때 함수와 속성을

모두 소스 파일의 최상위에 배치할 수 있다. 9장에서 한동안 그렇게 해왔다.

```
fun function1 {
  println("function1 is running...")
}
var property1: String = "default value of property1"
```

하지만 소스코드 안의 최상위에 실행 가능한 코드를 배치할 수 없다. 실행 가능한 코드는 항상 함수 내에 배치해야 한다. java 혹은 kotlin 명령어를 실행 가능한 JVM 애플리케이션을 생성하려면 main( ) 함수를 정의해야 한다. 다음과 같은 시그니처를 가진 함수를 정의하면, 코틀린 컴파일러는 그 함수를 JVM 진입점 함수로 사용하기 위한 정적 메소드로 컴파일한다.

```
fun main(args : Array<String>) {
  // 실행 가능한 코드는 여기에...
  function1()
  println(property1)
}
```

JVM 플랫폼은 항상 클래스로 동작하기 때문에, 코틀린 컴파일러는 소스코드를 소스 파일의 코드를 둘러싸는 클래스 파일로 컴파일한다. 클래스는 소스 파일과 동일한 파일 이름에 Kt가 뒤에 붙은 이름을 부여받는다. 그래서 소스 파일이 CoolProject.kt이고 package com.example행으로 시작하면 생성된 클래스의 정규화된 이름은 com.example.CoolProjectKt가 된다.

코틀린의 REPL은 main( ) 메소드를 자동으로 실행하지 않음을 주의하라. 이 예제를 실행하려면, procedural_programming.kt라는 파일에 소스코드를 저장하고 명령프롬프트(윈도우) 혹은 터미널에서 다음 명령어를 실행하라.

```
kotlinc-jvm procedural_programming.kt
kotlin Procedural_programmingKt
```

다음과 같은 일이 일어난다.

- kotlinc-jvm 컴파일러는 procedural_programming.kt를 자바 바이트코드를
  포함하고 JVM에 호환 가능한 Procedural_programmingKt.class 파일로 컴파
  일한다.
- 앞에서 설명했듯이 클래스 파일 내부의 클래스를 Procedural_programmingKt라
  고 부른다.
- kotlin 명령어는 JVM의 java 명령어를 위한 단축키와 같이 동작한다. 그래서 코
  틀린 런타임 라이브러리를 클래스경로에 추가한다. 클래스는 main 진입 함수를
  갖기 때문에 JVM이 애플리케이션을 실행할 수 있다.

▌ 스타일 가이드

코틀린 문서는 코딩 규약Coding Convention을 포함한다. 다음은 그 중 가장 중요한 규칙이다.

- 의심스러우면 자바 규칙을 사용하라.
- 들여쓰기에는 네 개의 공백문자를 사용하라.
- 예를 들어 class X : Y() 같이 클래스와 상위클래스를 지정할 때 콜론 앞뒤에
  공백을 둔다.
- val x: Int와 같이 변수를 선언할 때는 공백이 없다.
- 아무것도 반환하지 않는 메소드에 대해 선택적 Unit 반환 타입을 지정하지 마라.

퀴즈

1. 코틀린을 가장 잘 설명한 답은 무엇인가?

   a) 몇 가지 OOP 기능을 갖춘 정적으로 타입이 정해진 함수형 프로그래밍 언어다.

   b) 몇 가지 함수형 프로그래밍 기능을 갖춘 정적으로 타입이 정해진 OOP 언어다.

   c) 몇 가지 OOP 기능을 갖춘 동적으로 타입이 정해진 함수형 프로그래밍 언어다.

   d) 몇 가지 함수형 프로그래밍 기능을 갖춘 동적으로 타입이 정해진 OOP 언어다.

2. 코틀린은 다중 상속을 허용하는가?

   a) 예, 코틀린에서 클래스는 여러 개의 클래스를 확장할 수 있다.

   b) 아니오, 코틀린에서 클래스는 단 하나의 다른 클래스를 확장할 수 있다.

3. 클래스를 선언할 때 명시적으로 상위클래스를 지정하지 않으면 어떤 클래스가 상위클래스가 되나?

   a) 상위클래스가 없다.

   b) java.lang.Object

   c) kotlin.Object

   d) kotlin.Any

4. 다음의 코드를 코틀린 REPL에서 실행할 수 있나? 아니라면 그 이유는 무엇인가?

```
var k: Int = null
```

---

   a) 예, 이 코드는 오류 없이 실행된다.

   b) 아니오, 코틀린의 타입 시스템은 Int 타입에 null 값을 허용하지 않으므로 오류가 발생한다.

   c) 아니오, var로 정의한 가변 변수는 null로 초기화할 수 없다.

   d) 코틀린은 null 참조에 대해 null 대신 nil을 사용한다.

5. 다음 중에서 코틀린 소스 파일의 최상위에 선언할 수 없는 것은 무엇인가?

    a) 함수

    b) 속성

    c) 실행 가능한 코드

    d) 모두 다

▍ 요약

홈페이지에서 코틀린을 다운로드하고 설치하는 일부터 9장을 시작했다. REPL을 시험해보고 함수와 변수 정의와 같은 코틀린의 기본 개념을 학습하는 데 사용했다. 코틀린이 자바와 유사한 기능을 많이 가지고 있지만, 일반적인 상황에서 불필요한 코드를 덜 작성하고 종종 더 사용하기 쉽다는 점을 알게 됐다. 특히 null 참조를 처리하는 부분과 같이 코틀린의 고유한 타입 시스템에 대해 학습했다. 클래스를 정의하고 함수와 속성을 클래스에 추가하며, 클래스에 JVM 진입점 함수를 추가하는 일과 같이 가장 중요한 OOP 관련 주제도 다뤘다. 또한 싱글턴과 컴패니언 객체, 데이터 클래스, 람다 함수와 같은 좀 더 고급의 기능도 설명했다. 마지막으로 절차적 프로그래밍에 코틀린을 사용하는 방법도 배웠고, 코틀린의 코딩 규약을 살펴봤다.

10장에서는 오라클의 고급 자바FX 데스크톱 GUI 프레임워크를 사용해 코틀린 프로젝트를 생성하고, 대중적인 아파치 메이븐 JVM 빌드 시스템을 사용해 프로젝트를 빌드해본다.

10

코틀린 프로그래밍

10장에서는 자바FX 툴킷을 이용해 코틀린으로 작은 데스크톱 GUI 애플리케이션을 작성해본다. 9장에서는 대부분 코틀린의 REPL을 사용했지만, 지금부터는 코드를 작성하기 위해 다시 이클립스 IDE를 사용한다. 스칼라와 클로저에서처럼 이클립스 IDE를 사용하려면 플러그인을 설치해야 한다. 플러그인은 이클립스 마켓플레이스에서 획득할 수 있고, 설치는 간단하다.

빌드 도구는 아파치 메이븐을 사용한다. 아파치 메이븐은 원래 자바를 위해 고안된 빌드 도구지만, 코틀린과 같은 다른 언어를 지원하는 플러그인으로 확장 가능하다. 메이븐은 빌드 프로세스를 진행하는 동안 사용하는 모든 의존성과 플러그인을 정의한 XML 파일을 읽어서 프로젝트를 빌드한다. 여기서는 코틀린 팀에서 코틀린 프로젝트를 위해 제공하는 미리 구성된 템플릿을 사용해 빌드할 예정이다. 다음은 10장에서 다룰 주제다.

- 이클립스 IDE를 위한 코틀린 플러그인
- 아파치 메이븐
- 자바FX 데스크톱 GUI 애플리케이션 작성

▍ 이클립스 IDE를 위한 코틀린 플러그인

코틀린 언어는 인기 있는 상용 IDE와 그것의 커뮤니티 버전을 제작하는 회사인 젯브레인 JetBrains에서 고안했다. 그래서 JVM 소프트웨어 개발을 위한 그들의 IntelliJ IDEA IDE가 매우 훌륭한 코틀린 지원 기능을 제공한다는 점은 놀라운 일이 아니다. 코틀린의 사용을 확대하기 위해 젯브레인은 이클립스 IDE에 코틀린 호환성을 추가하는 플러그인도 개발하고 있다. 10장에서는 이 플러그인을 사용한다.

이클립스 IDE를 위한 코틀린 플러그인 설치

이클립스 마켓플레이스에서 쉽게 얻을 수 있기 때문에 플러그인 설치는 매우 쉽다. 책을 쓰는 시점에 마켓플레이스에서 제공하는 버전은 코틀린 웹사이트에서 제공하는 가장 최신 버전과 일치한다. 지금쯤이면 설치 절차가 매우 익숙할 것이다.

1. 이클립스 IDE의 Help 메뉴에서 Eclipse Marketplace... 옵션을 선택하라.
2. Find 필드에 Kotlin을 입력하고 Enter를 누른다.
3. 젯브레인이 보증하는 Kotlin Plugin for Eclipse 항목을 찾아 Install 버튼을 클릭하라.

4. 프롬프트를 따라 하라. 이클립스 IDE는 보안 경고를 보여주고 계속할지를 묻는다. 설치 파일이 서명되지 않았어도 문제가 없다면 Yes를 선택한다. 라이선스 조항에 동의하면 라이선스를 수락한다. 마지막으로 이클립스를 다시 시작할 수 있는지 물으면 Yes를 선택하라.

이게 끝이다! 이제 이클립스 IDE에 코틀린 지원 기능을 추가했다.

코틀린 퍼스펙티브로 전환

이클립스의 코틀린 플러그인은 고유한 퍼스펙티브를 제공하므로, 코틀린 프로그램에 최적화된 사용자 인터페이스로 전환할 수 있다. 이클립스 IDE 창의 오른쪽 상단 툴바에서 코틀린 툴팁을 가진 버튼을 찾아라.

버튼이 보이지 않으면 동일한 툴바에서 퍼스펙티브 열기 툴팁이 있는 버튼을 찾아 클릭한다. 지원하는 모든 퍼스펙티브 목록이 대화창에 출력된다. Kotlin 퍼스펙티브를 선택하고 OK를 클릭한다.

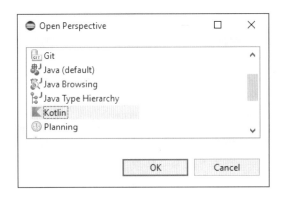

이클립스 IDE의 사용자 인터페이스는 이제 코틀린 언어로 개발하는 데 완전히 최적화됐다.

▮ 아파치 메이븐

코틀린 개발자는 JVM 세계, 특히 자바에서 일반적으로 사용하는 보통의 빌드 도구를 사용하곤 한다. 코틀린 개발자가 사용하는 두 가지 인기 있는 빌드 도구는 그래들사의 그래들 Gradle과 아파치 소프트웨어 재단에서 제공하는 메이븐Maven이다. 그래들과 메이븐 모두 의존성을 관리하고 프로젝트를 빌드한다. 4장, '자바 프로그래밍'에서 그래들을 설명하면서 언급했듯이 작은 자바 애플리케이션을 개발할 때 10장에서는 아파치 메이븐을 사용한다.

메이븐은 프로젝트를 빌드하는 데 XML 빌드 파일을 사용하며, 구성 패러다임을 따르는 규약을 철저히 지킨다. 이 규약을 따르면 빌드 파일을 자주 변경할 필요가 없지만, 프로젝트를 빌드할 때 자유롭게 작업을 수행하고 맞춤형 작업을 수행해야 하면 매우 복잡해질 수 있다(심지어 심각한 문제가 될 수 있다). 대부분의 인기 있는 작업action 플러그인을 시스템에 추가할 수 있으므로 빌드 프로세스에 새로운 기능 및 동작을 추가할 수 있으나, 정확히 필요한 작업을 수행하는 플러그인을 찾는 일이 어려울 수 있다. 메이븐이 코틀린 코드를 컴파일하는 방법을 알게 하려면 코틀린 메이븐 플러그인을 추가해야 한다.

이클립스 코틀린 플러그인은 메이븐 기반의 프로젝트를 생성하는 GUI를 제공하지 않지만, 이클립스에 메이븐 지원을 추가해서 직접 프로젝트를 생성하고 이클립스 IDE로 가져오면 된다. 다음은 이번 절에서 다룰 내용이다.

- 아파치 메이븐 설치
- 사전에 구성된 코틀린 스타터 키트 다운로드
- 이클립스 IDE로 프로젝트 가져오기

아파치 메이븐 설치

메이븐은 기존의 많은 JVM 기반 프로젝트에서 사용하는 도구이므로, JVM 개발자라면 향후 코틀린 프로젝트에서 사용할지 여부와 관계 없이 메이븐을 설치해두는 것이 좋다. 메이븐에 대한 자세한 정보는 프로젝트의 홈페이지 http://maven.apache.org에서 확인하라.

메이븐을 설치하는 방법은 이 책에서 다루는 다른 JVM 도구의 설치 방법과 매우 유사하다.

1. 메이븐 프로젝트 홈페이지를 방문해 메이븐을 다운로드한다. 홈페이지 다운로드 영역의 목록에서 가장 가까운 다운로드 미러 사이트를 찾고 최신 버전을 다운로드하라. 책을 쓰는 시점의 최신 버전은 3.5.0이다. 윈도우 사용자는 ZIP 파일(저술 시점에는 apachemaven-3.5.0-bin.zip이었다)을 다운로드하고, 리눅스와 맥OS 사용자는 tar.gz 아카이브 파일(저술 시점에는 apache-maven-3.5.0-bin.tar.gz였다)을 다운로드해야 한다.
2. 편리한 디렉터리에 아카이브 파일을 압축 해제한다.
3. 시스템 경로path에 bin 디렉터리를 추가한다.

정상적으로 설치했는지 확인하기 위해 명령어 프롬프트(윈도우)나 터미널 창(맥OS와 리눅스)에서 mvn --help를 입력하라. 긴 옵션 목록이 콘솔 창에 출력돼야 한다.

사전에 구성된 코틀린 스타터 키트 다운로드

코틀린 팀은 그래들과 메이븐 모두를 위해 사전에 구성된 프로젝트를 포함하는 스타터 키트를 제공한다. 이 스타터 키트는 코틀린 팀의 공식 깃허브 저장소 https://github.com/JetBrains/kotlin-examples에서 확인할 수 있다.

깃허브 페이지에 접속해 저장소의 마스터 브랜치에 있는 최신 버전의 ZIP 파일을 다운로드할 수 있다. 이 파일을 다운로드한 후 이클립스의 작업 공간 디렉터리에 파일을 압축 해제하라.

깃(Git)을 설치했다면 이클립스 작업 공간 디렉터리 내에서 git clone https://github.com/ JetBrains/kotlin-examples를 입력함으로 파일을 체크아웃할 수도 있다.

프로젝트를 컴파일하고 실행해서 메이븐이 잘 설치됐는지 확인해보자. 명령어 프롬프트 (윈도우)나 터미널 창(맥OS와 리눅스)에서 활성화된 디렉터리를 kotlin-examples-master/ maven/hello-world로 변경하고 다음 명령어를 실행하라.

```
mvn compile
```

앞의 명령어는 메이븐을 시작하고 빌드 파일의 컴파일 목표goal를 실행한다. 메이븐은 코틀린 메이븐 플러그인을 포함해 프로젝트를 빌드하는 데 필요한 의존성을 가져오고 프로젝트의 소스 파일을 컴파일하기 시작하며, 마지막으로 작업을 성공적으로 완료했다고 반환해야 한다. 메이븐은 컴파일된 클래스 파일을 포함하는 classes라는 하위디렉터리를 포함하는 타깃 디렉터리를 생성했다.

메이븐의 스타터 키트에 포함된 빌드 파일은 메이븐을 사용해서 시작할 수 있는 형태로 구성돼 있다. 프로젝트를 시작하기 위해 다음 명령어를 실행하라.

```
mvn exec:java
```

애플리케이션을 구동하는 데 보통의 JVM java 명령어를 사용하기 때문에, 코틀린 프로젝트지만 메이븐의 기본 java 실행 작업을 사용할 수 있다.

```
[INFO] ------------------------------------------------------------------------
[INFO] Building hello-world 1.0-SNAPSHOT
[INFO] ------------------------------------------------------------------------
[INFO]
[INFO] >>> exec-maven-plugin:1.2.1:java (default-cli) > validate @ hello-world >>>
[INFO]
[INFO] <<< exec-maven-plugin:1.2.1:java (default-cli) < validate @ hello-world <<<
[INFO]
[INFO] --- exec-maven-plugin:1.2.1:java (default-cli) @ hello-world ---
Hello, World!
[INFO]
[INFO] BUILD SUCCESS
[INFO] ------------------------------------------------------------------------
[INFO] Total time: 1.270 s
[INFO] Finished at: 2017-03-29T00:28:31+02:00
[INFO] Final Memory: 8M/184M
[INFO] ------------------------------------------------------------------------
C:\Kotlin\kotlin-examples\maven\hello-world>
```

메이븐이 출력하는 결과 중에 Hello, World 라는 인사말이 출력돼야 한다.

이클립스 IDE에 프로젝트 가져오기

메이븐은 JVM 세계에서 누구나 아는 이름이므로, 이클립스의 모든 자바 에디션은 메이븐 지원 기능을 기본으로 제공한다. 그래서 이클립스 IDE에서 프로젝트를 가져오는 일은 쉽다.

1. 이클립스 IDE의 패키지 탐색기에서 빈 공간에 마우스 오른쪽을 클릭하고 Import...를 선택하라.
2. Import 대화창이 나타나면 Projects from Folder or Archive 옵션을 선택하라.
3. Import Source 필드 옆의 Directory 버튼을 클릭한다. 작업 공간 디렉터리(보통은 운영체제의 홈 디렉터리다)를 탐색해서 kotlin-examples-master 디렉터리를 찾고 그 하위디렉터리 maven을 확인하라. hello-world 디렉터리를 선택하고 OK를 선택하라.
4. 마지막으로 Finish를 눌러 프로젝트를 가져온다.

이클립스 IDE는 메이븐이 정의한 규약을 알고 있기 때문에 프로젝트를 가져올 수 있고 중요한 메이븐 작업을 적절한 GUI 요소와 매핑해 보여준다. 예상대로 동작하는지 확인해보자. 패키지 탐색기에서 hello-world 프로젝트 항목을 확장해 나타나는 src/main/kotlin

항목에서 Hello.kt 파일을 연다. Hello, world! 인사말을 다른 무언가로 변경하고 파일을 저장한 다음 툴바의 실행 아이콘을 클릭하라. 실행 아이콘에는 Run Hello.kt라는 툴팁이 보여야 한다.

이제 이클립스의 콘솔^{Console} 탭에 변경한 메시지가 나타나야 한다. 이클립스 IDE는 파일을 컴파일하고 Hello.kt 파일의 main( ) 함수를 실행할 수 있었다.

POM.xml 빌드 파일 탐구

계속 진행하기 전에 보통 pom.xml이라고 부르는 메이븐 빌드 파일을 살펴보자. 패키지 탐색기에서 hello-world 프로젝트의 pom.xml 파일을 연다. 기본적으로 개요 페이지가 나타나지만 XML 자체를 확인할 예정이므로 동일한 창의 하단에 표시되는 pom.xml 탭을 클릭하라. 이제 XML 파일 원본이 나타난다.

 POM은 Project Object Model의 약자다. 메이븐 2의 POM 파일 형태는 POM 파일 버전 4.0.0의 형태다.

빌드 파일의 몇 가지 중요한 요소를 알아보자.

```
<project
 xsi:schemaLocation="http://maven.apache.org/POM/4.0.0
 http://maven.apache.org/xsd/maven-4.0.0.xsd"
 xmlns="http://maven.apache.org/POM/4.0.0"
 xmlns:xsi="http://www.w3.org/2001/XMLSchema-instance">
  ...
</project>
```

앞의 노드는 POM의 루트 노드다. 앞에서 언급했듯이 현재 버전은 4.0.0이다.

```
<groupId>org.jetbrains.kotlin.examples</groupId>

<artifactId>hello-world</artifactId>

<version>1.0-SNAPSHOT</version>
```

groupId는 프로젝트를 식별하는 문자열이며, JVM 패키지 이름 규칙을 따라야 한다. artifactId는 생성될 JAR 파일의 버전 번호 없는 이름을 정의한다. 버전은 version 요소로 정의한다.

```
<properties>
  <kotlin.version>1.0.3</kotlin.version>
  <junit.version>4.12</junit.version>
  <main.class>hello.HelloKt</main.class>
  <project.build.sourceEncoding>UTF-8</project.build.sourceEncoding>
</properties>
```

속성은 키/값 쌍이다. 요소의 이름은 키를 정의하고 값은 내용이다. 의존성의 버전 번호를 속성으로 정의하는 것은 규약으로, 버전을 변경할 때 관련된 여러 개의 XML 요소를 찾아서 교체하는 대신 버전 속성만 변경하면 된다.

```
<dependencies>
  <dependency>
    <groupId>org.jetbrains.kotlin</groupId>
    <artifactId>kotlin-stdlib</artifactId>
    <version>${kotlin.version}</version>
  </dependency>
  ...
</dependencies>
```

<dependencies> 요소 사이의 <dependency> 요소는 프로젝트의 의존성을 각각 정의한다. 의존성 중의 하나가 코틀린 표준 라이브러리^{Kotlin Standard Library}(kotlin-stdlib)다. 코틀린의 버전을 정의하기 위해 kotlin.version 속성의 값을 사용한다.

```
<build>
  <sourceDirectory>${project.basedir}/src/main/kotlin</sourceDirectory>
  <testSourceDirectory>${project.basedir}/src/test/kotlin</testSourceDirectory>
  <plugin>
    <artifactId>kotlin-maven-plugin</artifactId>
    <groupId>org.jetbrains.kotlin</groupId>
    <version>${kotlin.version}</version>
    ...
  </plugin>
  ...
</build>
```

빌드 파일의 상당 부분은 <build>와 </build> 태그 사이의 항목으로 구성된다. 여러 개의 플러그인을 정의하는데, 앞의 예제에서는 메이븐에 코틀린 지원 기능을 추가하는 kotlin-maven-plugin 플러그인을 정의한다. 메이븐은 여러 단계가 있으며, 각 메이븐 플러그인은 단계를 변경하고 목표를 정의할 수 있다.

목표는 커맨드 라인에서 mvn 명령어를 사용할 때 메이븐의 매개변수로 지정한다. 예를 들어 커맨드 라인에서 mvn compile을 실행하면 목표를 compile로 정의한 것이다.

이클립스에서 빌드 파일 변경

책을 쓰는 시점에는 코틀린 1.1이 사용 가능했으나 스타터 키트에는 1.0.3을 코틀린 버전으로 정의하고 있다. 버전을 변경하기 위해 kotlin.version 속성을 1.0.3에서 1.1.0으로 변경한다.

```
<properties>
  <kotlin.version>1.1.0</kotlin.version>
  ...
</properties>
```

기본적으로 코틀린 컴파일러는 자바 1.6 바이트코드를 컴파일한다. 컴파일러가 좀 더 효율적인 자바 바이트코드를 생성하게 하기 위해 다음 속성을 추가할 것을 권장한다.

```
<properties>
  <kotlin.version>1.1.0</kotlin.version>
  <kotlin.compiler.jvmTarget>1.8</kotlin.compiler.jvmTarget>
  ...
</properties>
```

이클립스에서 메이븐 빌드 파일에 명시적으로 자바 컴파일러를 설정하지 않으면 기본적으로 자바 버전 1.5 플랫폼을 사용하는 문제가 있다. 책의 예제에서는 자바 컴파일러를 사용하지 않기 때문에 직접적으로 문제가 되지 않는다.

 안타깝게도 예제 프로젝트를 개발하는 동안 메인 프로젝트와 테스트 자원 모두에 대해 Build path specifies execution environment J2SE-1.5...라는 경고 메시지가 문제(Problems) 탭에 표시될 것이라는 의미다.

pom.xml 파일을 편집한 후에 이클립스의 프로젝트를 새로고침해야 한다. 프로젝트 이름에서 마우스 오른쪽을 클릭한 다음 Maven > Update Project를 선택해 프로젝트를 새로고침한다. 대화창이 나타나면 OK를 누른다.

▌ 자바FX 데스크톱 GUI 애플리케이션 제작

자바 GUI 데스크톱 툴킷을 사용해 코틀린으로 간단한 데스크톱 애플리케이션을 작성해본다. 자바FX는 자바 런타임 환경JRE, Java Runtime Environment의 가장 인기 있는 버전에서 제공하는 최신 GUI 툴킷이다. 윈도우와 맥OS, 데스크톱 기반의 리눅스를 위해 자바에서 자바FX를 제공한다. 라즈베리 파이의 라즈비안 운영체제에 기본으로 설치되는 자바 SE Embedded 8 버전에서 처음 자바FX를 제공했지만, 안타깝게도 오라클은 이후 업데이트에서 자바FX를 삭제했다. 솔라리스 사용자도 자바FX를 사용할 수 없다.

 오라클은 자바 SE Embedded를 위한 자바FX를 오픈소스 라이선스로 공개했다. 그래서 고급 사용자는 여전히 라즈베리 파이에서 자바FX 기반의 애플리케이션을 컴파일하고 실행할 수 있다. 하지만 이와 관련된 사용 사례는 책의 범위를 벗어나므로 책에서는 다루지 않는다.

10장의 프로젝트를 개발하는 동안 자바FX 문서를 가까이 두고 참조하기를 권고한다. 자바FX 문서는 다음 링크에서 찾을 수 있다.

http://docs.oracle.com/javase/8/javase-clienttechnologies.htm

코틀린은 자바FX 개발에 매우 적합하다. 코틀린은 속성 이름으로 클래스 속성에 접근 가능하기 때문에, getter/setter 메소드를 호출할 필요가 없다. 하지만 속성에 접근하는 대신 필드에 접근하면 코드가 더욱 깔끔해지며, 내부적으로 코틀린은 동일한 setter/getter 메소드를 호출한다. 다음은 동일한 코드를 자바와 코틀린으로 작성한 예다.

```
// 자바 코드 예제. 이클립스 내에 입력하지 마라.

@Override
public void start(Stage stage) {
  stage.setTitle("Kotlin JavaFX Demo")
  stage.setScene(new Scene(new Pane(), 300.0, 300.0))
}
```

코틀린에서는 다음과 같이 작성한다.

```
// 코틀린 예제 코드. 이클립스에 코드를 입력하지 마라.

override fun start(stage: Stage) {
  stage.title = "Kotlin JavaFX Demo"
  stage.scene = Scene(Pane(), 300.0, 300.0)
}
```

그렇게 큰 차이는 아니지만, 코틀린 코드가 조금 더 간결하고 읽기 쉽다는 것에 동의할 것이다. 곧 알게 되겠지만, 이클립스 IDE를 위한 코틀린 플러그인은 자동완성 제안에 속성을 보여준다.

프로젝트 준비

앞 절에서 이클립스 IDE로 가져왔던 프로젝트를 고쳐본다. 프로젝트를 준비하기 위해 다음 절차를 따라 해보라.

1. src/test/kotlin의 HelloTest.kt 파일에서 마우스 오른쪽을 클릭하고 **Delete**를 선택해 파일을 삭제하라.
2. **패키지 탐색기**에서 src/main/kotlin에 있는 Hello.kt를 클릭하고 F2를 눌러 파일 이름을 App.kt으로 변경하라.

3. 다시 pom.xml 파일을 열고, 〈properties〉 영역을 찾아서 〈main.class〉hello.HelloKt〈/main.class〉 속성을 〈main.class〉javafxdemo.AppKt〈/main.class〉로 변경하라. AppKt 클래스는 프로그램에서 JVM 진입점 메소드 main()을 포함하는 클래스다.

4. 프로젝트 이름에서 마우스 오른쪽을 클릭하고 Maven ➤ Update Project를 선택해 메이븐 프로젝트를 다시 새로고침한다.

실행 가능한 애플리케이션 제작

src/main/kotlin에서 App.kt를 열고, 다음과 같이 내용을 변경하라.

```kotlin
package javafxdemo
fun main(args: Array<String>) {
}
```

패키지 문장 뒤에 커서를 옮기고 빈 행을 하나 추가한 후, 다음을 입력하라.

```kotlin
class KotlinJavaFXDemo :
```

Appl을 입력하고 Ctrl+Space 바(애플 기기의 경우, cmd+Space 바)를 누르면, 이클립스 IDE는 제안 사항을 포함한 팝업창을 보여준다.

목록 중 javafx.application 패키지에서 Application 클래스를 찾아서 더블클릭을 하거나 Enter를 누른다. 가져오기 문장이 추가되고 클래스 이름 Application이 작성된다. 하위 클래스가 부모 클래스 javafx.application.Application의 매개변수 없는 생성자를 자동으로 호출하도록 하기 위해 이제 ( )를 추가한다. 이제 코드는 다음과 같아야 한다.

```
package javafxdemo

import javafx.application.Application

class KotlinJavaFXDemo : Application() {
}

fun main(args: Array<String>) {
}
```

Application은 자바FX 툴킷의 클래스로, 여러 개의 구상 메소드와 하나의 추상 메소드를 가진 추상 클래스다. 자바에서 추상 메소드 정의는 다음과 같다.

```
// 자바 코드
public abstract void start(Stage primaryStage)
```

자바FX 기반의 애플리케이션은 Application 클래스를 확장하고 start( ) 메소드를 구현해야 하므로, KotlinJavaFXDemo 클래스에서 이를 구현해 제공한다. KotlinJava FXDemo 클래스 정의 안에 커서를 옮기고 Ctrl+1(맥OS의 경우, cmd+1)을 눌러 Implement Members를 선택하라.

```
 5   class KotlinJavaFXDemo : Application() {
 6
 7   }           Make 'KotlinJavaFXDemo' abstract
 8               Implement Members
 9   fun m
```

 Ctrl+1(혹은 맥OS의 경우 cmd+1)은 이클립스 IDE의 빠른 수정 명령어의 단축키로, 일반적인 문제에 대해 손쉬운 해결책을 제공한다.

이제 클래스는 다음과 같아야 한다.

```
class KotlinJavaFXDemo : Application() {
  override fun start(primaryStage: Stage?) {
    TODO()
  }
}
```

코틀린은 필요한 Stage 클래스를 가져오는 문장을 자동으로 추가하지 않기 때문에, 클래스 이름 Stage?의 물음표 앞에 커서를 옮기고 Ctrl+Space 바(맥OS에서는 cmd+Space 바)를 누른 다음 javafx.stage 패키지의 Stage 클래스를 선택하라.

자바FX가 제공하는 메소드이고 null일 수 없으므로 Stage 타입 뒤의 물음표를 제거한 후 다음 코드와 같이 start() 함수를 변경한다. 자동완성 기능을 사용하기 위해 모든 클래스 이름에 대해 Ctrl+Space 바(맥OS의 경우 cmd+Space 바) 단축키를 사용하고, javafx 패키지 의 관련된 클래스를 선택하라.

```
override fun start(primaryStage: Stage) {
    primaryStage.title = "Kotlin JavaFX Demo"
    val pane = Pane()
    val scene = Scene(pane, 500.0, 500.0)
    primaryStage.scene = scene
    primaryStage.show()
}
```

다음은 앞의 코드에서 발생하는 일이다. 자세히 살펴보자.

- Stage 객체는 자바FX 애플리케이션의 최상위 컨테이너다. 기본적으로 자바FX 가 메인 창을 자동으로 생성하고 이 창에 대한 참조(Stage)를 start 메소드에 전 달한다.

- 메인 창의 title(캡션)을 Kotlin JavaFX Demo로 변경한다. 기본적으로 윈도우 캡션은 공백이다.
- 자식 객체를 가질 수 있는 Pane( ) 객체를 생성했다. 모든 자식 객체는 pane 자체를 만들 때 자동으로 만들어지는 GUI 요소일 수 있다.
- 화면에 그려진 모든 자식 객체를 포함하는 루트 객체를 담고 있는 Scene 객체를 생성한다. 예제의 경우 Pane( ) 객체만 가지므로 별로 필요 없어 보이지만, 보통 창은 여러 개의 객체를 가짐을 곧 알게 될 것이다. 코드는 자바FX에서 scene의 수평과 수직 모두 500픽셀로 설정하도록 한다.
- Scene을 primaryStage 창에 배정한다. 이제 자바FX는 필요한 크기를 알고 500×500픽셀 크기의 창을 생성한다.
- 마지막으로 primaryStage를 보이게 만든다.

 자바FX는 위치와 크기를 지정하는 데 보통 정수 대신 기본형 double 변수를 사용한다.

JVM 진입점 함수를 구현해야 한다. 자바FX 애플리케이션을 실행하려면 Application 클래스의 public static launch 메소드를 호출해야 한다. main( ) 함수를 다음과 같이 변경하라.

```kotlin
fun main(args: Array<String>) {
    Application.launch(KotlinJavaFXDemo::class.java)
}
```

 이 함수를 클래스 블록 내에 두면 보통의 인스턴스 메소드로 인지하므로, 클래스 블록 내에 두지 않도록 주의하라. 이 메소드를 클래스 내에 두지 않을 때만 코틀린은 이 메소드를 JVM 진입점 메소드로 사용할 수 있는 정적 메소드로 컴파일한다.

launch 메소드는 Application 클래스의 정적 메소드이므로, 코틀린에서 클래스 이름 Application을 사용해서만 접근이 가능하다. 매개변수로 Application 클래스를 확장하는 자바 클래스에 대한 참조를 지정해야 하는데, 참조를 코틀린의 class.java 객체로 캐스팅하면 된다.

9장에서 봤듯이, 메소드를 최상위에(클래스 내부가 아닌) 배치하면 코틀린은 접미사 Kt가 뒤에 붙는 소스코드 파일 이름을 구성하는 클래스를 생성한다. 그래서 예제에서는 main 메소드를 javafxdemo 패키지의 AppKt 클래스에 배치한 것이다. 이 클래스는 pom.xml 빌드 파일을 미리 준비할 때 main 클래스로 지정했던 클래스다.

이제 Ctrl+F11(맥OS의 경우 cmd+F11)를 누르거나 툴바의 실행 아이콘을 클릭해서 프로그램을 실행할 수 있다. 다음과 같은 빈 화면이 나타나야 한다.

별로 흥미롭지 않으므로, 무언가 출력하는 것부터 만들어보자.

확장 함수 작성

코틀린은 확장 함수extension function라는 흥미로운 기능을 제공한다. 확장 함수는 수신자 타입receiver type이라고 부르는 특정 유형에 덧붙여지는 함수다. 수신자 타입은 함수를 추가할 클래스다. 클래스의 인스턴스 객체는 클래스의 다른 메소드와 마찬가지로 이 함수를 호출할 수 있다. 다만 함수를 호출할 수 있기 전에 함수를 가져와야 한다는 차이가 있다. 확장 함수를 추가하기 위해 수신자 타입의 클래스를 상속할 필요가 없으므로, 어떠한 클래스 심지어 확장이 안 되는 클래스(자바의 final 클래스)에도 확장 함수를 추가할 수 있다. 자바FX의 Pane( ) 클래스에 깔끔하게 메시지를 출력하는 확장 함수를 추가해보자.

패키지 탐색기의 src/main/kotlin 항목에서 마우스 오른쪽을 클릭해서 New Kotlin File...을 선택하라. 패키지로 javafxdemo.extensions를 입력하고 파일 이름은 PaneExtensions으로 한다. 관련된 패키지 문장을 가진 새로운 파일이 생성된다. 이 파일에 다음 함수를 추가하라.

```
import javafx.scene.layout.Pane
fun Pane.prettyPrint(y: Double, text: String) {
}
```

Pane 클래스 이름과 점을 함수 이름 앞에 붙이면 선언한 함수를 Pane( ) 클래스와 그 하위 클래스의 모든 인스턴스에서 사용 가능한 확장 함수라고 코틀린은 인식한다. 곧 뒤에서 학습할 확장 함수를 가져오는 코드는 다음과 같이 함수를 호출할 수 있다.

```
// 예제 코드(코드에는 입력하지 마라)
val pane = Pane()
pane.prettyPrint(50.0, primaryStage.title)
```

prettyPrint를 호출하는 코드에서 prettyPrint는 Pane( ) 클래스의 보통 메소드 같이 보인다. Pane.prettyPrint( ) 함수 내의 코드는 this 참조를 사용해서 함수를 호출한 Pane( ) 인스턴스에 접근할 수 있다. 이러한 지식을 바탕으로 prettyPrint 확장 함수를 구현해보자.

 필요한 클래스의 가져오기 문장을 생성하기 위해 모든 클래스 이름에서 Ctrl+Space 바(맥 OS의 경우 cmd+Space 바)를 사용하고 javafx 패키지의 클래스 이름을 선택하는 것을 기억하라.

올바른 패키지에서 올바른 클래스를 선택할 수 있도록 (혹은 원하면 import 문장을 직접 입력하도록) 다음 코드에서 사용할 정규화된 클래스 이름의 목록을 확인한다.

- javafx.scene.layout.Pane
- javafx.scene.text.Text
- javafx.scene.text.Font
- javafx.scene.text.FontWeight
- javafx.scene.paint.Color

다음은 prettyPrint 확장 함수의 코드다.

```
fun Pane.prettyPrint(y: Double, text: String) {
    val t = Text()
    t.text = text
    t.font = Font.font("Verdana", FontWeight.BOLD, 30.0)
    t.fill = Color.DARKBLUE

    t.x = 0.0
    t.y = y
    this.children.add(t)
}
```

src/main/kotlin의 App.kt 파일을 열고 다음 가져오기 문장을 추가하라.

```
import javafxdemo.extensions.prettyPrint
```

 소스 파일 PaneExtensions는 가져온 함수의 일부가 아니라는 점을 유의하라. 코틀린에서 패키지 이름은 소스코드 파일의 디렉터리 구조와 완전히 다를 수 있기 때문이다.

prettyPrint라고 하는 확장 함수를 같은 파일의 다른 클래스에 추가하고 싶으면 이전의 import 문장 뒤에 배치하면 된다.

App.kt 파일의 JavaFXDemo 클래스 start( ) 메소드에서 val scene = Scene(pane, 500.0, 500.0) 행 앞에 다음 행을 추가하라.

```
pane.prettyPrint(100.0, primaryStage.title)
```

이제 start( ) 메소드의 코드는 다음과 같아야 한다.

```
override fun start(primaryStage: Stage) {
    primaryStage.title = "Kotlin JavaFX Demo"
    val pane = Pane()
    pane.prettyPrint(50.0, primaryStage.title)

    val scene = Scene(pane, 500.0, 500.0)
    primaryStage.scene = scene
    primaryStage.show()
}
```

다시 프로그램을 실행한다. 이제 글자 크기가 큰 Kotlin JavaFX Demo 텍스트를 출력해야 한다.

마무리로 출력한 텍스트에 효과를 적용해보자. PaneExtensions.kt 파일을 열고 this.children.add(t) 행 뒤에 다음 코드를 추가하라.

```
val shadow = InnerShadow( )
shadow.offsetX = 2.0
shadow.offsetY = 2.0
t.effect = shadow
```

효과를 잘 보이게 하기 위해 t.fill = Color.DARKBLUE 행을 t.fill = Color.YELLOW로
바꿔라.

다시 프로그램을 실행한다. 이제 좀 더 예쁘게 보여야 한다.

레이아웃 페인

자바FX에는 여러 개의 레이아웃 페인 클래스가 있다. 앞의 예제에서 했던 것처럼 Pane( )
클래스를 사용하고 X와 Y 위치를 계산해서 직접 모든 자식 컨트롤을 배치할 수 있지만,
창에 여러 개의 컨트롤이 있고 창의 사이즈를 변경할 수 있으면 이 방법은 번거로운 일
이 된다.

대부분 레이아웃 창 클래스를 사용하는 방법이 더 좋다. 이런 레이아웃 클래스는 자동으로
자식 컨트롤을 배치하고 크기를 조절한다. 가장 중요한 레이아웃은 다음과 같다.

레이아웃 클래스	설명
BorderPane	위, 아래, 중앙, 좌, 우의 다섯 개 하위 페인을 제공한다.
HBox	수평 상자의 이전 컨트롤 옆에 자식 컨트롤을 배치한다.
VBox	수직 상자의 이전 컨트롤 아래에 자식 컨트롤을 배치한다.

(이어짐)

레이아웃 클래스	설명
StackPane	컨트롤을 혼합할 수 있도록 이전 컨트롤의 상단에 각 컨트롤을 쌓는다.
GridPane	행렬 기반의 형태를 가진 격자 구조를 생성한다.
FlowPane	행의 최대 행 길이에 따라 이전 노드 옆에 자식 노드를 추가한다. 넓이가 최대 행 길이를 넘으면 새로운 행을 생성하고 노드를 새로운 행의 첫 번째 칼럼에 배치한다. 수평대신 수직으로 노드 추가 흐름을 정의할 수 있다.
TilePane	FlowPane과 유사하다. 모든 자식 노드는 동일한 크기를 갖는다.
AncorPane	자식 노드를 고정된 위치(위, 아래, 좌, 우, 중앙)에 고정시킬 수 있다. 크기를 변경해도 자식 노드는 지정한 위치에 대응하는 위치를 유지한다.

모든 레이아웃 페인은 Pane( )의 하위 클래스이므로, 레이아웃 페인을 혼합하고 매치시킬 수 있다. 10장에서는 보다 일반적인 레이아웃 페인 몇 가지를 설명한다.

 레이아웃의 전체 정보는 공식적인 오라클 자바FX 매뉴얼의 '레이아웃으로 작업하기(Work with Layouts)' 절에서 확인하라. 이 매뉴얼은 http://docs.oracle.com/javase/8/javafx/layout-tutorial/에서 확인할 수 있다.

BorderPane 기반 레이아웃 구현

창에 매우 간단한 애니메이션 효과를 추가해본다. 장면의 새로운 루트 페인이 되는 BorderPane 생성부터 시작해보자. 현재 Pane( )(prettyPrint 결과물을 포함하는)을 BorderPane의 하위 페인 중 top에 배치한다. 이 페인은 색깔이 다채로운 애플리케이션의 헤더 역할을 한다.

App.kt 파일을 연다. 다음 코드와 같이 start 함수를 다시 작성하라. 항상 그렇듯이, 아직 가져오지 않은 클래스 이름에 대해 Ctrl+Space 바(혹은 cmd+Space 바)를 사용해 클래스를 가져온다.

```
override fun start(primaryStage: Stage) {
    primaryStage.title = "Kotlin JavaFX Demo"
    val textField = TextField()
    val mainPane = BorderPane()
    mainPane.top = createHeaderPane(primaryStage.title)

    val scene = Scene(mainPane, 500.0, 500.0)
    primaryStage.scene = scene
    primaryStage.show()
}
```

코드를 리팩토링한다. 이제 헤더를 나타내는 Pane( ) 인스턴스를 생성하는 코드를 이 함수에 배치한다. 나중에 사용자가 입력한 텍스트를 보관할 TextField 클래스 인스턴스를 생성한다. 새로운 BorderPane 인스턴스인 mainPane을 생성하고 headerPane를 하위 페인 top에 배치한다. mainPane은 Scene의 새로운 루트 노드다.

createHeaderPane( ) 함수를 작성해서, 같은 클래스의 start( ) 함수 뒤에 추가한다.

```
fun createHeaderPane(title: String): Pane {
    val pane = Pane()
    pane.prettyPrint(30.0, title)
    return pane
}
```

프로젝트를 실행하라. 아무것도 변하지 않음을 주의하라. 하지만 이제 BorderPane 인스턴스 덕에 창의 좌, 우, 중앙, 아래에 쉽게 새로운 페인을 추가할 수 있다.

창의 아래에 텍스트 입력 상자를 생성해서 스크린 주변을 움직이는 텍스트를 사용자가 입력할 수 있게 한다. 이제 레이블과 텍스트 필드 모두를 포함하는 HBox(수평 박스)를 생성하는 함수부터 만들어보자. 이 새로운 함수를 createHeaderPane( ) 함수 뒤에 둔다.

다시 다른 함수에서 HBox 페인을 생성하고 설정한다. 앞의 코드 밑에 다음 코드를 추가하라.

```kotlin
fun createInputPane(textField: TextField): Pane {
    val label = Label("Input text:")
    label.minWidth = 65.0

    val inputPane = HBox()
    inputPane.children.add(label)
    inputPane.children.add(textField)

    HBox.setHgrow(textField, Priority.ALWAYS)
    return inputPane
}
```

앞의 코드를 좀 더 자세히 살펴보자.

- 자바FX에서 TextField라고 하는 텍스트 입력 필드 컨트롤을 입력 매개변수로 전달한다. 다른 함수에서 이 객체에 대한 참조가 필요하기 때문이다. 생성한 Pane을 이 함수에 추가해야 한다.
- 고정된 크기(넓이 64픽셀)의 Label을 생성한다.
- 앞에서 언급한 것처럼 HBox 레이아웃 페인을 생성하고 HBox 페인에 자식 노드(컨트롤)을 각각의 옆에 배치한다.
- label과 textField 컨트롤을 모두 HBox 클래스 인스턴스인 inputPane의 자식 목록에 추가한다.

424

- HBox 클래스의 정적 메소드 setHGrow를 호출해 HBox에게 textField 컨트롤이 HBox의 남은 공간을 사용하도록 할 수 있다.
- HBox 클래스는 Pane( )의 하위 클래스라는 점을 유의하라. 그래서 HBox 대신 Pane( )을 createInputPane( ) 함수의 반환 값으로 지정했다. 이 함수의 구현을 변경하기로 결정한 경우 반환 값을 그대로 유지할 수 있다.

이 HBox 페인을 BorderPane에 추가하자. 그렇게 하지 않으면 액션에서 새로운 createInputPane( ) 함수를 확인할 수 없다. start( ) 함수까지 스크롤을 올리고 main Pane.top = createHeaderPane(primaryStage.title)행 아래에 다음을 추가하라.

```
mainPane.bottom = createInputPane(textField)
```

이제 애플리케이션을 다시 실행하면, 아래에 레이블과 텍스트 필드가 보여야 한다.

창 크기를 변경해보라. 스크린의 아래에 레이블과 텍스트 필드가 유지되고(창 높이를 변경하면 LayoutPane은 자동으로 아래 섹션을 움직이기 때문이다) 텍스트 필드의 넓이를 창 넓이의 남은 공간까지 확장함을(HBox의 정적 메소드 setHgrow를 호출했기 때문이다) 유의하자.

애니메이션 구현

사용자가 입력한 텍스트가 화면 주위를 움직이게 하려고 한다. 애니메이션 효과를 가능하게 하려면, 몇 가지 값을 추적 관리해야 한다. 애니메이션을 처리할 클래스를 만들어보자. 자바와 다르게, 코틀린은 하나의 소스 파일에 여러 개의 클래스를 정의할 수 있으며, 어떤 접근 제한자를 클래스에 사용하는지는 중요하지 않다. KotlinJavaFXDemo 클래스를 정의한 블록 아래에 다음 코드를 추가하라.

```
class AnimatedText {
  val animatedText = Text()
  val animationPane = Pane()
  var directionX = 3.0
  var directionY = 3.0

  fun getPane(textField: TextField): Pane {
      animatedText.x = 0.0
      animatedText.y = 0.0
      animatedText.font = Font.font("Verdana", FontWeight.BOLD, 15.0)
      animationPane.children.add(animatedText)
      return animationPane
  }
}
```

javafx.scene.text.Text 객체의 x와 y 속성을 모두 0.0으로 초기화해서 animationPane 변수로 표현하는 페인의 왼쪽 상단 끝(0, 0)에서부터 텍스트를 움직이기 시작한다. 애니메이션을 구현할 때 directionX와 directionY 변수를 사용한다. 각 단계에서 이 변수를 사용해 객체를 수평과 수직으로 3픽셀씩 이동한다. 사용자가 입력한 텍스트를 담은 TextField 컨트롤을 getPane() 함수에 전달함을 유의하라.

이제 각 프레임에서 호출하는 텍스트의 새로운 위치를 계산하고 필요할 때 방향을 변경하는 함수를 만들어야 한다. 자바FX는 이런 작업을 위해 AnimationTimer라는 클래스를 제공한다. 이 클래스는 각 프레임을 위해 호출되는 handle()이라는 추상 메소드 하나를 가진 추상 클래스다. handle( ) 함수는 입력으로 프레임의 시간(마지막 호출 후 경과한 시간을 나타내는 long 값이지만, 예제를 간단히 하기 위해 여기서는 무시한다)을 받는다. 실제 애플리케이션에서 실감나는 애니메이션이 필요하면 마지막 호출 후 경과한 시간을 계산하기 위해 이 값을 사용하고 그에 맞게 객체를 움직여야 한다.

AnimatedText 클래스 안에 AnimationTimer 클래스를 구현해보자. var directionY = 3.0 행 뒤에 커서를 이동시키고 빈 행을 추가한 후 다음 코드를 추가하라.

```
val timer = object : AnimationTimer() {
  override fun handle(now: Long) {
    if (animatedText.x < 0.0 || animatedText.x > animationPane
        .width - animatedText.layoutBounds.width)
      directionX = -directionX

    if (animatedText.y < 0.0 || animatedText.y > animationPane
        .height)
      directionY = -directionY
      animatedText.x += directionX
      animatedText.y += directionY
  }
}
```

object : AnimationTimer( ) 문법이 놀랍게 보일 것이다. 미리 언급했듯이 AnimationTimer는 추상 클래스다. 직접 인스턴스를 생성할 수 없고 이 클래스를 상속하는 클래스는 추상 메소드를 구현해야 한다는 의미다. 언급한 행은 AnimationTimer 추상 클래스를 확장한 익명의 클래스를 생성한다. 클래스 이름을 지정하지 않고 이 객체의 참조를 보관하는 참조 변수 timer만 지정한 점을 주의하라. handle은 AnimationTimer 클래스의 유일한 추상 메소드이므로, 익명 클래스는 이 handle 메소드만 오버라이드하면 된다. 메소드 내에서 텍스트의 현재 위치를 확인하고 X 혹은 Y 방향을 바꿀 필요가 있는지를 결정한다. 그에 따라 animatedText 객체의 X와 Y 위치를 적절히 변경한다.

AnimatedText 클래스의 getPane() 함수에서 타이머를 시작하는 것부터 해보자. animationPane.children.add(animatedText)행 뒤에 다음 행을 추가하라.

```
timer.start()
```

애플리케이션을 실행하면 아무것도 바뀌지 않는다는 점을 주목하자. 그리고 텍스트 필드에 텍스트를 입력해도 아무 일이 발생하지 않는다. 왜 그럴까? 자, 아직 TextField 입력을 처리하지 않았고 animatedText 객체에 어떠한 텍스트도 하드코딩 하지 않았다. 바꿔보자. 최근 시장에서 사용 가능한 많은 인기 있는 GUI 툴킷에서는 텍스트의 입력을 처리하기 위해 입력 컨트롤 TextField에 리스너 함수를 추가하고 애니메이션 처리된 Text 객체를 함수의 입력으로 전달한다. 하지만 자바FX는 좀 더 강력한 기능을 제공한다.

자바FX에서는 컨트롤의 속성을 다른 컨트롤의 속성과 연결할 수 있다. 이 동작은 한쪽 방향(속성 A를 속성 B에 연결했다면 속성 A가 변경될 때 자동으로 속성 B가 변경되지만 반대 방향으로는 동작하지 않는다)과 양쪽 방향(속성 A와 B를 서로 연결하면 각각의 변경 발생 시 다른 속성을 변경한다)으로 모두 동작한다. 양방향 연결은 확실히 자원을 많이 소비하는 연산이다. 예제에서는 애플리케이션에서 TextField 컨트롤의 변경만 수용할 수 있으면 되므로 양방향 연결은 필요하지 않다. textField의 속성을 animatedText 컨트롤에 연결하려면 AnimatedText 클래스의 getPane() 메소드에서 return animationPane행 위에 다음 코드를 추가하라.

```
animatedText.textProperty().bind(textField.textProperty())
```

textField의 text 속성을 변경하면 animatedText의 text 속성이 자동으로 변경된다. 하지만 반대 방향으로는 동작하지 않는다. 자바FX는 animatedText의 text 속성을 코드에서 변경할 때 예외를 발생시킨다.

애플리케이션을 실행해보라. 텍스트 박스에 텍스트를 입력하기 시작하면 창의 중앙에서
입력한 텍스트가 움직이는 것을 보게 된다.

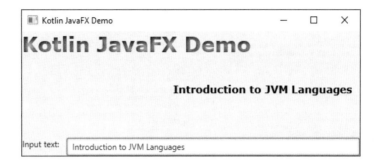

긴 텍스트를 입력하거나 창의 오른쪽으로 텍스트가 넘어가도록 창을 작게 만들면, 텍스트
가 고착되거나(수평 이동을 멈춘다) 사라지는 것(창을 작게 만들면 텍스트가 창의 보이지 않는 영역
에 남겨진다)을 보게 될 것이다.

이런 오류의 원인을 찾아보자. 프로그램을 중지하고 오류의 원인을 찾기 위해 디버거를
사용해본다.

프로그램 디버깅

이클립스의 실행Run 메뉴에서 Debug를 선택하라(혹은 F11을 누른다). 이제 프로그램이 디
버그 모드로 실행된다. 텍스트를 입력하고 창을 키워서 텍스트가 스크린의 오른쪽 끝에
나타나면 빠르게 창을 작게 만들어서 텍스트가 사라지거나 더 이상 움직이지 않게 만들
어보자.

이 문제가 발생하면 디버거를 사용해서 무슨 일이 일어나는지 확인해보자.

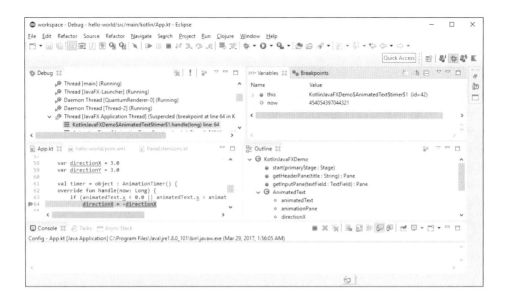

다음 절차에 따라 디버거를 열고 사용해보라.

1. 프로그램을 실행 상태로 두고 이클립스 IDE로 돌아간다.

2. App.kt 파일을 열고 `directionX = -directionX`행을 찾아라. 왼편에서 행 번호를 확인할 수 있다. 행 번호에서 마우스 오른쪽을 클릭하고 메뉴가 나타나면 **Toggle Breakpoint**를 선택하라.

3. 중단점이 있는 행을 프로그램이 실행할 때마다 프로그램은 실행을 멈춘다. 이클립스는 디버깅을 위한 전용 퍼스펙티브를 제공하므로, 디버그 퍼스펙티브를 사용할지를 묻는 창이 나타나야 한다. Yes로 응답한다. 그러면 이클립스의 사용자 인터페이스가 디버깅에 적합한 형태로 변경된다.

4. 디버거 퍼스펙티브를 연다. 왼쪽 상단 창은 현재 실행 중인 애플리케이션의 모든 실행 중인 스레드를 보여준다. 오른쪽 상단부는 현재 함수의 변수와 그 값을 보여준다. handler 함수는 로컬 변수를 사용하지 않기 때문에 this(AnimatedText의 인스턴스 변수)와 now(handler 함수의 매개변수)에 대한 항목만 확인할 수 있다.

5. 이제 코드를 보여주는 창은 중단점을 포함한 행을 강조해 보여준다.

6. 툴바에서 Resume이라는 툴팁을 가진 버튼을 찾아서 누른다.

7. 다시 프로그램이 동일한 중단점에서 즉시 멈추는 것을 확인할 것이다. 몇 차례 Resume 버튼을 누르고 handler 함수의 각 호출에 대해 매번 X 방향을 바꾸는 것처럼 보인다는 점을 유의하라.

8. 원인을 찾기 위해 Variable 탭에서 this 변수를 확장하라. 이제 익명의 AnimationTimer 인스턴스의 변수가 보일 것이다.

9. 목록에는 this$0 변수가 있음을 주의하라. this$0 변수를 확장한다. 이 변수는 AnimationTimer 인스턴스의 부모 객체의 변수를 포함하며, 이 변수는 AnimatedText 클래스다. 변수의 animatedText 항목을 확장하라. animatedText 객체의 모든 속성을 보게 된다. x 속성을 찾고 값을 확인하라. 0보다 커야 한다.

animatedText.x는 현재 창의 남은 공간보다 크기 때문에 처리 함수의 각 호출에 대해 방향을 전환하고, 그래서 동작을 멈춘다. 툴바에서 Terminate라는 툴팁이 있는 버튼을 찾아 누른다. 그런 다음 이클립스 창의 오른쪽 상단에서 Kotlin 버튼을 찾아 코틀린 퍼스펙티브로 되돌아가라.

방향을 변경할 때 위치를 다시 설정하도록 코드를 수정할 수 있다. 그렇게 하면 텍스트를 창에 맞출 수 있다(창 자체가 너무 작지 않으면 가능하다). 먼저 X 방향에 대한 코드를 수정해보자. 다음 두 행을 찾아라.

```
if (animatedText.x < 0.0 || animatedText.x > animationPane.width -
    animatedText.layoutBounds.width)
  directionX = -directionX
```

앞의 코드를 다음으로 교체하라.

```
if (animatedText.x < 0.0) {
  animatedText.x = 0.0
  directionX = -directionX
} else if (animatedText.x > animationPane.width - animatedText
                .layoutBounds.width) {
  animatedText.x = animationPane.width - animatedText
                                .layoutBounds.width
  directionX = -directionX
}
```

Y 위치에 대해서도 동일하게 한다. 다음 두 행을 찾아라.

```
if (animatedText.y < 0.0 || animatedText.y > animationPane.height)
  directionY = -directionY
```

앞의 코드를 다음으로 변경하라.

```
if (animatedText.y < 0.0) {
  animatedText.y = 0.0
  directionY = -directionY
} else if (animatedText.y > animationPane.height) {
  animatedText.y = animationPane.height
  directionY = -directionY
}
```

애플리케이션을 다시 실행한다. 이제 좀 더 안정적으로 보이고 창 크기를 변경하거나 창의 남은 공간에 맞지 않는 텍스트를 입력해도 더 이상 멈추지 않아야 한다. 텍스트 필드가 더 이상 창에 맞지 않으면 창에 맞추기 위해 텍스트 필드는 뒤로 이동한다(충분한 공간이 있다고 가정한다).

▌요약

10장에서는 텍스트를 움직이는 간단한 애니메이션 효과를 가진 작은 GUI 데스크톱 애플리케이션을 만들었다. 이클립스 IDE에 코틀린 플러그인을 설치하는 일부터 시작해서, 빌드 파일로 XML 파일을 사용하는 JVM 플랫폼에서 가장 인기 있는 빌드 도구인 아파치 메이븐도 설치했다. 코틀린의 깃허브 페이지에서 프로젝트의 템플릿으로 사용했던 메이븐 빌드 파일을 포함한 스타터 키트를 다운로드했다. 이클립스 IDE에서 프로젝트를 가져오고 이클립스에 내장된 메이븐 지원 기능을 사용했기 때문에 어떤 것을 구성할 필요가 없었다. 이클립스는 자동으로 올바른 메이븐 타깃에 GUI 액션을 매핑했다.

마지막으로 데스크톱 GUI 애플리케이션 제작을 준비했다. 다양한 자바FX 개념을 학습했고 새로운 코틀린 기능, 확장 함수도 배웠다. 코드에서 버그를 발견했을 때 문제의 원인을 찾고 수정하는 데 디버거를 사용했다.

11장에서는 아파치 그루비를 살펴본다. 코틀린과 다르게 그루비는 동적 자료형 언어이고 추가적인 클래스를 가진 거대한 라이브러리를 제공한다.

11

그루비

그루비Groovy는 일찍이 JVM 기반 언어를 대체한 언어다. 원래 파이썬Python과 유사한 경험을 JVM에 제공하기 위해 고안돼, 그 당시에는 들어본 적 없는 놀라운 아이디어를 제공했다. 그루비는 동적 자료형 언어다. 변수를 선언할 때 타입을 지정할 필요가 없고 메소드 호출은 컴파일 시점이 아니라 런타임 시점에 해결돼, 자바와 코틀린 같은 정적 자료형 언어에서 구현하기 어려운 흥미로운 기능을 추가할 수 있다는 의미다. 매우 드문 일이지만 프로그래머가 특정 클래스에 대해 정적으로 타입을 지정하는 모드로 컴파일러를 변환할 수도 있다. 이 모드에서 컴파일러는 정적 자료형 언어의 컴파일러와 유사하게 컴파일 시점에 타입과 메소드 호출을 검사한다.

다음은 11장에서 다룰 주제다.

- 그루비 설치
- 그루비콘솔GroovyConsole과 그루비셸GroovyShell REPL 셸
- 그루비 언어 기본
- 객체지향 프로그래밍
- 그루비 개발 키트GDK, Groovy Development Kit
- 동적, 정적 프로그래밍
- 퀴즈

▌ 그루비 설치

그루비 설치는 지금까지 살펴본 이 책의 다른 언어와 다르지 않다. 브라우저를 열고 그루비 홈페이지 http://groovy-lang.org/를 방문하라.

다음은 설치 절차다.

- 홈페이지에서 **Download** 영역을 찾아라.
- **Download** 버튼을 클릭하면, ZIP 파일을 다운로드하기 시작할 것이다. 책을 쓰는 시점의 파일 이름은 apache-groovy-sdk-2.4.10.zip이다.
- 시스템의 원하는 위치에 파일을 압축 해제하고 시스템 경로에 bin 디렉터리를 추가하라.

그루비는 두 개의 REPL 환경을 제공한다. GUI 기반의 GroovyConsole과 텍스트 기반의 GroovyShell이다. GUI 애플리케이션 GroovyConsole을 실행해 설치가 정상적으로 이 뤄졌는지 확인해보자. 시스템의 PATH에 bin 디렉터리를 추가한 후 새로운 명령프롬프트 (윈도우) 혹은 터미널 창(맥OS와 리눅스)을 실행하고 다음 명령어를 실행하라.

GroovyConsole

그루비콘솔이 시작될 것이다. 이 콘솔은 작은 그루비 스크립트를 실행하기에 편리한 프로 그램이고 11장에서는 이 콘솔을 사용한다.

그루비콘솔과 그루비셸

앞서 언급했듯이 그루비는 두 개의 REPL 환경을 포함한다.

- 그루비콘솔GroovyConsole(데스크톱 GUI 애플리케이션)
- 그루비셸GroovyShell(텍스트 기반 셸)

두 환경 모두 11장의 코드를 시험해보는 데 사용할 수 있다.

그루비콘솔

그루비콘솔은 대화식으로 그루비 코드를 작성하고 실행할 수 있는 사용자 친화적인 데스크톱 GUI 애플리케이션이다. 여기서는 가장 흔히 사용하는 기능에 집중하지만 고급 사용자를 위한 몇 가지 정교한 기능도 갖고 있다. 시작하기 위해, 명령프롬프트나 터미널 창(맥 OS와 리눅스)에서 GroovyConsole 실행 스크립트를 실행하라.

화면 상단 부분은 그루비 코드를 입력하는 영역이고, 하단은 결과와 다른 관련된 정보를 출력하는 영역이다.

 그루비 언어는 자바 언어 문법과 잘 호환되기 때문에, 그루비콘솔과 그루비셸에 자바 문장을 입력할 수도 있다. 하지만 호환되지 않는 기능도 있으며, 이는 12장에서 다룬다.

코드를 입력해보자. 창의 상단 부분에 다음 코드를 입력하라.

```
def random = new Random( )
random.nextInt(10)
```

438

Ctrl+R(맥OS의 cmd+R)을 누르거나 툴바에서 Execute Groovy Script라는 툴팁을 가진 버튼을 찾아 클릭하라.

아래 창에 실행한 코드가 출력되고 마지막으로 0부터 9까지의 숫자가 출력된다. 그루비콘솔은 항상 평가한 마지막 값을 출력한다. 스크립트를 몇 번 더 실행하라. 실행할 때마다 새로운 결과가 앞의 결과 밑에 표시된다.

그루비콘솔은 많은 사용자 정의 옵션을 제공한다. 다음은 View 메뉴에서 사용할 수 있는 매우 유용한 옵션이다.

뷰 하위 메뉴	설명
Clear output	결과창을 지운다(단축키 Ctrl +L(윈도우와 리눅스)/cmd+W(맥OS))
Auto Clear Output On Run	옵션을 활성화시키면 스크립트를 실행할 때 결과창을 자동으로 지운다. 비활성화가 기본이다.
Show Script in Output	기본적으로 활성화되며, 활성화 시 스크립트 코드를 결과창에 표시한다.
Show Full Stack Traces	옵션을 체크(기본값)하면 예외가 발생했을 때 결과창에 전체 스택 트레이스를 출력한다. 체크를 해제하면 스택 트레이스의 아래 항목만 표시한다.
Detach output	기본은 비활성화지만, 활성화하면 입력 창과 결과창을 모두 독립된 창에 분리 배치한다.

다음과 같은 몇 가지 주목할 만한 기능도 있다.

- Ctrl+/(맥OS의 cmd+/)를 눌러서 현재 행이나 선택한 행을 주석 처리하거나 해제할 수 있다.
- Script ❯ Add Jar(s) to the ClassPath와 Add Directory to the ClassPath를 선택해 디렉터리나 JAR 파일을 클래스경로에 추가할 수 있다. 외부의 라이브러리나 툴킷을 동적으로 탐색하고자 할 때 매우 유용한 기능이다.

- File ➤ Open과 File ➤ Save 옵션을 사용해 그루비 코드를 가진 기존 스크립트를 저장하고 로드할 수 있다.

그루비셸

그루비셸은 전통적인 텍스트 기반의 REPL 셸로, 스칼라와 클로저, 코틀린의 REPL 셸에 대응된다. 시작하려면 bin 디렉터리에서 groovysh 실행 스크립트를 실행하라.

대부분의 명령어는 콜론 :을 앞에 붙인다. 사용 가능한 명령어 목록을 확인하려면 :help 명령어를 입력하라. 단축키 ?도 사용 가능하다. 명령어에 대한 좀 더 많은 정보를 확인하려면 :help나 ? 중 하나를 입력하면 된다. 예를 들어 :show 명령어에 대한 더 많은 정보를 확인하기 위해 ? :show를 입력할 수 있다. :show 명령어를 시험해보기 위해 다음 명령어를 입력하라.

```
i = 40
j = i + 2
:show variables
```

변수를 가진 목록과 그 값을 보여준다. _ 항목은 마지막 평가한 값을 표시하며, 예제의 경우 42이다.

셸을 빠져나가려면 :exit 혹은 :quit을 입력하라(전통적인 그루비 스타일에서는 두 명령어를 모두 허용한다).

▌그루비 언어

그루비 언어는 자바 언어와 매우 잘 호환되기 때문에 자바 개발자가 배우기 매우 쉽다. 자바에서 필요한 많은 요소가 그루비에서는 선택 사항이다. 그루비는 자바와 동일한 문법을 따르기 때문에 11장에서는 자바와 그루비의 차이점에 중점을 두고 살펴본다.

그루비는 간결하고 편리하며 유연하다. 자바의 간단한 클래스부터 살펴보자.

```
class Person {
  private String name;
  public String getName() {
    return name;
  }

  public void setName(String name) {
    this.name = name;
  }

  public static void main(String[] args) {
    Person p = new Person();
    p.setName("fooBar");
    System.out.println(p.getName());
  }
}
```

앞의 코드는 그루비에서 컴파일되고 잘 실행된다. 그루비콘솔에 코드를 입력하고 실행해 보라. 하지만 그루비에 특화된 생성자를 사용하면 동일한 프로그램을 훨씬 적은 코드로 작성할 수 있다.

```
class Person {
  String name
  static void main(String[] args) {
    def p = new Person()
    p.name = "fooBar"
    println p.name
  }
}
```

앞의 코드를 좀 더 자세히 살펴보자.

- 그루비는 행 뒤에 세미콜론이 필요 없다.

- 속성은 속성의 유형(유형 정의가 선택 사항이라 하더라도)과 이름만 지정해서 생성할 수 있다. 그루비는 자동으로 private 변수와 public getter/setter 메소드를 생성 한다. 예제에서는 name, getName(), setName()이 자동으로 생성된다.

- 그루비의 기본 접근 제한자는 public이다. 그래서 static void main()는 자바 의 public static void main()과 같다.

- def를 사용해 변수를 선언할 때, 등호의 왼편에 타입을 지정하지 않아야 한다.

- println은 그루비 개발자 키트Groovy Developers Kit에서 제공하는 함수로, System. out.println보다 짧다.

- 그루비는 메소드 이름과 전달하는 입력 매개변수를 구분하기 위해 ()를 사용할 필요가 없다. 컴파일러가 혼돈할 상황이 아니라면 ()가 없어도 된다. 앞의 코드 에서 println p.name은 합법적이고 허용된다.

- 속성 이름으로 속성에 직접 접근할 수 있다. 앞의 예제에서 그루비는 대응되는 setName()과 getName() 메소드를 호출한다.

앞에서 언급한 사항은 이어지는 장에서 더 많은 세부 사항을 자세히 다룰 것이다.

그루비에서 괄호가 필요 없지만, 괄호를 없애는 것이 항상 좋다는 것을 의미하지는 않는다. 많은 프로그래머가 메소드 이름과 입력 매개변수를 구분하는 데 괄호를 사용해서 코드를 좀 더 읽기 쉽게 만든다.

 그루비의 공식적인 스타일 가이드는 특정 상황에서 괄호를 생략하는 것을 권장한다. 이 책에서 스타일 가이드를 다루지 않지만, http://groovy-lang.org/style-guide.html에서 그루비의 스타일 가이드를 확인할 수 있다.

그루비에서 객체지향 프로그래밍

객체지향 프로그래밍과 관련해 자바와 그루비의 가장 큰 차이점은 다음과 같다.

- 자바와 다르게 그루비는 완전한 객체지향 프로그래밍 언어다.
- 그루비에서 public 접근 제한자는 기본 접근 제한자다.
- 그루비는 속성에 대해 자동으로 getter와 setter 메소드를 생성할 수 있다.
- 명시적으로 속성과 변수 메소드, 매개변수, 반환 값의 유형을 지정하는 것은 선택 사항이다.
- 그루비는 완전한 기능을 갖춘 POJO를 자동으로 생성할 수 있다.
- 불변 클래스를 자동으로 생성할 수 있다.

그루비는 완전한 객체지향형 언어다

그루비는 완전한 객체지향 언어라는 점이 자바와 다르다. 기본 유형primitive의 값을 생성하지 않고 항상 객체를 생성한다. 이 점을 확인하기 위해 GroovyConsole(혹은 그루비셸)에서 다음 스크립트를 실행해보라.

```
int i = 555
i.getClass()
```

앞의 코드는 java.lang.Integer를 출력한다. 자바는 기본형의 int를 생성하는 반면(그래서 앞의 코드를 컴파일하지 않을 것이다), 그루비는 항상 객체를 생성한다. 하지만 그루비는 자동으로 기본형 값을 래퍼 클래스로 오토박싱하고 반대의 경우도 지원하기 때문에 여전히 자바 도구나 라이브러리와 완전히 호환 가능하다.

접근 제한자

자바는 메소드나 클래스/인스턴스 변수에 접근 제한자를 명시적으로 지정하지 않으면 package-private 접근 제한자를 지정한다. 반면 그루비는 public을 기본 접근 제한자로 지정한다.

 대부분의 자바 코드는 문법 수준에서 그루비와 호환 가능하지만 결과적인 동작은 다를 수 있으며 예기치 못한 방식으로 프로그램을 변경할 수 있기 때문에 이 차이는 매우 중요하다.

그루비는 다음과 같은 접근 제한자를 사용한다.

- public
- protected
- private

그루비 팀은 기본 접근 제한자(접근 제한자를 명시적으로 지정하지 않을 때)로 public을 선택하고 자바의 package-private 접근 수준에 대한 키워드를 제공하지 않기 때문에, package-private 클래스나 멤버를 생성하는 기능을 제공하지 않는다.

드물게 package-private 멤버가 절대적으로 필요한 경우에 그루비 개발자 키트(GDK)는 groovy.transform 패키지의 @PackageScope 어노테이션을 제공한다. 하지만 이 같은 고급 기능을 이 책에서 다루지 않는다.

그루비는 클래스의 private 멤버와 관련해 오래 지속된 버그가 있다는 점을 기억하라. 클래스의 private 접근 제한자를 준수하지 않는다. 다음 코드는 자바에서 컴파일되지 않지만(private 접근 제한자를 준수하는 다른 언어는 유사한 코드를 컴파일하거나 오류 없이 실행하지 않는다), 그루비의 현재 버전에서는 완벽하게 동작한다.

```java
public class MainDemoClass {
  public static void main(String[] args) {
    ClassWithSecret secret = new ClassWithSecret();
    System.out.println(secret.privateVariable);
  }
}

class ClassWithSecret {
  private int privateVariable = -1;
}
```

인스턴스 변수 privateVariable은 private 접근 제한자를 가지므로 ClassWithSecret 클래스 밖에서는 확인할 수 없어야 한다. 그루비 컴파일러는 생성한 자바 바이트코드에서 privateVariable을 private으로 정확하게 표시하므로, 자바와 같은 언어에서 클래스를 사용하면 자바 코드는 privateVariable에 접근할 수 없다(private 데이터에 접근하기 위해 하위 수준의 트릭을 사용하지 않을 때).

그루비는 이러한 점에서 파이썬 같은 동적 언어와 유사한 방식으로 동작한다. 파이썬은 실제로 public과 private 멤버라는 개념을 갖지 않고 모든 것이 public이다. 그루비의 private 제한자와 관련한 문제는 수년간 버그인지 특징인지를 두고 논란이 돼 왔다.

클래스에 속성 추가

속성에 접근 제한자(public과 private, protected)를 명시적으로 지정하지 않으면 그루비 컴파일러는 자동으로 동일한 이름의 **private** 변수를 생성하고 속성에 대한 getter와 setter 메소드를 public으로 만든다.

```
class Person {
  String name
}
```

앞의 코드는 다음과 같은 클래스를 생성한다.

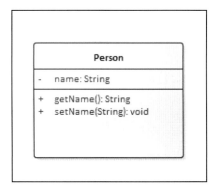

그루비 컴파일러가 앞의 코드를 컴파일할 때 다음과 같은 일이 발생한다.

- name이라 부르는 private 변수를 생성한다.
- `public void String getName( )`과 유사한 public getter 메소드를 생성한다.

446

- `public void setName(String name)`과 유사한 public setter 메소드를 생성한다.

접근 제한자를 지정하지 않았을 때만 컴파일러가 이와 같이 동작한다. `private`, `public`, `protected` 중에 하나의 접근 제한자라도 지정하면 컴파일러는 개발자가 완전히 제어하기를 원한다고 가정해 getter/setter 메소드의 생성을 개발자에 맡기고 변수만 생성한다.

코틀린처럼, 그루비는 속성에 접근하기 위해 getter와 setter를 호출하지 않고 속성 이름만 사용해도 된다. 앞의 예제에 다음 코드를 추가하고 실행해보라.

```
p = new Person()
p.name = "D. Vader"
println(p.name)
```

앞의 코드는 그루비가 자동으로 생성한 `getName()`과 `setName()` 메소드를 호출한다. 코드가 앞 절에서 언급한 `private` 접근 제한자의 버그를 사용하지 않음을 확인하고 싶으면 `Person` 클래스 코드를 다음 코드로 바꿔보라.

```
class Person {
  private String personName;
  public void setName(String name) { this.personName = name }
  public String getName() { return this.personName }
}
```

코드를 실행하면 private 변수 name이 더 이상 존재하지 않더라도 코드가 잘 동작한다는 것을 알게 될 것이다. 그루비는 실제로 `setName()`과 `getName()`을 호출했다.

선택 유형

그루비는 자바의 선언 스타일을 완벽하게 지원한다. 자바에서는 다음과 같이 변수 유형과 사용한 인스턴스 유형 모두를 지정한다.

```
Date date = new Date();
```

그루비에서는 변수 유형을 지정하지 않고 변수를 선언할 수 있다. 이때 def 키워드를 사용한다.

```
def date = new Date()
```

앞의 코드는 자바의 Object date = new Date() 문장과 비슷하다. 그루비에서 def 키워드를 사용해서 선언할 때 java.util.Date 클래스의 모든 멤버를 date 변수를 사용해서 접근할 수 있다는 점이 다르다.

```
def date = new Date()
println date.getTime()
```

자바에서는 객체의 멤버를 사용하기 전에 Object 인스턴스를 java.util.Date 인스턴스로 하위형변환해야 한다.

```
// 자바 코드, java.util.Date를 가져왔다고 가정한다.
Object date = new Date();
System.out.println(((java.util.Date)date).getTime());
```

보다시피 그루비의 코드는 훨씬 간결하고 읽기 쉽다. 자바와 그루비의 주요한 차이는 자바가 컴파일 시점에 사용 가능한 메소드를 검사한다는 점이다. 자바의 컴파일러는 변수의 참조 타입에서 메소드가 사용 가능한지를 검사한다. 그래서 java.lang.Object 클래스는 getTime() 메소드를 가지고 있지 않으므로 변수를 java.util.Date 클래스로 하위형변환 했을 때만 getTime() 호출을 허용한다. 하지만 그루비는 좀 더 여유롭고 런타임 시에 메소드를 호출하려고 시도하므로, 객체가 호출한 메소드나 전달받은 매개변수를 지원하지 않으면 예외를 발생하기만 한다. 그루비는 참조 변수의 유형을 신경 쓰지 않는다.

def를 사용해서 선언한 변수는 언제든지 타입을 지정할 수 있음을 유의해야 한다.

```
def d = new Date()
d = new ArrayList()
```

메소드의 매개변수 또는 반환 값에 대해 타입을 지정할 필요가 없다.

```
def methodWithParameters(parm1, parm2, parm3) {
  // 코드...
}
```

매개변수 parm1, parm2, parm3와 반환 값에 사용한 유형은 java.lang.Object다. 또한 return 문장도 선택 사항이다. 함수의 마지막 표현식이 반환 값이다.

```
int methodWithImplicitReturnValue(int i) {
  i * 10
}
```

마지막으로 명시적인 유형 설정 없이 속성을 선언할 수 있다.

```
class Sensor {
  def temperature
}
```

앞서 언급한 바와 같이, private java.lang.Object 타입의 변수 temperature가 getter 메소드 public Object getTemperature()와 setter 메소드 public void setTemperature(Object temperature)와 함께 생성된다.

팀의 다른 개발자가 어떤 유형이 자신의 메소드나 속성과 호환 가능한지 결정하기 위해 주석을 읽어야 하므로, 대부분에 유형을 지정하는 것이 좋다(항상 자신의 코드를 문서화해야 한다. 그렇지 않겠는가?).

자동으로 완전한 기능을 갖춘 POJO 생성

클래스 이름 앞에 @Canonical 어노테이션을 붙이고 클래스 안에 개발자가 직접 구현한 코드가 없다면 그루비는 다음의 요소를 생성한다.

- 매개변수 없는 생성자
- 코드에서 정의한 순서와 동일하게 모든 속성에 대한 매개변수를 전달하는 생성자
- 모든 속성(이름과 값)을 출력하는 toString( ) 구현
- hashCode( ) 구현
- equals( ) 구현

클래스 자체적으로 toString( )이나 hashCode( ), equals( ) 중 하나를 구현했다면 이런 메소드를 건너뛰고 다른 메소드로 넘어가지만 개발자가 직접 클래스 내부에 toString( )을 구현했다면, 그 코드가 컴파일된다.

```
import groovy.transform.Canonical
@Canonical
class CanonicalDemo {
  def property1
  def property2
  def property3
}

def demo = new CanonicalDemo("value for property1", "value for
property2")
println("${demo.property1}, ${demo.property2}, ${demo.property3}")
println(demo)
```

여기서 그루비 문자열의 막강한 기능을 시연한다. 그루비 문자열은 템플릿 기능을 제공한다. 좀 더 자세한 사항은 뒤에서 살펴본다.

다음은 CanonicalDemo 클래스의 모든 생성된 속성과 메소드에 대한 개요다.

```
                    ┌─────────────────────────────────┐
                    │          CanonicalDemo          │
                    ├─────────────────────────────────┤
                    │  -   property1: Object          │
                    │  -   property2: Object          │
                    │  -   property3: Object          │
                    ├─────────────────────────────────┤
                    │  +   equals(Object): boolean    │
                    │  +   getProperty1(): Object     │
                    │  +   getProperty2(): Object     │
                    │  +   getProperty3(): Object     │
                    │  +   hashCode(): int            │
                    │  +   setProperty1(Object): void │
                    │  +   setProperty2(Object): void │
                    │  +   setProperty3(Object): void │
                    │  +   toString(): String         │
                    └─────────────────────────────────┘
```

앞의 코드는 value for property1, value for property2, null과 CanonicalDemo(value for property1, value for property2, null)를 출력한다. 생성된 CanonicalDemo 클래스의 toString( ) 메소드는 속성의 값만 선언한 순서대로 출력하고 속성 이름을 출력하지 않음을 유의하자.

예시와 같이 모든 속성의 값을 제공하는 것은 필수가 아니다. 특정 속성에 대한 값만 지정하는 것도 가능하다.

```
def demo = new CanonicalDemo(property1:"value 1", property3: "value3")
```

hashCode( )와 equals( )의 구현에만 관심이 있고 toString( )이나 생성자의 구현에는 관심이 없다면 @EqualsAndHashCode 어노테이션을 대신 사용하면 된다. 마찬가지로 toString( )의 구현에만 관심이 있다면 @ToString 어노테이션을 사용하고, 마지막으로 생성자의 구현에만 관심이 있다면 @TupleConstructor 어노테이션을 사용한다. 일부 어노테이션은 보다 세부적인 제어 기능을 제공하기 위해 선택적인 매개변수를 갖는다. 이와 관련된 주제는 책에서 다루지 않지만 그루비 문서에서 확인할 수 있다.

 앞서 언급한 모든 어노테이션은 groovy.transform 패키지에서 가져와야 한다.

불변 클래스 생성

10장에서 봤듯이 변경이 불가한 클래스는 함수형 프로그래밍의 기본이다. 그루비는 함수형 프로그래밍 스타일로 코드를 작성하는데 도움이 되는 많은 기능을 제공한다. 가변 클래스는 잘 알려진 버그의 원인이므로, 멋진 함수형 프로그래밍을 할 계획이 없다 하더라도 불변 클래스로 바꾸는 것은 좋은 생각이다. 클래스를 변경이 불가능하게 만드는 데는 groovy.transform 패키지의 @Immutable 어노테이션을 사용하라.

```
import groovy.transform.Immutable

@Immutable
class Person {
  String name
}
```

@Canonical 어노테이션과 유사하게 @Immutable 어노테이션은 컴파일러가 다음을 생성하게 한다.

- 매개변수가 없는 생성자
- 모든 속성의 값을 받을 수 있는 생성자
- hashCode( ) 구현
- equals( ) 구현
- toString( ) 구현

다음은 @Immutable의 독특한 특징이다.

- 다른 클래스가 상속할 수 없도록 클래스를 final로 만든다.
- 속성의 모든 유형이 진짜로 변경이 불가한지를 검사한다. 속성을 변경할 수 있거나 불변성을 전혀 지원하지 않는다고 판단하면 예외를 발생시킨다.
- 모든 setter 메소드가 예외를 발생시킨다고 보장한다.

클래스 내에 그 클래스 유형의 속성이 하나 이상 있으면 반드시 @Immutable로 표기해야 한다. 그렇지 않으면 그루비는 클래스를 컴파일하지 않는다. 예제를 살펴보자.

```
import groovy.transform.Immutable

class Person {
  public final String name
  public Person(String name) { this.name = name }
}

@Immutable
class Demo {
  // 실행되지 않는다.
  Person person = new Person("test")
}

def d = new Demo()
```

앞의 코드에서 Person 클래스가 진짜로 변경할 수 없는지 알 수 없기 때문에 그루비는 코드의 실행을 거부한다.

```
java.lang.RuntimeException: @Immutable processor doesn't know how to handle
field 'person' of type 'Person' while constructing class Demo.
```

이 코드를 실행하려면 다음 행으로 @Immutable을 교체하라.

```
@Immutable(knownImmutableClasses=[Person])

class Demo {
  ...
}
```

그루비는 이제 개발자를 믿고 클래스를 변경할 수 없게 만들 수 있다고 판단한다. 클래스 이름 대신 속성 이름을 지정할 수도 있다.

```
@Immutable(knownImmutables=["person"])
```

Person person = new Person( ) 대신 def person = new Person( )을 사용하고 싶을 때 유용하다.

 물론 Person 클래스에 @Immutable 어노테이션을 추가하면 이해하고 유지 관리하기가 좀 더 쉬울 것이다. 이런 경우 그루비는 이 클래스를 검출하고 Demo 클래스에 수동 조정할 필요가 없다.

▌ 그루비 개발자 키트(GDK)

그루비는 개발자가 편리하게 사용할 수 있는 거대한 클래스 라이브러리를 제공한다. 몇 가지 새로운 기능도 있고, 다른 클래스는 기존 자바 클래스 라이브러리에 있는 클래스를 래핑해 사용을 편리하게 하거나 기능을 보강했다. 이번 절에서는 중요한 몇 가지 클래스와 그루비 설치 시 함께 설치되는 그루비 런타임 라이브러리의 타입을 살펴본다.

그루비 문자열(GStrings)

그루비는 java.lang.String 클래스를 변형한 고유한 문자열인 groovy.lang.GString을 제공한다. 큰따옴표로 문자열을 생성할 때마다 그루비는 GString의 기능을 사용하는지 여부를 확인한다. GString의 기능을 사용한다면 GString을 생성하고, 그렇지 않으면 보통의 java.lang.String 인스턴스를 생성한다.

```
def s = "this is an ordinary java.lang.String instance";
```

앞의 문자열 코드는 그루비 기능을 사용하지 않는다. 그래서 그루비는 보통의 java.lang.String을 생성한다. GString의 가장 유용한 기능 중 하나는 기본으로 제공하는 템플릿이다.

```
def who = "you"
def msg = "Happy birthday to $who"
```

앞의 코드를 실행할 때 msg는 Happy birthday to you를 담고 있다. 여기서는 변수를 사용하므로 이 문자열을 GString으로 생성한다. 전체 단어의 일부로 템플릿 변수를 사용하려면 중괄호를 추가해야 한다.

```
def who2 = "packtpub"
def msg2 = "Please visit ${who2}.com"
```

who2는 com이라는 속성을 갖지 않은 `java.lang.String` 인스턴스를 가리키기 때문에 앞의 예제에서 중괄호를 사용하지 않으면 오류가 발생한다.

문자열에서 달러 기호를 사용하고 싶으면 "US\$$ 100"과 같이 역슬래시를 $ 앞에 붙여 기호로 처리하지 않게 하는 방법이 있다. 그러면 문자열 US$100이 된다. 다른 방법은 자바 문자열을 생성하는 것이다. 그루비에서 자바 문자열을 작은 따옴표를 사용해서 만든다.

```
def javaString = 'This is a Java string, even though it has ${who}'
```

앞의 코드는 `java.lang.String`을 생성하고 `${variable}`은 어떤 변수로 대체되지 않는다. 이것이 자바와 다른 점이다. 자바는 char 값에 작은 따옴표를 사용한다.

선언 유형이 char(혹은 char의 래퍼 클래스 java.lang.Character)이면 그루비는 `java.lang.Character` 인스턴스를 생성한다(그루비는 기본형의 값을 결코 생성하지 않음을 기억하라).

```
char c = 'C'
c.class
```

앞의 코드는 `java.lang.Character`로 평가된다. 자바 컴파일러에서는 컴파일 오류지만 `char c = "C"`(큰따옴표 사용)도 `java.lang.Character` 인스턴스를 생성함을 유의하라.

마지막으로 다른 최신의 언어처럼 그루비는 다중 행 문자열을 GString과 자바 문자열 모두에 대해 지원한다.

```
def longMsg = """
Happy birthday
```

456

```
to ${who}
"""
```

다중 행 GString 인스턴스는 한 줄 버전과 마찬가지로 변수를 지원한다. 다중 행 형태의 자바 문자열을 사용하려면 세 개의 작은 따옴표를 사용하라.

```
def longJavaMsg = '''
Another long
message
'''
```

마지막으로 그루비에서는 == 혹은 != 연산자를 사용해서 문자열을 비교할 수 있음을 명심해야 한다. 그루비는 내용을 비교하기 위해 equals( ) 메소드를 호출한다.

```
def s1 = "hello"
def s2 = 'hello'
println(s1 == s2)
```

이 경우 s1에서 GString 기능을 사용하지 않기 때문에 두 문자열 모두 java.lang.String 인스턴스다. 앞의 코드를 실행하면 true를 콘솔에 출력한다. s1이 "hello"를 담고 있는 GString이었더라도 true를 출력했을 것이다.

컬렉션

컬렉션과 관련해 그루비는 파이썬과 유사한 경험을 JVM으로 가져왔다. 자바 클래스 라이브러리의 가장 중요한 컬렉션에 대한 기본 기능을 제공하고, 거기에 추가 기능을 넣어 기능을 확장했다. 컬렉션과 관련해서는 다음 주제를 살펴본다.

- 리스트
- 맵

 그루비가 자바와 크게 다른 점은 컬렉션에서 제네릭을 지원하지 않는다는 것이다. 그루비 파서는 제네릭에 관한 자바 문법을 지원하지만 그루비는 어떤 방식으로도 제네릭을 강요하지 않는다.

리스트

java.util.ArrayList 인스턴스인 리스트는 괄호를 사용해서 쉽게 만들 수 있다.

```
def list = [10, 20, 30, 40, 50]
```

리스트에 있는 하나의 항목을 조회하려면 괄호 사이에 인덱스를 추가하면 된다.

```
println list[1]
```

앞의 코드는 20을 반환한다. 앞의 예제는 list.get(1)과 결과가 동일하다. 하지만 다른 점은 괄호를 사용하면 인덱스가 범위를 넘었을 때 결과로 null을 반환하지만 get() 메소드는 인덱스가 너무 작거나 너무 클 때 IndexOutOfBoundsException 예외를 발생시킨다.

괄호를 사용할 때 음수 인덱스를 지정해서 마지막 항목을 조회할 수 있다. −1은 마지막 항목을 나타내고, −2는 뒤에서 두 번째 항목을 나타낸다. 다음 예제를 보자.

```
println list[-4]
```

앞의 코드는 20을 반환한다. get( ) 메소드는 음수 인덱스를 지원하지 않고, IndexOutOf BoundsException 예외를 발생시킨다.

리스트를 나눌 때는 그루비의 서브스크립트 연산자 ..(점 두 개)를 사용하면 된다.

```
println list[1..2]
```

지정한 두 개의 인덱스 모두가 결과에 포함되므로, 결과는 [20, 30]이다.

해당 인덱스를 선택해 반환할 수도 있다.

```
println list[0,3]
```

앞의 결과는 [10, 40]이다. 심지어 두 가지 방식 모두를 조합할 수 있다.

```
println list[0..2, 4, 3]
```

앞의 결과는 [10, 20, 30, 50, 40]이다.

진정한 동적 프로그래밍 스타일에서 빈 리스트는 false로 평가되고, 항목이 있는 리스트는 true로 평가된다. 이런 기능은 리스트가 비어 있는지 검사할 때 사용할 수 있다.

```
def emptyList = []
if (!emptyList) {
  println("List is not empty")
}
```

앞의 코드는 아무것도 출력하지 않는다. 그루비는 자바 8을 릴리스하기 오래전에 자바 컬렉션에 함수형 프로그래밍 기능을 추가했다. 컬렉션의 항목을 반복해서 조회하기 위해, 클로저를 지정할 수 있다.

```
list.each({
  def bar = "X" * it
  println "${bar} ${it}"
})
```

각 항목에 대해 클로저를 호출한다. it 변수는 현재 항목을 값을 담고 있다. 클로저에서 X를 담고 있는 bar 변수를 생성해 모든 반복 주기의 값에 대해 반복된다. 결과는 다음과 같다.

```
XXXXXXXXXX 10
XXXXXXXXXXXXXXXXXXXX 20
XXXXXXXXXXXXXXXXXXXXXXXXXXXXXX 30
XXXXXXXXXXXXXXXXXXXXXXXXXXXXXXXXXXXXXXXX 40
XXXXXXXXXXXXXXXXXXXXXXXXXXXXXXXXXXXXXXXXXXXXXXXXXXXX 50
```

그루비는 java.util.Collection 인터페이스(혹은 Collection 인터페이스를 상속한 다른 인터페이스)에 몇 가지 매우 편리한 메소드를 추가한다. java.util.ArrayList를 비롯해서 대부분의 컬렉션 클래스는 Collection 인터페이스를 상속한다. 다음은 그루비가 추가한 편리한 메소드 목록이다.

메소드 이름	설명	예제
any(Closure)	리스트에 있는 하나의 항목에 대해서라도 클로저가 true를 반환하면 true를 반환한다.	list.any { it > 20 } Returns: true
every(Closure)	모든 항목에 대해 클로저가 true를 반환하면 true를 반환하고, 그렇지 않으면 false를 반환한다.	list.every { it < 50 } Returns: false
find(Closure)	모든 항목에 대해 클로저를 호출한다. 클로저가 true를 반환하면 반복을 멈춘다. 찾은 항목을 반환하거나 일치하는 항목을 찾지 못하면 null을 반환한다.	list.find { it == 30} Returns: 30
findAll(Closure)	find()와 유사하지만 클로저가 true를 반환할 때 멈추지 않는다.	list.findAll { it > 30 } Returns: [40, 50]

(이어짐)

메소드 이름	설명	예제
join(String)	구분자로 특정 문자를 사용해 리스트의 항목을 String으로 연결한다.	list.join("/") Returns: 10/20/30/40/50
min()	가장 작은 항목을 반환한다.	Returns: 10
max()	가장 큰 항목을 반환한다.	Returns: 50
sum()	모든 항목을 합한 값을 반환한다.	Returns: 150

맵

맵은 키/값 쌍을 괄호에 감싸서 지정한다.

```
def map = [ key1: "value1", "key2": "value2" ]
```

키의 기본 데이터 유형은 문자열이므로, 키를 지정할 때 인용부호를 꼭 사용할 필요는 없다. 변수를 이용해 키를 추가하거나 문자열이 아닌 다른 데이터 유형의 키를 추가하고 싶을 때는 문제가 될 수 있다. 이런 경우에는 괄호 ()를 이용해 키를 추가해야 한다.

```
def key1 = "whateverKey"
def otherMap = [ (key1): "whateverValue"]
```

빈 맵을 만들려면 다음과 같이 표기해야 한다.

```
def emptyMap = [:]
```

괄호를 이용해 맵을 읽고 쓸 수 있다.

```
map["key1"] = "anotherValue1"
println map["key1"]
```

그루비는 맵을 POJO처럼 취급한다. 그래서 키/값 쌍을 조회하는 데 맵을 읽고 쓰는 점 표기법을 사용할 수 있다.

```
map.key1 = "yetAnotherValue1"
println(map.key1)
```

이런 표기법은 키가 유효한 자바 식별자인 String일 때만 동작한다. 만약 키가 하나라도 문자열이 아니면 괄호를 사용하거나 get 메소드를 사용해야 한다.

```
map[30] = "thirty"
println(map.get(30))
```

30은 문자열이 아니기 때문에 유효한 자바 식별자가 아닐 수 있으므로, 맵의 get( ) 메소드나 괄호 표기법을 사용해서 접근해야 한다.

Map 인터페이스는 Collection 인터페이스를 상속하기 때문에, 리스트에서 설명한 메소드가 맵에서도 동일하게 사용 가능하다. 다른 점은 클로저가 각 항목의 키나 값을 획득하기 위해 key와 value 속성을 포함한 MapEntry 객체를 받는다는 점이다.

키/값 쌍을 탐색하는 몇 가지 예제를 살펴보자.

```
map.each({
  println("$it.key --> $it.value")
})
```

클로저에서 키/값 쌍을 사용할 수도 있다. 클로저에 두 개의 매개변수를 추가해야 한다.

```
map.find({ k, v -> k =="key2" && v == "value2" })
```

앞의 예제에서 k와 v 매개변수는 맵에 있는 각 항목의 키와 값을 의미한다.

▋ 동적, 정적 프로그래밍

정적 자료형 프로그래밍 언어에서는 컴파일러가 메소드 호출을 처리하고 컴파일된 프로그램에서 참조를 컴파일하는 반면(생성된 자바 바이트코드의 JVM 언어), 그루비와 클로저, 파이썬과 같은 동적 프로그래밍 언어는 프로그램을 실행할 때 이와 관련된 작업을 수행한다는 점이 두 언어 사이의 주된 차이점이다.

항상 그렇듯이 두 가지 프로그래밍 방식 모두 장단점이 있다.

프로그래밍	장점	단점
정적	• 애플리케이션이 빠르게 실행된다. • 많은 사소한 오류를 컴파일 단계에서 검출한다. • 생산성을 향상시키는 데 탁월한 리팩토링 툴을 제공하는 아주 뛰어난 IDE가 지원한다.	• 일반적으로 컴파일 단계에서 상당한 시간이 소요된다. • 컴파일러를 만족시키기 위해 더 많은 코드를 작성하곤 한다.
동적	• 일반적으로 적은 양의 코드를 작성한다. • 컴파일 단계가 매우 빠르다. • 메타 프로그래밍 기법을 제공한다.	• 애플리케이션이 종종 잘 동작하지 않는다. • 대부분의 오류가 런타임 시에 발견된다. 사소한 오류가 발생하기 전까지 오랜 기간 숨겨질 수 있다. • 함수에 유효한 매개변수 유형을 전달했는지 검사하기 위해 코드를 작성해야 한다. • 구현이 쉽지 않기 때문에 IDE 지원이 매우 훌륭한 수준은 아니다.

그루비와 클로저 같은 동적 언어 혹은 자바스크립트와 파이썬, 루비 같은 비 JVM 언어에서 메소드를 호출하면 객체 인스턴스가 호출한 메소드를 가지고 있는지 여부를 결정하고, 메소드가 존재하는 경우 전달한 매개변수가 유효한지를 런타임 시에 결정한다. 반면, 자바와 스칼라, 코틀린 같은 정적 프로그래밍 언어나 C, C#, C++ 그리고 최신의 비주얼 베이직에서는 컴파일러가 한 번 이런 작업을 수행하고 런타임 시에는 단순히 컴파일된 명령어를 직접 실행한다.

런타임 시에 메소드 호출과 속성에 대한 접근을 검사하면 애플리케이션을 실행하는 동안 최소한 몇 가지의 프로세싱 파워를 소모하기 때문에, 이렇게 하는 이유가 무엇인지 궁금할 것이다. 메타 프로그램이 가능하고 구현이 매우 편리하다는 점이 그 대답이 된다. 다음 절에서 메타 프로그래밍에 대해 알아보자.

메타 프로그래밍

메타 프로그래밍의 개념을 이해하기 위해 작은 클래스를 만들어보자.

```
class MetaProgrammingDemo {
}

def demo = new MetaProgrammingDemo()
// 다음 행에서 예외가 발생한다.
demo.nonExistingProperty = "some value"
println(demo.nonExistingProperty)
```

예상대로 앞의 코드를 실행하면, JVM이 마지막 행을 실행할 때 예외가 발생한다.

```
groovy.lang.MissingPropertyException: No such property: nonExistingProperty
for class: MetaProgrammingDemo
```

이제 MetaProgrammingDemo 클래스 안에 다음 메소드를 추가해보라.

```
def propertyMissing(String name) {
  println("Non-existent property '$name' was read")
  return -1
}

def propertyMissing(String name, args) {
  println("Non-existent property '$name' was written to: '$args'")
}
```

464

이제 코드를 실행하면 JVM이 더 이상 예외를 발생시키지 않는다! 대신 코드는 다음을 콘솔에 출력한다.

```
Non-existent property 'nonExistingProperty' was written to: 'some value'
Non-existent property 'nonExistingProperty' was read
-1
```

읽은 값은 코드가 속성에 썼다고 생각하는 값과 완전히 다르다는 점을 주의 깊게 보라. 반환 값을 −1로 하드코딩했기 때문이다. 먼저 존재하지 않는 속성을 읽을 때 propertyMissing(String name) 메소드를 호출하고, 존재 하지 않은 속성에 값을 설정하려고 할 때 propertyMissing(String name, args) 메소드를 호출한다. 속성 읽기와 쓰기 같이 그루비 코드가 어떤 속성에 접근할 때 그루비는 런타임에 다음의 작업을 수행한다.

1. 해당하는 속성의 getter/setter 메소드가 있으면 그 메소드를 호출한다.
2. getter/setter가 없으면 인스턴스나 클래스 변수를 찾고 변수를 찾으면 그것에 접근한다.
3. 변수가 없으면 propertyMissing 메소드를 찾고, 찾으면 메소드를 호출한다.
4. 앞의 작업이 모두 실패하면 groovy.lang.MissingPropertyException을 발생시킨다.

 실제 처리 절차는 설명한 것보다 더 복잡하다. 그루비는 11장에서 설명하는 것보다 메타 프로그래밍을 통해 더 많은 메소드를 제공한다.

동적으로 코드가 속성이 존재한다고 생각하게 만드는 방식은 정적 자료형 언어에서 구현이 불가능하다. 이런 기술이 왜 그리고 언제 필요한지 아직 명확하지 않을 것이다. 12장에서 메타프로그래밍을 사용해 구현된 그루비의 XML 빌더를 사용해보면, 자신의 클래스에서 이 강력한 기술을 어떻게 사용할지 좋은 아이디어를 얻게 될 것이다.

여기서는 비슷한 기법을 사용할 수 있는 메소드에 대해서만 다룬다. MetaProgrammingDemo 클래스에 다음 메소드를 추가하라.

```
def methodMissing(String name, args) {
  println("Non-existent method '$name' was called with '$args'
          parameters")
}
```

마지막으로 기존 테스트 코드에 다음 코드를 추가하라.

```
demo.methodThatDoesNotExist(1000, "demo")
```

코드를 실행하면 다음과 같은 추가적인 결과가 콘솔에 출력된다.

Non-existent method 'methodThatDoesNotExist' was called with '[1000, demo]'
parameters

 이것은 그루비에서 특화된 트릭이다. 다른 JVM 언어에서 이 클래스를 사용하면 JVM은 자동으로 잘 알려지지 않은 속성을 읽고/쓰는 문장을 missingProperty() 메소드로 리디렉션하거나 잘 알려지지 않은 메소드 호출을 missingMethod()로 리디렉션하지 않는다.

그루비에서 정적 프로그래밍

특정 클래스나 메소드에 대해 정적 프로그램 모드로 컴파일러를 전환하려면 groovy. transform 패키지를 가져온 후 @TypeChecked 어노테이션을 추가한다.

```
import groovy.transform.TypeChecked

@TypeChecked
class TypeCheckedClass {
}
```

어노테이션을 클래스에 적용하면 컴파일러는 런타임 시에 어떤 메소드를 호출할지 결정하는 대신 일반적인 정적 자료형 언어의 컴파일러가 하는 많은 검사를 수행하고 메소드와 속성에 대한 직접적인 참조를 컴파일한다. 애플리케이션 내에서 이와 같은 코드는 좀 더 빠르게 실행되지만, 실제로는 반복 루프 내에서 여러 번 호출되거나 동시에 여러 스레드에서 호출할 때 그 차이를 인지할 수 있다.

클래스에 @TypeChecked 어노테이션을 사용하면 메타프로그래밍과 같은 동적 프로그래밍 기법을 더 이상 사용할 수 없다. 그래서 다음 코드는 컴파일되지 않는다.

```
import groovy.transform.TypeChecked

@TypeChecked
class Demo {
  static void main(String[] args) {
    def d = new Demo()
    // 컴파일되지 않는다.
    d.thisMethodDoesNotExist()
  }

  def methodMissing(String name, args) {
    println("Method '$name' was called")
  }
}
```

GroovyConsole(실행하기 전에 내부적으로 코드를 컴파일한다)에서 앞의 코드를 실행하면 다음과 같은 컴파일 시점의 오류가 발생한다.

```
[Static type checking] - Cannot find matching method
Demo#thisMethodDoesNotExist(). Please check if the declared type is right
and if the method exists.
```

컴파일러는 methodMissing()가 thisMethodDoesNotExist() 호출을 지원하는지 예측할 수 없기 때문에(예외를 발생시키거나 특정 메소드의 이름만 처리할 수 있다), 코드를 컴파일하지 않는다. 문제를 해결하려면 Demo 클래스에서 @TypeChecked 어노테이션을 제거하면 된다. 다행히 다른 방법도 있다. 특정 메소드에 대해 컴파일러의 타입 검사를 건너뛰게 할 수 있다. static void main(String[] args) 행 위에 다음 어노테이션을 추가해보라.

```
@TypeChecked(groovy.transform.TypeCheckingMode.SKIP)
static void main(String[] args) {
   ...
}
```

타입 검사기는 이제 main() 메소드를 검사할 필요가 없다고 인식한다. 물론, 클래스의 많은 메소드에 이 어노테이션을 추가해야 한다면 클래스 전체에서 @TypeChecked를 제거하는 편이 좋다. 특정 메소드에만 @TypeChecked 어노테이션을 사용할 수도 있다.

```
class Demo2 {
  def static void main(String[] args) {
    def d = new Demo()
    d.typeCheckedDemoMethod()
  }

  @TypeChecked
  def typeCheckedDemoMethod() {
    // 정적 자료형 구현 코드는 여기에...
  }
}
```

▌퀴즈

1. 그루비는 자바 언어와 대체로 잘 호환된다. 이는 그루비 컴파일러가 어떠한 부작용도 없이 자바 컴파일러가 하는 방식과 완전히 동일하게 자바 코드를 컴파일한다는 의미인가?

   a) 예, 자바 컴파일러와 그루비 컴파일러는 완벽하게 동일한 자바 바이트코드를 생성한다. 결과 클래스는 항상 완전히 동일하게 동작한다.

   b) 아니오, 자바와 그루비는 문법 수준에서 전혀 호환되지 않는다.

   c) 아니오, 그루비는 자바의 기본 데이터 타입을 만나면 문제가 발생한다.

   d) 아니오, 그루비는 대부분의 자바 언어 문법과 호환되지만 그루비 팀의 다른 설계 사상 때문에 그루비가 컴파일한 클래스는 자바 컴파일러가 컴파일한 클래스와 완벽하게 동일하게 동작하지 않는다.

2. msg1 변수의 내용은 무엇인가?

```
def name1 = 'reader'
def msg1 = "hello, $name1"
```

   a) "hello, reader"

   b) "hello, $name"

   c) 프로그램에서 예외가 발생한다.

   d) 모두가 답이 아니다.

3. msg2 변수의 내용은 무엇인가?

```
def name2 = "reader"
def msg2 = 'hello, $name2'
```

   a) "hello, reader"

   b) "hello, $name2"

c) 프로그램에서 예외가 발생한다.

d) 모두가 답이 아니다.

4. longValue의 데이터 타입은 무엇인가?

```
long longValue = 999
```

a) 기본 유형 long

b) groovy.lang.Long

c) java.lang.Long

d) 다른 무엇

5. 동적 언어의 장점은 정적 언어에서 컴파일한 유사한 코드보다 항상 좀 더 빠르게 실행된다는 점이다. 이 문장은 참인가?

a) 예

b) 아니오

▎요약

11장에서는 JVM에서 인기 있는 동적 언어인 그루비를 소개했다. 그루비를 다운로드해 설치하고 두 개의 REPL 셸, 그루비콘솔(데스크톱 GUI 애플리케이션)과 그루비셸(텍스트 기반 셸)을 살펴봤다. 자바와 그루비 문법은 대부분 호환이 가능하지만 자바에서 필수인 많은 항목이 그루비에서는 선택 항목이기 때문에 그루비 코드가 좀 더 간결하다. toString( )과 equals( ), hashCode( ) 메소드에 대한 유효한 구현을 생성하고 완전한 생성자도 생성하는 어노테이션을 포함해서 자동으로 즉시 코드를 생성하는 다양한 어노테이션을 시험해봤다. 그루비 개발자 키트^{GDK, Groovy Development Kit}를 간단히 살펴봤고, 동적 프로그래밍과 정적 프로그래밍의 차이도 살펴봤으며, 그루비가 두 메소드를 모두 지원한다는 것도 알게 됐다.

12장에서는 JDBC^(Java Database Connectivity) 인터페이스를 사용해 데이터베이스에서 데이터를 추출하고 XML을 생성하는 간단한 웹 서비스를 만들어본다. 새로운 그루비 지식을 사용할 예정이며, GDK의 더 많은 클래스를 살펴보게 된다.

12

그루비 프로그래밍

인기 많은 Vert.x 마이크로서비스 프레임워크를 사용해 그루비로 간단한 웹 서비스를 만들어보자. 프로그램은 전체가 자바로 작성된 데이터베이스 시스템인 H2 데이터베이스 관리 시스템DBMS, Database Management System을 사용하며, JDBCJava Database Connectivity 표준을 사용해 H2와 통신한다. XML 생성은 그루비 런타임 라이브러리의 그루비 개발 키트GDK, Groovy Development Kit에서 제공하는 클래스인 그루비의 마크업빌더MarkupBuilder를 사용한다.

여기서는 프로젝트를 빌드하는 데 외부의 빌드 도구를 사용하지 않는 대신 이클립스 IDE가 빌드하도록 한다. 앞서 언급한 H2와 Vert.x 오픈소스 프로젝트를 사용하려면 몇 개의 외부 의존성이 필요하고 이를 위해 아파치 아이비(Ivy)를 사용할 예정이다. 이클립스 IDE는 그루비 지원 기능을 제공하지 않기 때문에, 그루비 언어를 위한 플러그인도 설치해야 한다. 다음은 12장에서 다룰 주제다.

- 그루비 이클립스 플러그인 설치
- 아파치 아이비와 이클립스용 IvyDE 플러그인
- 그루비 프로젝트 생성 및 구성
- JDBC^{Java Database Connectivity}
- 마크업빌드로 XML 생성
- Vert.x 마이크로서비스 플랫폼

▌ 그루비 이클립스 플러그인 설치

이클립스 IDE에 그루비 지원 기능을 추가하는 플러그인인 그루비 이클립스는 이클립스 마켓플레이스에서 얻을 수 있지만, 저술 시점에는 매우 오래된 버전을 제공했다. 그래서 그루비 이클립스 팀의 서버에서 직접 플러그인을 다운로드해 설치한다. 그루비 프로젝트의 깃허브 페이지를 방문해 올바른 다운로드 링크를 찾아보라. https://github.com/groovy/groovy-eclipse/wiki

메뉴바의 Help ❯ About을 선택해 실행 중인 이클립스 버전을 확인하라. 그런 다음 깃허브 페이지에서 Releases 영역까지 스크롤을 내리고 출시된 버전을 찾아라. 사용 중인 이클립스 IDE 버전에 맞는 안정적인 버전이 없으면, Snapshot Builds 영역으로 이동해 설치된 이클립스 IDE 버전에 맞는 배포판을 찾는다. 저술 시점에는 이클립스 네온^{Neon}(4.6)에 맞는 안정적인 배포판이 없어서 snapshot build에서 설치 파일을 찾아야 했다.

 사용 중인 이클립스 IDE에 맞는 안정적인 배포판이 아직 없거나 개발 중인 버전이 안정적이지 않다면, 안정적인 버전이 출시될 때까지 이전 버전의 이클립스를 다운로드하고 사용하면 된다.

선택한 그루비 이클립스 버전을 이클립스 IDE에서 설치하려면,

1. 깃허브 페이지에서 해당하는 버전의 Release Update Site URL을 클립보드에 복사한다.

2. 이클립스 IDE에서 Help ❯ Install New Software...를 선택한다.

3. Available Software 대화창에서 Work with 텍스트 필드 옆의 Add 버튼을 클릭하라.

4. name 필드에 Groovy Eclipse를 입력하고 Location 필드에 복사한 URL을 붙여넣은 다음 OK를 클릭한다.

5. 이제 Available Software 대화창에 찾았던 패키지가 나타난다. Groovy-Eclipse(required) 옵션을 체크하고 Next 버튼을 클릭한다.

6. 선택 항목에 그루비 컴파일러를 추가했으므로, 선택 사항을 변경했다는 경고창이 나타날 것이다. 경고 메시지를 확인했으면 Next 버튼을 누른다. 그리고 라이선스 조항에 동의하면 라이선스를 승인한다. 플러그인을 설치하기 위해 Finish를 클릭한다.

7. 이클립스 IDE를 다시 시작할 지를 물으면 Yes를 선택한다.

자바 퍼스펙티브 변환

그루비 이클립스 플러그인은 이클립스 IDE의 사용자 인터페이스에 특별한 그루비 퍼스펙티브를 추가하지 않는다. 대신 클로저의 카운터클락와이즈 플러그인과 같이, 보통의 자바 퍼스펙티브를 사용한다. 화면 상단 오른쪽에 있는 툴바에서 자바 퍼스펙티브 버튼을 클릭하라.

버튼이 없으면 Open Perspective 툴팁을 가진 버튼을 찾아서 Java(Default) 옵션을 선택하라.

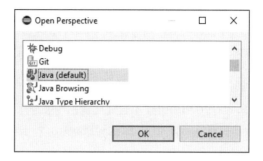

▋ 아파치 아이비와 IvyDE

지금까지 다뤘던 언어와 달리 프로젝트를 빌드하는 데 별도의 빌드 도구를 사용하지 않고 아파치 앤트Ant를 기반으로 하는 이클립스 IDE에 내장된 빌드 기능을 사용할 예정이다. 앤트는 JVM을 위해 고안된 최초의 인기 있는 빌드 도구였다. 책의 프로젝트를 진행하는 동안 이클립스 IDE가 빌드 절차를 담당하도록 할 것이다.

 인기 있는 많은 JVM 기반 빌드 도구(심지어 덜 인기 있는 도구조차도)가 그루비를 잘 지원한다. IDE가 제공하는 빌드 절차보다 좀 더 세밀한 제어가 필요하면 그루비 기반 프로젝트를 빌드하는 데 그래들과 메이븐을 사용하면 좋다.

데이터베이스에 접근하는 웹 서비스 예제를 작성하기 위해 다음과 같은 몇 가지 외부 의존성이 필요하다.

- 마이크로서비스를 빌드하기 위한 Vert.x 프레임워크
- JDBC 드라이버를 포함한 로컬 데이터베이스 관리 시스템(DBMS)

다양한 사이트에서 필요한 파일을 다운로드해 올바른 디렉터리에 설치하고 JVM 클래스경로에 직접 적용할 수 있지만, 의존성 자체도 다른 외부 라이브러리에 의존하기 때문에 이 작업은 많은 노력이 필요하다. 그루비는 그레이프Grape라는 의존성 관리자를 내장하고 있지만, 그루비 이클립스에서 그레이프를 사용할 때 문제가 있다. 그래서 12장에서는 의존성 관리를 위해 아파치 아이비Ivy를 사용한다. 아이비는 메이븐 저장소와 호환 가능하고 저장소를 호스팅하는 가장 인기 있는 서버를 알고 있는 의존성 관리자다(빌드 도구가 아니다). 작성할 예제에서는 필요 없지만, 아이비가 지원하지 않는 사용자 정의 서버에 있는 의존성이 필요하면 직접 서버 정의를 추가하면 된다. 종종 자체적인 의존성 관리 기능이 없는 아파치 앤트와 함께 아이비를 사용하지만 아이비는 완전히 독립적으로 동작하는 제품이다.

아이비 지원 기능을 추가하려면 이클립스 IDE에 플러그인을 설치해야 한다.

이클립스 IDE용 아파치 IvyDE 플러그인 설치

아파치 IvyDE 플러그인을 설치하려면 다음 절차를 따라 해보라.

1. 메뉴바에서 Help ❯ Eclipse Marketplace...를 선택한다.
2. Ivy를 찾는다. 아파치 소프트웨어 재단에서 보증하는 Apache IvyDE 항목을 찾아 Install 버튼을 클릭한다.

Apache IvyDE™

Apache IvyDE™ is the Eclipse plugin which integrates Apache Ivy's dependency management into Eclipse. It lets you manage your dependencies declared in an ivy.xml... **more info**

by Apache Software Foundation, Apache 2.0
apache ivy ivyde

3. 프롬프트를 따라간다. 서명되지 않는 코드라는 경고가 나타날 경우, 플러그인을 사용하려면 수용하고 넘어간다. 마지막으로 이클립스를 다시 시작할지를 묻는다. Yes를 눌러 이클립스를 다시 시작한다.

이제 아파치 IvyDE 플러그인을 설치했고 작업할 준비가 됐다.

▌ 프로젝트 생성과 구성

이제 이클립스 IDE에 필요한 모든 플러그인을 설치했으니 프로젝트를 생성할 수 있다. 먼저 프로젝트의 외부 의존성을 정의하고 가져오는 것부터 시작한다. 다음은 지금부터 다룰 주제다.

- 새로운 그루비 이클립스 프로젝트 생성
- 아이비를 위한 ivy.xml 파일 생성

새로운 그루비 이클립스 프로젝트 생성

이클립스에서 그루비 기반의 프로젝트를 생성하려면,

1. 패키지 탐색기의 빈 공간에서 오른쪽 마우스를 클릭하고 New > Other...를 선택한다.
2. Select a wizard 대화창에서 Groovy > Groovy Project를 선택하고 Next를 클릭한다.
3. 프로젝트 이름으로 GroovyWebservice를 입력한다.
4. Finish를 클릭해 프로젝트를 생성한다.

그루비 이클립스는 골격만 있는 프로젝트를 생성한다. 어떠한 예제 파일도 없기 때문에 설치를 확인하기 위한 파일을 하나 만들어보자.

1. 프로젝트의 src 디렉터리에서 기본 패키지 항목을 선택하고 마우스 오른쪽을 클릭한 다음 New > Other...를 선택하라.

2. **Select a wizard** 대화창에서 Groovy ➤ **Groovy Class**를 선택하고 **Next**를 클릭한다.

3. 패키지 이름으로 webservice를 입력하고, 클래스 이름에는 Main을 입력한다.

4. **Finish**를 클릭해 클래스를 생성한다.

그루비 이클립스는 다소 작은 클래스를 생성한다.

```
package webservice

class Main {
}
```

그루비 이클립스가 컴파일하고 프로젝트를 실행하는 데 적절하게 구성됐는지 확인하기 위해 간단한 main( ) 메소드를 추가해보자. Main 클래스에 다음 메소드를 추가하라.

```
static void main(String[] args) {
  println("Project is running fine!")
}
```

Ctrl+F11(맥OS는 cmd+F11)을 누르거나 툴바의 Run 아이콘을 찾아 클릭한다.

존재하지 않는 프로젝트를 참조한다는 오류 메시지를 확인하거나 기대했던 프로젝트가 아닌 이전의 프로젝트를 실행하는 오류를 만날 수 있다. 현재 그루비 이클립스가 프로젝트를 초기화할 때 자동으로 Run Configuration을 생성하지 못하기 때문에 발생하는 문제다. 이런 문제가 발생하면 이클립스 IDE 메뉴바에 있는 **Run ➤ Run Configurations...**를 선택해 문제를 해결할 수 있다. 구성 항목 중에서 그루비 스크립트^{Groovy Script} 항목을 찾아서 마우스 오른쪽을 클릭한 후 **New**를 선택한다. 구성 항목이 생성된다. **Run** 버튼을 선택해 창을 닫는다. 이제 이클립스 IDE는 프로젝트와 이 구성을 연결하고 콘솔에서 메시지를 확인할 수 있어야 한다.

아이비를 위한 ivy.xml 파일 생성

의존성 정보를 담고 있는 간단한 XML 파일을 만들어야 한다. IvyDE 플러그인은 아파치 아이비를 이용해 의존성을 가져오고 올바른 클래스경로에 의존성을 추가한다. ivy.xml 파일을 만들려면,

1. 프로젝트 이름에서 마우스 오른쪽을 클릭을 하고 New > Other...를 선택한다.
2. IvyDE > Ivy File를 선택하고 Next를 클릭한다.
3. Container 옆의 Browse 버튼을 누르고, GroovyWebservice 프로젝트를 선택한다.
4. Finish를 클릭해서 파일을 생성한다.

이제 ivy.xml 파일을 생성했다. 아직은 의존성을 포함하고 있지 않으므로, 첫 번째 의존성을 추가해보자.

예제에서 유행하는 H2 파일 기반 데이터베이스 시스템을 사용하므로, 이제부터 H2 데이터베이스 시스템에 필요한 의존성을 가져오는 데 집중한다. 다음 절에서는 H2에 대해서 좀 더 자세히 설명하고 일반적으로 JVM을 사용해 데이터베이스에 접속하는 방법을 설명한다.

널리 사용되는 메이븐의 중앙 저장소The Central Repository 웹사이트에서 H2 데이터베이스를 찾아보자. 브라우저를 열고 URL http://search.maven.org/를 방문한다.

검색창에 h2를 입력하고 Enter를 누른다.

검색된 의존성 목록이 나타나야 한다. com.h2database 항목을 찾아서 Latest Version 칼럼의 버전 번호를 클릭한다. 책을 쓰는 시점에는 1.4.195였다.

이제 다양한 빌드 도구가 있는 페이지를 볼 수 있다. 이전 장에서 읽어서 익숙한 그래들, 스칼라 SBT, 라이닝겐, 메이븐과 같은 도구가 보일 것이다. 필요한 아이비 코드를 읽으려면 다음을 따라 해보라.

1. Apache Ivy 항목을 클릭한다. 필요한 아이비 XML 항목을 확장하고 표시해야 한다.
2. XML 항목을 복사해 클립보드에 붙여 넣는다.
3. 이클립스에서 앞에서 생성한 ivy.xml 파일을 연다.
4. <ivy-module>과 </ivy-module> 태그 내의 마지막 항목으로 복사한 행을 붙여 넣는다.

예제의 경우 ivy.xml 파일이 이제 다음과 같이 보인다(간단히 하기 위해 긴 라이선스 조항 주석은 삭제했다).

```
<ivy-module version="2.0"
  xmlns:xsi="http://www.w3.org/2001/XMLSchema-instance"
```

```
xsi:noNamespaceSchemaLocation="http://ant.apache.org/ivy/
              schemas/ivy.xsd">
  <info
    organisation=""
    module=""
    status="integration">
  </info>
  <dependency org="com.h2database" name="h2" rev="1.4.194" />
</ivy-module>
```

버전 번호는 여기에 나열된 것과 다를 수 있다.

의존성을 가져오고 클래스경로에 추가하기 위해 다음의 절차를 수행한다.

1. ivy.xml 파일에서 마우스 오른쪽을 클릭한 후 **Add Ivy Library...**를 선택한다.

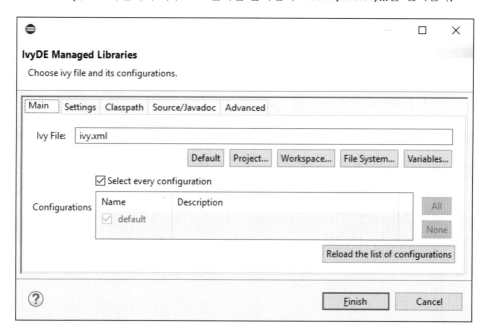

2. IvyDE Managed Libraries 대화창에서 Finish를 클릭한다.

아파치 아이비는 정확한 저장소에서 필요한 H2 DBMS 파일을 가져오고 프로젝트의 클래스경로에 모든 파일을 추가한다.

JDBC

JDBC^{Java Database Connectivity, 자바 데이터베이스 접속성} 표준은 JVM 애플리케이션이 데이터베이스 관리 시스템^{DBMS, Database management system}에 접속 가능하게 해주는 표준이다. 다음은 인기 있는 엔터프라이즈급 DBMS의 서버 예다.

- 오라클 데이터베이스
- 오라클 MySQL
- MariaDB
- 마이크로소프트 SQL 서버
- IBM DB2
- PostgreSQL

JVM 애플리케이션이 JDBC를 사용해서 DBMS 서버에 접속하려면 데이터베이스 시스템에 맞는 사용자 정의 JDBC 드라이버가 필요하다. 애플리케이션이 JDBC 드라이버를 로드하고 서버의 호스트 이름과 포트, 자격증명 정보를 포함하고 있는 접속 문자열을 제공하면, JDBC 시스템은 적당한 드라이버를 초기화하고 드라이버가 데이터베이스에 접속해 애플리케이션이 데이터베이스와 통신하는 데 사용하는 Connection 객체를 반환하도록 보장한다.

 마이크로소프트 개발 환경에 친숙한 개발자는 JDBC를 ADO.NET이나 ODBC 표준으로 생각하면 된다.

JDBC 드라이버 자체는 보통 자바(혹은 다른 JVM 언어)로 작성되지만 DBMS 서버 자체는 자바로 구현될 필요가 없다. JDBC 표준은 JDBC 드라이버가 (플랫폼 특화된) 네이티브 드라이버나 라이브러리를 사용할 수 있도록 허용한다. 네이티브 소프트웨어를 사용하는 JDBC 드라이버는 좀 더 복잡한 설치가 필요하고 모든 JVM과 호환 가능한 플랫폼에 호환되지 않을 수 있다.

JDBC 드라이버는 다음 네 가지 유형이 있다.

유형	설명
유형1: JDBC-ODBC 브릿지	데이터베이스 서버와 통신하기 위해 내부적으로 ODBC 기반 드라이버를 사용하는 JDBC 드라이버
유형 2: 네이티브 API 드라이버	데이터베이스 서버와 통신하기 위해 로컬에 설치한 네이티브 드라이버를 사용하는 JDBC 드라이버
유형 3: 네트워크 프로토콜	데이터베이스 접속을 관리하는 중간 계층(미들웨어)에 접속하는 JDBC 드라이버. 보통 미들웨어는 별도의 서버에서 실행된다. 데이터베이스와 통신하는 로직은 미들웨어에서 구현하므로, 데이터베이스에 특화된 드라이버가 클라이언트에 있을 필요가 없다.
유형 4: 데이터베이스 프로토콜 드라이버	완전히 자바(또는 다른 JVM 언어)로 구현해 플랫폼에 독립적인 JDBC 드라이버. 이 유형의 드라이버는 직접 데이터베이스 서버에 접속한다.

JVM 애플리케이션의 클래스경로에 파일을 위치시킴으로 JDBC 드라이버를 JVM 애플리케이션의 일부분으로 설치할 수 있다. 어떤 경우는 드라이버를 JVM 애플리케이션과 분리 설치해야 한다. 드라이버와 함께 플랫폼 특화 소프트웨어를 설치해야 하거나 단순히 라이선스 조건에 따라 설치할 때가 이런 경우에 해당한다. 데이터베이스 벤더 또는 오픈소스 팀은 제품 자체에 대한 JDBC 드라이버를 생성하고 유지할 것이다. 자바의 막강한 시장 영향력 때문에, 대부분의 인기 있는 DBMS 시스템에서 JDBC 드라이버를 제공한다. 심지어 마이크로소프트도 마이크로소프트 SQL 서버 제품 라인에 대해 무료 JDBC 드라이버를 제공한다.

레코드를 생성, 수정, 삭제하는 데(CRUD라고 알려진 액션) 인기 있는 SQL 질의 언어를 사용한다. 대부분의 데이터베이스 시스템은 새로운 데이터베이스 생성과 기존 테이블이나 인덱스, 뷰 등을 SQL을 사용해서 생성 및 변경할 수 있게 지원한다. SQL 질의 언어는 높은 수준으로 표준화돼 있으므로, 주의를 기울인다면 다양한 데이터베이스 서버와 함께 작동하는 응용 프로그램을 작성할 수 있다. 하지만 각 데이터베이스는 SQL 언어에 고유한 전용 확장 기능(사용자 정의 함수 이름, 특수한 데이터 유형, 사용자 정의 언어 구문을 포함)을 자체적으로 제공하기 때문에, 실제로 수행하기는 어렵다. 데이터베이스 시스템은 어떤 SQL 문장과 기능을 지원할지를 자유롭게 결정한다. 이런 사항은 JDBC 표준에 의해 결정되지 않는다.

H2 데이터베이스

12장에서는 H2 데이터베이스를 사용한다. H2는 자바로 작성된 상대적으로 작고 독립적인 오픈소스 DBMS 시스템이다. H2는 로컬 파일 시스템에 파일을 작성하거나 메모리에만 완전한 데이터베이스를 유지하는 데이터베이스 시스템이다. MySQL과 PostgreSQL 같은 제품과 다르게 설치 절차가 필요 없고 H2가 생성한 데이터베이스는 많은 유지 보수를 요하지 않는다. 몇 가지 JAR 파일을 클래스경로에 추가만 하면 JVM 애플리케이션에서 H2 데이터베이스 시스템과 유형 4 JDBC 드라이버 모두에 접근이 가능하게 된다.

 H2는 대중적인 공용 도메인 SQLite 데이터베이스와 비교할 수 있다. SQLite의 오픈소스 래퍼와 JDBC 드라이버도 사용 가능하지만 H2는 완벽히 JVM으로 작성됐기 때문에 그루비와 같은 JVM 언어에서는 H2를 사용하는 것이 더 편리하다.

H2와 같은 독립적인 데이터베이스 시스템은 단일 사용자 애플리케이션에 더 적합하다. 동시에 데이터베이스를 읽고 쓰는 수백 명의 사용자에게 서비스를 제공해야 하고 기가바이트 데이터를 저장해야 하거나 다른 엔터프라이즈급의 신뢰성과 기타 기능을 필요로 하는

멀티스레드 애플리케이션에는 좋은 선택이 되지 않는다. 하지만 H2와 같은 데이터베이스를 과소평가하지 마라. H2는 다수의 애플리케이션이 동일한 데이터베이스에 접근해야 하고 심지어 고급 클러스터링 옵션이 필요한 경우에도 데이터베이스 서버를 실행하기 편리한 옵션을 제공한다. 또한, 운영체제의 커맨드 라인 인터페이스에서 데이터베이스에 질의를 하고 분석하며 백업하고 복원하는 데 사용할 수 있는 커맨드 라인 기반 도구도 있다.

12장을 읽는 동안 H2 데이터베이스 프로젝트 홈페이지(http://www.h2database.com/html/main.html)를 참조하는 것을 추천한다.

메모리 내 데이터베이스 생성

이번 프로젝트에서는 메모리에만 데이터를 저장하고 애플리케이션을 종료하면 즉시 사라지는 데이터베이스를 생성한다. 데이터베이스 구조를 변경할 때 데이터베이스의 데이터를 수동으로 업그레이드하는 번거로움이 없으므로 프로토타입 단계에서 편리하다. 데이터베이스를 영구적으로 저장할 경로를 추적 관리할 필요가 없다는 점도 다른 장점이다.

JDBC로 데이터베이스에 접속하려면 접속 문자열을 제공해야 한다. 접속 문자열은 드라이버에게 사용하는 드라이버의 종류와 데이터베이스의 위치, 데이터베이스에 접근하는 데 필요한 자격증명 정보를 알려준다. 또한 DBMS에 특화된 구성 옵션도 포함한다.

 JDBC의 오래된 버전에서는 직접 코드에 JDBC 드라이버를 등록해야 했다. 요즘의 최신 JDBC 드라이버는 자동으로 드라이버를 등록하고 애플리케이션의 클래스경로에 드라이버의 JAR 파일만 두면 애플리케이션에서 사용할 수 있다.

예제에서는 H2의 임베디드 모드를 사용하므로, H2를 애플리케이션에 완전히 내장해 동시에 실행할 외부의 서버 애플리케이션이 필요 없다. 애플리케이션을 종료하기 전까지만 살아 있는 인메모리 데이터베이스를 생성한다. 이런 유형의 H2 데이터베이스를 위해 JDBC에 제공해야 하는 H2 접속 문자열은 다음과 같다.

```
String connectionString = "jdbc:h2:mem:blogs;DB_CLOSE_DELAY=-1"
```

접속 문자열은 콜론을 구분자로 사용하는 목록이다. 접속 문자열의 모든 항목을 살펴보자.

- JDBC 접속 문자열의 첫 번째 항목은 항상 jdbc다.
- 두 번째 항목은 데이터베이스 시스템을 식별하는 이름이다. JDBC 드라이버는 JDBC 드라이버를 로드하는 과정에서 이 이름을 등록한다. 아이비가 프로젝트의 클래스경로에 H2 JDBC 드라이버를 추가했기 때문에, JDBC 시스템은 h2 이름을 인지할 것이다.
- 세 번째 항목은 데이터베이스 이름이다. H2의 인메모리 데이터베이스에 이름이 꼭 필요하지는 않지만, 예제의 경우는 꼭 필요하다.
- 네 번째 항목은 H2가 활성화된 접속이 없어도 메모리 내에 데이터베이스를 유지하도록 하는 옵션이다. 보통 H2는 활성화된 접속이 없으면 인메모리 데이터베이스를 삭제하지만 애플리케이션을 실행하는 동안 데이터베이스에 접속하고자 하므로 이 옵션을 사용한다. DB_CLOSE_DELAY=-1 옵션을 지정한다.

접속 문자열의 처음 두 개 항목만 표준이고, 다른 항목은 보통 JDBC 드라이버에 따라 다르다.

코드를 작성할 시간이다. 이클립스 IDE에서 Main.groovy 파일을 연다. 새로운 데이터베이스 접속을 여는 메소드를 생성해 Main 클래스의 본문에 둔다.

```
def createDatabaseConnection() {
  def connection = DriverManager.getConnection("jdbc:h2:mem:test;
                                    DB_CLOSE_DELAY=-1")
  return connection
}
```

connection 변수는 생성한 데이터베이스 접속을 가리키는 객체를 담고 있으며 데이터베이스 시스템에 명령어를 전송하는 데 사용한다. 이 변수의 정규화된 타입 이름은 자바 인터페이스 java.sql.Connection이지만, 그루비 코드로 작성했기 때문에 이 타입을 지정할 필요는 없다. DriverManager는 등록된 JDBC 드라이버에 접속하는 방법을 알고 있는 JDBC 시스템이 제공하는 클래스다.

예제의 경우, 임베디드 데이터베이스 시스템을 사용하고 H2 JDBC 드라이버가 내장된 H2 데이터베이스 엔진에 접속 문자열을 전달할 때 H2는 새로운 임시 인메모리 데이터베이스를 생성한다. 접속 문자열에 DB_CLOSE_DELAY=-1 옵션을 설정했기 때문에 애플리케이션을 종료하면 데이터베이스는 즉시 자동으로 사라진다.

콘솔 기반 애플리케이션을 생성하는 것부터 시작했지만 이후에는 웹 서비스로 구현을 변경할 것이다. 그래서 생성했던 createDatabaseConnection() 메소드를 호출하도록 기존의 main() 메소드를 다시 작성해보자.

```
static void main(String[] args) {
  def app = new Main()
  def connection = app.createDatabaseConnection()
  connection.close()
}
```

main() 메소드는 static이므로 Main 클래스의 인스턴스 변수와 인스턴스 메소드에 직접 접근할 수 없다. 그래서 Main() 클래스의 인스턴스를 생성하고 인스턴스 메소드를 호출하는 데 이 인스턴스를 사용한다.

여기서 한 가지 공통된 문제점을 알아본다. 가치 있는 시스템 자원의 누수를 막기 위해 열 수 있는 JDBC 객체는 항상 닫아야 한다. 데이터베이스 접속을 열고 접속을 닫기 전에 예외가 발생하면 데이터베이스 접속은 여전히 열린 채로 남아 있다. 데이터베이스의 자원은 한정돼 있기 때문에 이런 상황은 예기치 못한 문제와 충돌을 발생시킨다. 그래서 JDBC 객체를 다룰 때 try...catch 블록을 항상 사용할 것을 권장한다. 4장, '자바 프로그래밍'에서 설명했듯이 finally 블록에서 접속을 닫을 수 있다. finally 블록은 예외가 발생하더라도 항상 데이터베이스 접속이 적절하게 닫힘을 보장한다.

이제 데이터베이스를 생성할 수 있지만 빈 데이터베이스는 특별히 흥미롭지 않다. 관계형 데이터베이스에서 레코드라고 부르는 데이터를 담는 테이블 몇 개를 생성해야 한다. 먼저 직접 JVM의 JDBC 클래스를 사용하고 이후에 그루비에서 제공하는 JDBC 래퍼 클래스를 사용한다. 그루비가 관계형 데이터베이스 시스템과 좀 더 쉽게 통신할 수 있음을 알게 될 것이다.

작은 블로그 애플리케이션을 만들 예정이다. 먼저 애플리케이션의 사용자를 저장하는 테이블을 생성한다. Main 클래스에 다음의 새 메소드를 추가한다.

```
def createDatabaseStructure(connection) {
  def statement = connection.createStatement()
  def sqlUsers = """
    CREATE TABLE user (
        id INT AUTO_INCREMENT NOT NULL,
        name VARCHAR(255),
        PRIMARY KEY (id)
    )
  """
  statement.executeUpdate(sqlUsers)
}
```

createStatement( ) 메소드는 java.sql.Statement 인터페이스를 구현한 객체를 반환한다. Statement 객체는 SQL 문장을 실행하는 데 사용한다.

SQL 문장은 SQL 문장을 포함한 보통의 문자열이다. 예제의 경우 새로운 테이블을 생성하는 CREATE TABLE 질의문을 실행한다. 테이블은 id와 name이라는 두 개의 필드를 갖는다. id 필드는 기본 키로, 레코드를 빠르게 식별하는 데 사용할 수 있는 유일한 값이어야한다. AUTO_INCREMENT 옵션을 지정했기 때문에 H2 데이터베이스는 id 값을 직접 생성해야 한다. 즉, 생성된 각각의 레코드에 대해 id를 자동으로 증가시킨다. name 필드는 255자까지 작성할 수 있는 간단한 텍스트 필드다.

 직접 JDBC 클래스를 사용할 때 그루비는 많은 시간을 절약한다. 자바에서 JDBC 클래스의 메소드는 보통 검사형 예외(checked exception)를 발생시키므로, 매번 try...catch 블록 내에서 처리하거나 모든 메소드에 throws 조항을 추가해야 한다. 그루비는 메소드가 검사형 혹은 비검사형 예외를 던지는지를 신경 쓰지 않는다.

이제 블로그 포스트를 저장하는 테이블을 생성해야 한다. createDatabaseStructure( ) 메소드 끝에 다음 코드를 추가하라.

```
def sqlBlog = """
    CREATE TABLE blog (
        id INT AUTO_INCREMENT NOT NULL,
        title VARCHAR(255) NOT NULL,
        user INT NOT NULL,
        post CLOB,
        PRIMARY KEY (id),
        FOREIGN KEY(user) REFERENCES user(id))
"""
statement.executeUpdate(sqlBlog)
statement.close()
```

블로그 테이블에는 user 테이블의 레코드를 가리키는 user 필드가 있다. user 필드는 참조 키라고 부른다. 참조 키는 데이터베이스의 (보통 다른) 테이블에 있는 레코드를 가리킨다. 여기서는 블로그 포스트를 작성한 사용자를 식별하기 위해 user의 id 레코드 필드를 사용한다.

main( ) 메소드 내에서 createDatabaseStructure( ) 메소드를 호출하는 일을 잊지 마라. createDatabaseConnection( ) 호출 아래에 추가한다.

```
static void main(String[] args) {
  def app = new Main( )
  def connection = app.createDatabaseConnection( )
  app.createDatabaseStructure(connection)
  connection.close( )
}
```

애플리케이션을 실행할 수 있다. 코드에 아직 print( ) 문장을 추가하지 않았기 때문에 모든 일이 잘 동작한다면 아무것도 출력되지 않아야 한다. 스택 트레이스를 확인한다면 코드와 SQL 문장을 모두 확인한다.

예제에 몇 개 레코드를 하드코딩해보자. 이번에는 그루비의 Sql 클래스 인스턴스를 사용해 데이터베이스와 통신한다. Main 클래스에 다음의 새 메소드를 추가하라.

```
def addDemoRecords(connection) {
  def sql = new Sql(connection)
  def createdUsers = sql.executeInsert("INSERT INTO user (name)
                                        VALUES (?)", ["Admin"])
  def userId = createdUsers[0][0]
  sql.execute("""
      INSERT INTO blog (title, user, post)
      VALUES (?, ?, ?)""",
    ["Test post", userId, "This is a test post"])
  sql.close( )
}
```

sql 클래스 이름을 입력할 때 groovy.sql 패키지의 클래스를 선택하기 위해 Ctrl+Space 바 (혹은 맥OS의 경우 cmd+Space 바) 키 조합을 사용하는 일을 잊지 마라.

그루비 groovy.sql.Sql 클래스의 executeInsert 메소드는 기본 키 필드를 위해 생성한 값을 반환한다. INSERT 질의문은 잠재적으로 하나 이상의 레코드를 생성하고 각 레코드는 여러 개의 기본 키를 가질 수 있기 때문에 메소드는 레코드 목록 내에 칼럼을 가지는 중첩된 목록을 반환한다. 예제에서는 단 하나의 레코드만 추가했다. 블로그 테이블은 id라는 단 하나의 기본 키만 가지므로, createdUsers[0][0]를 읽어서 생성된 사용자 id를 조회할 수 있다. 첫 번째 인덱스는 행(레코드)을 지정하고, 두 번째 인덱스는 읽고자 하는 칼럼(필드)을 표시한다.

 데이터베이스 접속 객체와 같은 Sql 객체는 귀중하고 한정된 데이터베이스 관련 자원을 제공한다. 객체가 더 이상 필요하지 않을 때 객체를 닫지 않으면 이상한 문제가 발생할 수 있다. 그래서 실제 애플리케이션에서는 항상 try...catch 블록을 사용해서 예외가 발생하더라도 객체가 적절히 닫히도록 보장한다.

main() 메소드의 createDatabaseStructure() 호출 아래에 addDemoRecords() 호출을 추가한다.

```
....
def app = new Main()
def connection = app.createDatabaseConnection()
app.createDatabaseStructure(connection)
app.addDemoRecords(connection)
connection.close()
...
```

애플리케이션을 실행한다. 어떤 메시지를 출력하지 않고 다시 종료돼야 한다. 블로그 포스트의 XML 표현을 출력하도록 변경해보자.

▌ 마크업빌더를 사용한 XML 생성

그루비의 XML MarkupBuilder 클래스는 그루비의 동적 프로그래밍 기능을 이용해 생성한 클래스의 예다. 자바나 코틀린 같은 정적 언어에서 구현할 수 없는 기능인 동적으로 메소드 호출을 가로채는 방법을 앞 장에서 살펴봤다.

예로 여기서는 그루비 XML MarkupBuilder 클래스를 사용하는 코드를 확인한다. 아직은 코드를 이클립스 IDE에 입력할 필요가 없고, 그루비콘솔에 코드를 입력하고 실행하면 된다.

```
def xmlContent = new StringWriter()
def xmlWriter = new groovy.xml.MarkupBuilder(xmlContent)
xmlWriter.items {
  item(id: 1) {
    name("Item one")
  }
  item(id: 2) {
    name("Item two")
  }
}
println(xmlContent)
```

앞의 코드에서는 많은 일이 일어난다. 자세히 살펴보기 전에 결과를 먼저 확인해보자. 앞의 코드는 콘솔에 다음과 같은 결과를 출력한다.

```
<items>
  <item id='1'>
```

```
      <name>Item one</name>
  </item>
  <item id='2'>
      <name>Item two</name>
  </item>
</items>
```

MarkupBuilder 클래스는 매개변수로 자바의 Writer 인터페이스를 구현한 객체를 받는다. 이 객체는 생성한 데이터가 기록되는 객체다. 텍스트 파일에 결과를 저장하려면 FileWriter 인스턴스를 사용해야 하지만 예제의 경우 문자열을 원하므로 StringWriter 인스턴스를 전달했다.

그루비에서 함수를 호출할 때 괄호는 선택 사항이라는 점을 기억하라. xmlWriter.items { ... }는 다음과 같이 작성할 수 있다.

```
xmlWriter.items({
  ...
})
```

앞의 예제에서 입력 매개변수로 클로저를 받는 items( ) 메소드를 호출한다. Markup Builder 클래스에는 items( ) 메소드가 없다. 대신 알 수 없는 메소드 호출을 가로채서 속성에 접근해 사용한 메소드의 이름과 매개변수를 기반으로 XML 요소를 만든다.

SQL 기반으로 XML 생성

MarkupBuilder를 사용하는 방법을 알았으니, 블로그 포스트 레코드를 XML로 생성하는 메소드를 작성할 수 있다. 다소 복잡한 메소드이므로 작은 단계로 나눠서 작성한다. generateXML( ) 메소드부터 정의하고 XML을 생성하는 변수를 추가한다. Main 클래스에 다음 메소드를 추가해보라.

```
def generateXML() {
  def xmlContent = new StringWriter()
  def xmlWriter = new groovy.xml.MarkupBuilder(xmlContent)
}
```

이제 포스트 데이터와 사용자 이름을 모두 조회하는 SQL 질의문을 정의한다. generate XML() 메소드의 본문 마지막 행에 다음 코드를 추가하라.

```
def connection = createDatabaseConnection()
def sql = new Sql(connection)
def sqlQuery = """
  SELECT B.id, B.title, B.post, U.name AS user_name
  FROM blog B
  INNER JOIN user U ON B.user = U.id"""
sql.eachRow(sqlQuery) { record ->
}
```

두 개 이상의 SQL 질의어를 실행하는 것보다 빠르기 때문에 가능한 하나의 질의어로 많은 정보를 조회하는 것이 좋다. 예제의 경우 사용자 테이블과 블로그 테이블을 연결하기 위해 INNER JOIN 문을 사용한다. 질의어는 다음 칼럼을 반환한다.

- blog.id
- blog.title
- blog.post
- user.name

쿼리에서 user.name에 대한 별칭을 지정했다. 이렇게 하면 코드에서 사용자 이름을 별칭 user_name으로 참조할 수 있다.

반환된 레코드를 반복해서 확인하는 데 Sql 클래스의 **eachRow( )** 메소드를 사용한다. 이 메소드는 함수형 프로그래밍 패러다임에서 착안했다. 직접 레코드를 순회하는 루프를 작성하는 대신 반환된 레코드 각각에 대해 호출한 클로저 함수만 지정한다. 클로저 코드는 각 레코드의 값을 읽기 위해 레코드 매개변수를 사용할 수 있다. 클로저 내부에서 각 레코드에 대한 XML 항목을 생성한다. 클로저의 본문에 다음 코드를 추가하라.

```
xmlWriter.posts {
  post(id: record.id) {
    title(record.title)
    user(record.user_name)
    def p = record.post
   post(p.getSubString(1, p.length( ).intValue( )))
  }
}
```

앞의 코드가 친숙해 보여야 한다. 루트 노드로 XML을 생성한다. 속성 이름으로 SQL 질의어의 칼럼 이름(혹은 user_name과 같은 별칭)만 간단히 처리하면 레코드를 읽을 수 있다. 유일한 예외 사항은 post 필드다. 테이블을 생성할 때 post 필드는 CLOB 필드 타입으로 정의했다. 포스트가 몇 개의 행으로 구성될지 모르기 때문에, 사이즈가 정해지지 않고 읽을 때 한번에 읽을 문자의 수를 지정해야 하는 CLOB 필드를 사용했다. 포스트가 메모리 크기에 맞을 거라고 예상하기 때문에, post CLOB 필드의 **length( )** 함수를 호출해 한 번에 모든 문자열을 읽는다.

상용화 수준의 애플리케이션에서는 필드가 지나치게 많은 서버의 메모리를 사용하지 못하도록 하기 위해 한 번에 읽어 들일 문자의 수를 제한하는 것이 좋다. 필드에서 작은 배치로 데이터를 읽고 처리하는 방법이 한 가지 솔루션이 된다.

마지막으로 데이터베이스 접속을 닫고 함수가 보통의 자바 문자열로 생성한 XML을 반환하도록 한다. generateXML( ) 함수의 본문 끝에 다음 코드를 추가하라.

```
def generateXML() {
  def xmlContent = new StringWriter()
  def xmlWriter = new groovy.xml.MarkupBuilder(xmlContent)
  ...
  sql.close()
  return xmlContent.toString()
}
```

main( ) 메소드의 closeDatabaseConnection( ) 행 뒤에 generateXML( ) 메소드 호출을 추가하라.

```
...
app.openDatabaseConnection()
app.createDatabaseStructure()
app.addDemoRecords()
connection.close()
println(app.generateXML())
...
```

generateXML( ) 메소드에서 connection 변수를 재사용하지 않고 새로운 데이터베이스 접속을 생성했는지 의아할 것이다. 그 이유는 구현을 웹 서비스로 변경할 때 설명한다.

이제 프로그램을 실행하면 다음과 같은 결과가 출력돼야 한다.

```
<posts>
  <post id='1'>
    <title>Test post</title>
    <user>Admin</user>
    <post>This is a test post</post>
```

```
    </post>
  </posts>
```

```
🔲 Problems  🔍 Search  💬 Console ⅏  ⚙ Debug  ■ ✖ ✖  ▤ ▦ ▦ ▦ ▦ | ↵ 🖳 ▾ 🗂 ▾ ⬚ 🗖
<terminated> Main (7) [Groovy Script] C:\Program Files\Java\jre1.8.0_101\bin\javaw.exe (Apr 24, 2017, 1:00:18 AM)
<posts>                                                                               ⌃
  <post id='1'>
    <title>Test post</title>
    <user>Admin</user>
    <post>This is a test post</post>
  </post>
</posts>
                                                                                      ⌄
<                                                                                   >
```

▌ Vert.x 마이크로서비스 플랫폼

Vert.x는 JVM 플랫폼을 위한 최신의 마이크로 웹 서비스 프레임워크다. VMWare에서 처음 개발했지만, 최근에는 이클립스 재단 프로젝트다. Vert.x는 진정한 다중 언어 체계로, 자바와 그루비를 포함한 여러 JVM 언어뿐만 아니라 스칼라, 코틀린, 나스호른(자바스크립트), 제이루비, 실론을 위한 공식 문서를 제공한다.

Vert.x는 고성능과 확장성을 제공하며, 이를 위해 비동기 프로그래밍 모델이라 부르는 인기 있는 Node.js 모델과 유사한 모델을 사용한다. 간단히 말해서 Vert.x는 이벤트를 찾는 메인 이벤트 루프를 가지고, 무슨 일이 발생하면 이벤트를 처리해야 하는 코드 내에서 등록한 이벤트 처리기를 호출한다. 애플리케이션 내의 이벤트 처리기는 가능한 빠르게 반환할 것으로 예상된다. 코드를 실행하면 Vert.x의 메인 이벤트 루프는 새로운 이벤트를 조회하고 처리할 수 없다.

시스템 내의 모든 이벤트 처리기가 빠르게 이벤트를 처리할 수 있다면 하나의 Vert.x 애플리케이션 인스턴스가 수백 혹은 수천 개의 요청을 처리할 수 있다. 더 많은 처리 능력이 필요할 경우 다중코어 CPU를 최대한 활용할 수 없기 때문에 애플리케이션의 여러 독립 실행형 인스턴스를 실행해야 하는 Node.js와 파이썬에서 있을 수 없는 일이다. 이 방식은 메모리와 자원을 낭비한다. Vert.x는 JVM 위에서 동작하므로, 최신의 강력한 CPU의 장점을 최대한 활용해 단일 인스턴스에서 여러 개의 CPU 코어에 대해 여러 개의 이벤트 루프를 실행할 수 있다. 개발자에게 간편하도록, 특정 이벤트 처리기는 보통 하나의 이벤트 루프에서만 사용할 수 있다. 그래서 일반적으로 개발자는 복잡한 동시성과 멀티스레드 이슈를 고민할 필요가 없다.

 이게 끝이 아니다. Vert.x 기반 애플리케이션의 여러 인스턴스를 클러스터로 구성할 수 있다. 클러스터 내의 인스턴스는 동일한 기계나 다른 서버, 혹은 둘을 조합한 시스템에서 실행할 수 있다.

때때로 어떤 액션은 많은 시간이 소요된다. 복잡한 데이터베이스 서버에서 반환되는 복잡한 데이터 구조를 질의하고 계산할 때, 이벤트 처리기가 빠르게 응답한다고 보장할 수 없다. 이런 경우 Vert.x는 간단한 솔루션을 제공한다. 분리된 작업자 스레드에 오래 걸리는 작업을 위임한다. 이벤트 루프는 작업자 스레드에 작업을 위임하고 계속해서 다른 이벤트를 처리한다. 간혹 작업이 완료됐는지를 확인하고, 계산된 결과에 따라 이벤트를 처리한다. 사용 가능한 스레드 수를 지정할 수 있기 때문에, 사용 가능한 서버의 자원(메모리와 스레드 등)을 Vert.x 기반 애플리케이션에서 관리할 수 있다.

아이비에 Vert.x 의존성 추가

Vert.x에서 필요한 의존성 정보를 확인하기 위해 H2 데이터베이스 시스템에서 사용했던 동일한 기법을 사용한다. 메이븐의 온라인 검색 엔진 http://search.maven.org/를 사용한다.

아이비의 ivy.xml에 올바른 의존성 정보를 찾아서 추가하려면 다음 절차를 따라 해보라.

- 앞에서 언급한 URL에 접속해 vertx-core를 검색하라.
- Groupid io.vertx와 ArtifactId vertx-core 항목을 찾는다. 버전 번호를 클릭한다. 책을 쓰는 시점에는 3.4.1 버전이었다.
- 아티팩트 상세 페이지에서 아파치 아이비 이름을 클릭한다. 클립보드에 XML 항목을 복사한다.

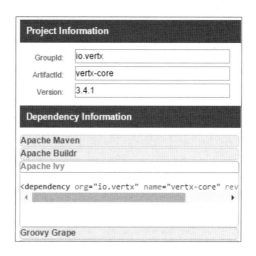

저자의 경우, `<dependency org="io.vertx" name="vertx-core" rev="3.4.1" />`이다.

- 이클립스에서 ivy.xml 파일을 연다. H2 데이터베이스를 위해 사용했던 항목 뒤에 복사한 행을 붙여 넣는다.

아이비가 필요한 의존성을 가져오고 프로젝트의 클래스에 추가하도록 다음 절차를 수행한다.

1. ivy.xml 파일에서 마우스 오른쪽을 클릭을 하고 **Add Ivy Library...** 옵션을 선택한다.
2. **Finish**를 클릭한다. 아이비는 이제 필요한 의존성을 가져온다.

웹 서비스 생성

먼저 Main.groovy 파일 상단의 package 문장 뒤에 필요한 import 문장을 추가해보자.

```
package webservice

import java.sql.DriverManager
import groovy.sql.Sql
import io.vertx.core.AbstractVerticle
import io.vertx.core.Future
import io.vertx.core.Vertx
import io.vertx.core.http.HttpMethod
```

Vert.x 이벤트를 처리할 수 있는 클래스를 Verticle이라고 부른다. Vert.x 프레임워크가 제공하는 추상 클래스 AbstractVerticle을 확장해서 쉽게 클래스를 Verticle로 변경할 수 있다. 다음 행으로 이동한다.

```
class Main {
  ...
}
```

앞의 코드를 다음과 같이 변경한다.

```
class Main extends AbstractVerticle {
  ...
}
```

AbstractVerticle 클래스에서 가장 중요한 메소드는 start()이다. Vert.x가 Verticle을 초기화할 때 이 메소드를 호출하고 Vert.x에 내장된 HTTP 서버를 시작하며 이벤트 처리기를 등록하는데 이 메소드를 사용해야 한다. 간단하게 이 메소드를 만들어본다. start() 메소드 정의부터 시작해보자.

```
public void start(Future fut) {
}
```

Verticle을 성공적으로 초기화하고 시작했는지를 Vert.x에게 알리기 위해 전달된 Future 객체를 사용한다. 예제에서 HTTP 서버를 설정하기 때문에, 모든 것을 설정하고 구성하는데 시간이 걸릴 수 있다. Vert.x는 클래스의 start( ) 메소드를 기다리지 않는 대신 Verticle을 초기화하는 동안 계속해서 다른 작업을 수행한다. 그래서 시작할 때 Future 객체의 complete( ) 메소드를 호출해야 하고, 어떤 이유에서 시작이 되지 않으면 Future 객체의 fail( ) 메소드를 호출해야 한다.

AbstractVerticle 클래스는 Vert.x 프레임워크와 통신하는 데 사용할 수 있는 vertx라는 변수를 제공한다. 먼저 내장된 HTTP 서버를 설정하는 코드부터 작성해보자. start( ) 메소드의 본문에 다음 코드를 추가하라.

```
vertx
  .createHttpServer()
  .requestHandler() { request ->
}
.listen(8080) { result ->
  if (result.succeeded()) {
    fut.complete()
  } else {
    fut.fail(result.cause())
  }
}
```

AbstractVerticle 추상 클래스에서 사용하는 vertx 변수는 io.vertx.core.Vertx 인터페이스를 구현한 클래스의 인스턴스를 가리킨다. 이 클래스의 모든 메소드는 vertx 변수가 가리키는 동일한 객체를 반환한다. 그렇게 함으로 이 객체에 대한 메소드 호출 체인을 만들 수 있게 한다. 만약 메소드 호출 체인을 만든다면 세 개의 메소드 호출 모두에 vertx 를 앞에 붙여야 한다.

HTTP 서버는 8080포트를 사용한다. listen( ) 메소드에 전달된 클로저는 HTTP 서버의 초기화가 완료될 때 호출된다. succeeded( ) 메소드는 서버가 성공적으로 시작할 수 있을 때 true를 반환한다. 그런 경우 start( ) 메소드에 전달된 future 객체에서 complete( ) 메소드를 호출한다. 그러면 Vert.x 시스템은 Verticle이 동작할 준비가 됐다고 인식한다. 어떤 이유 때문에 HTTP 서버를 시작할 수 없으면(예를 들어 8080포트를 다른 애플리케이션에서 사용할 경우), future 객체에서 fail 메소드를 호출하고 애플리케이션을 중단한다.

requestHandler( ) 메소드는 HTTP 요청 처리기를 설정한다. 매개변수로 전달된 클로저는 Vert.x 메인 이벤트 루프가 HTTP 요청을 받았을 때 호출된다. URL을 미리 등록할 수 있도록 정교한 라우터 기능을 추가하고 익스프레스Express(Node.js)와 플라스크Flask(파이썬) 같은 인기 있는 웹 애플리케이션 프레임워크와 비교할 수 있는 Vert.x에대한 확장 기능이 있다. 간단한 예제 프로젝트에서는 이런 기능이 필요 없으므로 여기서는 이 확장 기능을 사용하지 않는다.

HTTP 요청 처리기를 작성해보자. .requestHandler( ) { request -> } 블록 안에 다음 코드를 둔다.

```
if (request.path() == "/blogs/" && request.method() == HttpMethod.GET){
  request
  .response()
  .putHeader("content-type", "application/xml")
  .end( generateXML().toString() )
} else {
  request
    .response()
  .setStatusCode(404)
    .end("Error 404");
}
```

요청 객체의 모든 메소드는 동일한 요청 객체를 반환한다. 그래서 request 객체에 대한 메소드 호출도 연결이 가능하다. /blogs/ URL에 대한 GET HTTP 요청이 발생하면 코드는 다소 간단하다. XML 데이터를 반환하는 generateXML( ) 함수를 호출한다. 그렇지 않으면 404(페이지를 찾을 수 없습니다) HTTP 코드를 반환한다.

generateXML( ) 메소드에 대해 좀 더 자세히 살펴보자. 이 메소드는 새로운 데이터베이스 접속을 만들고 XML을 생성하며 데이터베이스 접속을 닫는다. 큰 규모의 애플리케이션, 특히 다중 스레드 애플리케이션에서는 JDBC 데이터베이스 접속을 공유하지 않도록 한다. 그래서 각각의 요청에 대해 새로운 연결을 생성하고 끝나면 연결을 닫는다. 작은 애플리케이션 예제에서도 이렇게 하는 게 좋지만, 보다 정교한 웹 애플리케이션은 접속 풀링 시스템을 사용해야 한다. 새로운 데이터베이스 접속의 생성은 많은 자원을 소비하는 절차이고 풀링 시스템은 사용하지 않은 접속을 풀 내에 유지시켜 재사용할 수 있게 한다. JVM 플랫폼에서 사용할 수 있는 많은 다양한 풀링 시스템이 있다.

이제 남은 일은 Verticle이 시작됐는지 확인하는 것이다. 방법 가운데 하나는 JVM의 static main( ) 메소드에서 이 작업을 수행하는 것이다. println(app.generateXML( )) 행을 제거하고 강조된 행의 코드를 추가해 다음과 같이 보이도록 main( ) 메소드를 다시 작성한다.

```
static public void main(String[] args) {
  def app = new Main( )
  def connection = app.createDatabaseConnection( )
  app.createDatabaseStructure(connection)
  app.addDemoRecords(connection)
  connection.close( )
  Vertx vertx = Vertx.vertx( )
  vertx.deployVerticle(new Main( ))
}
```

코드가 데이터베이스 구조를 생성하고 데모 레코드를 만들도록 한다. 그런 다음 Vertx 인스턴스를 생성하고 deployVerticle 메소드를 사용해서 디플로이한다. 그러면 이어서 Verticle의 start( ) 메소드를 호출해 Vert.x 시스템을 시작한다.

이제 코드를 실행할 수 있어야 한다. Ctrl+F11(cmd+F11)를 누른다. 모든 작업이 잘 동작하면 콘솔 창에 다음과 같은 결과가 나타나야 한다.

```
SLF4J: Failed to load class "org.slf4j.impl.StaticLoggerBinder".
SLF4J: Defaulting to no-operation (NOP) logger implementation
SLF4J: See http://www.slf4j.org/codes.html#StaticLoggerBinder for further
details.
```

프로젝트에 SLF4J^{Simple Logging Facade For Java} 의존성을 추가하지 않았기 때문에 Vert.x 시스템은 로그를 남기는 방법을 모른다. 이 경고는 무시할 수 있다. 애플리케이션은 추가적인 결과를 출력하지 않고 계속 실행된다. 여기서 스택 트레이스를 확인하려면 코드를 더블클릭하라. 이제 브라우저를 실행하고 다음 URL http://localhost:8080/blogs/에 접속해본다.

브라우저에 예제 블로그 포스트의 XML이 보여야 한다.

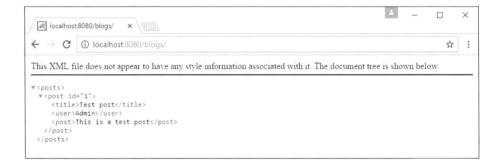

506

URL을 변경하면 웹 서비스가 404 오류 페이지를 반환할 것이다.

애플리케이션을 중단하려면 콘솔 탭의 툴바에서 Terminate라는 툴팁이 있는 버튼을 클릭한다.

▌ 요약

12장에서는 다양한 기술을 사용해 그루비로 간단한 웹 서비스를 구현했다. 이클립스 IDE에 그루비 이클립스 플러그인과 의존성 관리를 위한 아파치 IvyDE 플러그인을 설치하는 것부터 시작했다. 애플리케이션에 H2 데이터베이스를 포함시키고 JDBC 산업 표준을 사용해 통신했다. 두 개의 테이블을 생성하고 두 테이블 모두에 예제 레코드를 만들었다. 그루비가 동적 프로그래밍 언어이기 때문에 사용 가능한 클래스인 그루비의 MarkupBuilder 클래스를 사용해서 데이터베이스의 내용을 기반으로 XML을 생성했다. 처음에는 간단한 콘솔 프로그램을 만들었지만 Vert.x 프레임워크를 살펴본 후에 웹 서비스로 바꿔봤다.

지금까지 이 책에서 다뤘던 다섯 가지 주요한 언어, 자바와 스칼라, 클로저, 코틀린, 그루비를 모두 살펴봤다. 이 책이 가장 좋아하는 JVM 언어를 찾는 데 도움이 되기를 바란다. 하지만 더 많은 JVM언어도 사용할 수 있다. 부록에서는 JVM에 구현된 비주류 언어 일부를 설명하고 몇 가지 새로 떠오르는 언어도 살펴본다.

A

다른 JVM 언어

앞에서 소개하지 않은 더 많은 JVM 언어가 있다. 이 부록에서는 다른 언어 몇 가지를 가볍게 살펴본다. 이 언어들 대부분은 자바스크립트와 파이썬, 루비^{Ruby}, 하스켈^{Haskell}과 같은 인기 있는 주류의 프로그래밍 언어를 변경한 JVM 구현체다. 다음은 여기서 설명할 언어다.

- 오라클 나스호른^{Nashorn}(자바스크립트)
- 자이썬^{Jython}(파이썬)
- 제이루비^{JRuby}(루비)
- 프레게^{Frege}(하스켈)
- 실론^{Ceylon}

▌ 오라클 나스호른

나스호른은 오라클의 오픈소스 서버 자바 스크립트 언어다. 자바 버전 8부터 자바 런타임 환경(JRE)에 포함 제공되기 때문에 자바 8(혹은 그 이후 버전)을 메인스트림 플랫폼(라즈베리 파이를 포함해서 윈도우, 맥OS, 리눅스)에 설치한 누구나 나스호른을 사용할 수 있다. 나스호른은 오라클이 구현한 JDK^Java Development Kit 버전 6과 7에서 제공하는 JVM 자바스크립트인 모질라의 라이노^Rhino를 대체한다.

나스호른은 구글의 V8 자바스크립트 엔진에 의해 구동되는 서버 사이드 자바스크립트 플랫폼인 Node.js와 비교할 수 있다. 나스호른과 Node.js 모두 인터넷 브라우저에서 실행되는 클라이언트 측 자바스크립트와는 대조적으로 서버에서 자바스크립트를 실행한다. 하지만 Node.js와 나스호른은 서로 호환되지 않는다는 점을 기억해야 한다. 나스호른과 Node.js 모두 ECMA스크립트 언어에 자신만의 고유하고 호환되지 않는 확장을 추가했기 때문이다. Node.js에 내장된 비동기 이벤트 시스템을 나스호른에서 지원하지 않는 점이 가장 큰 차이다.

 오라클은 나스호른에 Node.js 호환성을 추가하는 것을 목적으로 하는 오픈소스 프로젝트를 지원했지만, 이후에는 지원하지 않고 프로젝트는 버려졌다.

나스호른은 JVM에서 완벽하게 구현됐기 때문에 JVM 라이브러리나 프레임워크와 호환이 가능하다. 자바 객체와 상호작용하고 자바 라이브러리와 프레임워크에 자바스크립트 객체를 전달할 수 있다. 나스호른은 자바스크립트 코드를 실행할 때, 내부적으로 자바스크립트 코드를 자바 바이트코드로 컴파일하고 메모리에 동적으로 생성된 바이트코드를 실행한다. 앞에서 설명한 스칼라와 클로저, 코틀린, 그루비가 소스코드 파일을 대화형 셸에서 실행할 때 사용했던 동일한 동작을 보인다. 이런 언어와 마찬가지로 나스호른도 콘솔에 대화식으로 자바스크립트를 입력할 수 있는 대화형 셸을 제공한다.

자바 8 버전의 나스호른 공식 문서는 다음 URL에서 찾을 수 있다.

https://docs.oracle.com/javase/8/docs/technotes/guides/scripting/nashorn/

이클립스 IDE에 나스호른 호환성을 추가하기 위해 나스호른과 호환이 가능한 노드클립스Nodeclipse 플러그인(이클립스에 Node.js 지원 기능을 추가한 플러그인) 버전을 이클립스 마켓플레이스에서 다운로드할 수 있다.

Nodeclipse Java 8 Nashorn JJS 0.12+

`jjs` is util inside Java 8 JDK to work with Nashorn JavaScript engine (https://blogs.oracle.com/nashorn/). Nodeclipse JJS feature lets you create new Nashorn... **more info**

by Nodeclipse/Enide, Other Open Source
nodeclipse enide javascript jjs nashorn ...

JVM 기반 프로젝트에 나스호른 포함시키기

나스호른의 좋은 점 가운데 하나는 자바와 호환 가능한 모든 JVM 언어로 작성된 프로젝트에 쉽게 내장할 수 있다는 점이다. 특정 고객에게만 적용되는 자바 프로젝트에서 사용자 정의 비즈니스 로직 검증을 지원해야 하는 경우, 고객 또는 훈련된 비즈니스 컨설턴트가 런타임에 나스호른이 실행하는 자바스크립트 언어로 사용자 정의 스크립트를 입력할 수 있다. 이런 스크립트는 애플리케이션과 함께 배포되면 안 되고, 다른 디렉터리 혹은 중앙의 데이터베이스에 보관돼야 한다.

하지만 나스호른 스크립트는 추가적인 절차를 거치지 않고도 JVM과 애플리케이션 내부에 완벽하게 접근하기 때문에, 심각한 보안상의 이슈를 야기할 수 있다. 외부에 프로젝트를 개방할 때는 보안 실무에 대한 적절한 지식이 필요하다.

1장, '자바 가상 머신'에서 설명했듯이, 하나의 JVM 기반 프로젝트에서 다양한 JVM 언어를 혼용해서 코드를 작성할 수 있다는 점은 JVM 플랫폼의 훌륭한 특징 가운데 하나다. 자바와 자바스크립트 코드를 웹 애플리케이션의 백엔드에서 혼용해 사용하면 흥미로운 일이 가능해진다. 하지만 보통 웹 브라우저의 자바스크립트 엔진에서 사용하는 많은 주류의 자바스크립트 프레임워크를 나스호른 같은 서버 측 자바스크립트 엔진에서 직접 실행할 수 없다. Node.js처럼 나스호른은 인터넷 브라우저의 자바스크립트 엔진이 지원하는 자바스크립트의 DOM^{domain object model}을 지원하지 않기 때문이다. 작지만 수가 증가하고 있는 자바스크립트 라이브러리나 수동 설계한 자바스크립트 코드는 DOM이 필요하지 않고 나스호른처럼 서버 측 엔진과 인터넷 브라우저의 클라이언트 측 자바스크립트 엔진에서 모두 실행 가능하다. 이를 통해 서버에서 프론트엔드 자바스크립트를 실행하고 서버 측에서 생성된 출력을 생성된 HTML로 전송할 수 있다. AJAX를 지원하는 웹 브라우저에서만 사용 가능했던 자바스크립트가 생성한 HTML 결과를 검색 엔진이 확인할 수 있다.

 DOM은 자바스크립트 언어 자체 기능이 아니라 웹 브라우저가 자바스크립트 엔진에 제공하는 기능이다.

자바스크립트 언어는 동시성 프로그래밍에 적합하지 않은 언어다. 자바스크립트 코드는 변경 가능한 전역 변수를 많이 사용해 함수와 데이터 모두가 하나의 스레드에서 쉽게 변경 가능하고 이러한 점은 동시에 실행되는 다른 스레드에서 버그를 발생시킬 수 있다. 대부분의 서버 측 자바스크립트 엔진은 동시에 여러 개의 스레드에서 코드를 실행하지 않는다. 하지만 나스호른은 JVM 스레드 클래스를 사용할 수 있기 때문에 나스호른에서 이러한 문제가 발생할 수 있으므로, 신중한 계획이 필요하다.

나스호른 실행

나스호른은 자바 8 버전 이상에서 함께 설치되기 때문에 JDK^{Java Development}와 JRE^{Java Runtime Environment}에서 모두 실행하기 쉽다. JDK나 JRE의 bin 디렉터리에 설치된 명령어만 실행하면 된다. bin 디렉터리에서 명령어를 실행하는 방법은 2장, '자바 가상 머신'에서 개발하기를 확인하라.

JRE나 JDK의 bin 디렉터리에서 다음 명령어를 실행하라.

---

jjs

---

jjs 명령어는 Java JavaScript를 의미한다. 커맨드 라인 옵션을 지정하지 않으면 이 명령어는 대화형 REPL 셸을 구동한다. 자바스크립트의 스크립트 파일을 경로에 전달해서 특정 스크립트 파일을 실행할 때 이 명령어를 사용할 수 있다. 명령어는 많은 커맨드 라인 옵션을 갖는다. -help 커맨드 라인 옵션을 전달해 사용 가능한 커맨드 라인 옵션을 확인해보라.

▌ 자이썬(파이썬)

파이썬은 동적 언어이고 일반적으로 배우기 쉬우며 매우 강력하다. 증가하는 인기와 매우 활발한 생태계 덕분에 파이썬은 풍부한 런타임 라이브러리를 갖는다. 파이썬은 객체 지향 프로그래밍을 지원하지만 강요하지는 않으며, 함수형 프로그래밍에 필요한 많은 구조를 지원한다. 파이썬의 JVM 구현 버전인 자이썬은 현재 파이썬 언어의 2.7 버전을 기반으로 한다. 책을 쓰는 시점에 파이썬 3 기반의 자이썬 버전의 개발을 시작했다는 보도가 있었다.

자이썬은 JVM에서 독립적으로 시행되는 파이썬 언어의 오픈소스 구현이다. 자이썬은 그루비보다 앞서 JVM에 소개된 최초의 대안이 된 언어 중 하나다. 그 당시 자바를 책임지던 회사인 선 마이크로시스템즈는 프로젝트에 열의를 다했고 심지어 자이썬에서 일하는 개발자 중 일부를 고용했다. 핵심 파이썬 배포를 책임지던 파이썬 소프트웨어 재단도 프로젝트에 기여했다.

자이썬은 홈페이지 http://www.jython.org/에서 다운로드할 수 있다.

이클립스 IDE에 자이썬 지원 기능을 추가하려면 이클립스 마켓플레이스에서 다운로드할 수 있는 PyDev 플러그인을 추천한다.

http://www.pydev.org/

PyDev - Python IDE for Eclipse 5.7.0

PyDev is a plugin that enables Eclipse to be used as a Python IDE (supporting also Jython and IronPython). It uses advanced type inference techniques which... **more info**

by Brainwy Software, EPL

IDE Python Aptana Pydev Django ...

C파이썬과 자이썬의 차이

C파이썬은 파이썬의 참조 구현이다. 이름에서 유추할 수 있듯이 C파이썬은 C 언어로 작성됐다. C파이썬은 기본적으로 다중스레드 프로그래밍을 지원하는 반면, 멀티 코어 CPU의 다중 코어에서 스레드를 실행할 수 없다. 모든 스레드를 실행하는 데 하나의 CPU 코어를 사용하고, C파이썬은 동시에 여러 코어에서 스레드를 실행하는 대신 빠르게 스레드를

전환한다. 자이썬은 JVM의 강력한 스레드 구현을 기반으로 하므로, 이러한 제한이 없다. C파이썬은 다른 최신 프로그래밍 언어에 비해 상대적으로 느리다고 알려졌지만, JVM은 일반적으로 양호하고 예측 가능한 성능을 제공한다고 평가받는다.

 자이썬은 동적 언어이므로, 유사한 자바 코드보다 자이썬 코드의 실행이 느릴 수 있다. 자바 같은 정적 언어에서는 많은 결정이 컴파일 시점에 이루어지지만, 동적 언어에서는 런타임 시에 결정된다. 이런 사항은 11장, '그루비'에서 자세히 설명했다.

자이썬은 원시 C(혹은 다른 플랫폼에 특화된) 라이브러리에 의존하는 파이썬 코드를 실행할 수 없다. 많은 프레임워크가 성능 개선을 위해 C 라이브러리에 의존하기 때문에 인기 있는 많은 파이썬 프레임워크와 라이브러리를 자이썬에서 사용할 수 없다는 의미다. 이런 문제는 자이썬에만 있는 것이 아니다. PyPy 프로젝트와 같은 파이썬을 대체하는 다른 언어에서도 동일한 문제가 있다. 대신 자이썬은 JVM 기반 언어이므로, 자이썬 코드가 대부분의 JVM 기반 프레임워크와 툴킷을 사용하게 할 수 있다.

자이썬 실행

자이썬을 다운로드해 설치한 다음에 시스템의 경로에 하위디렉터리 bin을 추가하라. 자이썬의 REPL을 실행하기 위해 다음 명령어를 실행한다.

```
jython
```

REPL 애플리케이션을 중단하려면 exit( ) 함수를 실행하라.

자이썬 명령어에 --help 매개변수를 추가해서 사용 가능한 커맨드 라인 옵션 목록을 확인해보라.

▌제이루비(루비)

루비는 루비-온-레일즈Ruby-on-Rails 프레임워크의 인기 덕분에 많은 애플리케이션에서 사용하는 동적 객체지향 프로그래밍 언어다. 파이썬처럼 루비의 참조 구현은 인터프리터 기반이고 C 언어로 작성됐다. 하지만 루비는 파이썬보다 더 객체지향이고 두 언어의 문법은 많이 다르다. 파이썬의 (거의) 모든 것이 public이라면 루비는 자바처럼 private과 protected 같은 접근 제한자를 제공한다.

제이루비JRuby는 루비의 JVM 기반 구현이다. MRI(루비의 설계자 유키히로 마츠모토Yukihiro Matsumoto의 이름을 딴 Maz's Ruby Interperter)라 부르는 루비의 주된 구현이 활발하게 진행되고 있지만, 대부분의 대안이 되는 루비 구현은 이 시점에서 중단됐다. 제이루비는 아직까지 활발히 개발되고 있는 몇 안되는 루비 구현 중에 하나다. 제이루비는 JVM의 새로운 기능을 최대한 활용한다. 책을 쓰는 시점에 제이루비는 루비의 최신 참조 구현과 호환된다.

제이루비는 다음 웹사이트 http://jruby.org/에서 다운로드할 수 있다.

이클립스 동적 언어 툴킷을 설치하면 이클립스에 제이루비 지원 기능을 추가할 수 있다. 이클립스 마켓플레이스에서 Ruby(DLTK)를 검색해보라.

Ruby (DLTK) 5.7.1

If you ever wondered, Eclipse has project for Ruby (along with PHP & Python) inside DLTK (Dynamic Languages Toolkit) project. You can install it any time from... **more info**

by Eclipse.org, EPL
Ruby dltk fileExtension_rb

루비 온 레일즈와 제이루비

루비 온 레일즈는 매우 인기 있는 웹 개발 프레임워크이고, 이 프레임워크의 많은 독창적인 아이디어를 다른 언어의 프레임워크에서 채택했다. 표준 MVCModel-View-Controller 패러다임을 기반으로 하고, 앞서 언급했듯이 루비 온 레일즈의 규칙을 준수할 때 더 적은 코드를 작성하게 하는 설정보다 관습convention over configuration이라는 원칙을 권장한다.

제이루비는 루비의 C 언어 확장과 호환되지 않으므로, 많은 일반적인 루비 종속성을 사용할 수 없다. 다행히도 루비 온 레일즈 프레임워크는 제이루비와 잘 동작한다. JVM 프레임워크나 자바 EE^{Enterprise Edition} 기능을 루비 온 레일즈 기반 애플리케이션에서 사용할 수 있으므로 루비 온 레일즈 기반의 애플리케이션에 많은 새로운 가능성을 가져다준다.

파이썬의 C파이썬처럼 루비의 표준 MRI 구현은 다른 CPU 코어 위에서 다수의 스레드를 실행할 수 없지만, 제이루비는 최신 CPU의 모든 코어를 최대한 활용할 수 있다. 이는 루비 온 레일즈 애플리케이션에 큰 이점이 되지만, 프로그래머는 애플리케이션에 동시성 문제가 있을 수 있음을 주의해야 한다.

제이루비 실행

제이루비를 다운로드해 압축을 해제한 다음에 시스템의 경로에 bin 디렉터리를 추가하고, 다음 명령어를 실행해 제이루비의 대화형 콘솔을 구동한다.

```
jirb
```

콘솔을 빠져나가려면 exit를 입력한다.

사용 가능한 커맨드 라인 옵션을 모두 확인하려면 `jirb --help` 명령어를 실행하라.

▌ 프레게(하스켈)

하스켈 언어 중 하나인 프레게^{frege}는 JVM을 위한 거의 첫 번째 순수한 함수형 프로그래밍 언어다. 프레게에서 함수는 일급 객체이고 다른 함수에 전달이 가능하다. 변수는 항상 불변이고—어떠한 할당 문장도 제공하지 않는다—언어에서 생성한 메소드는 부작용이 없다.

클로저와 다른 점은 클로저가 동적 자료형 언어인 반면 프레게는 정적 자료형 언어라는 점이다. 프레게에서 변수는 고정 타입을 가지고 타입은 컴파일 시점에 알 수 있어야 한다. 하지만 프레게는 대부분 코드에서 유형을 유추할 수 있다.

 흥미롭게도 프레게 컴파일러는 프레게 소스코드를 자바로 변환하고 표준 JDK javac 컴파일러가 생성된 자바 코드를 자바 바이트코드로 변환하게 한다.

프레게 웹사이트는 여기서 찾을 수 있다(책을 쓰는 시점에 이 웹사이트는 바로 깃허브 페이지로 이동된다). http://www.frege-lang.org/

컴파일러를 다운로드하려면 깃허브 릴리스 페이지 https://github.com/Frege/frege/releases에 접속하라.

프레게는 상대적으로 새로운 언어이며 현재 사용 가능한 도구 세트는 많지 않다. 이클립스 IDE를 위한 플러그인이 있지만, 책을 출간할 시점의 최신 이클립스 버전과 호환되지 않았다. (깃허브 페이지에서 접근이 가능한) 프레게의 위키 페이지에 따르면, 젯브레인의 IntelliJ IDEA IDE가 프레게 개발에 적합하다. IntelliJ IDEA의 무료 커뮤니티 에디션과 유료 에디션 모두에서 사용 가능하다.

프레게에서 자바 코드 호출

JVM 자체는 순수한 함수형 프로그래밍 규칙을 고수하지 않는다. 자바 클래스 라이브러리의 많은 클래스는 인기 있는 프레임워크와 라이브러리가 제공하는 대부분의 클래스와 마찬가지로 변경이 가능하다. 그래서 프레게 설계자는 프레게 코드가 순수하지 않은 JVM 메소드를 호출할 수 있도록 해결책을 제시해야 했다.

메소드가 부작용이 없는지—메소드가 직접 인스턴스 변수를 변경하거나 변수를 변경할 수 있는 메소드를 호출할 수 있다—자동으로 확인하는 안정적인 방법이 없기 때문에, 프로그래머는 메소드가 순수한지(부작용이 없는지) 또는 그렇지 않은지를 프레게에게 알려줘야 한다. JVM 메소드를 순수하게 선언했다면 다른 프레게 함수처럼 호출할 수 있다. 그렇지 않으면 상태를 유지하는 메소드를 선언할 때 내장된 모나드를 사용해서 메소드를 호출한다. 모나드는 메소드가 계산한 변경이 안 되는 값은 반환할 것이다. 변경이 가능한 데이터는 모나드 내부에서 유지해, 프로그램이 직접 접근하지 못한다.

프레게 실행

프레게는 단일 실행 가능한 JAR 파일로 배포된다. REPL은 현재 표준 배포 버전에 포함돼 있지 않지만 https://github.com/Frege/frege-repl/releases에서 따로 다운로드할 수 있다.

가장 최신의 릴리스 버전을 다운로드하고 시스템의 디렉터리에 ZIP 파일을 압축 해제한다. 프레게 컴파일러의 JAR과 동일한 디렉터리를 선택해도 된다. 그런 다음 bin 디렉터리에서 다음 명령어를 실행해 프로그램을 구동한다.

```
frege-repl
```

셸을 빠져나가려면 quit을 입력한다.

매우 간단한 프로그램을 위해 http://try.frege-lang.org/ 에서 온라인 REPL을 사용할 수도 있다.

█ 실론

실론은 자바와 그 생태계에 대한 많은 전문 지식을 갖춘 회사인 레드햇이 개발한 객체지향의 정적 자료형 언어다. 이 책에서 다룬 다른 언어와 마찬가지로, 실론은 JVM 이외의 다른 타깃에 코드를 컴파일할 수 있다. 실론 코드는 클라이언트 측의 자바스크립트(인터넷 브라우저에서 동작하는)와 서버 측 자바스크립트(Node.js를 사용하는) 모두에 컴파일된다.

실론의 기능 집합은 코틀린과 매우 유사하다. 두 언어 모두 정적 자료형 언어이고 객체지향이지만 함수형 프로그래밍 기능을 제공하고 null에 안전한 타입 시스템을 갖는다. 실론이 가진 고유한 기능 중 하나는 기본으로 제공하는 모듈러 애플리케이션을 위한 지원 기능이다. 자바 9는 직소Jigsaw라는 새로운 모듈 시스템을 소개했지만, 실론은 JBoss 모듈 시스템을 지원한다.

 JBoss는 레드햇 소유의 회사로, 이 특별한 모듈 시스템에 대한 선택은 별로 놀랍지 않다. JBoss 모듈은 레드햇의 와일드플라이(WildFly) 자바 EE 애플리케이션 서버와 관련 제품에서 많이 사용된다.

실론의 웹사이트는 http://ceylon-lang.org/이다.

이클립스에 실론 지원 기능을 추가하려면 이클립스 마켓플레이스를 통해 실론 IDE 플러그인을 다운로드해 사용하면 된다.

Ceylon IDE 1.3.1
Ceylon IDE provides eclipse support for Ceylon (http://ceylon-lang.org). This is a full-featured development environment for Ceylon, including interactive error... **more info**
by Red Hat, Other Open Source
ceylon fileExtension ceylon

실론의 모듈 시스템

자바와 JVM의 9 버전 이전에는 모듈 시스템을 기본으로 제공하지 않고, JAR 파일로 제공했다. 2장, '자바 가상 머신에서 개발하기'에서 봤듯이, JAR 파일은 모듈 시스템이 언어에 어떤 내용을 추가하도록 하나의 JAR 파일에 여러 개의 클래스 파일을 담을 수 있다. 하지만 JAR 파일 형태의 모듈 시스템에 부족한 중요한 기능 중 하나는 버전 정보와 의존성을 정의하는 기능이다.

아파치 메이븐 빌드 도구는 종종 JAR 파일로 배포되는 라이브러리가 의존성을 정의할 수 있는 XML 객체 모델을 정의함으로 이런 상황을 해결했다. 라이브러리가 메이븐의 buil.xml 파일에 의존성을 정의하면 메이븐(혹은 그래들과 같이 의존성 관리자 기능을 가진 빌드 도구)은 의존성과 함께 그와 관련된 의존성을 다운로드하고 모든 의존성을 프로젝트의 클래스경로에 둔다.

물론 이보다 더 성숙한 모듈 시스템이 있다. 우수한 모듈 시스템에서는 모듈의 사용자에게 어떤 코드를 노출시킬지 지정할 수 있어야 한다. 내부 사용만을 목적으로 하는 코드는 외부 세계에서 사용할 수 없어야 한다. 자바는 클래스의 private 멤버를 지원하지만 public 클래스(동일한 패키지에 있지 않는 클래스에서 사용 가능해야 하는 클래스)를 숨기는 기능을 제공하지 않으며, 심지어 이런 클래스는 모듈 내에서만 사용 가능하다.

실론의 기본 모듈 시스템은 의존성을 지정해서 버전 정보를 저장하고 외부 세계의 모듈 내에서 클래스의 가시성을 더 많이 제어하는 기능을 제공한다. 또한 실론 팀은 실론 모듈을 다운로드하고 공유할 수 있는 실론 허드^{Ceylon Herd}라는 무료 온라인 저장소를 관리한다. 사실 실론의 JVM 컴파일러는 클래스 파일을 분리하기 위한 코드를 컴파일하지 않고 항상 프로젝트의 모듈을 생성한다.

실론 실행

책을 쓰는 시점에 실론은 REPL을 제공하지 않는다. 대신 실론 웹사이트(http://try.ceylon-lang.org/)에서 온라인 REPL을 사용할 수 있다.

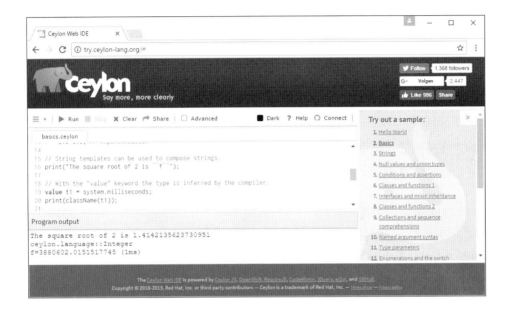

▌ 요약

부록에서는 또 다른 JVM 언어를 소개했다. 오라클의 나스호른(자바스크립트)과 자이썬(파이썬), 제이루비(루비), 프레게(하스켈), 실론(고유한 언어). 각 언어에 대해 특별하고 흥미로우며 고유한 기능과 라이브러리를 소개하고 살펴봤다. 그리고 필요한 이클립스 IDE 플러그인 이름을 언급하고(그 언어에 사용 가능한 플러그인이 있다면), 대화형 REPL 셸을 사용해 언어를 실행하는 방법을 설명했다(언어가 셸을 제공한다면).

이제 책을 마무리한다. JVM 자체와 강력하고 안정적인 가상 머신(인기 있는 주류의 많은 온라인 서비스와 전 세계 수많은 사람들이 사용하는 웹사이트를 공급하는 가상 머신)을 타깃으로 하고 새로운 기술과 동향을 최대한 활용할 것으로 예상하는 좀 더 중요한 언어 모두에 대한 더 나은 정보를 제공하는 데 도움이 됐기를 바란다.

B

퀴즈 정답

3장 자바

질문	답
1	c
2	b
3	a
4	b
5	d

5장 스칼라

질문	답
1	b
2	a
3	c
4	c
5	b

7장 클로저

질문	답
1	b
2	c
3	a
4	b
5	a

9장 코틀린

질문	답
1	b
2	b
3	d
4	b
5	c

11장 그루비

질문	답
1	d
2	a
3	b
4	c
5	b

찾아보기

에이콘출판의 기틀을 마련하신 故 정완재 선생님 (1935-2004)

JVM 언어 입문

자바, 스칼라, 클로저, 코틀린, 그루비 체험하기

발　행 ┃ 2018년 8월 30일

지은이 ┃ 빈센트 반 데르 렌
옮긴이 ┃ 신 은 정

펴낸이 ┃ 권 성 준
편집장 ┃ 황 영 주
편　집 ┃ 조 유 나
디자인 ┃ 박 주 란

에이콘출판주식회사
서울특별시 양천구 국회대로 287 (목동)
전화 02-2653-7600, 팩스 02-2653-0433
www.acornpub.co.kr / editor@acornpub.co.kr

한국어판 ⓒ 에이콘출판주식회사, 2018, Printed in Korea.
ISBN 979-11-6175-196-2
ISBN 978-89-6077-210-6 (세트)
http://www.acornpub.co.kr/book/introduction-jvm

이 도서의 국립중앙도서관 출판시도서목록(CIP)은 서지정보유통지원시스템 홈페이지(http://seoji.nl.go.kr)와
국가자료공동목록시스템(http://www.nl.go.kr/kolisnet)에서 이용하실 수 있습니다.(CIP제어번호: CIP2018026543)

책값은 뒤표지에 있습니다.